상상이 현실이 되는 마법 스케치

아두이노 바이블

아두이노로
상상할 수 있는
A부터 Z까지!

vol.3 출력 장치와 고급 기법 편

아두이노 바이블

vol. 3: 출력 장치와 고급 기법 편

© 2021. 허경용 All Rights Reserved.

1쇄 발행 2021년 6월 24일

지은이 허경용
펴낸이 장성두
펴낸곳 주식회사 제이펍

출판신고 2009년 11월 10일 제406-2009-000087호
주소 경기도 파주시 회동길 159 3층 3-B호 / **전화** 070-8201-9010 / **팩스** 02-6280-0405
홈페이지 www.jpub.kr / **원고투고** submit@jpub.kr / **독자문의** help@jpub.kr / **교재문의** textbook@jpub.kr

편집부 김정준, 이민숙, 최병찬, 이주원 / **소통기획부** 송찬수, 강민철 / **소통지원부** 민지환, 김유미, 김수연
진행 장성두 / **교정·교열** 김경희 / **내지 및 표지 디자인** 이민숙
용지 타라유통 / **인쇄** 한승문화 / **제본** 민성사

ISBN 979-11-91660-04-9 (93000)
값 22,000원

제이펍은 독자 여러분의 아이디어와 원고 투고를 기다리고 있습니다. 책으로 펴내고자 하는 아이디어나 원고가 있는
분께서는 책의 간단한 개요와 차례, 구성과 저(역)자 약력 등을 메일(submit@jpub.kr)로 보내 주세요.

상상이 현실이 되는 마법 스케치

아두이노 바이블

아두이노로
상상할 수 있는
A부터 Z까지!

vol.3 출력 장치와 고급 기법 편

허경용 지음

Jpub
제이펍

2005년에 처음 발표된 아두이노는 마이크로컨트롤러 전반에 많은 변화를 가져왔다. 특히나 교육 현장에서는 아두이노 이전과 아두이노 이후로 나누어도 어색하지 않을 만큼 아두이노가 미친 영향은 크고, 아두이노라는 단어는 마이크로컨트롤러라는 단어를 대신할 정도의 일반 명사로까지 사용되고 있다. 이 외에 아두이노가 바꾸어놓은 것들을 모두 이야기하자면 한 권의 책으로도 부족하다.

아두이노의 어떤 점이 우리를 이렇게 열광하게 만드는 것일까? 발표 초기에 아두이노가 자리를 잡을 수 있게 해준 이유를 '쉽고 빠르게'로 요약할 수 있다면, 아두이노의 열기가 아직도 뜨거운 이유는 '다양하게'라는 말로 설명할 수 있다. 아두이노가 비전공자들을 위한 플랫폼으로 시작되어 쉽고 빠르게 마이크로컨트롤러 응용 시스템을 만들 수 있도록 해준다는 점은, 원하는 것들을 직접 만들어보고 싶어 하는 사람들의 호기심을 자극하기에 충분했고, 아두이노가 DIY와 메이커 운동에서 하나의 축으로 자리 잡을 수 있게 해주었다.

아두이노가 비전공자를 위한 플랫폼으로 시작된 만큼 아두이노가 소개된 이후 본격적으로 등장한 4차 산업혁명, 사물인터넷, 인공지능 등의 분야에서는 충분히 강력한 무기가 될 수 없을 것이라는 우려가 있었던 것이 사실이다. 하지만 아두이노는 쉽고 빠른 플랫폼에서 멈추지 않고 다양한 환경에서 사용할 수 있는 플랫폼으로 진화를 거듭해 왔다. 마이크로컨트롤러와 관련된 흥미로운 내용을 발견했을 때 가장 먼저 떠오르는 생각이 '아두이노에서도 가능하겠지'라는 것일 만큼 아두이노는 최신 기술을 아우르는 플랫폼으로 자리 잡았고, 최신의 기술을 소개하는 플랫폼으로 아두이노를 선택하는 예도 어렵지 않게 찾아볼 수 있다. 이처럼 아두이노의 영토는 그 한계를 예단할 수 없을 만큼 빠르게 확장되고 있다.

아두이노를 쫓아가며 여러 권의 책을 쓰면서도 못내 아쉬웠던 점은 아두이노의 행보를 찬찬히 살펴보면서 쓰고 싶은 이야기를 모두 쓰기에는 항상 시간과 지면이 부족하다는 것이었다. 마침 일 년이라는 시간이 주어져 지면의 제약 없이 아두이노와 관련된 이야기를 마음껏 풀어보자고 시작한 것이 바로 이 책, 《아두이노 바이블》이다. 하지만 아두이노는 만만한 상대가 아니었다.

책이 완성된 지금, '바이블'이라는 이름이 붙을 만한 콘텐츠인지 자문해 보면 부끄럽기 그지없다. 시작할 때 충분하리라 생각했던 분량보다 절반 이상을 더 채우고도 자꾸만 미진한 부분이 눈에 밟힌다. 주어진 시간을 다 쓰고도 이름에 어울리는 책을 쓰지 못한 것은 아두이노를 따라잡기에 발이 느리기 때문이기도 하지만, 첫 페이지를 쓸 때와 마지막 페이지를 쓸 때 이미 아두이노가 변해 있을 만큼 아두이노가 살아 움직이고 있다는 점이 아쉬움이 많지만 여기서 일단락을 지어야겠다는 결심을 한 이유다.

아두이노 바이블은 전통적인 AVR 시리즈 마이크로컨트롤러를 사용한 아두이노 보드, 그중에서도 아두이노 우노를 중심으로 한다. 새로운 영역으로 아두이노가 확장되면서 ARM 기반 마이크로컨트롤러를 사용한 아두이노 보드 역시 여러 종류가 출시되었고, ARM 기반 아두이노 보드가 인공지능으로 대표되는 지금에 더 적합할 수 있다. 하지만 아두이노 우노는 여전히 아두이노를 대표하는 보드로 자리 잡고 있으며, ARM 기반 아두이노 보드에도 대부분 적용될 수 있다는 점이 아두이노 우노를 선택한 이유다. 아두이노 우노로도 많은 것을 스케치할 수 있고 최신의 기술까지 경험할 수 있다는 것이 또 다른 이유이며, 《아두이노 바이블》을 읽다 보면 실제로 그렇다는 사실을 알 수 있을 것이다.

여러 권의 책을 쓰면서도 답을 얻지 못한 문제 중 하나가 아두이노에 미래가 있을까 하는 것이다. 세상은 변하고 있고 그에 맞춰 아두이노 역시 발 빠르게 대처하고 있지만, 아두이노의 태생적 한계가 한 번쯤은 아두이노의 발목을 잡으리라는 비판 또한 흘려버릴 수 없는 것이 사실이다. 하지만 아두이노가 쉽고 빠른 플랫폼에서 다양하게 사용될 수 있는 플랫폼으로 변화한 것처럼 미래를 위한 새로운 플랫폼으로 등장할 것임을 의심하지 않는다. 누구보다 아두이노에서 아두이노의 미래에 대한 고민이 깊겠지만, 아두이노의 미래를 위해 더해졌으면 하고 개인적으로 바라는 것은 '효율적인' 문제 해결이다. 교육 현장에서 아두이노는 더할 나위 없지만, 산업 현장에서 아두이노는 아쉬운 점이 있는 것이 사실이다. 어디에 내놓아도 효율적으로 문제를 해결할 수 있는 아두이노가 DIY와 메이커 운동을 넘어 'Arduino Inside'로 나타나는 것이 개인적인 바람이며 아두이노의 행보를 눈여겨보는 이유이기도 하다.

책을 쓰는 동안 말없이 응원해 준 아내와 아빠의 등을 궁금해하던 두 아들, 여러 면에서 당혹스러운 책을 지지해 주신 제이펍 출판사가 있어 《아두이노 바이블》을 세상에 내놓을 수 있었음에 고마움을 전하고 싶다. 아두이노의 속도를 따라잡는다는 것은 욕심이었음을 이제야 알게 되었지만, 《아두이노 바이블》이 작으나마 오래도록 도움이 되는 책으로 아두이노의 미래를 그리는 거친 밑그림이 되기를 감히 소망한다.

허경용 드림

CHAPTER 40 텍스트 LCD

텍스트 LCD는 문자 단위로 정보를 표시하기 위해 사용할 수 있는 출력 장치의 일종으로, 간단한 정보 표시를 위해 흔히 사용된다. 텍스트 LCD는 표시할 수 있는 문자의 수와 제어 방법에 따라 다양한 종류가 사용되고 있다. 이 장에서는 텍스트 LCD의 구조와 제어 방법을 살펴보고, LCD 드라이버를 직접 제어하는 LiquidCrystal 라이브러리와 I2C 변환 모듈을 통해 제어하는 LiquidCrystal_I2C 라이브러리를 사용하여 텍스트 LCD를 사용하는 방법을 살펴본다.

CHAPTER 41 그래픽 LCD

텍스트 LCD가 고정된 위치에 문자 단위로만 출력이 가능한 장치라면, 그래픽 LCD는 임의의 위치에 픽셀 단위로 출력이 가능한 장치로 문자는 물론, 이미지, 도형 등 다양한 정보를 출력할 수 있다. 이 장에서는 픽셀 단위의 제어가 가능하면서 텍스트 LCD와 비슷한 핀 배치와 제어 방식을 갖고 있는 단색 그래픽 LCD의 구조와 사용 방법을 알아본다.

CHAPTER 42 OLED 디스플레이

LCD가 백라이트에서 발산된 빛을 액정에서 굴절시켜 밝기를 조절하는 방식을 사용한다면, OLED 디스플레이는 스스로 빛을 내는 유기소자를 사용해 백라이트를 사용하지 않는 것이 가장 큰 특징이다. 백라이트를 사용하지 않으므로 얇고 휘는, 심지어 입는 디스플레이까지도 제작할 수 있어 OLED 디스플레이는 기존 LCD를 대체할 차세대 디스플레이로 주목받고 있다. 이 장에서는 소형의 OLED 디스플레이를 SPI 통신과 I2C 통신을 사용하여 제어하는 방법을 살펴본다.

CHAPTER 43 네오픽셀

WS2812(B)는 RGB LED를 하나의 제어선으로 제어할 수 있도록 RGB LED와 LED 제어 칩을 하나의 소형 패키지로 만든 것으로, WS2812(B)를 직렬로 계속 연결해도 하나의 제어선만으로 연결된 모든 LED를 제어할 수 있다는 점이 가장 큰 장점이다. 네오픽셀은 Adafruit에서 WS2812(B)를 사용하여 다양한 형태의 디스플레이로 활용할 수 있도록 만든 브랜드 이름이지만, WS2812(B)를 사용한 대표적인 제품이므로 일반 명사처럼 사용되고 있다. 이 장에서는 네오픽셀 링과 네오픽셀 매트릭스를 사용하여 다양한 정보를 표시하는 방법을 알아본다.

CHAPTER 44 터치 TFT-LCD

그래픽 LCD는 픽셀 단위로 제어가 가능한 출력 장치로서 문자, 도형, 이미지 등을 출력할 수 있지만, 단색만 표시할 수 있다는 한계가 있다. 이에 비해 TFT-LCD에 사용된 TFT(박막 트랜지스터)는 픽셀 밝기를 조절할 수 있으므로 컬러 필터와 함께 사용하여 색상을 표현할 수 있다. 아두이노와 함께 사용하는 TFT-LCD에는 터치패널이 포함된 경우가 많으므로 사용자 인터페이스를 구현하기 위한 입출력 장치로 흔히 사용된다. 이 장에서는 아두이노와 함께 사용할 수 있는 병렬 방식 및 SPI 방식 터치 TFT-LCD의 사용 방법을 알아본다.

CHAPTER 45 DC 모터

모터는 전자기 유도 현상을 통해 전기 에너지를 운동 에너지로 변환하는 장치로, 움직이는 장치를 만드는 데 필수적인 부품 중 하나다. 아두이노와 함께 사용되는 모터에는 여러 종류가 있고 그 특성이 서로 달라 용도에 맞게 선택해서 사용해야 한다. 이 장에서는 모터 중에서도 가장 간단하고 많이 사용되는 DC 모터의 제어 방법과 모터 드라이버를 사용하여 DC 모터를 제어하는 방법을 알아본다.

CHAPTER 46 서보 모터

서보 모터는 DC 모터에 귀환 제어 회로를 추가하여 정확한 위치 제어가 가능하도록 만든 DC 모터의 한 종류다. 서보 모터는 180° 범위에서만 회전할 수 있는 표준 서보 모터가 흔히 사용되며, PWM 신호를 사용하여 회전 위치를 제어할 수 있다. 이 외에 360° 회전이 가능하고 회전 속도를 제어할 수 있는 연속 회전 서보 모터도 흔히 볼 수 있다. 이 장에서는 서보 모터의 동작 원리와 제어 방법을 알아본다.

CHAPTER 47 스텝 모터

스텝 모터는 펄스가 가해지면 일정 각도를 회전하고 멈추는 특징을 가진 모터로, 한 번에 회전하는 각도가 정해져 있어 간단하게 회전량을 제어하여 원하는 위치로 회전시킬 수 있다는 장점이 있다. 아두이노와 함께 사용되는 스텝 모터는 4개의 연결선을 갖는 양극 스텝 모터와 6개의 연결선을 갖는 단극 스텝 모터가 대부분이다. 이 장에서는 스텝 모터의 동작 원리와 제어 방법을 알아본다.

CHAPTER 48 릴레이

릴레이는 낮은 전압으로 높은 전압을 제어할 수 있게 해주는 스위치의 일종으로, 아두이노의 3.3V나 5V 신호로 220V를 사용하는 가전제품을 제어하기 위해 사용할 수 있다. 이 장에서는 릴레이의 동작 원리와 릴레이 중에서 흔히 볼 수 있는 전기기계식 릴레이 및 반도체 릴레이의 사용 방법을 알아본다.

CHAPTER 49 　 스피커와 사운드

아두이노 우노에 사용된 ATmega328 마이크로컨트롤러는 아날로그 신호 출력을 지원하지 않으므로 소리를 내기 위해 아날로그 신호를 사용할 수 없다. 대신 tone 함수를 사용하면 디지털 신호를 사용하여 스피커나 버저로 단음을 낼 수 있고, MP3 플레이어 모듈을 사용하면 SD 카드에 저장된 음악 파일 재생을 제어할 수 있다. 이 장에서는 아두이노에서 소리를 내는 여러 방법을 살펴본다.

CHAPTER 50 　 미니 프로젝트: 스네이크 게임

이 장에서는 네오픽셀 매트릭스와 조이스틱을 이용하여 네오픽셀 매트릭스에서 실행되는 스네이크 게임을 만들어본다. 스네이크 게임은 1970년대 소개된 게임으로, 규칙이 단순하고 구현 역시 쉬워 프로그래밍 연습용으로 흔히 사용되는 게임이다. 스네이크 게임을 구현하기에 8×8 네오픽셀 매트릭스의 해상도가 낮긴 하지만, 네오픽셀 매트릭스는 다양한 색상을 사용할 수 있고, 제어가 쉬우며, 여러 개의 네오픽셀 매트릭스를 연결하여 해상도를 쉽게 늘릴 수 있다는 등의 장점이 있으므로 이후 확장을 고려하여 사용했다. 이 장에서 구현하는 8×8 크기의 네오픽셀 매트릭스에서 동작하는 스네이크 게임을 이용하면 더 높은 해상도에서 동작하는 스네이크 게임 역시 어렵지 않게 구현할 수 있을 것이다.

CHAPTER 51 　 RTC: 날짜와 시간

아두이노에서 날짜와 시간을 유지하는 방법에는 소프트웨어 라이브러리를 사용하는 방법과 하드웨어 RTC_{Real Time Clock}를 사용하는 방법이 있다. 흔히 소프트웨어 RTC라고 불리는 소프트웨어 라이브러리를 사용하는 방법은 별도의 하드웨어가 필요하지 않지만, 아두이노의 전원이 꺼지면 시간이 유지되지 않는다는 단점이 있다. 반면, 하드웨어 RTC를 사용하면 아두이노 전원과 무관하게 날짜와 시간을 사용할 수 있지만, 전용 하드웨어가 필요하다는 단점이 있다. 이 장에서는 소프트웨어 및 하드웨어 RTC를 통해 날짜와 시간을 유지하고 사용하는 방법을 살펴본다.

CHAPTER 52 　 인터럽트

인터럽트는 프로그램의 순차적인 실행 과정에서 발생하는 비정상적인 사건을 가리키는 말이다. 인터럽트는 하드웨어에 의해 자동으로 검사되고, 인터럽트가 발생하면 인터럽트 서비스 루틴으로 자동으로 이동하여 비정상적인 사건을 먼저 처리한다. 아두이노에서 지원하는 인터럽트는 마이크로컨트롤러에서 제공하는 인터럽트의 극히 일부이지만, 아두이노의 함수와 라이브러리 구현에서 내부적으로 인터럽트가 많이 사용되고 있다. 이 장에서는 인터럽트의 처리 구조와 사용 방법을 알아본다.

CHAPTER 53 내부 EEPROM

EEPROM은 ATmega328 마이크로컨트롤러에 포함된 세 가지 종류의 메모리 중 하나로, 세 종류의 메모리 중 사용자가 마음대로 읽고 쓸 수 있는 유일한 메모리다. 하지만 EEPROM은 쓰기 속도가 느려 잦은 쓰기에는 적합하지 않으며, 아두이노 우노의 ATmega328에 포함된 EEPROM은 크기가 작아 많은 데이터를 기록할 수는 없다. 이 장에서는 ATmega328에 포함된 EEPROM을 아두이노의 EEPROM 라이브러리와 AVR 툴체인의 EEPROM 라이브러리를 통해 사용하는 방법을 살펴본다.

CHAPTER 54 SD 라이브러리

SD 카드는 플래시 메모리를 사용하여 만든 외부 저장장치 표준의 하나로, 스마트폰, 디지털 카메라 등 휴대용 장치의 외부 저장장치로 널리 사용되고 있다. 아두이노에서도 기본 라이브러리의 하나로 SD 라이브러리를 제공하고 있다. 따라서 많은 데이터를 저장해야 하는 경우 부족한 아두이노의 메모리를 대신하여 SD 카드를 사용할 수 있다. 하지만 SD 카드는 쓰기 속도가 느리다는 점은 생각해야 한다. 이 장에서는 SD 라이브러리를 사용하여 SD 카드에 데이터를 읽고 쓰는 방법을 살펴본다.

CHAPTER 55 아두이노 우노로 USB 장치 만들기

아두이노 우노에 사용된 메인 마이크로컨트롤러인 ATmega328은 USB 연결을 지원하지 않지만, 아두이노 우노에서 USB-UART 변환을 담당하는 마이크로컨트롤러인 ATmega16u2는 USB 연결을 지원한다. 따라서 ATmega16u2 마이크로컨트롤러의 펌웨어를 수정하면 아두이노 레오나르도와 마찬가지로 아두이노 우노 역시 USB 장치를 만드는 데 사용할 수 있다. 이 장에서는 ATmega16u2 마이크로컨트롤러의 펌웨어를 교체하여 아두이노 우노를 USB 키보드나 마우스로 동작하도록 만드는 방법을 살펴본다.

CHAPTER 56 플래시 메모리 활용

ATmega328 마이크로컨트롤러에는 2KB 크기의 SRAM이 포함되어 있다. SRAM에는 실행 중 변숫값이나 함수의 반환 정보 등이 저장되므로 복잡한 알고리즘을 구현하는 경우에는 2KB를 금세 소비하게 된다. SRAM이 부족한 경우 사용할 수 있는 방법 중 하나가 변경할 필요가 없는 변수의 값을 상대적으로 크기가 큰 플래시 메모리에서 SRAM을 거치지 않고 바로 읽어 사용하는 것이다. 이 장에서는 플래시 메모리에 변숫값을 저장하고 읽어오는 방법을 살펴본다.

CHAPTER 57 와치독 타이머

와치독 타이머는 여러 이유로 아두이노가 정지하거나 무한 루프에 빠졌을 때 아두이노를 리셋하기 위해 사용할 수 있는 타이머다. 와치독 타이머에 의해 리셋되는 것을 방지하기 위해서는 스케치에서 일정한 시간 간격으로 스케치가 정상적으로 동작하고 있음을 알려주어야 한다. 이 외에도 와치독 타이머는 슬립 모드에서 깨어나게 하는 소스로 흔히 사용된다. 이 장에서는 와치독 타이머를 사용하여 아두이노를 자동으로 리셋하는 방법과 와치독 타이머를 사용하여 슬립 모드에서 깨어나도록 하는 방법을 알아본다.

CHAPTER 58 태스크 스케줄러

아두이노에서 여러 가지 작업을 동시에 진행하기 위해서는 millis 함수가 흔히 사용된다. 하지만 진행해야 하는 작업이 늘어나면 코드가 복잡해져 이해하기 어려운 코드가 되기 쉽다. 이런 경우 여러 가지 작업의 진행을 관리하기 위해 사용할 수 있는 방법 중 하나가 스케줄러를 사용하는 것이다. 이 장에서는 스케줄러 라이브러리를 사용하여 여러 가지 작업을 동시에 진행하는 방법과 작업 사이에 데이터를 교환하는 방법 등 아두이노에서 여러 가지 작업을 동시에 진행할 때 필요한 기법들을 알아본다.

CHAPTER 59 ISP 방식 스케치 업로드 장치

아두이노에 스케치를 업로드하는 방법에는 별도의 하드웨어 없이 USB 연결을 사용하는 시리얼 방식과 전용 하드웨어를 ICSP 핀 헤더에 연결하여 사용하는 ISP 방식의 두 가지가 있다. ISP 방식을 사용하는 경우에는 전용 하드웨어를 사용해야 하며, 아두이노 보드를 포함하여 여러 가지 ISP 방식 프로그래머를 사용할 수 있다. 이 장에서는 ISP 방식 스케치 업로드에 흔히 사용되는 프로그래머의 종류와 사용 방법을 알아본다.

CHAPTER 60 퓨즈, 락, 시그너처 바이트

ATmega328 마이크로컨트롤러에는 플래시 메모리, SRAM, EEPROM 등 세 종류의 메모리가 포함되어 있지만, 이 외에도 마이크로컨트롤러의 동작 환경을 설정하기 위한 메모리가 숨겨져 있으며, 퓨즈 바이트, 락 바이트, 시그너처 바이트 등이 이에 해당한다. 이 장에서는 이들 메모리를 통해 ATmega328 마이크로컨트롤러의 기본적인 동작 환경을 설정하는 방법을 살펴본다.

CHAPTER 61 전원 관리와 슬립 모드

아두이노를 이용한 시스템 구현이 끝나면 설치 장소에 따른 전력 공급 방법을 생각해야 하며, 이동이 필요한 시스템이라면 배터리를 사용하여 시스템을 동작시키는 방법을 고려해야 한다. 배터리를 사용하는 경우 시스템의 전력 소비가 중요한 문제가 되므로 가능한 한 적은 전력을 소비하는 것이 바람직하다. 이 장에서는 가능한 한 적은 전력을 소비하도록 아두이노 호환 보드를 구성하는 방법과 시스템이 동작하지 않을 때 최소한의 전력을 소비하면서 슬립 모드에 있게 함으로써 소비 전력을 줄이는 방법에 대해 알아본다.

CHAPTER 62 아두이노와 AVR

아두이노가 마이크로컨트롤러와 관련된 많은 복잡한 내용을 숨겨 비전공자들이 쉽게 아두이노에 접근할 수 있었던 것은 사실이지만, 숨겨진 사실들로 인해 오해를 불러오는 것도 사실이다. 아두이노 우노는 ATmega328 마이크로컨트롤러를 사용하여 만들어진 보드를 가리키는 이름 이상도 이하도 아니며, 스케치 역시 아두이노 보드를 위해 C/C++ 언어를 사용하여 만든 프로그램을 가리키는 이름 이상도 이하도 아니다. 아두이노를 특별하게 만드는 것은 스케치 작성을 지원하는 함수와 라이브러리에서 찾아야 한다. 이 장에서는 아두이노를 위한 스케치 프로그래밍과 AVR 시리즈 마이크로컨트롤러를 위한 전형적인 AVR 프로그래밍의 차이를 살펴보고, 이들을 함께 사용함으로써 아두이노를 좀 더 정확하게 이해하고 다양하게 활용하는 방법을 알아본다.

CHAPTER 63 미니 프로젝트: 테트리스

이 장에서는 네오픽셀 매트릭스와 조이스틱을 이용하여 네오픽셀 매트릭스에서 실행되는 테트리스를 만들어본다. 테트리스는 1984년 처음 소개된 이후 거의 모든 플랫폼에서 실행될 만큼 잘 알려진 게임이다. 테트리스는 다양한 변형이 존재하지만, 기본적인 규칙은 간단하므로 어렵지 않게 구현할 수 있다. 이 장에서는 8×8 네오픽셀 매트릭스 2개를 사용하여 8×16 크기 화면에 테트리스를 구현해 본다. 기본적인 규칙만을 사용하여 게임을 구현할 것이지만, 이를 바탕으로 다양한 요소를 추가한다면 좀 더 흥미로운 나만의 테트리스 게임을 만들 수 있을 것이다.

vol.3 출력 장치와 고급 기법 편

아두이노 우노 × 2

CH. 37~63

ISP 방식 프로그래머 × 1
➡ USBISP

CH. 55, 59, 60, 62

가변저항 × 1

CH. 40, 41, 46

220Ω 저항 × 8

CH. 37~39, 48, 58, 61

1kΩ 저항 × 2

CH. 41, 45, 49, 52

10kΩ 저항 × 1

CH. 61

22pF 세라믹
커패시터 × 2

CH. 61

0.1μF 세라믹
커패시터 × 2

CH. 61

푸시 버튼 × 2

CH. 41, 45, 52, 61

16MHz 크리스털 × 1

CH. 61

LED × 2

CH. 48, 58, 61

ATmega328P 칩 × 1
➡ 28핀

CH. 61

IC 소켓 × 1
➡ 28핀, ATmega328P용

CH. 61

1자리 7세그먼트 표시장치 × 1
➡ 공통 음극 방식
CH. 37

7448 칩 × 1 ➡ 16핀
CH. 37

74595 칩 × 1 ➡ 16핀
CH. 37

4자리 7세그먼트 표시장치 × 1
➡ 공통 음극 방식
CH. 38

8자리 7세그먼트 표시장치 모듈 × 1
➡ MAX7219 칩 사용
CH. 38

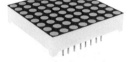

LED 매트릭스 × 1
➡ 공통 행 양극 방식
CH. 39

LED 매트릭스 모듈 × 2
➡ MAX7219 칩 사용
CH. 39

16×2 텍스트 LCD × 1
CH. 40, 56

텍스트 LCD I2C 변환 보드 × 1
CH. 40, 56

20×4 텍스트 LCD × 1
CH. 40

그래픽 LCD × 1
➡ 128×64 해상도
CH. 41

LM35 온도 센서 × 1
CH. 41, 54

OLED 디스플레이 × 1
➡ I2C 방식 0.96인치
CH. 42

OLED 디스플레이 × 1
➡ SPI 방식 0.96인치
CH. 42

네오픽셀 링 × 1
CH. 43

네오픽셀 매트릭스 × 2
➡ 8×8 크기
CH. 43, 50, 63

TFT-LCD 모듈 × 1
➡ 병렬 방식 2.8인치
CH. 44

TFT-LCD 모듈 × 1
➡ SPI 방식 2.8인치
CH. 45

DC 모터 × 1
CH. 45

모터 드라이버 모듈 × 1
➡ L298N 모터 드라이버 칩 사용
CH. 45

마이크로 서보 × 1
CH. 46

연속 회전 서보 × 1
CH. 46

28BYJ-48 단극 스텝 모터 × 1
CH. 47

스텝 모터 드라이버 × 1
➡ ULN2003 칩 사용
CH. 47

HC-06 블루투스 슬레이브 모듈 × 1
CH. 48

전기기계식 릴레이 × 1
CH. 48

반도체 릴레이 × 1
CH. 48

스피커 × 1 ➡ 8Ω 1W
CH. 49

액티브 부저 × 1
CH. 49

패시브 부저 × 1
CH. 49

DFPlayer Mini × 1
CH. 49

마이크로 SD 카드 × 1
CH. 49, 54

조이스틱 × 1
CH. 50, 63

Tiny RTC 모듈 × 1
➡ DS1307 RTC 칩 사용
CH. 51

DS3231 RTC 모듈 × 1
CH. 51, 61

SD 카드 모듈 × 1
CH. 54

USBasp × 1
CH. 59

USBtinyISP × 1
CH. 59

AVRISP mkII × 1
➡ 호환 제품
CH. 59

vol.3 출력 장치와 고급 기법 편

김명정(부산교육대학교 교육대학원)

베타리딩에 참여하면서 주어진 부분을 꼼꼼히 살펴보았는데, 오탈자나 어색한 부분이 없이 상세하게 기술되어 있었습니다. 동일한 센서도 종류별로 예를 들어 설명했고, 사용되는 함수의 정의도 명시해 줘서 이 책을 보시는 독자들이 프로그램 구현 부분을 이해하는 데 많은 도움이 될 것 같습니다. 저자가 많은 공을 들인 책이라는 걸 느낄 수 있었습니다.

김준섭(중앙대학교)

아두이노와 관련된 백과사전이라는 느낌을 받았습니다. 분량이 상당히 많기에 입문자보다 기존에 몇 번 사용해 본 분들이 더 많은 기능을 알아가며 다양한 프로젝트를 진행할 때 도움이 될 것 같습니다. 책을 정독하기보다 '내가 생각하는 기능이 과연 있을까?' 하는 마음으로 해당 기능을 찾아 읽는다면 더 많은 양을 이해할 수 있을 것 같습니다. 또한, 이 책은 이전에 있던 아두이노 관련 도서들에 대한 총정리 역할을 할 것 같아 기본적인 아두이노 사용을 위해 또 다른 책이 필요 없을 것 같다는 생각도 들었습니다. 그러나 한편 '이 책이 과연 입문자에게 좋을까'라는 생각도 듭니다. 우리가 말을 배울 때 국어사전을 먼저 보지 않는 것처럼 입문자들에게는 초반부터 너무 많은 양의 정보가 제공되는 것 같습니다. 오히려 점점 나이가 들면서 더 다양한 어휘를 알게 되며 자기 생각을 분명하게 말하고 싶을 때 정확한 표현을 사전에서 찾듯이, 이 책도 필요한 기능이 있을 때 꺼내 보는 용도로 사용하기를 추천합니다.

심주현(삼성전자)

책 제목처럼 바이블이 맞았네요. 아두이노로 해볼 수 있는 모든 것을 다루고 있으니 말이죠. 그래서 아두이노의 초급부터 고급 기능까지 이 책에서 다루고 있어 더는 구글링이 필요 없겠구나 싶었습니다. 또한, 친절하게도 곳곳에 꿀팁들이 많아 좋았습니다. 특히 메모리, 와치독 타이머, 스케줄러 관련 장들은 도움이 많이 되었습니다. 책의 분량이 상당한데 집필하신 허경용 교수님의 노고에 감사드리며, 그동안 접해 본 아두이노 관련 도서들과 비교했을 때 상당히 수준이 높고 아두이노를 전반적으로 다루고 있어 독자들에게 많은 도움이 될 것이라 평가합니다.

이종우(유베이퍼코리아)

아두이노 초급자부터 중·상급자까지 모두 만족할 수 있는 책인 것 같습니다. 개인적으로는 아두이노를 잘 알지 못해서 주로 오탈자 중심으로 열심히 보았는데, 책이 출간되면 처음부터 따라 해 보면서 공부할 예정입니다.

이충녕(서강대학교)

'아두이노의 A to Z를 알고 싶다면 이 책으로 시작하면 좋겠다'라는 생각이 들었습니다. 아두이노를 전혀 모른다면 이해하기 어려울 수도 있습니다. 하지만 배우기를 마음먹었다면 어떻게 나아가야 할지 감을 잡을 수 있을 것입니다. 아두이노의 유래부터 전자공학 지식까지 아두이노의 모든 것이 꾹꾹 눌러 담겨 있는 바이블이라는 느낌을 베타리딩 내내 받았습니다. 비전공자부터 전문가까지 아두이노를 접하는 모든 이의 충실한 길잡이가 될 것 같습니다.

전은영(삼양데이타시스템)

아두이노로 개발할 때 옆에 두고 참고하기에 좋은 책입니다. 아두이노에 각종 장치와 모듈을 붙이면서 구글링을 통해 코드를 붙여넣기보다는 해당 장치와 모듈에 대해 이해하고 여러 상황에 맞게 구현된 코드를 보며 활용할 수 있게 구성되어 있습니다. 단편적인 사용보다는 깊은 공부를 병행하며 개발하기에 안성맞춤인 책인 것 같습니다.

전직상(메이커쿱협동조합)

다른 아두이노 도서에서는 찾아볼 수 없는 다양한 부품들에 대한 사용법이 자세히 제시되어 좋았습니다. 하루빨리 서적이 출간되길 기대합니다.

최조영(도고초등학교)

꼼꼼한 설명과 소스 및 삽화 자료가 아두이노를 시작하거나 응용하고픈 메이커에게 백과사전과 같은 도움을 줄 수 있을 것 같습니다. 이렇게 쉬우면서도 세세한 설명이 담겨 있는 아두이노 관련 책을 본 적이 없습니다. 기존의 아두이노 서적들에서는 늘 뭔가 아쉬웠던 부분이 있었는데, 이 갈증이 해소될 만큼 진정한 아두이노 백과사전이라 생각합니다. 정말 유용하고 소장 가치가 있는 아두이노 서적이 출간되는 듯하여 반갑고 기쁜 마음입니다.

제이펍
베타리더스

제이펍은 책에 대한 애정과 기술에 대한 열정이 뜨거운 베타리더의 도움으로 출간되는 모든 IT 전문서에 사전 검증을 시행하고 있습니다.

1자리 7세그먼트 표시장치

7세그먼트 표시장치는 이름과 다르게 8개의 LED를 이용하여 숫자나 간단한 문자를 표시할 수 있도록 만들어진 출력 장치로, 숫자 출력을 위해 흔히 사용된다. 7세그먼트 표시장치는 8개 LED를 제어하는 것과 같은 방법으로 제어할 수 있으며, 사용할 수 있는 데이터 핀의 수가 제한된 경우에는 데이터 변환을 위한 별도의 칩을 사용하여 제어할 수 있다. 이 장에서는 1자리 7세그먼트 표시장치의 구조와 제어 방법을 알아본다.

		이 장에서 사용할 부품
아두이노 우노	× 1 ➡	1자리 7세그먼트 표시장치 테스트
1자리 7세그먼트 표시장치	× 1 ➡	공통 음극 방식
220Ω 저항	× 8 ➡	세그먼트 LED 보호
7448 칩	× 1 ➡	공통 음극 방식 출력의 BCD 디코더
74595 칩	× 1 ➡	직렬 입력 병렬 출력 레지스터

7세그먼트 표시장치7 segment display는 **7개의 선분으로 간단한 숫자와 글자를 표시할 수 있도록 만들어진 출력 장치**의 한 종류다. 7세그먼트 표시장치는 선분을 나타내는 7개의 LED에 소수점을 나타내는 1개의 LED가 추가되어 총 8개의 LED를 1바이트의 데이터로 제어할 수 있도록 만들어지는 것이 일반적이다. FNDFlexible Numeric Display라고도 불리는 7세그먼트 표시장치는 그 이름에서도 알 수 있듯이 숫자를 표시하기 위해 흔히 사용된다. 7세그먼트 표시장치 중에는 두 자리 이상의 숫자를 표시하도록 만들어진 경우도 많지만, 이 장에서는 한 자리 숫자 표시를 위한 7세그먼트 표시장치를 살펴보고, 여러 자리 숫자를 표시할 수 있는 7세그먼트 표시장치는 38장 '4자리 7세그먼트 표시장치'에서 다룬다.

37.1 1자리 7세그먼트 표시장치

1자리 7세그먼트 표시장치는 10개의 핀을 가지며 핀 배열은 그림 37.1과 같다. 그림 37.1에 나타난 바와 같이 소수점이 있는 면의 가장 왼쪽 핀이 1번 핀에 해당하고 반시계 방향으로 핀 번호가 증가한다.

10개의 핀은 2개의 공통 핀과 8개의 제어 핀으로 나뉜다. 8개의 제어 핀은 각 세그먼트를 켜거나 끄기 위해 사용되는 핀이고, 공통 핀은 8개 세그먼트의 공통 전원에 해당한다. 각 세그먼트는 LED로 만들어져 있으므로 공통 핀과 제어 핀에 전원을 가하여 세그먼트를 켜거나 끌 수 있다.

그림 37.1 1자리 7세그먼트 표시장치 핀 번호

공통 핀에는 고정된 공통의 전원을 연결한다. 반면, **제어 핀에는 세그먼트를 켜거나 끄는 데 필요한 전원을 가한다.** 공통 핀에 VCC를 연결한다고 생각해 보자. 제어 핀에 VCC를 연결하면 해당 세그먼트는 꺼지고, GND를 연결하면 해당 세그먼트는 켜진다. 반대로 공통 핀에 GND를 연결하면, 제어 핀에 VCC를 연결했을 때 해당 세그먼트가 켜지고 GND를 연결했을 때 해당 세그먼트는 꺼진다. 이처럼 1자리 7세그먼트 표시장치는 공통 핀에 연결하는 공통 전원에 따라 해당 LED를 켜거나 끄는 방법이 서로 반대가 된다.

공통 핀에 VCC를 연결하는 방식을 **공통 양극**common anode **방식**이라고 하고, **공통 핀에 GND를 연결하는 방식을 공통 음극**common cathode **방식**이라고 한다. 공통 양극 방식과 공통 음극 방식은 제어 방식이 반대일 뿐만 아니라, 제어 핀에 GND를 가해 해당 LED를 켜는 **공통 양극 방식은 직관적인 방식과는 제어 방식이 반대**라는 점도 주의해야 한다.

공통 양극 방식과 공통 음극 방식은 제어하는 방법이 서로 반대이므로 7세그먼트 표시장치를 사용하기 이전에 제어 방식을 먼저 확인해야 한다. 그림 37.2는 공통 양극 방식과 공통 음극 방식의 1자리 7세그먼트 표시장치를 나타낸 것이다. 외형과 핀 배치는 같지만, 해당 세그먼트를 켜기 위해 가해야 하는 전원이 반대이므로 LED의 방향이 반대인 것을 확인할 수 있다.

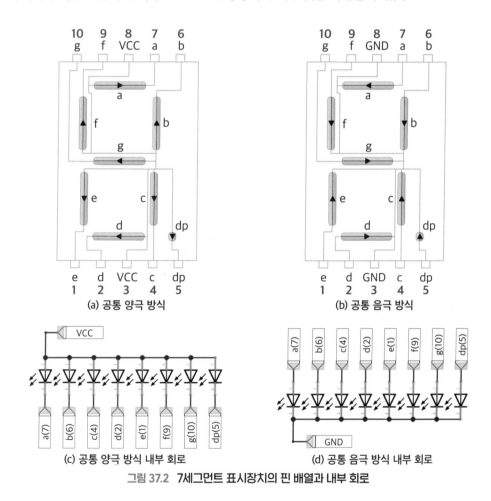

그림 37.2 7세그먼트 표시장치의 핀 배열과 내부 회로

표 37.1은 1자리 7세그먼트 표시장치의 종류에 따른 제어 방식을 비교한 것이다.

표 37.1 1자리 7세그먼트 표시장치 제어 방법

종류	공통 핀	제어 핀	
		세그먼트 켜기	세그먼트 끄기
공통 양극 방식	VCC	GND	VCC
공통 음극 방식	GND	VCC	GND

그림 37.2에서 볼 수 있듯이 각 세그먼트에는 이름이 정해져 있다. 세그먼트는 일반적으로 a →
b → c → d → e → f → g → dp 순서로 나타낸다. 7세그먼트 표시장치 제어를 위해서는 세그먼
트당 1비트 데이터가 필요하므로 1바이트 데이터로 8개 세그먼트를 제어할 수 있다. 그림 37.3은
1자리 7세그먼트 표시장치에 숫자를 표시하는 예를 나타낸 것이다.

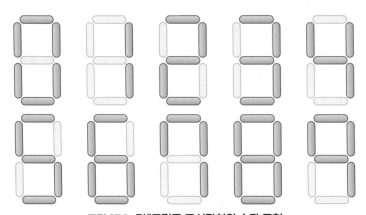

그림 37.3 7세그먼트 표시장치의 숫자 표현

표 37.2 1자리 7세그먼트 표시장치를 위한 숫자 표시 데이터

숫자	세그먼트								바이트 데이터
	dp	g	f	e	d	c	b	a	
0	0	0	1	1	1	1	1	1	0x3F
1	0	0	0	0	0	1	1	0	0x06
2	0	1	0	1	1	0	1	1	0x5B
3	0	1	0	0	1	1	1	1	0x4F
4	0	1	1	0	0	1	1	0	0x66
5	0	1	1	0	1	1	0	1	0x6D
6	0	1	1	1	1	1	0	1	0x7D
7	0	0	1	0	0	1	1	1	0x27
8	0	1	1	1	1	1	1	1	0x7F
9	0	1	1	0	0	1	1	1	0x67

그림 37.3의 각 숫자를 1바이트의 데이터로 나타낸 것이 표 37.2다. 공통 양극 방식과 공통 음극 방식에서 해당 세그먼트를 켜기 위한 값은 반대이지만, 여기서는 직관적인 방식과 일치하도록 논리 1로 해당 세그먼트를 켜는 공통 음극 방식을 기준으로 했다. 따라서 공통 양극 방식의 7세그먼트 표시장치를 사용하는 경우에는 표 37.2의 데이터를 비트 반전시켜 사용해야 한다. 이 장에서는 공통 음극 방식을 사용했으며 소수점은 사용하지 않는다.

1자리 7세그먼트 표시장치를 그림 37.4와 같이 2번부터 9번까지 8개 핀을 사용하여 연결하자. 공통 음극 방식을 사용하므로 공통 핀을 GND에 연결한다. 또한 각 제어 핀에는 세그먼트 보호를 위해 저항을 연결해야 한다.

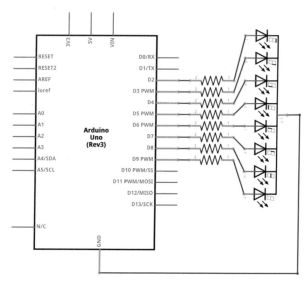

그림 37.4 1자리 7세그먼트 표시장치 연결 회로도

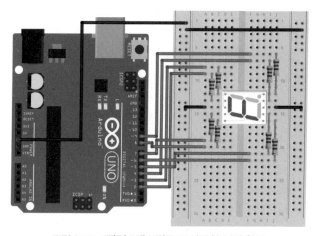

그림 37.5 1자리 7세그먼트 표시장치 연결 회로

스케치 37.1은 표 37.2의 데이터를 사용하여 1자리 7세그먼트 표시장치에 0부터 9까지의 숫자를 1초 간격으로 표시하는 상향 카운터를 구현한 예다.

</> 스케치 37.1 상향 카운터 – delay 함수 사용

```
// 0에서 9까지 숫자 표현을 위한 세그먼트 a, b, c, d, e, f, g, dp의 패턴
byte patterns[] = {
    0x3F, 0x06, 0x5B, 0x4F, 0x66, 0x6D, 0x7D, 0x27, 0x7F, 0x67
};
// 7세그먼트 연결 핀: a, b, c, d, e, f, g, dp 순서
int pins[] = { 2, 3, 4, 5, 6, 7, 8, 9 };

int index = 0;                              // 현재 출력하는 숫자

void setup(){
    for(int i = 0; i < 8; i++){             // 7세그먼트 연결 핀을 출력으로 설정
        pinMode(pins[i], OUTPUT);
    }
}

void loop(){
    displayOneDigit(index);                 // 숫자 표시

    index = (index + 1) % 10;               // 0~9 반복

    delay(1000);                            // 1초 대기
}

void displayOneDigit(byte n) {              // 0~9 사이 숫자 표시
    for(int i = 0; i < 8; i++){             // 7세그먼트에 표시
        boolean on_off = bitRead(patterns[n], i);
        digitalWrite(pins[i], on_off);
    }
}
```

스케치 37.1에서 7세그먼트 표시장치의 8개 LED 점멸 데이터는 1바이트로 표시되며, 각 세그먼트 데이터는 1비트로 표시된다. 따라서 바이트값에서 비트값을 알아내기 위해서는 비트 연산이 필요하다. 아두이노에서는 비트값을 알아내기 위해 bitRead 매크로 함수를 정의하고 있으며, 스케치 37.1에서도 bitRead 함수를 사용하여 각 비트값을 찾아내어 해당 세그먼트 제어에 사용하고 있다.

```
#define bitRead(value, bit) (((value) >> (bit)) & 0x01)


boolean on_off = bitRead(patterns[n], i);
boolean on_off = (patterns[n] >> i) & 0x01;
```

스케치 37.1에서는 0부터 9까지 1초 간격으로 반복해서 숫자를 증가시키고 있다. 여기에 시리얼 모니터로 일시 정지 명령을 전송하면 카운터를 일시 멈추고, 재시작 명령을 전송하면 카운터를 다시 시작하는 기능을 추가해 보자. 기능을 추가하기 위해서는 먼저 스케치 37.1에서 delay 함수를 없애야 한다. delay 함수를 사용하면 시리얼 모니터를 통해 보내지는 데이터를 즉시 처리할 수 없다. 스케치 37.2는 스케치 37.1과 같은 동작을 하는 스케치를 delay 함수 대신 millis 함수를 사용하여 구현한 예다.

◁/▷ 스케치 37.2 상향 카운터 – millis 함수 사용

```
// 0에서 9까지 숫자 표현을 위한 세그먼트 a, b, c, d, e, f, g, dp의 패턴
byte patterns[] = {
    0x3F, 0x06, 0x5B, 0x4F, 0x66, 0x6D, 0x7D, 0x27, 0x7F, 0x67
};
// 7세그먼트 연결 핀: a, b, c, d, e, f, g, dp 순서
int pins[] = { 2, 3, 4, 5, 6, 7, 8, 9 };

int index = 0;                                      // 현재 출력하는 숫자
unsigned long time_previous;

void setup() {
    for (int i = 0; i < 8; i++) {                   // 7세그먼트 연결 핀을 출력으로 설정
        pinMode(pins[i], OUTPUT);
    }
    time_previous = millis();
}

void loop() {
    unsigned long time_current = millis();          // 현재 시간

    if (time_current - time_previous >= 1000) {     // 폴링 방식의 검사
        time_previous = time_current;               // 시간 갱신

        index = (index + 1) % 10;                   // 0~9 반복
        displayOneDigit(index);                     // 숫자 표시
    }
}

void displayOneDigit(byte n) {                      // 0~9 사이 숫자 표시
    for (int i = 0; i < 8; i++) {                   // 7세그먼트에 표시
        boolean on_off = bitRead(patterns[n], i);
        digitalWrite(pins[i], on_off);
    }
}
```

시리얼 모니터를 통해 카운터의 일시 정지와 재시작이 가능하도록 스케치 37.2를 수정한 것이 스케치 37.3이다. 일시 정지를 위해서는 'P' 또는 'p'를, 재시작을 위해서는 'S' 또는 's'를 전송하면 된다. 이 외의 입력은 잘못된 입력임을 알려주고 카운터 동작에는 변화가 없다.

```
// 0에서 9까지 숫자 표현을 위한 세그먼트 a, b, c, d, e, f, g, dp의 패턴
byte patterns[] = {
    0x3F, 0x06, 0x5B, 0x4F, 0x66, 0x6D, 0x7D, 0x27, 0x7F, 0x67
};
// 7세그먼트 연결 핀: a, b, c, d, e, f, g, dp 순서
int pins[] = { 2, 3, 4, 5, 6, 7, 8, 9 };

int index = 0;                              // 현재 출력하는 숫자
unsigned long time_previous;
boolean running = true;                     // 카운터 동작 상태

void setup() {
    for (int i = 0; i < 8; i++) {           // 7세그먼트 연결 핀을 출력으로 설정
        pinMode(pins[i], OUTPUT);
    }
    time_previous = millis();
    Serial.begin(9600);
}

void loop() {
    if (Serial.available()) {               // 시리얼 모니터로 명령 입력
        char ch = Serial.read();
        Serial.print(String('\'') + ch + "\' : ");

        if (ch == 'S' || ch == 's') {       // 시작 명령 'Start'
            running = true;
            Serial.println("시작");
        }
        else if (ch == 'P' || ch == 'p') {  // 정지 명령 'stoP'
            running = false;
            Serial.println("정지");
        }
        else {
            Serial.println("잘못된 명령");
        }
    }

    unsigned long time_current = millis();
    if (running) {                                  // 카운터가 동작 중일 때
        if (time_current - time_previous >= 1000) {
            time_previous = time_current;

            index = (index + 1) % 10;               // 0~9 반복
            displayOneDigit(index);                 // 숫자 표시
        }
    }
    else {
        time_previous = time_current;
    }
}
```

```
void displayOneDigit(byte n) {                    // 0~9 사이 숫자 표시
    for (int i = 0; i < 8; i++) {                 // 7세그먼트에 표시
        boolean on_off = bitRead(patterns[n], i);
        digitalWrite(pins[i], on_off);
    }
}
```

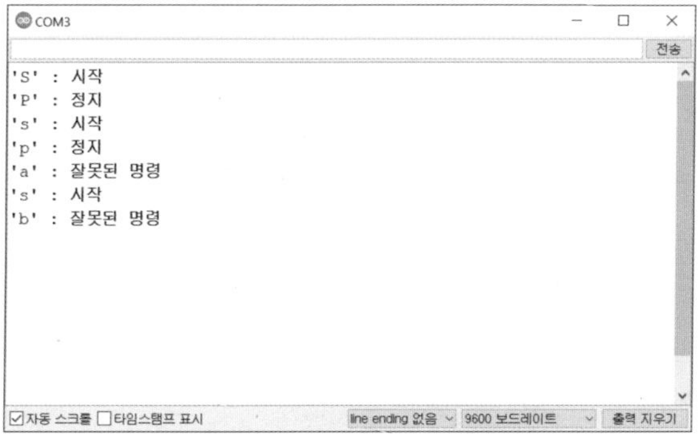

그림 37.6 스케치 37.3 실행 결과

37.2 7448: 7세그먼트 디코더

7세그먼트 표시장치는 제어가 간단하여 숫자를 표시하기 위해 흔히 사용된다. 하지만 숫자 한 자리를 표시하기 위해 8개의 데이터 핀이 필요하다는 점은 데이터 핀의 수가 제한된 마이크로컨트롤러에서는 사용하기 어려울 수 있다. 이런 경우 적은 수의 데이터 핀으로 많은 수의 LED를 제어하기 위해 다양한 방법을 사용할 수 있으며, 그중 하나가 7세그먼트 전용의 디코더 칩을 사용하는 것이다.

BCD 디코더는 BCD 값을 입력받아 소수점을 제외한 7개 세그먼트의 제어 신호를 출력하는 장치다. '이진화십진법'이라고 불리는 BCDBinary Coded Decimal는 이진수 네 자리로 십진수 한 자리를 나타내는 방법이다. 0에서 9까지의 숫자를 나타내는 방법은 BCD와 이진수 표현이 같다. 하지만 1010_2에서 1111_2까지는 BCD에서 사용하지 않아 데이터 저장 및 전송에서 효율이 낮지만, BCD로 표현된 숫자는 십진수로 간단히 변환할 수 있어 아직도 사용되고 있으며 7세그먼트 표시장치가 대표적인 예다.

표 37.3 BCD 표현과 이진수 표현

집진수	BCD 표현	이진수 표현	십진수	BCD 표현	이진수 표현
0	0000 0000	0000 0000	10	0001 0000	0000 1010
1	0000 0001	0000 0001	11	0001 0001	0000 1011
2	0000 0010	0000 0010	12	0001 0010	0000 1100
3	0000 0011	0000 0011	13	0001 0011	0000 1101
4	0000 0100	0000 0100	14	0001 0100	0000 1110
5	0000 0101	0000 0101	20	0010 0000	0001 0100
6	0000 0110	0000 0110	30	0011 0000	0001 1110
7	0000 0111	0000 0111	40	0100 0000	0010 1000
8	0000 1000	0000 1000	50	0101 0000	0011 0010
9	0000 1001	0000 1001	60	0110 0000	0011 1100

4비트의 BCD 값에서 7개 세그먼트 제어를 위한 7비트 데이터를 출력하는 BCD 디코더는 7447과 7448 의 두 종류가 흔히 사용된다. **7447 칩은 공통 양극 방식의 출력**을, **7448 칩은 공통 음극 방식의 출력**을 내는 점을 제외하면 두 칩은 형태와 기능이 같다. 이 장에서는 공통 음극 방식의 출력을 내는 7448 칩을 사용한다. 7448 칩의 핀 배치는 그림 37.7과 같으며 4개의 입력 $DCBA_2$를 받아 각 세그먼트를 제어하는 7개의 출력을 9번에서 15번 핀으로 출력한다. 3번 $\overline{LT}$Lamp Test는 LOW 값이 주어질 때 모든 세그먼트로 HIGH 값을 출력하여 세그먼트를 테스트하는 용도로 사용된다. $\overline{PBO}$Ripple Blanking Output와 $\overline{RBI}$Ripple Blanking Input는 여러 개의 7448을 연결하여 여러 자리의 숫자를 표시할 때 '0123'을 선행하는 영 없이 '123'으로만 표시하기 위해 사용한다.

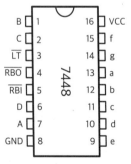

그림 37.7 7448 칩의 핀 배치도

그림 37.8과 같이 7448 디코더 칩을 아두이노 우노에 연결하자. 입력은 4비트로 8번에서 11번까지 LSBLeast Significant Bit부터 연결한다.

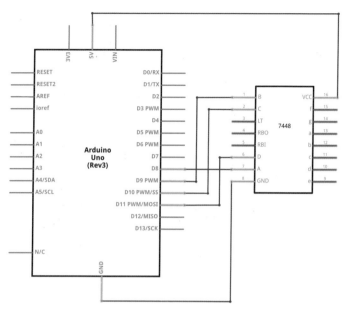

그림 37.8 **7448 디코더 연결 회로도**

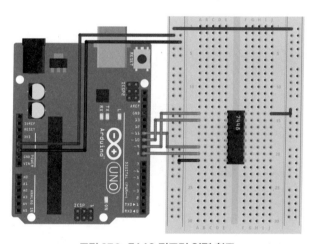

그림 37.9 **7448 디코더 연결 회로**

7448 칩의 출력은 소수점을 제외한 7비트로, 그림 37.10과 같이 1자리 7세그먼트 표시장치에 연결한다. 이때 세그먼트 보호를 위한 저항도 잊지 말아야 한다.

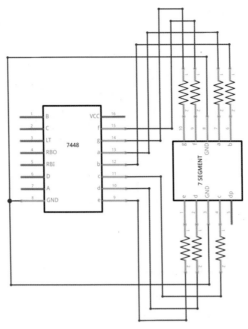

그림 37.10 7448 디코더와 1자리 7세그먼트 연결 회로도

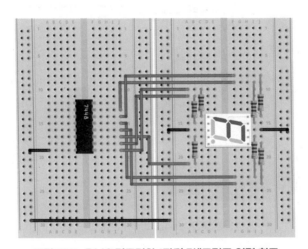

그림 37.11 7448 디코더와 1자리 7세그먼트 연결 회로

스케치 37.4는 7448 7세그먼트 디코더를 사용하여 0에서 9 사이 숫자를 1초 간격으로 반복해서 표시하는 예다.

</> 스케치 37.4 상향 카운터 – 7448 디코더 사용

```
int pins[] = {8, 9, 10, 11};                    // BCD 값 출력 핀
int count = 0;                                  // 현재 출력하는 숫자
```

```
void setup() {
    for (int i = 0; i < 4; i++) {
        pinMode(pins[i], OUTPUT);                 // BCD 값 출력 핀을 출력으로 설정
    }
    Serial.begin(9600);                           // 시리얼 통신 초기화
}

void loop() {
    Serial.print(String(count) + " : ");
    for (int i = 0; i < 4; i++) {                 // LSB에서 MSB 순서로 출력
        boolean out = bitRead(count, i);          // BCD 값의 각 비트 읽기
        Serial.print(String(out) + " ");

        digitalWrite(pins[i], out);
    }
    Serial.println();                             // 줄바꿈
    count = (count + 1) % 10;                      // 0~9 사이 반복

    delay(1000);
}
```

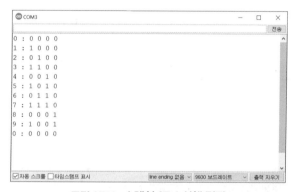

그림 37.12 스케치 37.4 실행 결과

74595: 직렬 입력 병렬 출력 이동 레지스터

7448 칩이 7세그먼트 전용 칩이라면, **74595는 바이트 단위의 데이터를 직렬로 받아 8개의 비트 단위 데이터로 병렬로 출력하는**Serial In Parallel Out 칩으로 디지털 출력 핀을 확장할 수 있게 해주는 칩이다. **74595 칩은 3개의 핀으로 8개의 디지털 핀을 사용할 수 있게 해주므로** 7세그먼트 1자리를 제어할 수 있다. 3개의 핀은 시리얼 데이터 입력 핀, 시리얼로 입력되는 데이터를 74595 칩 내에 이동시켜

저장하는 이동 클록shift clock 핀, 74595 칩 내에 저장된 데이터를 병렬로 출력하는 래치 클록latch clock 핀 등이다. 74595 칩에 대한 자세한 내용은 28장 '입출력 확장'을 참고하면 된다.

74595 칩을 그림 37.13과 같이 아두이노 우노에 연결하자. 데이터 핀은 8번, 래치 클록 핀은 9번, 이동 클록 핀은 10번에 연결했다.

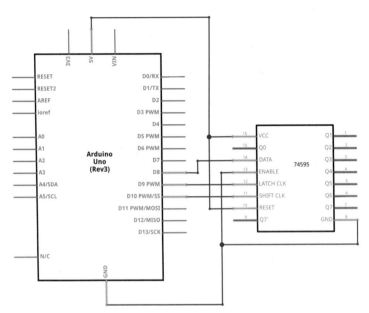

그림 37.13 74595 칩 연결 회로도

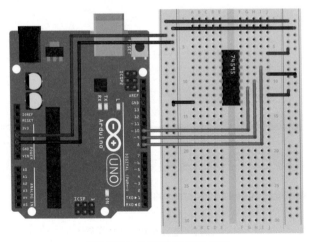

그림 37.14 74595 칩 연결 회로

1자리 7세그먼트 표시장치는 그림 37.15와 같이 74595 칩에 연결한다.

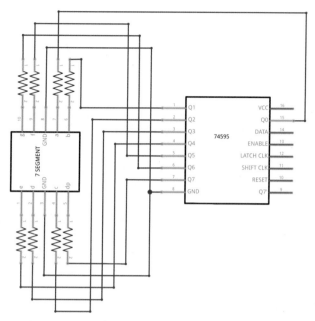

그림 37.15 74595 칩과 1자리 7세그먼트 표시장치 연결 회로도

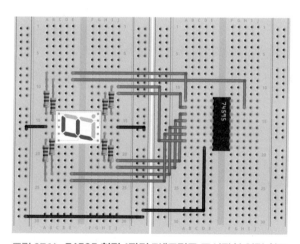

그림 37.16 74595 칩과 1자리 7세그먼트 표시장치 연결 회로

스케치 37.5는 74595 칩을 사용하여 0에서 9 사이 숫자를 1초 간격으로 반복해서 보여주는 예다. 74595 칩을 사용하여 7세그먼트 표시장치에 숫자를 출력하는 핵심은 displayOneDigit 함수에 있다. displayOneDigit 함수에서는 8비트의 데이터를 이동 클록을 사용하여 비트 단위로 전송하는 작업을 수행하며, 이를 위해 shiftOut 함수를 사용할 수 있다.

■ shiftOut

> void shiftOut(uint8_t dataPin, uint8_t clockPin, uint8_t bitOrder, uint8_t value)
> - 매개변수
>   dataPin: 데이터 출력 핀
>   clockPin: 이동 클록 출력 핀
>   bitOrder: 비트 출력 순서로 MSB 우선(MSBFIRST) 또는 LSB 우선(LSBFIRST)
>   value: 출력될 바이트 단위 데이터
> - 반환값: 없음

지정한 번호의 데이터 핀(dataPin)으로 바이트 단위의 값(value)을 출력 순서(bitOrder)에 따라 출력한다. 출력 순서는 MSB나 LSB부터 출력하도록 지정할 수 있으며, 하나의 비트가 출력된 이후에는 clockPin으로 펄스를 출력하여 데이터를 이동시키는 데 사용한다.

</> 스케치 37.5 상향 카운터 – 74595 칩 사용

```
int DATA_PIN = 8;
int LATCH_CLOCK_PIN = 9;
int SHIFT_CLOCK_PIN = 10;

// 0에서 9까지 숫자 표현을 위한 세그먼트 a, b, c, d, e, f, g, dp의 패턴
byte patterns[] = {
    0x3F, 0x06, 0x5B, 0x4F, 0x66, 0x6D, 0x7D, 0x27, 0x7F, 0x67
};

int index = 0;                              // 현재 출력하는 숫자
unsigned long time_previous;

void setup() {
    pinMode(DATA_PIN, OUTPUT);              // 데이터와 제어 핀을 출력으로 설정
    pinMode(LATCH_CLOCK_PIN, OUTPUT);
    pinMode(SHIFT_CLOCK_PIN, OUTPUT);

    time_previous = millis();
}

void loop() {
    unsigned long time_current = millis();  // 현재 시간

    if (time_current - time_previous >= 1000) {
        time_previous = time_current;       // 시간 갱신

        index = (index + 1) % 10;           // 0~9 반복
        displayOneDigit(index);             // 숫자 표시
    }
}
```

```
void displayOneDigit(byte n) {                        // 0~9 사이 숫자 표시
    digitalWrite(LATCH_CLOCK_PIN, LOW);
    // 8개 비트를 MSB 우선으로 전송하면 74595의 출력 순서와 일치함
    shiftOut(DATA_PIN, SHIFT_CLOCK_PIN, MSBFIRST, patterns[n]);
    // 래치 클록의 상승 에지에서 래치 데이터 출력
    digitalWrite(LATCH_CLOCK_PIN, HIGH);
}
```

37.4 맺는말

FND라고도 불리는 1자리 7세그먼트 표시장치는 7개의 선분과 소수점까지 8개의 세그먼트로 한 자리 숫자를 나타내기 위해 흔히 사용되는 표시장치의 한 종류로, 일상생활에서도 디지털 시계, 엘리베이터 등 숫자 표시가 필요한 곳에서 쉽게 찾아볼 수 있다. 7세그먼트 표시장치는 기본적으로 LED 8개와 제어 방법이 같다. 하지만 패키지 형태로 만들면서 논리 1의 값으로 해당 세그먼트를 켤 것인지, 논리 0의 값으로 해당 세그먼트를 켤 것인지에 따라 공통 음극 방식과 공통 양극 방식의 두 가지로 만들어진다. 두 가지 방식은 제어 방법이 서로 반대이므로 사용하기 전에 종류를 반드시 확인해야 한다.

7세그먼트 표시장치가 간단하게 숫자를 표시할 수 있도록 해주지만, 8개의 데이터 핀을 사용한다는 점 때문에 데이터 핀의 수가 제한된 아두이노에서는 실용적이지 못할 수 있다. 이런 경우에는 적은 수의 핀으로 많은 수의 LED를 제어할 수 있게 해주는 전용 칩을 사용할 수 있다. 그중 하나가 7세그먼트 전용으로 사용되는 7448 BCD 디코더이며, 출력 핀 확장을 위해 사용하는 74595 칩역시 흔히 사용된다.

1자리 7세그먼트 표시장치가 8개 LED와 다르지 않다면 다음 장에서 살펴볼 4자리 7세그먼트 표시장치는 좀 더 복잡하다. 4자리 7세그먼트 표시장치는 여러 자리의 숫자를 표시할 수 있어 1자리 7세그먼트 표시장치보다 많이 사용되지만, 기본 원리는 1자리 7세그먼트 표시장치와 같다는 점도 잊지 말아야 한다.

1 그림 37.4와 같이 1자리 7세그먼트 표시장치를 연결하자. 아날로그 입력 핀인 A0 핀에 가변저항을 연결하고 아날로그 입력값 0~1023을 0에서 9까지 10구간으로 나누어 1자리 7세그먼트 표시장치에 나타내는 스케치를 작성해 보자. 이때 시리얼 모니터로는 7세그먼트 표시장치에 표시되는 값이 바뀔 때, 즉 아날로그 입력값의 구간이 바뀔 때만 메시지를 출력하게 한다.

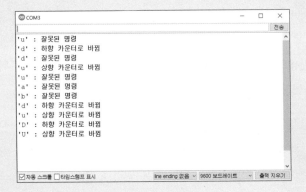

2 스케치 37.3은 카운터의 일시 정지 및 재시작을 시리얼 모니터로 제어할 수 있게 하는 예다. 이를 수정하여 'U' 또는 'D' 명령으로 상향 및 하향 카운터로 동작하게 해보자. 전송하는 명령은 대소문자를 구별하지 않고 시리얼 모니터에서는 개행문자를 추가하지 않는다.

4자리 7세그먼트
표시장치

한 자리 이상의 숫자를 나타내기 위해서는 1자리 7세그먼트 표시장치를 여러 개 사용하면 되지만, 이 경우 필요한 데이터 핀의 수가 많아져 데이터 핀 수가 적은 아두이노 보드에서는 사용이 어려울 수 있다. 따라서 여러 자리 숫자를 표시하는 7세그먼트 표시장치는 잔상 효과를 이용하여 적은 수의 데이터 핀으로 많은 수의 LED를 제어하는 방법을 사용한다. 즉, 4자리 7세그먼트 표시장치의 사용 방법은 1자리 7세그먼트 표시장치의 사용 방법과는 차이가 있다. 이 장에서는 네 자리 숫자를 표시할 수 있는 4자리 7세그먼트 표시장치의 구조와 제어 방법을 알아본다.

아두이노 우노	× 1 ➡	4자리 7세그먼트 표시장치 테스트
4자리 7세그먼트 표시장치	× 1 ➡	공통 음극 방식
220Ω 저항	× 8 ➡	세그먼트 보호
8자리 7세그먼트 표시장치	× 1 ➡	MAX7219 칩 사용

이 장에서
사용할 부품

37장 '1자리 7세그먼트 표시장치'에서는 한 자리 숫자를 표시하기 위한 1자리 7세그먼트 표시장치의 구조와 사용 방법을 알아봤다. 7세그먼트 표시장치에는 한 자리 숫자 이외에도 두 자리, 세 자리, 네 자리 등 다양한 자릿수를 표시할 수 있는 장치를 쉽게 찾아볼 수 있으며, 이 장에서는 네 자리 숫자를 표시할 수 있는 7세그먼트 표시장치에 대해 알아본다.

1자리 7세그먼트 표시장치를 제어하기 위해서는 최소 8개 핀(8개의 세그먼트를 개별적으로 제어하기 위한 핀)이 필요하므로 자릿수가 늘어나면 필요한 핀 수 역시 늘어나야 한다. 예를 들어 두 자리를 제어하기 위해서는 16개, 세 자리를 제어하기 위해서는 24개의 핀이 필요하다. 아두이노 우노의 경우 사용할 수 있는 데이터 핀의 개수가 20개이므로 이러한 계산에 의하면 세 자리 이상의 7세그먼트 표시장치를 제어하는 것은 불가능하다. 하지만 아두이노 우노로도 4자리 7세그먼트 표시장치를 제어할 수가 있다. 어떻게 가능할까? 바로 잔상 효과afterimage effect 때문이다. **잔상 효과란 사람의 눈에서 인식한 물체가 사라진 이후에도 잠깐 동안 잔존하는 것처럼 느껴지는 현상을 말한다.**

네 자리 숫자 '1234'를 한 자리씩 1초 간격으로 표시한다고 생각해 보자. '1 → 2 → 3 → 4'의 순서로 표시하기를 반복하면 한 번에 한 자리씩 자리를 바꾸어 숫자가 나타난다. 한 자리 숫자를 표시하는 시간 간격을 짧게 하여 빠른 속도로 다음 자리 숫자를 보여주면 어떻게 될까? '1'을 표시한 후 '2'를 표시하는 순간에 '1'은 사라진 숫자이지만 잔상 효과로 인해 사람은 '1' 역시 표시된 것으로 인식한다. 이러한 과정을 네 자리 숫자에 반복한다면 실제로는 한 번에 한 자리만 표시하지만 동시에 네 자리가 모두 표시되는 것과 비슷한 효과를 얻을 수 있다. 잔상 효과를 사용하면 사용하는 핀 수를 줄일 수 있으므로 4자리 7세그먼트 표시장치는 잔상 효과를 이용하여 제어하는 것이 일반적이다. 먼저 잔상 효과를 사용할 수 있게 만들어진 4자리 7세그먼트 표시장치의 구조부터 살펴보자.

38.1 4자리 7세그먼트 표시장치

4자리 7세그먼트 표시장치는 네 자리 숫자 이외에 표시할 수 있는 부가 정보에 따라 여러 종류가 있다. 흔히 볼 수 있는 형태는 숫자만 보여주는 형태와 가운데 콜론이 있어 시간을 표시할 수 있게 만들어진 형태다. 숫자만을 표시하는 4자리 7세그먼트 표시장치는 12개의 핀을 갖고 있다. 반면, 세미콜론이 추가되면 핀의 수는 14개로 늘어난다. 이 장에서는 가장 간단하고 기본적인 형태인 숫자 네 자리만을 포함하고 있는 4자리 7세그먼트 표시장치를 사용한다.

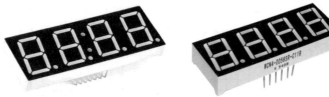

(a) 콜론이 있는 예   (b) 콜론이 없는 예

그림 38.1 4자리 7세그먼트 표시장치

4자리 7세그먼트 표시장치의 핀 번호를 결정하는 방법은 1자리 7세그먼트 표시장치의 경우와 마
찬가지로 **소수점이 있는 면의 가장 왼쪽 핀이 1번 핀에 해당하고 반시계 방향으로 핀 번호가 증가한다.**

그림 38.2 4자리 7세그먼트 표시장치 핀 배치

4자리 7세그먼트 표시장치는 12개의 핀으로 32개의 LED를 제어한다. 이를 위해 32개 LED를 8
개씩 4 그룹으로 묶고 한 번에 한 그룹 내의 8개 LED, 즉 숫자 한 자리만을 제어한다. 1자리 7세
그먼트 표시장치에 공통 양극 방식과 공통 음극 방식이 있는 것처럼 4자리 7세그먼트 표시장치도
마찬가지다. **세그먼트를 켜기 위해 HIGH를 가하는 방식을 공통 음극 방식이라고 하고, 세그먼트를 켜기
위해 LOW를 가하는 방식을 공통 양극 방식이라고 한다.** 하지만 1자리 7세그먼트 표시장치의 경우 공
통 핀에는 항상 같은 전압이 가해진다. 즉, 공통 음극 방식에서는 항상 GND가 가해진다. 하지만
4자리 7세그먼트 표시장치에서는 한 번에 한 자리에만 숫자가 표시되므로 숫자가 표시되는 자리
에 해당하는 핀만 GND가 가해지고 나머지 자리에 해당하는 핀에는 VCC가 가해진다. 공통 음
극 방식의 4자리 7세그먼트 표시장치 내부 회로는 그림 38.3과 같다.

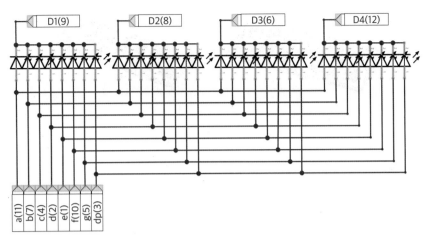

그림 38.3 4자리 7세그먼트 표시장치 내부 회로도

그림 38.3에서 알 수 있듯이 **4자리 7세그먼트 표시장치의 핀은 자리 선택 핀 4개와 세그먼트 제어 핀 8개로 구성된다.** 4자리 7세그먼트 표시장치는 특정 순간에 한 자리의 숫자만 표시하므로 먼저 자리를 선택한 후 숫자를 표시한다. 네 자리 중 출력하고자 하는 자리 선택에 사용되는 핀이 자리 선택 핀이며, 선택된 자리에 숫자를 출력하기 위해 사용되는 핀이 세그먼트 제어 핀이다. 세그먼트 제어 핀은 1자리 7세그먼트 표시장치에서 숫자를 표시하는 경우와 같다.

이 장에서는 1자리 7세그먼트 표시장치의 경우와 마찬가지로 직관적인 사용법과 일치하는 공통 음극 방식의 4자리 7세그먼트 표시장치를 사용한다. 따라서 천의 자리에 1을 표시하기 위해서는 D1에는 LOW를 가하고 D2, D3, D4에는 HIGH를 가해서 천의 자리에만 숫자가 표시되도록 한 후 제어 핀에 1을 표시하기 위한 패턴값인 0x06을 가하면 된다. 4자리 7세그먼트 표시장치를 연결하여 직접 확인해 보자.

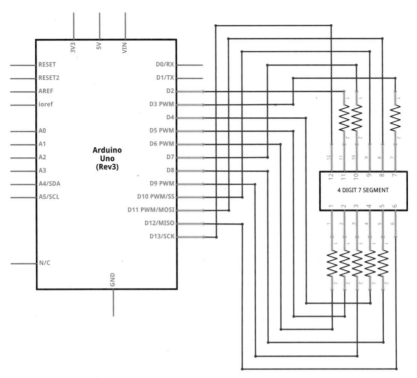

그림 38.4 4자리 7세그먼트 표시장치 연결 회로도

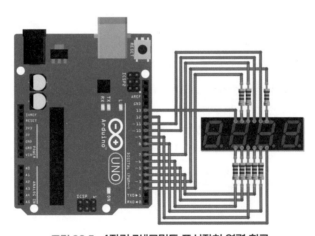

그림 38.5 4자리 7세그먼트 표시장치 연결 회로

스케치 38.1은 D1부터 D4까지 각 자리에 0부터 9까지 숫자를 0.1초 간격으로 한 자리씩 출력하는
예다.

```
// 0에서 9까지 숫자 표현을 위한 세그먼트 a, b, c, d, e, f, g, dp의 패턴
byte patterns[] = {
    0x3F, 0x06, 0x5B, 0x4F, 0x66, 0x6D, 0x7D, 0x27, 0x7F, 0x67
};
// 7세그먼트 연결 핀: a, b, c, d, e, f, g, dp 순서
int pins[] = { 2, 3, 4, 5, 6, 7, 8, 9 };
int digits[] = { 10, 11, 12, 13 };                  // 자리 선택 핀: D1, D2, D3, D4

void setup() {
    for (int i = 0; i < 4; i++) {                   // 자리 선택 핀을 출력으로 설정
        pinMode(digits[i], OUTPUT);
    }
    for (int i = 0; i < 8; i++) {                   // 세그먼트 제어 핀을 출력으로 설정
        pinMode(pins[i], OUTPUT);
    }
}

void loop() {
    for (byte pos = 1; pos <= 4; pos++) {           // 자리 선택(1~4)
        for (byte n = 0; n < 10; n++) {             // 숫자 선택(0~9)
            showOneDigitNumber(pos, n);             // pos번 자리에 숫자 n 표시
            delay(100);
        }
    }
}
```

스케치 38.2의 showOneDigitNumber 함수는 특정 자리에 특정 숫자를 표시하는 함수로, 스케치 38.1은 물론 다른 스케치에서도 사용하는 숫자 출력을 위한 기본 함수에 해당한다. 스케치 38.1을 컴파일할 때는 스케치 38.2를 함께 입력하여 컴파일해야 한다.

```
// pos: 출력 위치로 1에서 4 사이 값
// no: 출력할 숫자로 0에서 9 사이 값
void showOneDigitNumber(byte pos, byte no) {
    for (int i = 0; i < 4; i++) {                   // 자리 선택을 모두 해제
        digitalWrite(digits[i], HIGH);
    }
    for (int i = 0; i < 8; i++) {                   // 모든 세그먼트를 끔
        digitalWrite(pins[i], LOW);
    }

    for (int i = 0; i < 4; i++) {                   // 공통 음극 방식
        if (i + 1 == pos) {                         // 해당 자릿수의 선택 핀만 LOW로 설정
            digitalWrite(digits[i], LOW);
        }
    }
```

```
    for (int i = 0; i < 8; i++) {              // 8개 세그먼트 제어로 숫자 표시
        boolean on_off = bitRead(patterns[no], i);
        digitalWrite(pins[i], on_off);
    }
}
```

스케치 38.1은 한 번에 한 자리 숫자만 보여준다. 만약 네 자리 숫자 '1234'를 한꺼번에 보여주고 싶다면 어떻게 해야 할까? 스케치 38.1에서 loop 함수를 스케치 38.3과 같이 수정해서 그 결과를 살펴보자. 스케치 38.3은 한 번에 한 자리씩 빠른 속도로 네 자리에 숫자를 반복해서 출력하므로 잔상 효과에 의해 네 자리 숫자가 한꺼번에 보이기를 기대하고 작성한 것이다.

</> 스케치 38.3 네 자리 숫자 출력하기 1

```
void loop() {
    showOneDigitNumber(1, 1);                  // 첫 번째 자리에 '1'을 출력
    showOneDigitNumber(2, 2);                  // 두 번째 자리에 '2'를 출력
    showOneDigitNumber(3, 3);                  // 세 번째 자리에 '3'을 출력
    showOneDigitNumber(4, 4);                  // 네 번째 자리에 '4'를 출력
}
```

스케치 38.3을 업로드하면* 잔상 효과에 의해 네 자리 모두에 LED가 켜지기는 하지만 숫자가 겹치거나 일부 LED는 희미하게 켜지는 등 숫자를 정확하게 알아볼 수 없다는 문제가 있다. 이는 잔상 효과의 문제가 아니라 LED의 문제다. **LED는 완전히 켜지거나 완전히 꺼지는 데 시간이 필요하다.** 하지만 스케치 38.3에서는 자리를 바꾸는 속도가 너무 빨라 LED가 완전히 켜지거나 꺼지지 않아 문제가 발생하는 것이다. 이를 해결하기 위해서는 LED가 완전히 켜지거나 꺼진 후 자리를 바꾸도록 약간의 지연 시간을 주면 된다.

</> 스케치 38.4 네 자리 숫자 출력하기 2

```
const int DIGIT_DELAY = 50;

void loop() {
    showOneDigitNumber(1, 1);                  // 첫 번째 자리에 '1'을 출력
    delay(DIGIT_DELAY);
    showOneDigitNumber(2, 2);                  // 두 번째 자리에 '2'를 출력
    delay(DIGIT_DELAY);
    showOneDigitNumber(3, 3);                  // 세 번째 자리에 '3'을 출력
    delay(DIGIT_DELAY);
    showOneDigitNumber(4, 4);                  // 네 번째 자리에 '4'를 출력
    delay(DIGIT_DELAY);
}
```

★   스케치 38.1에서 loop 함수를 스케치 38.3으로 수정하고 스케치 38.2를 함께 컴파일하여 업로드해야 한다.

스케치 38.4를 업로드하고* 그 결과를 살펴보자. 아마도 네 자리 숫자가 보이기는 하겠지만 깜빡거리면서 한 번에 네 자리가 모두 켜지지는 않을 것이다. 잔상 효과를 얻기 위해서는 자리를 빠른 속도로 바꾸어야 하며 DIGIT_DELAY가 자리를 바꾸는 시간 간격에 해당한다. 네 자리 숫자가 깜빡거리는 이유는 스케치 38.4에서 50ms는 잔상 효과를 얻기에는 너무 긴 시간이기 때문이다. DIGIT_DELAY를 줄여가다 보면 네 자리 숫자가 한꺼번에 켜지는 순간을 확인할 수 있으며, 7세그먼트 표시장치에 따라 약간의 차이는 있지만 대부분 5ms 전후에서 네 자리 숫자가 한꺼번에 켜진 것처럼 보인다. **5ms의 지연 시간은 현재 자리의 LED가 완전히 켜질 때까지의 시간**으로 볼 수 있다. 그림 38.6은 잔상 효과에 의해 네 자리 숫자가 한 번에 표시되는 것처럼 보이는 과정을 나타낸 것이다.

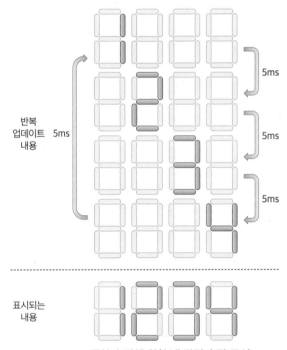

그림 38.6 잔상 효과에 의한 네 자리 숫자 표시

네 자리 숫자를 잔상 효과를 이용하여 표시하는 방법을 알았다. 이를 이용하여 가변저항값을 4자리 7세그먼트 표시장치에 나타내 보자. 가변저항은 A0 핀에 연결하고 4자리 7세그먼트 표시장치는 그림 38.4와 같이 연결한다. 스케치 38.5는 가변저항값을 4자리 7세그먼트 표시장치에 나타내는 예로, 가변저항값을 4개의 자릿값으로 나누어 표시하는 스케치 38.6의 showFourDigitNumber 함수와 함께 사용해야 한다. 스케치 38.6의 showFourDigitNumber 함수는 스케치 38.2의 showOneDigitNumber 함수를 사용하고 있으므로 스케치 38.2 역시 함께 입력하여 컴파일해야 한다.

---

* 스케치 38.3과 마찬가지로 스케치 38.1에서 loop 함수를 스케치 38.4로 수정하고 스케치 38.2를 함께 컴파일하여 업로드해야 한다.

</> 스케치 38.5 가변저항값 표시

```
// 0에서 9까지 숫자 표현을 위한 세그먼트 a, b, c, d, e, f, g, dp의 패턴
byte patterns[] = {
    0x3F, 0x06, 0x5B, 0x4F, 0x66, 0x6D, 0x7D, 0x27, 0x7F, 0x67
};
// 7세그먼트 연결 핀: a, b, c, d, e, f, g, dp 순서
int pins[] = { 2, 3, 4, 5, 6, 7, 8, 9 };
int digits[] = { 10, 11, 12, 13 };             // 자리 선택 핀: D1, D2, D3, D4
const int DIGIT_DELAY = 5;

void setup() {
    for (int i = 0; i < 4; i++) {              // 자리 선택 핀을 출력으로 설정
        pinMode(digits[i], OUTPUT);
    }
    for (int i = 0; i < 8; i++) {              // 세그먼트 제어 핀을 출력으로 설정
        pinMode(pins[i], OUTPUT);
    }
}

void loop() {
    showFourDigitNumber(analogRead(A0));
}
```

스케치 38.6은 스케치 38.5와 함께 사용하는 네 자리 숫자 표시 함수로, 스케치 38.2의 한 자리
숫자 표시 함수인 showOneDigitNumber 함수를 사용하여 숫자를 표시한다.

</> 스케치 38.6 네 자리 숫자 표시 함수 1

```
void showFourDigitNumber(int number) {
    byte no[4];

    for (int i = 0; i < 4; i++) {              // 각 자릿값을 구함
        no[3 - i] = number % 10;
        number /= 10;
    }

    for (int i = 0; i < 4; i++) {              // 한 자리씩 출력
        showOneDigitNumber(i + 1, no[i]);
        delay(DIGIT_DELAY);
    }
}
```

그림 38.7 스케치 38.5 실행 결과

스케치 38.5의 실행 결과에서 알 수 있듯이, 스케치 38.6의 showFourDigitNumber 함수는 네 자리 숫자를 항상 네 자리로 표시한다. 즉, '78'을 '0078'로 표시하며 이때 앞의 의미 없는 영을 '선행 영leading zero'이라고 한다. 스케치 38.7은 스케치 38.6에서 선행 영을 표시하지 않는 옵션을 추가하여 수정한 함수의 예다. 스케치 38.7은 매개변수에 디폴트값을 사용한다. 즉, 별도로 지정하지 않았을 때 선행 영은 표시하지 않는다.

</> 스케치 38.7 네 자리 숫자 표시 함수 2 – 선행 영 제거 옵션 추가

```
// number: 표시할 네 자리 이하 숫자
// removeLeadingZero: 선행 영 제거 여부, 디폴트값은 제거
void showFourDigitNumber(int number, bool removeLeadingZero = true) {
    byte no[4];

    for (int i = 0; i < 4; i++) {                    // 각 자릿값을 구함
        no[3 - i] = number % 10;
        number /= 10;
    }

    int firstNonZero = 0;                            // 배열 인덱스와 같은 0~3 사용
    if (removeLeadingZero) {                          // 선행 영 제거 옵션을 선택한 경우
        // 처음으로 영이 아닌 숫자가 나오는 위치를 찾음
        while (firstNonZero < 4 && no[firstNonZero] == 0) {
            firstNonZero++;
        }
        // 모든 자릿값이 0인 경우 한 자리는 0으로 표시
        firstNonZero = (firstNonZero < 3) ? firstNonZero : 3;
    }

    for (int i = firstNonZero; i < 4; i++) {          // 한 자리씩 출력
        showOneDigitNumber(i + 1, no[i]);
        delay(DIGIT_DELAY);
    }
}
```

스케치 38.7과 같이 디폴트값을 갖는 매개변수가 사용된 경우 함수의 위치에 주의가 필요하다. 아두이노에서는 함수 선언이나 정의가 반드시 함수 사용 이전에 오지 않아도 되지만, **디폴트값을 갖는 매개변수를 갖는 함수는 반드시 사용 이전에 선언이나 정의가 와야 한다.** 스케치 38.7의 showFourDigitNumber 함수는 loop 함수에서 호출하고 있으므로 함수 선언을 스케치 첫머리에 해주는 것이 좋다. 물론 스케치 38.6을 사용하는 경우에는 별도로 함수를 선언할 필요는 없다.

4자리 7세그먼트 표시장치로 나타낼 수 있는 대표적인 값 중 하나가 시간이다. 시간과 분 또는 분과 초를 네 자리로 나타내는 경우를 흔히 볼 수 있으며 이 장에서는 분과 초를 표시한다. 시간 계산을 위해서는 millis 함수를 사용하면 된다. 스케치 38.8은 시간을 표시하는 예로, 스케치 38.7의 네 자리 숫자 표시 함수를 사용했다. 시간을 표시하는 경우 선행 영을 제거하지 않는 것이

일반적이므로 showFourDigitNumber 함수에서 removeLeadingZero 매개변수는 false로 설정하여 항상 네 자리 숫자로 표시되게 했다. 스케치 38.8을 사용하기 위해서는 스케치 38.7 이외에도 스케치 38.2 역시 함께 입력하여 컴파일해야 한다.

</> 스케치 38.8 시간 표시하기

```
// 0에서 9까지 숫자 표현을 위한 세그먼트 a, b, c, d, e, f, g, dp의 패턴
byte patterns[] = {
    0x3F, 0x06, 0x5B, 0x4F, 0x66, 0x6D, 0x7D, 0x27, 0x7F, 0x67
};
// 7세그먼트 연결 핀: a, b, c, d, e, f, g, dp 순서
int pins[] = { 2, 3, 4, 5, 6, 7, 8, 9 };
int digits[] = { 10, 11, 12, 13 };                  // 자리 선택 핀: D1, D2, D3, D4
const int DIGIT_DELAY = 5;

unsigned long time_previous = 0;
int INTERVAL = 1000;                                // 시간 업데이트 간격
byte minutes = 0, seconds = 0;                      // 현재 시간, 분과 초

// 함수 선언을 loop 함수 앞에 두면 정의는 어디에 두어도 된다.
void showFourDigitNumber(int number, bool removeLeadingZero = true);

void setup() {
    for (int i = 0; i < 4; i++) {                   // 자리 선택 핀을 출력으로 설정
        pinMode(digits[i], OUTPUT);
    }
    for (int i = 0; i < 8; i++) {                   // 세그먼트 제어 핀을 출력으로 설정
        pinMode(pins[i], OUTPUT);
    }
}

void loop() {
    unsigned long time_current = millis();
    if (time_current - time_previous >= INTERVAL) {
        time_previous = time_current;

        seconds++;                                  // 초 증가
        minutes = minutes + (seconds / 60);         // 분 증가
        seconds %= 60;                              // 초 0~59 사이 반복
        minutes %= 60;                              // 분 0~59 사이 반복
    }

    // 분과 초로 네 자리 정수를 만들어 호출하고 선행 영은 없애지 않음
    showFourDigitNumber(minutes * 100 + seconds, false);
}
```

그림 38.8 스케치 38.8 실행 결과 – 분과 초 표시

스케치 38.8에서 분과 초 사이에 소수점을 표시해 보자. 스케치 38.2의 한 자리 숫자를 표시하는 함수는 매개변수로 표시할 자리와 숫자를 갖는다. 이때 숫자를 나타내기 위해 사용되는 패턴에서는 소수점을 사용하지 않으므로 스케치 38.2의 함수로는 소수점을 나타낼 수 없다. 따라서 나타내고자 하는 숫자가 아닌, 나타내고자 하는 숫자의 패턴값을 매개변수로 하는 새로운 함수 showOnePattern을 스케치 38.9와 같이 정의하자.

</> 스케치 38.9 지정한 위치에 패턴을 표시하는 함수

```
// pos: 출력 위치로 1에서 4 사이 값
// pattern: 출력할 패턴값으로 dp가 MSB, a가 LSB 순서로 저장
void showOnePattern(byte pos, byte pattern) {
    for (int i = 0; i < 4; i++) {               // 자리 선택을 모두 해제
        digitalWrite(digits[i], HIGH);
    }
    for (int i = 0; i < 8; i++) {               // 모든 세그먼트를 끔
        digitalWrite(pins[i], LOW);
    }

    for (int i = 0; i < 4; i++) {               // 공통 음극 방식
        if (i + 1 == pos) {                     // 해당 자릿수의 선택 핀만 LOW로 설정
            digitalWrite(digits[i], LOW);
        }
    }
    for (int i = 0; i < 8; i++) {               // 8개 세그먼트 제어로 숫자 표시
        boolean on_off = bitRead(pattern, i);
        digitalWrite(pins[i], on_off);
    }
}
```

스케치 38.9의 showOnePattern 함수를 사용하여 showFourDigitNumber 함수를 수정한 것이 스케치 38.10이다.

</> 스케치 38.10 네 자리 숫자 표시 함수 3 – 선행 영 표시 및 소수점 옵션 추가

```
// number: 표시할 네 자리 이하 숫자
// removeLeadingZero: 선행 영 제거 여부, 디폴트값은 제거
// decimalPoint: 1~4 사이 소수점 표시 위치, 디폴트값은 0으로 표시 안 함
void showFourDigitNumber(int number, bool removeLeadingZero = true,
    byte decimalPoint = 0) {
    byte no[4];

    for (int i = 0; i < 4; i++) {               // 각 자릿값을 구함
        no[3 - i] = number % 10;
        number /= 10;
    }
```

```
        int firstNonZero = 0;                              // 배열 인덱스와 같은 0~3 사용
        if (removeLeadingZero) {                            // 선행 영 제거 옵션을 선택한 경우
            // 처음으로 영이 아닌 숫자가 나오는 위치를 찾음
            while (firstNonZero < 4 && no[firstNonZero] == 0) {
                firstNonZero++;
            }
            // 모든 자릿값이 0인 경우 한 자리는 0으로 표시
            firstNonZero = (firstNonZero < 3) ? firstNonZero : 3;
            // 소수점 표시가 선택된 경우 소수점 표시 위치부터 영 표시 시작
            if (decimalPoint > 0) {
                if (firstNonZero + 1 > decimalPoint) {
                    firstNonZero = decimalPoint - 1;
                }
            }
        }

        for (int i = firstNonZero; i < 4; i++) {            // 한 자리씩 출력
            byte pattern = patterns[no[i]];                 // 표시할 숫자의 패턴

            if (i + 1 == decimalPoint) {                    // 소수점 표시 위치인 경우
                pattern |= 0x80;                            // 패턴에 소수점 패턴 추가
            }
            showOnePattern(i + 1, pattern);                 // 패턴값에 의한 7세그먼트 표시
            delay(DIGIT_DELAY);
        }
    }
```

스케치 38.8에서 showFourDigitNumber 함수 호출 부분을 다음과 같이 수정해 보자. 함수의 매개변수가 바뀌었으므로 함께 사용하는 스케치 역시 스케치 38.9와 스케치 38.10으로 바꾸어주면 소수점이 표시되는 것을 확인할 수 있다.

```
// 스케치 38.8: 스케치 38.2, 스케치 38.7 함께 사용
// 분과 초로 네 자리 정수를 만들어 호출하고
// 선행 영은 없애지 않음
showFourDigitNumber(minutes * 100 + seconds, false);
```

```
// 스케치 38.8: 스케치 38.9, 스케치 38.10 함께 사용
// 분과 초로 네 자리 정수를 만들어 호출하고
// 선행 영은 없애지 않으며
// 두 번째 자리에 소수점 표시
showFourDigitNumber(minutes * 100 + seconds, false, 2);
```

소수점을 표시할 수 있으면 0.1초 단위 카운터 역시 간단하게 구현할 수 있다. 스케치 38.11은 0.1초 간격으로 증가하는 카운터를 millis 함수를 이용하여 구현한 것으로, 0.0에서 999.9까지 반복한다. 스케치 38.11을 업로드하고 0.1초 간격으로 카운터값이 증가하는 것을 확인해 보자.

```
// 0에서 9까지 숫자 표현을 위한 세그먼트 a, b, c, d, e, f, g, dp의 패턴
byte patterns[] = {
    0x3F, 0x06, 0x5B, 0x4F, 0x66, 0x6D, 0x7D, 0x27, 0x7F, 0x67
};
// 7세그먼트 연결 핀: a, b, c, d, e, f, g, dp 순서
int pins[] = { 2, 3, 4, 5, 6, 7, 8, 9 };
int digits[] = { 10, 11, 12, 13 };               // 자리 선택 핀: D1, D2, D3, D4
const int DIGIT_DELAY = 5;

unsigned long time_previous = 0;
int INTERVAL = 100;                               // 시간 업데이트 간격
int count = 0;                                    // 카운터값

void showFourDigitNumber(int number, bool removeLeadingZero = true,
    byte decimalPoint = 0);

void setup() {
    for (int i = 0; i < 4; i++) {                 // 자리 선택 핀을 출력으로 설정
        pinMode(digits[i], OUTPUT);
    }
    for (int i = 0; i < 8; i++) {                 // 세그먼트 제어 핀을 출력으로 설정
        pinMode(pins[i], OUTPUT);
    }
}

void loop() {
    unsigned long time_current = millis();
    if (time_current - time_previous >= INTERVAL) {
        time_previous = time_current;

        count = (count + 1) % 10000;              // 0.0에서 999.9 사이 반복
    }

    // 선행 0은 없애고 세 번째 자리에 소수점 표시
    showFourDigitNumber(count, true, 3);
}
```

그림 38.9 스케치 38.11 실행 결과 – 선행 0 제거 및 소수점 표시

4자리 7세그먼트 표시장치 라이브러리

4자리 7세그먼트 표시장치는 잔상 효과를 이용하여 정보를 표시해야 하며, 이때 정보를 표시하는 시간 간격이 중요한 역할을 한다. 직접 시간 간격을 제어하는 것이 어렵지는 않지만, 시간 계산은 물론 숫자를 포함하여 간단한 알파벳이나 기호 등을 표시할 수 있게 해주는 공개된 라이브러리를 사용하면 간단하게 4자리 7세그먼트 표시장치를 제어할 수 있다. 여기서는 7세그먼트 라이브러리 중 하나인 SevSeg 라이브러리를 사용하여 4자리 7세그먼트 표시장치를 제어해 본다. 먼저 라이브러리 매니저에서 SevSeg 라이브러리를 검색하여 설치하자.

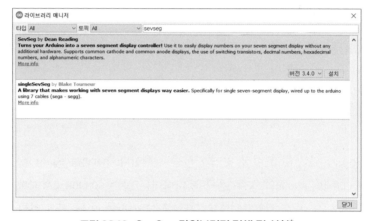

그림 38.10 SevSeg 라이브러리 검색 및 설치*

SevSeg 라이브러리를 사용하기 위해서는 먼저 헤더 파일을 포함해야 한다. '스케치 → 라이브러리 포함하기 → SevSeg' 메뉴 항목을 선택하거나 #include 문을 직접 입력하면 된다.

```
#include <SevSeg.h>
```

SevSeg 라이브러리는 객체를 생성한 이후 두 단계로 숫자를 표시한다. 첫 번째는 7세그먼트 표시 장치에 나타낼 데이터를 지정하는 setXXX 함수다. 7세그먼트 표시장치에는 숫자를 나타내는 경우가 가장 많지만, 제한적으로 알파벳이나 기호 등을 나타낼 수 있다. 데이터를 지정한 이후 실제 7세그먼트 표시장치에 데이터를 나타내는 함수는 refreshDisplay 함수로, 잔상 효과를 얻기 위해

---

*   https://github.com/DeanIsMe/SevSeg

사용하는 함수다. 잔상 효과를 얻기 위해서는 반복해서 데이터를 표시해야 한다. 즉, setXXX 함수는 표시하는 데이터가 바뀔 때만 호출하면 되지만 refreshDisplay 함수는 loop 함수에서 계속 호출해야 7세그먼트 표시장치에 정상적으로 데이터가 표시된다.

■ **begin**

```
void SevSeg::begin(byte hardwareConfig, byte numDigitsIn, byte digitPinsIn[],
byte segmentPinsIn[], bool resOnSegmentsIn = 0, bool updateWithDelaysIn = 0,
bool leadingZerosIn = 0, bool disableDecPoint = 0)
 – 매개변수
    hardwareConfig: 공통 양극 또는 공통 음극 중에서 선택
    numDigitsIn: 7세그먼트 표시장치의 자릿수
    digitPinsIn: 자리 선택 핀 핀 번호 배열
    segmentPinsIn: 세그먼트 제어 핀 핀 번호 배열
    resOnSegmentsIn: 세그먼트 연결 쪽에 저항 연결 여부
    updateWithDelaysIn: 숫자 표시 과정에 delay 함수 사용 여부
    leadingZerosIn: 선행 영 표시 여부
    disableDecPoint: 소수점 사용 불가 여부
 – 반환값: 없음
```

세그먼트를 제어하기 위한 환경 설정 및 초기화를 진행한다. hardwareConfig는 공통 양극을 나타내는 상수 COMMON_ANODE와 공통 음극을 나타내는 상수 COMMON_CATHODE 중 하나를 사용하면 된다. numDigitsIn은 7세그먼트 표시장치에 나타낼 수 있는 최대 자릿수를 의미한다. digitPinsIn은 자리 선택 핀에 해당하는 핀 번호 배열로 D1, D2, D3, D4의 순서로 지정한다. segmentPinsIn은 세그먼트 연결핀에 해당하는 핀 번호 배열로 a, b, c, d, e, f, g, dp 순서로 지정한다. 4자리 7세그먼트 표시장치에서 저항은 그림 38.4에서와 같이 세그먼트 쪽에 연결하는 것이 일반적이므로 resOnSegmentsIn은 true를 설정하면 된다. updateWithDelaysIn은 숫자 표시 과정에서 delay 함수를 사용하여 LED가 완전히 켜지기를 기다릴 것인지를 지정한다. delay를 사용하면 코드는 간단해지지만 사용하지 않는 편이 좋으므로 false로 설정하면 된다. leadingZerosIn은 선행 영을 사용할 것인지를 나타내고, disableDecPoint는 소수점을 사용하지 않게 한다.

■ **setNumber**

```
void SevSeg::setNumber(int numToShow, char decPlaces = -1, bool hex = 0)
  - 매개변수
     numToShow: 표시할 숫자
     decPlaces: 소수점 위치
     hex: 16진수로 표시 여부
  - 반환값: 없음
```

7세그먼트 표시장치에 표시할 숫자를 지정한다. 이때 decPlaces는 소수점이 표시될 위치를 소수점 이하 자릿수로 표시한다. 예를 들어 1을 지정하면 소수점 이하 한 자리로 표시되고, 디폴트값인 −1은 소수점을 표시하지 않는다. hex를 true로 설정하면 16진수로 표시된다.

■ **setChars**

```
void SevSeg::setChars(char str[])
  - 매개변수
     str: 문자 단위 세그먼트 데이터 배열
  - 반환값: 없음
```

7세그먼트 표시장치에 나타낼 알파벳 문자열을 지정한다. 일부 알파벳 문자는 표시되지 않을 수 있으며, 2개 이상의 문자가 같은 형태로 표시될 수 있다.

■ **setSegments**

```
void SevSeg::setSegments(byte segs[])
  - 매개변수
     segs: 바이트 단위 세그먼트 데이터 배열
  - 반환값: 없음
```

라이브러리에 정의되어 있지 않은 기호나 문자 등을 표시하기 위해 바이트 단위의 세그먼트 데이터 배열을 지정한다. 세그먼트 데이터는 세그먼트 a가 LSB에, 세그먼트 dp가 MSB에 오도록 정렬되어야 한다.

■ refreshDisplay

숫자, 문자열, 세그먼트 데이터 등이 지정된 이후 이를 잔상 효과를 사용하여 실제 7세그먼트 표시장치에 데이터가 나타나도록 반복해서 호출해야 하는 함수가 refreshDisplay다. refreshDisplay 함수는 loop 함수 내에서 호출하면 되고, SevSeg 객체에서 시간 계산을 통해 갱신 시간을 자동으로 결정한다.

스케치 38.12는 0.1초 간격으로 증가하는 카운터를 SevSeg 라이브러리를 사용하여 구현한 예다. SevSeg 라이브러리가 다양한 기능을 지원하므로 설정이 복잡한 점은 단점일 수 있지만, begin 함수로 초기화한 이후에는 숫자 데이터 설정을 위한 setNumber 함수와 잔상 효과를 위한 refreshDisplay 함수로 간단하게 카운터를 구현할 수 있다.

▨ 스케치 38.12 0.1초 단위 카운터

```
#include "SevSeg.h"

SevSeg sevseg;                             // 7세그먼트 표시장치 제어 객체
unsigned long time_previous;               // 갱신 시간
int count = 0;                             // 표시할 카운터값
int INTERVAL = 100;                        // 0.1초 간격으로 카운터 증가

void setup() {
    byte dPins[] = {10, 11, 12, 13};       // 자리 선택 핀
    byte sPins[] = {2, 3, 4, 5, 6, 7, 8, 9}; // 세그먼트 제어 핀
    bool leadingZeros = false;             // 선행 영 없음
    bool disableDecPoint = false;          // 소수점 사용함

    sevseg.begin(COMMON_CATHODE, 4, dPins, sPins, true, false,
        leadingZeros, disableDecPoint);    // 7세그먼트 제어 객체 초기화
    time_previous = millis();
}

void loop() {
    unsigned long time_current = millis();

    // INTERVAL 이상의 시간이 지나면 카운터를 증가시킴
    if (time_current - time_previous >= INTERVAL) {
        time_previous = time_current;
        count = (count + 1) % 10000;               // 0~9999 반복
```

```
        // 7세그먼트에 표시할 숫자 변경, 소수점 이하 한 자리
        sevseg.setNumber(count, 1);
    }

    sevseg.refreshDisplay();                    // 7세그먼트에 표시
}
```

7세그먼트 표시장치는 숫자 표시를 위해 흔히 사용되지만, 문자나 기호를 나타내기 위해서도 사용할 수 있다. 특히 SevSeg 라이브러리에는 알파벳 문자들이 정의되어 있어 문자열을 간단하게 나타낼 수 있다. 물론 'M'이나 'W' 같은 복잡한 문자는 표시할 수 없고 대문자와 소문자는 구별하지 않는다. 스케치 38.13은 문자열을 표시하는 예다.

</> 스케치 38.13 문자열 표시

```
#include "SevSeg.h"

SevSeg sevseg;                                  // 7세그먼트 표시장치 제어 객체

void setup() {
    byte dPins[] = {10, 11, 12, 13};            // 자리 선택 핀
    byte sPins[] = {2, 3, 4, 5, 6, 7, 8, 9};    // 세그먼트 제어 핀
    bool leadingZeros = false;                  // 선행 영 없음
    bool disableDecPoint = false;               // 소수점 사용함

    sevseg.begin(COMMON_CATHODE, 4, dPins, sPins, true, false,
            leadingZeros, disableDecPoint);     // 7세그먼트 제어 객체 초기화

    sevseg.setChars("abcd");                    // 문자열 'abcd' 설정
}

void loop() {
    sevseg.refreshDisplay();                    // 7세그먼트에 표시
}
```

그림 38.11 스케치 38.13 실행 결과 – 문자열 'AbCd'

8자리 7세그먼트 표시장치: MAX7219

잔상 효과를 이용하면 4자리 7세그먼트 표시장치의 32개 LED를 12개의 핀으로 제어할 수 있다. 하지만 12개의 데이터 핀을 사용하여 4자리 7세그먼트 표시장치를 제어하는 방식에는 몇 가지 문제점이 있다. 첫 번째는 사용하는 핀의 개수가 너무 많다는 점이다. 물론 32개보다는 적지만 20개의 데이터 핀을 사용할 수 있는 아두이노 우노에서 12개 핀을 사용하면 핀 부족으로 다른 장치를 연결하기 어려울 수 있다. 두 번째는 잔상 효과를 사용하는 방식은 확장성이 떨어진다는 점이다. 잔상 효과를 얻기 위해서는 같은 데이터를 계속해서 출력해야 한다. 따라서 **잔상 효과를 사용하는 경우 아두이노에서 다른 작업을 수행하기가 어려울 수 있다.** 세 번째는 아두이노의 데이터 핀에서 공급할 수 있는 전류가 제한되어 있다는 점이다. LED 종류에 따라 다르지만, 아두이노에서 흔히 사용하는 LED는 최대 20mA의 전류를 사용한다. 아두이노 우노의 데이터 핀 하나에서 공급할 수 있는 최대 전류는 40mA이며 20개 데이터 핀 전체를 통해 200mA까지 전류를 공급할 수 있으므로 이 장에서 사용한 4자리 7세그먼트 표시장치를 제어하는 데는 문제가 없지만, 7세그먼트 표시장치의 LED가 더 많은 전류를 사용한다면 데이터 핀으로 직접 제어하기는 어려울 수 있다. 이런 문제를 해결하는 방법 중 하나가 7세그먼트 표시장치 제어 전용 칩을 사용하는 것이며, MAX7219 칩이 대표적인 예에 속한다.

MAX7219 칩을 사용하면 공통 음극 방식의 4자리 7세그먼트 표시장치 2개, 8자리 7세그먼트 표시장치를 3개의 데이터 핀으로 제어할 수 있으며, 잔상 효과를 얻기 위해 표시 함수를 반복해서 호출할 필요가 없다. 이처럼 연결과 사용이 간편하므로 판매되고 있는 네 자리 이상의 7세그먼트 표시장치에서 MAX7219 칩이 사용된 예를 쉽게 찾아볼 수 있다. 그림 38.12는 MAX7219 칩의 핀 배치를 나타낸 것이다. 'DIGIT n(n = 0, ..., 7)'은 자릿수를 의미하며, 세그먼트는 'SEG X(X = A, ..., G, DP)'로 표시되어 있다.

MAX7219 칩을 사용하면 각 자리에 저항을 연결할 필요 없이 10kΩ 저항 하나로 64개 LED의 전류를 제어할 수 있으므로 연결의 번거로움을 줄일 수 있다. 표 38.1은 MAX7219의 핀 기능을 나타낸다.

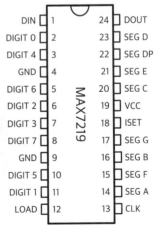

그림 38.12
MAX7219 칩의 핀 배치도

표 38.1 MAX7219 칩의 제어 핀

핀 이름	설명
DIN	Data IN: 시리얼 데이터 입력으로 8자리 7세그먼트 표시장치에 표시할 데이터 입력에 사용한다.
DOUT	Data OUT: 시리얼 데이터 출력으로 여러 개의 MAX7219 칩을 연결할 때 사용한다. 이때 아두이노에 연결된 MAX7219 칩의 DOUT을 다른 MAX7219 칩 DIN으로 연결한다.
LOAD	시리얼 데이터 입력(DIN)을 내부 레지스터에 저장하는 신호로 사용한다.
CLK	Clock: 시리얼 클록 입력으로 최대 10MHz로 동작한다.
ISET	LED 전류 제한을 위한 저항을 연결한다. 10kΩ 저항을 사용하면 된다.

MAX7219 칩에 7세그먼트 표시장치를 연결하는 방법은 많은 핀 연결이 필요하긴 하지만 그리 어렵지 않으며, ISET에 10kΩ 저항을 연결해야 한다는 점만 주의하면 된다. 그림 38.13은 아두이노 우노에 MAX7219 칩을 연결하는 방법을 나타낸 것으로, 4자리 7세그먼트 2개는 그림 38.4를 참고하여 연결하면 된다. 물론 세그먼트 보호를 위한 저항은 연결할 필요가 없다.

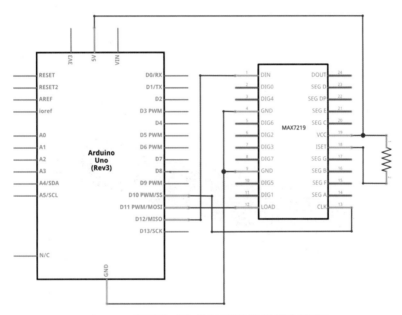

그림 38.13 아두이노 우노와 MAX7219 칩 연결 회로도

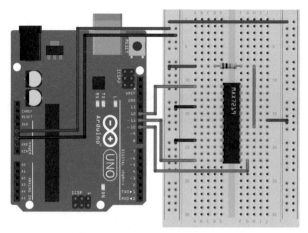

그림 38.14 아두이노 우노와 MAX7219 칩 연결 회로

MAX7219 칩과 7세그먼트 표시장치를 그림 38.13과 같이 직접 연결하여 사용할 수도 있지만, 이 장에서는 MAX7219 칩과 4자리 7세그먼트 표시장치 2개를 사용하여 만든 8자리 7세그먼트 표시장치 모듈을 사용한다. 8자리 7세그먼트 표시장치 모듈은 제어 핀 3개와 전원 핀 2개 등 5개의 핀을 아두이노 우노와 연결하여 사용한다. 반대쪽에 있는 5개의 핀은 다른 8자리 7세그먼트 표시장치 모듈과 연결하기 위해 사용하며, 이후 7세그먼트 표시장치 모듈을 같은 방법으로 계속 연결할 수 있다.

그림 38.15 8자리 7세그먼트 표시장치 모듈

그림 38.16과 같이 8자리 7세그먼트 표시장치 모듈을 아두이노 우노에 연결하자.

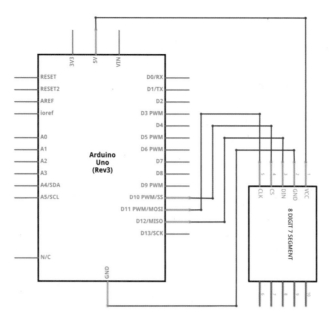

그림 38.16 8자리 7세그먼트 표시장치 모듈 연결 회로도

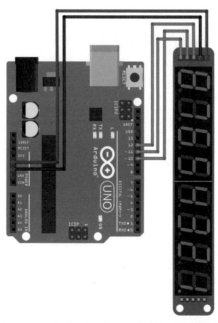

그림 38.17 8자리 7세그먼트 표시장치 모듈 연결 회로

MAX7219 칩을 사용해 7세그먼트 표시장치 모듈을 제어하기 위해서는 전용 라이브러리를 사용
해야 한다. 라이브러리 매니저에서 'MAX7219'를 검색해서 LedControl 라이브러리를 설치하자.

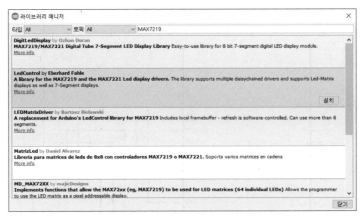

그림 38.18 LedControl 라이브러리 검색 및 설치*

LedControl 라이브러리는 8자리 7세그먼트 표시장치 제어를 위해 LedControl 클래스를 제공하고
있다. MAX7219 칩은 8×8 LED 매트릭스 역시 제어할 수 있으며, LED 매트릭스 제어 방법은 39
장 'LED 매트릭스'를 참고하면 된다.

LedControl 라이브러리를 사용하기 위해서는 먼저 헤더 파일을 포함해야 한다. '스케치 → 라이브
러리 포함하기 → LedControl' 메뉴 항목을 선택하거나 #include 문을 직접 입력하면 된다.

```
#include <LedControl.h>
```

LedControl 클래스에는 MAX7219 칩을 통해 7세그먼트 표시장치를 제어할 수 있도록 다음과 같
은 멤버 함수들이 정의되어 있다.

■ **LedControl**

```
LedControl::LedControl(int dataPin, int clkPin, int csPin, int numDevices = 1)
 - 매개변수
    dataPin: 시리얼 데이터 입력 핀
    clkPin: 시리얼 클록 핀
    csPin: 데이터 저장 핀
    numDevices: 연결된 MAX7219 칩의 수
 - 반환값: 없음
```

---

*   http://wayoda.github.io/LedControl/

7세그먼트 표시장치 모듈 제어를 위한 객체를 생성한다. 이때 아두이노와 연결된 제어 핀 번호와 연결된 모듈의 수를 지정한다. 연결된 모듈의 수는 디폴트값인 1개로 설정되어 있다. 연결된 모듈은 주소로 구분되며 아두이노에 가까운 모듈부터 0번부터 증가하는 주소를 갖는다.

■ shutdown

```
void LedControl::shutdown(int addr, bool status)
  – 매개변수
     addr: 7세그먼트 표시장치 모듈의 주소
     status: 저전력 모드를 위해서는 true를, 정상 동작을 위해서는 false를 지정
  – 반환값: 없음
```

지정한 7세그먼트 표시장치 모듈의 동작 상태를 저전력 모드(true) 또는 정상 동작 모드(false)로 설정한다.

■ setIntensity

```
void LedControl::setIntensity(int addr, int intensity)
  – 매개변수
     addr: 7세그먼트 표시장치 모듈의 주소
     intensity: 7세그먼트 표시장치 모듈의 밝기(0~15)
  – 반환값: 없음
```

지정한 7세그먼트 표시장치 모듈의 밝기를 0에서 15 사이의 값으로 설정한다.

■ clearDisplay

```
void LedControl::clearDisplay(int addr)
  – 매개변수
     addr: 7세그먼트 표시장치 모듈의 주소
  – 반환값: 없음
```

지정한 7세그먼트 표시장치 모듈의 모든 LED를 끈다.

▪ setDigit

```
void LedControl::setDigit(int addr, int digit, byte value, boolean dp)
 - 매개변수
    addr: 7세그먼트 표시장치 모듈의 주소
    digit: 표시할 위치 [0, 7]
    value: 표시할 숫자 [0, 15]
    dp: 소수점 표시 여부
 - 반환값: 없음
```

지정한 위치에 지정한 숫자를 표시한다. 위치는 낮은 자리부터 0에서 시작하고 가장 높은 자리 위치가 7이다. 표시할 수 있는 숫자는 16진수 한 자리로, 0에서 9까지의 숫자와 A에서 F까지의 알파벳을 표시할 수 있다.

스케치 38.14는 8자리 7세그먼트 표시장치에 숫자를 나타내는 예다. 앞의 스케치와 다른 점은 loop 함수가 비어 있다는 점이다. 잔상 효과를 사용하기 위해서는 같은 데이터를 계속 출력해야 하지만, 스케치 38.14에서는 MAX7219 칩으로 한 번 데이터를 출력하는 것으로 끝난다. **MAX7219 칩에는 8자리 7세그먼트의 64개 LED를 위한 데이터가 저장되며, 잔상 효과를 얻기 위해 같은 데이터를 반복해서 출력하는 것은 저장된 데이터를 사용하여 MAX7219 칩이 담당**하므로 스케치에서는 표시할 데이터를 출력하기만 하면 된다.

</> 스케치 38.14 8자리 7세그먼트 표시장치 – MAX7219 칩

```
#include <LedControl.h>

// 객체 생성(DIN, CS(LOAD), CLK, 모듈 수)
LedControl segment8 = LedControl(12, 11, 10, 1);

void setup() {
    segment8.shutdown(0, false);            // 정상 동작 모드
    segment8.setIntensity(0, 5);            // 밝기 설정
    segment8.clearDisplay(0);               // LED 매트릭스 끄기

    for (int digit = 0; digit < 8; digit++) {   // 숫자 출력
        segment8.setDigit(0, digit, digit, false);
    }
}

void loop() {
    // 잔상 효과는 아두이노가 신경 쓰지 않아도 된다.
}
```

그림 38.19　스케치 38.14 실행 결과

38.3 맺는말

7세그먼트 표시장치는 간단한 정보 표시를 위한 7개의 세그먼트와 소수점 표시를 위한 세그먼트까지 총 8개의 세그먼트를 바이트 단위 데이터로 제어하는 표시장치의 한 종류다. 7세그먼트 표시장치는 구성 방식에 따라 HIGH 값을 출력하는 경우 해당 세그먼트가 켜지는 공통 음극 방식과 LOW 값을 출력하는 경우 해당 세그먼트가 켜지는 공통 양극 방식의 두 가지가 있다. 공통 양극 방식과 공통 음극 방식은 제어 방식이 서로 반대이므로 사용하고자 하는 장치의 데이터시트를 반드시 확인해야 한다.

1자리 7세그먼트 표시장치의 경우 8개 제어선을 사용하므로 자릿수가 증가하면 그에 따라 필요한 제어선의 개수 역시 늘어난다. 따라서 두 자리 이상의 7세그먼트 표시장치는 적은 수의 제어선으로 많은 수의 세그먼트를 제어하기 위해 잔상 효과를 사용한다. 잔상 효과를 사용하면 32개가 아닌 12개의 제어선만 사용하여 4자리 7세그먼트 표시장치에 숫자를 표시할 수 있다. 하지만 12개 역시 적은 개수는 아니므로 74595와 같은 직렬 입력 병렬 출력 이동 레지스터를 사용하여 3개의 제어선으로 4자리 7세그먼트 표시장치의 32개 LED를 제어하는 예도 쉽게 찾아볼 수 있다.

사용하는 핀의 수가 많다는 점 이외의 문제점은 잔상 효과를 사용하기 위해 같은 내용을 반복해서 출력해야 한다는 것으로, 이는 74595 칩을 사용하여 핀 수를 줄인 경우도 마찬가지다. 같은 내용을 반복해서 출력하는 것은 아두이노에 부담이 될 수 있다. 이를 해결하는 방법 중 하나가 MAX7219 칩과 같은 전용 칩을 사용하는 것이다. MAX7219 칩은 8자리의 7세그먼트, 8×8 크기 LED 매트릭스 등에 포함된 64개의 LED를 3개의 핀으로 제어할 수 있게 해줄 뿐만 아니라 잔상 효과를 위한 반복 출력을 칩에서 수행한다. 이처럼 MAX7219 칩은 연결과 사용이 간편하므로 숫자 출력이 필요한 경우, 특히 여러 자리의 숫자 출력이 필요한 경우라면 사용을 고려해 볼 수 있다.

1. 아래와 같이 6개의 패턴을 정의하고 4자리 7세그먼트 표시장치의 각 자리에 1초 간격으로 패턴 1에서 패턴 6까지 반복적으로 표시되도록 스케치를 작성해 보자. 단, 첫 번째 자리는 패턴 1, 두 번째 자리는 패턴 2, 세 번째 자리는 패턴 3, 네 번째 자리는 패턴 4부터 시작하게 한다. 바이트 단위의 임의의 데이터 출력을 위해서는 스케치 38.9의 showOnePattern 함수를 사용하면 된다.

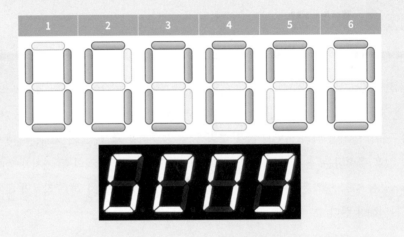

2. 스케치 38.12는 0.1초 단위의 카운터를 SevSeg 라이브러리를 사용하여 구현한 예다. 이를 상향 및 하향 카운터로 동작할 수 있게 수정해 보자. 버튼은 A0 핀에 풀다운 저항을 사용하여 연결한다. 아날로그 데이터 입력 핀은 디지털 데이터 입출력 핀으로도 사용할 수 있으므로 버튼을 연결하여 사용할 수 있다. 버튼을 누르는 순간, 즉 상승 에지에서 상향 및 하향 카운터로 바뀌도록 해보자.

LED 매트릭스

LED 매트릭스는 LED를 행렬 형태로 배치하여 문자, 기호, 숫자 등을 표시할 수 있게 만든 출력 장치의 일종이다. LED 매트릭스는 7세그먼트 표시장치와 마찬가지로 잔상 효과를 이용함으로써 적은 수의 핀으로 많은 수의 LED를 동시에 제어하는 것과 같은 효과를 얻을 수 있다. 하지만 잔상 효과를 이용하기 위해서는 같은 데이터를 계속 출력해야 하므로 이를 대신할 MAX7219와 같은 전용 칩을 사용하는 경우를 흔히 볼 수 있다. 이 장에서는 LED 매트릭스의 구조와 LED 매트릭스 제어를 위해 사용할 수 있는 여러 방법을 알아본다.

이 장에서
사용할 부품

아두이노 우노	× 1	➡	LED 매트릭스 테스트
LED 매트릭스	× 1	➡	공통 행 양극 방식
220Ω 저항	× 8	➡	도트 보호
LED 매트릭스 모듈	× 2	➡	MAX7219 칩 사용

LED 매트릭스

LED 매트릭스는 LED를 매트릭스 형태로 배열하여 알파벳, 숫자, 기호 등을 표시할 수 있게 해주는 출력 장치의 일종이다. 특히 8×8 크기의 매트릭스는 알파벳을 포함하여 아스키 문자 한 글자를 표현할 수 있어 정보 표시를 위해 사용된 예를 쉽게 찾아볼 수 있다. 시중에 판매되고 있는 8×8 크기의 LED 매트릭스에는 LED만을 포함하고 있는 단순한 제품에서부터 LED 매트릭스를 제어하기 위한 칩을 포함하여 모듈 형태로 제작된 것 등 다양한 종류가 있다. 또한 매트릭스의 도트dot를 구성하는 LED도 단색, 2색, RGB 등 다양한 종류가 사용되고 있다. 이 장에서는 단색 LED를 사용한 LED 매트릭스를 다룬다.

(a) 단색 LED 매트릭스(16핀)

(b) 2색 LED 매트릭스(24핀)

그림 39.1 8×8 LED 매트릭스

8×8 LED 매트릭스는 16개의 핀을 갖고 있으며, 각 핀은 8개의 행과 8개의 열에 대응한다. 핀 번호는 제품 번호가 기록된 면의 가장 왼쪽 핀이 1번이고 반시계 방향으로 핀 번호가 증가한다.

이 장에서 사용하는 LED 매트릭스 내부는 그림 39.3과 같이 **행에 해당하는 핀에 (+)를, 열에 해당하는 핀에 (−)를 연결하면 행 단위로 해당 위치의 LED가 켜지도록 구성**되어 있으며, 이를 **공통 행 양극** common-row anode **방식** 또는 간단히 양극 방식이라고 한다. 그림 39.3에서 알 수 있듯이 행이나 열 번호와 핀 번호 사이에는 규칙이 없으므로 연결할 때 주의해야 한다.

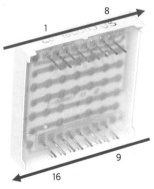

그림 39.2
LED 매트릭스의 핀 배치

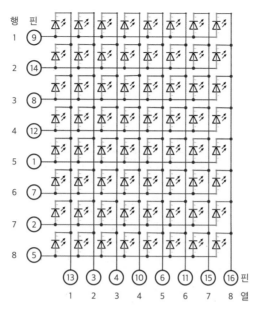

그림 39.3 공통 행 양극 방식 LED 매트릭스 회로

그림 39.3에서 2행 2열의 LED를 켜고 싶다면 2행에 해당하는 14번 핀에 HIGH를 가하고 2열에 해당하는 3번 핀에 LOW를 가하면 된다. 공통 행 음극common-row cathode 방식 또는 음극 방식은 공통 행 양극 방식과 반대로 14번 핀에 LOW를 가하고 3번 핀에 HIGH를 가하면 된다.

LED 매트릭스를 제어할 때 기억해야 할 점은 8×8 LED 매트릭스에 64개의 LED가 포함되어 있다는 점이다. 하지만 핀의 수는 16개뿐이다. 어떻게 적은 수의 핀으로 많은 수의 LED를 제어할 수 있을까? 같은 문제는 4자리 7세그먼트 표시장치에도 있었고 이를 해결하기 위해 잔상 효과를 사용했다. LED 매트릭스 역시 마찬가지다. 사실 **LED 매트릭스는 8자리 7세그먼트 표시장치와 LED 배열 방법만 다르고 제어 방법은 같다.** 7세그먼트 표시장치는 한 자리에 8개의 LED가 포함되어 있고, 한 번에 한 자리의 8개 LED만 제어할 수 있다. 이러한 방법은 LED 매트릭스에 그대로 적용된다. 차이점이라면 LED 매트릭스는 하나의 행에 8개의 LED가 포함되어 있지만 하나의 열에도 8개의 LED가 포함되어 있다는 것이다. 따라서 행과 열 중 어디를 기준으로 할 것인지 정해야 한다. **하나의 행을 하나의 그룹으로 보고 제어하는 방법을 행 단위 스캔**row scan**이라고 하고, 하나의 열을 하나의 그룹으로 보고 제어하는 방법을 열 단위 스캔**column scan**이라고 한다.** 이 장에서는 양극 방식의 LED 매트릭스를 행 단위 스캔을 사용하여 제어한다.

행 단위 스캔에서는 하나의 행에 포함된 8개 LED를 동시에 제어하고 빠르게 다음 행으로 옮겨가기를 반복한다. 하나의 행을 선택하기 위해서는 선택하고자 하는 행에는 HIGH를, 나머지 행에는 LOW를 가해야 한다. 7세그먼트 표시장치에서 한 번에 한 자리의 숫자만 표시할 수 있는 것처럼

LED 매트릭스에서도 한 번에 하나의 행만 표시할 수 있다. 반면, 선택된 행의 열에는 임의 개수의 LED를 켤 수 있다. 그림 39.4는 4번째 행의 두 번째와 일곱 번째 LED를 켜는 예를 보인 것으로 행에는 0001 0000$_2$을, 열에는 1011 1101$_2$을 가하고 있다. **행 단위 스캔에서 행 데이터에는 하나의 1만이 가능하지만, 열 데이터에 오는 0의 개수에는 제한이 없다**는 점도 기억해야 한다.

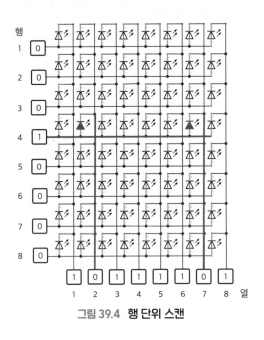

그림 39.4 행 단위 스캔

LED 매트릭스를 연결할 때 주의할 점 중 하나는 저항의 연결 위치다. **저항은 하나의 LED만 켜지는 쪽에 연결해야 한다.** 그림 39.4의 행 단위 스캔에서 하나의 행에는 0개에서 8개까지 LED가 켜질 수 있지만, 하나의 열에는 0개 아니면 1개의 LED만 켜질 수 있다. 따라서 행 단위 스캔에서는 열 쪽에 저항을 연결해야 한다. 행 쪽에 저항을 연결하면 켜지는 LED의 개수에 따라 LED의 밝기가 변할 수 있다.

LED 매트릭스를 그림 39.6과 같이 아두이노 우노에 연결하자. 16개의 핀을 사용하므로 2번에서 9번까지는 행에, 10번부터 17번(A3번)까지는 열에 연결한다.

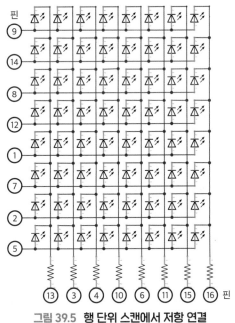

그림 39.5 행 단위 스캔에서 저항 연결

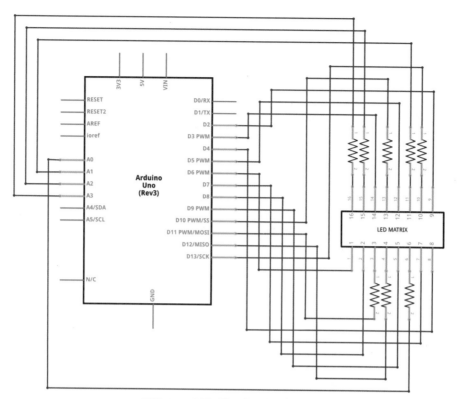

그림 39.6 LED 매트릭스 연결 회로도

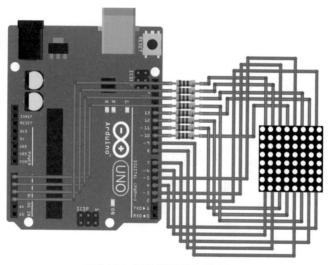

그림 39.7 LED 매트릭스 연결 회로

스케치 39.1은 LED 매트릭스의 LED를 1행 1열부터 행 우선으로 8행 8열까지 하나씩 켜기를 반복하는 예다.

스케치 39.1 LED 하나씩 켜기

```
int rows[] = {2, 3, 4, 5, 6, 7, 8, 9};              // 행 연결 핀
int cols[] = {10, 11, 12, 13, A0, A1, A2, A3};      // 열 연결 핀

void setup() {
    for (int i = 0; i < 8; i++) {                   // 행과 열 제어 핀을 출력으로 설정
        pinMode(rows[i], OUTPUT);
        pinMode(cols[i], OUTPUT);
    }
}

void clear() {                                      // 모든 LED를 끔
    for (int i = 0; i < 8; i++) {
        digitalWrite(rows[i], LOW);
        digitalWrite(cols[i], HIGH);
    }
}

void loop() {
    for (int row = 0; row < 8; row++) {
        for (int col = 0; col < 8; col++) {
            clear();

            digitalWrite(rows[row], HIGH);          // row행 col열 LED 켜기
            digitalWrite(cols[col], LOW);

            delay(100);
        }
    }
}
```

스케치 39.1은 한 번에 하나의 LED만 켜기 때문에 잔상 효과가 필요하지 않다. **행 단위 스캔에서 잔상 효과는 여러 행에 있는 LED를 동시에 켜는 경우 필요하다.** 잔상 효과를 이용해 사용자 정의 문자를 표시해 보자. 행 단위 스캔을 사용하므로 문자는 행 단위로 그림 39.8과 같이 정의하면 된다.

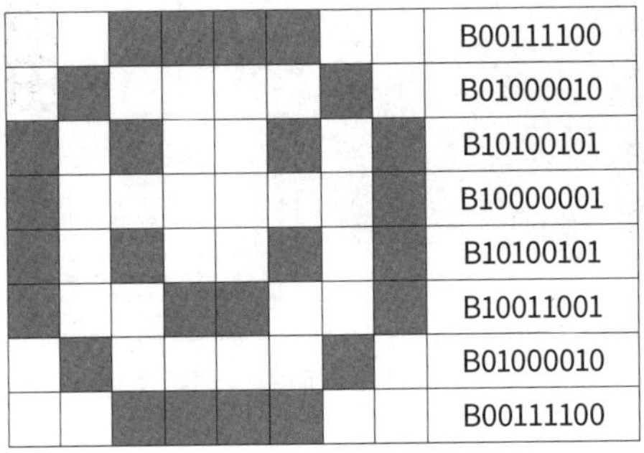

B00111100
B01000010
B10100101
B10000001
B10100101
B10011001
B01000010
B00111100

그림 39.8 스마일 문자 정의

스케치 39.2는 스마일 문자를 나타내는 예다.

스케치 39.2 스마일 문자 나타내기

```
int rows[] = {2, 3, 4, 5, 6, 7, 8, 9};           // 행 연결 핀
int cols[] = {10, 11, 12, 13, A0, A1, A2, A3};    // 열 연결 핀

byte smile[] = {                                  // 사용자 정의 문자 데이터
    B00111100, B01000010, B10100101, B10000001,
    B10100101, B10011001, B01000010, B00111100
};

int ROW_DELAY = 2;                                // 행 전환 간격

void setup() {
    for (int i = 0; i < 8; i++) {                 // 행과 열 제어 핀을 출력으로 설정
        pinMode(rows[i], OUTPUT);
        pinMode(cols[i], OUTPUT);
    }
}

void clear() {                                    // 모든 LED를 끔
    for (int i = 0; i < 8; i++) {
        digitalWrite(rows[i], LOW);
        digitalWrite(cols[i], HIGH);
    }
}

void loop() {
    for (int row = 0; row < 8; row++) {
        clear();
        digitalWrite(rows[row], HIGH);            // 해당 행 선택
        for (int col = 0; col < 8; col++) {
            // 행 단위 데이터에서 각 열의 데이터 추출
            boolean ox = (smile[row] >> (7 - col)) & 0x01;
            // 공통 행 양극 방식으로 켜지는 LED는 LOW를 출력해야 하므로 반전 출력
            digitalWrite(cols[col], !ox);
        }
        delay(ROW_DELAY);
    }
}
```

스케치 39.2에서 ROW_DELAY 값을 0으로 하면 LED의 밝기가 어두워지고 균일하지 않은 것을 볼 수 있다. 이는 너무 빠른 행 전환으로 인해 LED가 완전히 켜지기 전에 행을 이동하기 때문이다. 반면, ROW_DELAY 값을 크게 하면 행 사이의 이동이 느려져서 잔상 효과를 볼 수 없어 스마일 문자가 깜빡거리게 된다. 이 장에서 사용한 LED 매트릭스 모듈의 경우 2ms 정도의 지연 시간에서 안정된 동작을 보여주었다. 또 한 가지 주의할 점은 사용자 정의 문자 데이터에서 켜지는 LED를

1로 표시했다는 점이다. 하지만 공통 행 양극 방식에서 켜지는 LED를 위한 열 데이터는 0이므로 열 데이터는 반전해서 출력해야 한다.

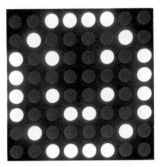

그림 39.9 스마일 문자 출력

스케치 39.2를 수정하여 스마일 문자가 움직이게 만들어보자. 움직이는 문자를 표시하는 방법은 여러 가지가 있을 수 있지만, 간단한 방법은 스마일 문자를 16비트 너비로 정의하고 그중 8비트만 LED 매트릭스로 출력하는 것이다. 먼저 확장 스마일 문자를 그림 39.10과 같이 정의하자. 'B'로 시작하는 이진수 정의는 8비트 이하 숫자에 대해서만 정의되어 있으므로 사용자 정의 문자 데이터는 16진수로 표시했다.

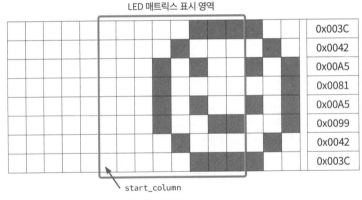

그림 39.10 확장 스마일 문자 정의

LED 매트릭스에는 start_column부터 8개의 열을 표시한다. 단, 확장 스마일 문자의 열은 좌우가 연결된 형태로 생각해야 스마일 문자가 왼쪽으로 밀려나게 할 수 있다. 예를 들어, 16개의 열중 시작 열이 10번이면 10~15번의 6개 열과 0~1번의 2개 열이 사용되어야 하며 이를 위해 나머지 연산자를 사용했다. 이는 그림 39.10의 확장 스마일 문자 오른쪽에 7개의 빈 열이 더 있는 것으로 생각할 수 있다. 스케치 39.3은 스마일 문자를 좌우로 스크롤하는 예다.

```
int rows[] = {2, 3, 4, 5, 6, 7, 8, 9};          // 행 연결 핀
int cols[] = {10, 11, 12, 13, A0, A1, A2, A3};  // 열 연결 핀

uint16_t smile[] = {                             // 사용자 정의 문자 데이터
    0x003C, 0x0042, 0x00A5, 0x0081,
    0x00A5, 0x0099, 0x0042, 0x003C
};

int ROW_DELAY = 2;                               // 행 전환 간격
int start_column = 0;                            // 표시 시작 열

unsigned long time_previous;
int INTERVAL = 200;                              // 열이 움직이는 시간 간격

void setup() {
    for (int i = 0; i < 8; i++) {                // 행과 열 제어 핀을 출력으로 설정
        pinMode(rows[i], OUTPUT);
        pinMode(cols[i], OUTPUT);
    }
    time_previous = millis();
}

void clear() {                                   // 모든 LED를 끔
    for (int i = 0; i < 8; i++) {
        digitalWrite(rows[i], LOW);
        digitalWrite(cols[i], HIGH);
    }
}

void loop() {
    unsigned long time_current = millis();
    if (time_current - time_previous >= INTERVAL) {
        start_column = (start_column + 1) % 16;  // 시작 열 갱신
        time_previous = time_current;
    }

    for (int row = 0; row < 8; row++) {
        clear();
        digitalWrite(rows[row], HIGH);           // 해당 행 선택
        for (int col = 0; col < 8; col++) {
            // start_column부터 8개 열의 데이터 추출
            // 열은 좌우가 연결되어 있음에 주의
            int shift_amount = (31 - start_column - col) % 16;
            // 행 단위 데이터에서 각 열의 데이터 추출
            boolean ox = (smile[row] >> shift_amount) & 0x01;
            // 공통 행 양극 방식으로 켜지는 LED는 LOW를 출력해야 하므로 반전 출력
            digitalWrite(cols[col], !ox);
        }
        delay(ROW_DELAY);
    }
}
```

MAX7219 LED 디스플레이 드라이버

잔상 효과를 이용하면 7세그먼트 표시장치와 같은 방법으로 LED 매트릭스를 제어할 수 있음을 살펴봤다. 하지만 잔상 효과를 이용하는 것은 연산 능력이 높지 않은 아두이노에는 부담이 될 수 있다. 따라서 8자리 7세그먼트 표시장치를 전용 칩을 사용하여 제어했던 것처럼 LED 매트릭스 역시 같은 칩을 사용하여 제어할 수 있다. 이 장에서는 38장 '4자리 7세그먼트 표시장치'에서 사용한 MAX7219 칩을 사용하여 LED 매트릭스를 제어하는 방법을 살펴본다. **8자리 7세그먼트 표시장치와 8×8 LED 매트릭스는 LED의 배열만 다를 뿐 제어 방법은 같다.**

MAX7219 칩을 사용하면 공통 행 음극 방식의 8×8 LED 매트릭스를 3개의 데이터 핀으로 제어할 수 있다. 한 가지 주의할 점은 앞 절에서는 공통 행 양극 방식을 사용했다는 점이다. 하지만 실제 제어는 MAX7219 칩에서 담당하므로 걱정할 필요는 없다. 한 가지 더 주의해야 할 점은 MAX7219 칩의 데이터시트는 8자리 7세그먼트 표시장치를 기준으로 설명하고 있다는 점이다. 그림 39.11은 MAX7219 칩의 핀 배치를 나타낸 것으로 왼쪽은 데이터시트에서 설명하는 8자리 7세그먼트 표시장치 기준이며, 오른쪽은 이를 LED 매트릭스 기준으로 바꾼 것이다. 특히 세그먼트 순서에서 소수점이 첫 번째 열에 해당한다는 점에 주의해야 한다.

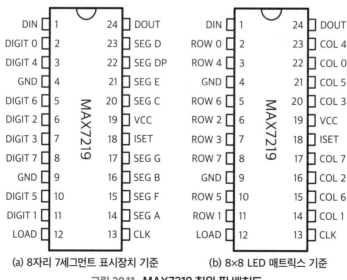

(a) 8자리 7세그먼트 표시장치 기준   (b) 8×8 LED 매트릭스 기준

그림 39.11 MAX7219 칩의 핀 배치도

이 장에서는 MAX7219 칩과 LED 매트릭스가 모듈 형태로 만들어진 LED 매트릭스 모듈을 사용한다. LED 매트릭스 모듈은 제어 핀 3개와 전원 핀 2개 등 5개의 핀을 아두이노 우노와 연결하면 된다. 반대쪽에 있는 5개의 핀은 다른 LED 매트릭스 모듈과 연결하기 위해 사용하며, 이후 LED 매트릭스 모듈을 같은 방법으로 계속 연결할 수 있다.

그림 39.13과 같이 LED 매트릭스 모듈을 아두이노 우노에 연결해 보자.

그림 39.12 LED 매트릭스 모듈

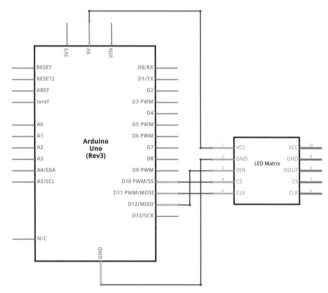

그림 39.13 LED 매트릭스 모듈 연결 회로도

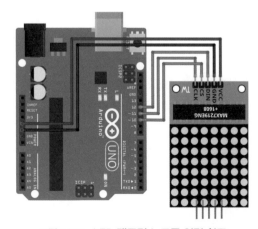

그림 39.14 LED 매트릭스 모듈 연결 회로

MAX7219 칩을 사용한 LED 매트릭스 모듈을 사용하기 위해서는 LedControl 라이브러리*를 사용한다. LedControl 라이브러리에 대한 자세한 내용은 38장 '4자리 7세그먼트 표시장치'를 참고하면 되고, 여기서는 LED 매트릭스 제어와 관련된 멤버 함수만 소개한다.

■ setLed

```
void LedControl::setLed(int addr, int row, int col, boolean state)
 - 매개변수
     addr: LED 매트릭스 모듈의 주소
     row: 행 번호(0~7)
     col: 열 번호(0~7)
     state: LED 상태(1 또는 0)
 - 반환값: 없음
```

지정한 LED 매트릭스 모듈에서 row행 col열의 LED 상태를 state로 변경한다. 즉, 하나의 LED 상태만을 변경한다.

■ setRow

```
void LedControl::setRow(int addr, int row, byte value)
 - 매개변수
     addr: LED 매트릭스 모듈의 주소
     row: 행 번호(0~7)
     value: 8개 LED의 상태
 - 반환값: 없음
```

지정한 LED 매트릭스 모듈에서 row행의 8개 LED 상태를 value 값으로 변경한다. 1번 열의 값이 value의 MSB에 해당한다.

■ setColumn

```
void LedControl::setColumn(int addr, int col, byte value)
 - 매개변수
     addr: LED 매트릭스 모듈의 주소
     col: 열 번호(0~7)
     value: 8개 LED의 상태
 - 반환값: 없음
```

---

* http://wayoda.github.io/LedControl/

지정한 LED 매트릭스 모듈에서 col열의 8개 LED 상태를 value 값으로 변경한다. 1번 행의 값이 value의 MSB에 해당한다.

스케치 39.4는 LED 매트릭스 모듈에 스마일 문자를 나타내는 예다. 스케치 39.4가 스케치 39.2와 다른 점은 loop 함수가 비어 있다는 점으로, **MAX7219 칩으로 한 번 데이터를 출력하면 잔상 효과를 얻기 위해 같은 데이터를 계속해서 출력하는 것은 MAX7219 칩에서 담당하므로 스케치에서는 데이터를 반복해서 출력하지 않아도 된다.**

</> 스케치 39.4 스마일 문자 나타내기 – LedControl 라이브러리

```
#include <LedControl.h>

// 객체 생성(DIN, CLK, CS(LOAD), 모듈 수)
LedControl matrix = LedControl(12, 11, 10, 1);

byte smile[] = {                                    // 사용자 정의 문자 데이터
    B00111100, B01000010, B10100101, B10000001,
    B10100101, B10011001, B01000010, B00111100
};

void setup() {
    matrix.shutdown(0, false);                      // 정상 동작 모드
    matrix.setIntensity(0, 5);                      // 밝기 설정
    matrix.clearDisplay(0);                         // LED 매트릭스 끄기

    for (int r = 0; r < 8; r++) {                   // 스마일 문자 데이터 출력
        matrix.setRow(0, r, smile[r]);
    }
}

void loop() {
    // 잔상 효과는 아두이노가 신경 쓰지 않아도 된다.
}
```

2개의 LED 매트릭스 모듈을 연결할 때는 첫 번째 모듈의 출력을 두 번째 모듈의 입력으로 연결하면 된다. 물론 5개의 핀을 모두 연결해서 다른 제어 신호 역시 전달되게 해야 한다.

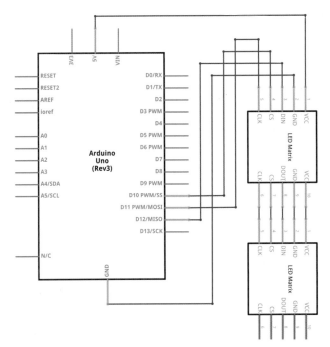

그림 39.15 2개 LED 매트릭스 모듈 연결 회로도

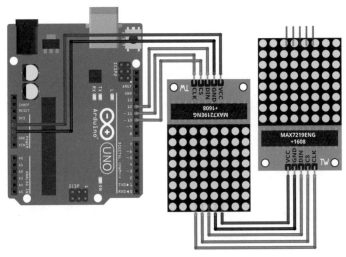

그림 39.16 2개 LED 매트릭스 모듈 연결 회로

2개의 LED 매트릭스 모듈에 스마일 문자가 움직이게 해보자. 스케치 39.3에서는 16비트 크기의 패턴을 정의한 후 그중 8비트만 사용했다. 여기서는 16비트의 기본 패턴을 정의하고 비트 이동을 통해 표시할 패턴을 생성한 후 상위 8비트와 하위 8비트로 나누어 출력하는 방법을 사용한다. 또한 스케치 39.3에서는 스마일 문자가 한 방향으로만 움직였다면 여기서는 스마일 문자가 항상

완전히 보이는 범위 내에서 양방향으로 움직이게 한다.

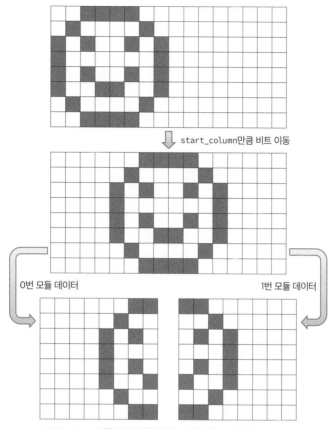

그림 39.17 2개 LED 매트릭스 모듈에 스마일 문자 표시

스케치 39.5는 스마일 문자를 좌우로 움직이는 예다. 스마일 문자를 16비트로 정의한 것은 스케치 39.3과 같지만, LedControl 라이브러리에서 8비트 단위의 행 또는 열 데이터 출력을 지원하므로 그림 39.17과 같은 방법으로 간단하게 스마일 문자를 표시하고 움직일 수 있다. 마지막으로 주의해서 봐야 할 함수는 writeSmileData 함수로, 이름 그대로 표시할 데이터를 LED 매트릭스 모듈로 전송하는 함수다. 데이터를 전송한 후 실제 표시는 MAX7219 칩에서 담당하므로 writeSmileData 함수는 움직임이 발생할 때만, 즉 0.5초 간격으로만 호출하면 된다.

</> 스케치 39.5 스마일 문자 움직이기 – LedControl 라이브러리

```
#include <LedControl.h>

// 객체 생성(DIN, CLK, CS(LOAD), 모듈 수)
LedControl matrix = LedControl(12, 11, 10, 2);
```

```
uint16_t smile[] = {                            // 사용자 정의 문자 데이터
    0x3C00, 0x4200, 0xA500, 0x8100,
    0xA500, 0x9900, 0x4200, 0x3C00
};

unsigned long time_previous;
int INTERVAL = 500;
int start_column = 0;                           // 스마일 문자 표시 시작 열
int increment = 1;                              // 오른쪽(+1) 왼쪽(-1)으로 움직임

void setup() {
    for (int i = 0; i < 2; i++) {
        matrix.shutdown(i, false);              // 정상 동작 모드
        matrix.setIntensity(i, 5);              // 밝기 설정
        matrix.clearDisplay(i);                 // LED 매트릭스 끄기
    }

    time_previous = millis();
    writeSmileData();
}

void writeSmileData() {                         // 스마일 문자를 나누어서 표시
    for (int row = 0; row < 8; row++) {         // 16열 매트릭스로 간주
        // 시작 열만큼 비트 이동시켜 16비트 패턴을 생성
        uint16_t pattern = smile[row] >> start_column;
        // 상위 8비트와 하위 8비트로 각 모듈 데이터 생성
        byte pattern_upper = (pattern >> 8) & 0xFF;
        byte pattern_lower = pattern & 0xFF;

        matrix.setRow(0, row, pattern_upper);   // 각 모듈에 표시
        matrix.setRow(1, row, pattern_lower);
    }
}

void loop() {
    unsigned long time_current = millis();

    if (time_current - time_previous >= INTERVAL) {
        time_previous = time_current;

        if (increment == 1 && start_column == 8) {
            increment = -1;                     // 오른쪽 끝에 도달한 경우 방향 바꿈
        }
        else if (increment == -1 && start_column == 0) {
            increment = 1;                      // 왼쪽 끝에 도달한 경우 방향 바꿈
        }

        start_column = start_column + increment;
        writeSmileData();
    }
}
```

39.3 맺는말

LED 매트릭스는 LED를 행과 열로 배열하여 문자, 숫자, 기호 등을 표시할 수 있도록 만든 출력 장치의 일종이다. 8×8 크기의 LED 매트릭스에는 64개의 LED가 사용되므로 개별적으로 제어하기 위해서는 64개의 입출력 핀이 필요하지만, 한 번에 하나의 행 또는 열에 속하는 8개의 LED만 제어하고 행 또는 열을 빠른 속도로 이동함으로써 잔상 효과를 통해 LED가 한꺼번에 제어되는 것과 유사한 효과를 얻을 수 있다. 잔상 효과를 이용하여 8×8 LED 매트릭스를 제어하는 경우 필요한 입출력 핀의 수는 행과 열의 수를 합한 16개다.

8×8 LED 매트릭스를 제어하는 것은 8자리 7세그먼트 표시장치를 제어하는 것과 같다. 두 출력 장치 모두 8개 LED로 이루어진 8개 그룹으로 나눌 수 있고, 각 그룹은 공통 양극 방식 또는 공통 음극 방식으로 제어할 수 있으며, 제어를 위해 LedControl 라이브러리를 사용할 수 있다는 점에서 공통점이 있다. 즉, 두 출력 장치는 64개 LED를 서로 다른 형태로 배열하여 서로 다른 목적으로 사용된다는 차이가 있을 뿐이다. 실제로 7세그먼트 표시장치는 네 자리 숫자를 표시하는 장치로 흔히 사용되며, LED 매트릭스는 8×8보다 높은 해상도에 다양한 색상과 다양한 효과를 적용하여 문자는 물론 도형과 이미지 등을 표시하는 예를 쉽게 찾아볼 수 있다. LED 매트릭스의 해상도가 증가하면 잔상 효과를 사용한 제어가 쉽지 않으므로 다양한 전용 칩이 사용되며 이 장에서 사용한 MAX7219가 그중 하나다. 이 외에도 제어를 위한 전용 칩이 내장된 RGB LED를 사용한 네오픽셀은 연결과 확장이 쉬워서 사용이 증가하고 있다. 네오픽셀에 대한 자세한 내용은 43장 '네오픽셀'을 참고하면 된다.

1   스케치 39.3은 스마일 문자를 좌우로 움직이는 예다. 이를 수정하여 스마일 문자를 위아래로 움직이게 해보자. 위아래로 움직이는 스마일 문자는 그림 39.10과 유사하게 위쪽에 빈 행을 추가하고 행의 시작 위치를 바꾸는 방법을 사용할 수 있다.

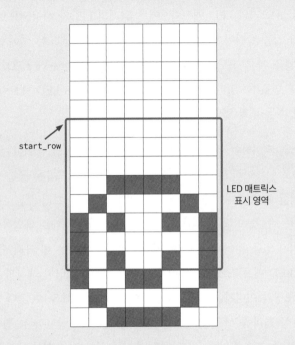

2   0에서 9까지의 숫자를 표시하기 위한 패턴을 다음과 같이 정의하고 1초 간격으로 0에서 9까지의 숫자가 반복해서 나타나도록 LedControl 라이브러리를 사용하여 스케치를 작성해 보자.

텍스트 LCD

텍스트 LCD는 문자 단위로 정보를 표시하기 위해 사용할 수 있는 출력 장치의 일종으로, 간단한 정보 표시를 위해 흔히 사용된다. 텍스트 LCD는 표시할 수 있는 문자의 수와 제어 방법에 따라 다양한 종류가 사용되고 있다. 이 장에서는 텍스트 LCD의 구조와 제어 방법을 살펴보고, LCD 드라이버를 직접 제어하는 LiquidCrystal 라이브러리와 I2C 변환 모듈을 통해 제어하는 LiquidCrystal_I2C 라이브러리를 사용하여 텍스트 LCD를 사용하는 방법을 살펴본다.

이 장에서
사용할 부품

아두이노 우노	× 1	➡ 텍스트 LCD 테스트
텍스트 LCD	× 1	➡ 16×2 크기
텍스트 LCD	× 1	➡ 20×4 크기
가변저항	× 1	➡ 콘트라스트 조절
I2C 변환보드	× 1	➡ 텍스트 LCD 인터페이스 변환

텍스트 LCD

액정liquid crystal은 액체이면서도 고체의 성질을 갖는 액체와 고체의 중간 형태로, 1800년대 후반 발견되어 1960년대 후반에 이르러 디스플레이로 활용되기 시작했다. 액정을 사용한 디스플레이 장치로는 문자 기반의 텍스트 LCDLiquid Crystal Display, 픽셀 기반의 그래픽 LCD, 색상 표현이 가능한 TFT-LCD 등 다양한 종류가 있다. 텍스트 LCD는 그래픽이나 한글 표시가 어렵고 표시할 수 있는 문자의 수가 적다는 등의 한계가 있어 그래픽 LCD나 TFT-LCD 등을 많이 사용하는 추세이기는 하지만, 텍스트 LCD는 가격이 저렴하고 제어가 간단해 간단한 메시지를 출력하는 데는 여전히 텍스트 LCD가 사용되고 있다. 텍스트 LCD 제어를 위해 아두이노에서는 LiquidCrystal 라이브러리를 기본 라이브러리로 제공하고 있다.

텍스트 LCD는 표시할 수 있는 문자의 수에 따라 여러 종류가 존재하지만 2줄 16칸, 총 32문자를 표시하는 텍스트 LCD를 흔히 볼 수 있으며, 이 장에서도 16×2 크기의 텍스트 LCD를 기본으로 한다. 그림 40.1은 텍스트 LCD의 핀 배치를 나타낸 것이다. 텍스트 LCD 중 가장 많은 문자를 표시할 수 있는 20×4 크기의 텍스트 LCD 역시 16×2 텍스트 LCD와 같은 수의 핀을 갖고 있으며, 핀의 배열과 기능 역시 같다.

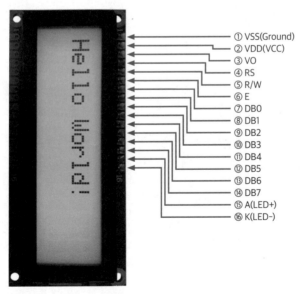

그림 40.1 텍스트 LCD

표 40.1 **텍스트 LCD의 핀 설명**

핀 번호	이름	설명
1	VSS	그라운드(GND)
2	VDD	5V 동작 전원(VCC)
3	VO	가변저항을 통해 0~5V 사이 전압을 입력하여 콘트라스트 조정에 사용(Contrast Adjust)
4	RS	레지스터 선택(Register Select)
5	R/W	읽기 쓰기(Read/Write)
6	E	활성화(Enable)
7~14	DB0~DB7	데이터 신호 핀
15	A(LED+)	백라이트 전원
16	K(LED-)	

그림 40.1의 텍스트 LCD 모듈에서 각 핀의 기능은 표 40.1과 같다. 16개의 핀 중 7번에서 14번까지 8개 핀은 데이터 전달에 사용되는 핀이고, 5개(1, 2, 3, 15, 16번)는 전원 관련 핀이며, 나머지 3개는 제어 신호를 위해 사용되는 핀이다. 제어 핀의 역할은 표 40.2와 같다.

표 40.2 **텍스트 LCD의 제어 핀**

제어 핀	설명
RS (Register Select)	텍스트 LCD 제어를 위해서는 제어 레지스터와 데이터 레지스터, 2개의 레지스터가 사용된다. RS 신호는 명령을 담고 있는 제어 레지스터(RS = LOW)와 데이터를 담고 있는 데이터 레지스터(RS = HIGH) 중 하나를 선택하기 위해 사용한다.
R/W (Read/Write)	읽기(R/W = HIGH) 및 쓰기(R/W = LOW) 모드 선택을 위해 사용한다. 일반적으로 LCD는 데이터를 쓰기 위한 용도로만 사용하므로 R/W 제어선은 GND에 연결하여 사용할 수 있다.
E (Enable)	하강 에지(falling edge)에서 LCD 드라이버가 레지스터의 내용을 바탕으로 처리를 시작하도록 지시하기 위해 사용한다.

텍스트 LCD 모듈에서 텍스트 LCD 제어를 담당하는 전용 칩을 LCD 드라이버 또는 LCD 컨트롤러라고 한다. 텍스트 LCD에는 히타치_{Hitachi}의 HD44780 또는 삼성의 KS0066 드라이버가 주로 사용되며 이들은 서로 호환된다. LCD 드라이버에서 텍스트 LCD 제어를 위해 사용하는 레지스터가 제어 레지스터와 데이터 레지스터다. 아두이노에서 텍스트 LCD 모듈에 명령을 전달하기 위해서는 먼저 RS와 R/W 값을 설정하고 데이터 레지스터에 데이터를 기록한다. 이후 E를 HIGH 상태에서 LOW 상태로 바꾸면 하강 에지에서 LCD 드라이버가 해당 명령을 실행한다. 텍스트 LCD 모듈 제어를 위한 명령, 즉 LCD 드라이버에서 제공하는 명령은 표 40.3과 같다. 하지만 이러한 명령 전달 및 처리 과정은 라이브러리에서 처리되므로 걱정하지 않아도 된다.

표 40.3 텍스트 LCD 모듈의 명령

명령	명령 코드										설명
	RS	R/W	DB7	DB6	DB5	DB4	DB3	DB2	DB1	DB0	
Clear Display	0	0	0	0	0	0	0	0	0	1	공백문자(코드 0x20)로 화면을 지우고 커서를 홈 위치(주소 0번)로 옮긴다.
Return Home	0	0	0	0	0	0	0	0	1	-	커서를 홈 위치로 옮기고, 표시 영역 역시 초기 위치로 옮긴다. 화면에 출력되는 내용(DDRAM의 값)은 변하지 않는다.
Entry Mode Set	0	0	0	0	0	0	0	1	I/D	S	데이터 읽기 또는 쓰기 후 메모리의 증가(Increment) 또는 감소(Decrement) 방향을 지정한다. DDRAM에서 I/D = 1이면 커서를 오른쪽으로, I/D = 0이면 왼쪽으로 옮긴다. S = 1이면 I/D 값에 따라 디스플레이를 왼쪽 또는 오른쪽으로 옮기며, 이때 커서는 고정된 위치에 나타난다.
Display on/off Control	0	0	0	0	0	0	1	D	C	B	디스플레이(D), 커서(C), 커서 깜빡임(B)의 ON/OFF를 설정한다.
Cursor or Display Shift	0	0	0	0	0	1	S/C	R/L	-	-	화면에 출력된 내용의 변경 없이 커서와 화면을 이동시킨다(표 40.4).
Function Set	0	0	0	0	1	DL	N	F	-	-	데이터 비트 크기(DL = 1이면 8비트, DL = 0이면 4비트), 디스플레이 행 수(N), 폰트 크기(F)를 설정한다(표 40.5).
Set CGRAM Address	0	0	0	1	AC5	AC4	AC3	AC2	AC1	AC0	주소 카운터에 CGRAM 주소를 설정한다.
Set DDRAM Address	0	0	1	AC6	AC5	AC4	AC3	AC2	AC1	AC0	주소 카운터에 DDRAM 주소를 설정한다.
Read Busy Flag & Address	0	1	BF	AC6	AC5	AC4	AC3	AC2	AC1	AC0	드라이버에서 현재 명령을 실행 중인지 아닌지를 나타내는 동작 중 플래그(Busy Flag) 값과 주소 카운터값을 읽어온다.
Write Data to RAM	1	0	D7	D6	D5	D4	D3	D2	D1	D0	RAM(DDRAM 또는 CGRAM)에 데이터를 기록한다.
Read Data from RAM	1	1	D7	D6	D5	D4	D3	D2	D1	D0	RAM(DDRAM 또는 CGRAM)에서 데이터를 읽어온다.

표 40.4 커서와 화면 이동

S/C	R/L	설명
0	0	커서를 왼쪽으로 옮긴다. 메모리 주소는 1 감소한다.
0	1	커서를 오른쪽으로 옮긴다. 메모리 주소는 1 증가한다.
1	0	화면을 왼쪽으로 옮긴다. 커서 역시 왼쪽으로 이동한다.
1	1	화면을 오른쪽으로 옮긴다. 커서 역시 오른쪽으로 이동한다.

표 40.5 행 수와 폰트 크기

N	F	행 수	폰트 크기	비고
0	0	1	5×8	
0	1	1	5×10	
1	–	2	5×8	2행 출력에서는 5×10 크기 폰트를 사용할 수 없다.

표 40.3의 명령 표에서 알 수 있듯이 텍스트 LCD에는 DDRAM_{Display Data RAM}과 CGRAM_{Character Generator RAM}의 두 종류 RAM이 포함되어 있다. 이 외에 폰트 데이터를 저장하는 CGROM 역시 포함되어 있다.

DDRAM은 현재 화면에 표시 중인 텍스트 데이터를 저장하는 RAM으로, 최대 80문자를 저장할 수 있다. 하지만 16×2 텍스트 LCD에 표시할 수 있는 문자는 최대 32문자이므로 DDRAM에 저장된 문자 중 일부만 텍스트 LCD 모듈에 표시될 수 있다. 16×2 텍스트 LCD에서 DDRAM의 메모리 번지 와 실제 화면에 표시되는 메모리 내용의 관계는 그림 40.2와 같다.

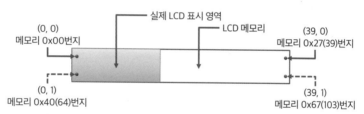

그림 40.2 16×2 텍스트 LCD의 DDRAM 메모리 및 화면 표시 영역

1행으로 문자를 표시하는 경우(Function Set 명령에서 N = 0) DDRAM의 주소는 0x00에서 0x4F(= 79) 로 연속적으로 정해진다. 하지만 이 장에서 사용하는 텍스트 LCD와 같이 2행으로 문자를 표시하 는 경우(Function Set 명령에서 N = 1) 1행의 DDRAM 주소는 0x00에서 0x27(= 39)까지, 2행의 주소는 0x40(= 64)에서 0x67(= 103)까지로 행별로 40바이트씩 분리되어 정해진다. 디폴트로 화면에 표시되 는 문자는 0번지에 저장된 내용부터 표시되지만, 화면 이동 명령으로 표시 영역을 변경할 수 있다.

DDRAM의 크기가 80바이트라는 말은 텍스트 LCD에 최대 80문자를 표시할 수 있다는 의미로, 텍스트 LCD 중 가장 큰 LCD는 80문자를 4줄 20칸으로 표시한다. 하지만 16×2 텍스트 LCD와 호환을 위해 세 번째 행에 출력되는 문자를 저장하는 메모리는 첫 번째 행에 출력되는 문자를 저 장하는 메모리의 뒷부분에 연결되어 있다. 즉, 16×2 텍스트 LCD와 20×4 텍스트 LCD를 (0, 0) 이 겹치도록 두면 32개 문자가 표시되는 부분의 DDRAM 주소는 같다.

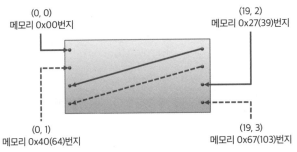

(0, 0)
메모리 0x00번지

(19, 2)
메모리 0x27(39)번지

(0, 1)
메모리 0x40(64)번지

(19, 3)
메모리 0x67(103)번지

그림 40.3 20×4 텍스트 LCD의 DDRAM 메모리 구성

CGRAM은 사용자 정의 문자를 정의하여 저장하는 공간으로, 64바이트 크기를 갖는다. 하나의 사용자 정의 문자를 정의하기 위해서는 8바이트의 데이터가 필요하므로 **8개의 사용자 정의 문자를 정의하여 사용할 수 있다.**

40.2 텍스트 LCD 제어

텍스트 LCD는 사용하는 데이터 신호 핀의 개수에 따라 4비트 모드 또는 8비트 모드로 사용할 수 있다. 3개의 제어선 중 R/W는 일반적으로 사용하지 않으므로 4비트 모드의 경우 최소 6개(데이터선 4개 + 제어선 2개), 8비트 모드의 경우 최소 10개(데이터선 8개 + 제어선 2개)의 연결선이 필요하다. 아두이노와 같이 데이터 핀의 수가 제한된 경우에는 4비트 모드를 주로 사용한다. 텍스트 LCD를 그림 40.4와 같이 4비트 모드로 아두이노 우노에 연결해 보자.

텍스트 LCD에서 VO는 가변저항을 연결하여 콘트라스트를 조절하기 위해 사용한다. **텍스트 LCD를 사용할 때 연결과 스케치에 아무런 문제가 없음에도 텍스트 LCD에 아무런 문자가 나타나지 않는 경우 대부분은 콘트라스트 조절을 통해 해결할 수 있다.** 업로드에 성공했지만 아무런 결과를 확인할 수 없다면 제일 먼저 가변저항을 돌려보자.

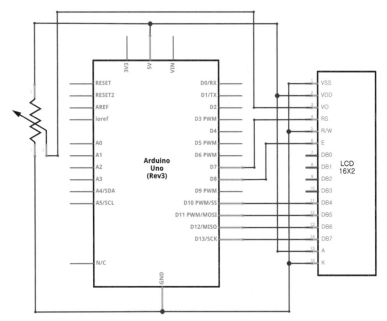

그림 40.4 텍스트 LCD 연결 회로도

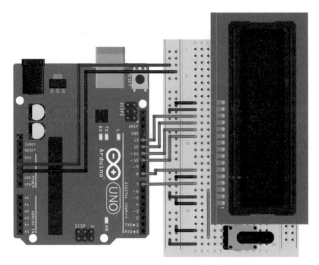

그림 40.5 텍스트 LCD 연결 회로

텍스트 LCD 제어를 위해 아두이노에서는 기본 라이브러리 중 하나로 LiquidCrystal 라이브러리를 제공하고 있다. LiquidCrystal 라이브러리를 사용하기 위해서는 먼저 헤더 파일을 포함해야 한다. '스케치 → 라이브러리 포함하기 → LiquidCrystal' 메뉴 항목을 선택하거나 #include 문을 직접 입력하면 된다.

```
#include <LiquidCrystal.h>
```

LiquidCrystal 라이브러리에는 텍스트 LCD 제어를 위해 다음과 같은 멤버 함수들이 정의되어
있다.

■ LiquidCrystal

```
LiquidCrystal::LiquidCrystal(uint8_t rs, uint8_t rw, uint8_t enable,   // 8비트 모드
                    uint8_t d0, uint8_t d1, uint8_t d2, uint8_t d3,
                    uint8_t d4, uint8_t d5, uint8_t d6, uint8_t d7);
LiquidCrystal::LiquidCrystal(uint8_t rs, uint8_t enable,
                    uint8_t d0, uint8_t d1, uint8_t d2, uint8_t d3,
                    uint8_t d4, uint8_t d5, uint8_t d6, uint8_t d7);
LiquidCrystal::LiquidCrystal(uint8_t rs, uint8_t rw, uint8_t enable,   // 4비트 모드
                    uint8_t d0, uint8_t d1, uint8_t d2, uint8_t d3);
LiquidCrystal::LiquidCrystal(uint8_t rs, uint8_t enable,
                    uint8_t d0, uint8_t d1, uint8_t d2, uint8_t d3);
```

LiquidCrystal 클래스의 객체를 생성할 때는 4비트 또는 8비트 모드에 따라 지정해야 하는 데이
터 핀 수가 다르고 R/W 신호 역시 생략할 수 있으므로 총 4개의 생성자가 정의되어 있다. R/W
신호를 사용하지 않을 때는 GND에 연결하여 사용하며, 이때 텍스트 LCD로는 데이터 출력만 가
능하다. 4비트 모드 생성자에서 데이터선을 위한 매개변수는 d0, d1, d2, d3로 정의되어 있지만,
4비트 모드에서 데이터 연결선은 상위 니블인 DB4, DB5, DB6, DB7이 사용된다는 점에 주의해야 한다.
여러 가지 생성자 중 4비트 모드에 제어선 2개를 사용하는 마지막 생성자가 흔히 사용되며, 이 장
에서도 같은 생성자를 사용한다.

■ begin

```
void LiquidCrystal::begin(uint8_t cols, uint8_t rows,
uint8_t charsize = LCD_5x8DOTS)
```
 - 매개변수
     cols: 열의 개수
     rows: 행의 개수
     charsize: 폰트 크기
 - 반환값: 없음

텍스트 LCD를 초기화한다. 초기화 과정에서는 표시할 수 있는 문자의 수를 행과 열로 지정한
다. 폰트 크기는 5×10(LCD_5x10DOTS) 또는 5×8(LCD_5x8DOTS) 중 선택할 수 있으며, 디폴트로 5×8
크기 폰트가 사용된다.

■ **clear**

```
void LiquidCrystal::clear()
 - 매개변수: 없음
 - 반환값: 없음
```

LCD에 표시된 내용을 지우고 커서를 (0, 0) 위치로 옮긴다.

■ **home**

```
void LiquidCrystal::home()
 - 매개변수: 없음
 - 반환값: 없음
```

LCD에 표시된 내용은 지우지 않으면서 커서만 (0, 0) 위치로 옮긴다.

■ **setCursor**

```
void LiquidCrystal::setCursor(uint8_t col, uint8_t row)
 - 매개변수
    col: 열 위치
    row: 행 위치
 - 반환값: 없음
```

커서를 지정한 위치로 옮긴다. 좌상단이 (0, 0)으로 기준이 된다.

■ **write**

```
size_t LiquidCrystal::write(uint8_t ch)
 - 매개변수
    ch: 출력할 문자
 - 반환값: 성공 여부
```

텍스트 LCD의 현재 커서 위치에 문자를 출력하고 출력 성공 여부를 반환한다.

■ print

```
size_t LiquidCrystal::print(value, format)
  - 매개변수
    value: 출력값(char, char 배열, String, 정수, 실수 등)
    format: 출력 형식
  - 반환값: 출력된 바이트 수
```

매개변수로 지정한 값을 텍스트 LCD의 현재 커서 위치에 출력한다. print 함수는 문자열은 물론 문자, 숫자 등을 출력할 수 있으며, 동작 방식은 Serial 클래스의 print 함수와 같다.

```
lcd.print("Hello World!")            // "Hello World!", 문자열
lcd.print(78, BIN)                   // "1001110", 이진수
lcd.print(78, DEC)                   // "78", 십진수
lcd.print(78, HEX)                   // "4E", 십육진수
lcd.print(1.23456, 2)                // "1.23", 소수점 이하 두 자리
```

■ createChar

```
void LiquidCrystal::createChar(uint8_t location, uint8_t charmap[])
  - 매개변수
    location: 사용자 정의 문자 번호(0~7)
    charmap: 문자 정의 데이터 배열
  반환값: 없음
```

LCD에 표시할 사용자 정의 문자를 생성한다. **생성할 수 있는 문자의 수는 최대 8개이며 문자 번호는 0에서 7까지가 사용된다.** 사용자 정의 문자는 8×5 크기로 8바이트의 배열을 사용하여 정의되며 각 바이트의 하위 5비트가 사용된다. 정의된 문자를 화면에 표시하기 위해서는 write(n)과 같이 write 함수를 사용하며, 이때 n은 사용자 정의 문자 번호에 해당한다.

스케치 40.1은 LCD 객체를 생성하고 초기화한 후 print 함수를 이용하여 'Hello LCD!' 문자열을 출력하는 예다.

```
#include <LiquidCrystal.h>

LiquidCrystal lcd(7, 8, 10, 11, 12, 13);          // RS 핀, E 핀, 데이터 핀 4개

void setup() {
    lcd.begin(16, 2);                              // LCD 크기 지정, 2줄 16칸
    lcd.clear();                                   // LCD 지우기
    lcd.print("Hello LCD!");                       // 문자열 출력
}

void loop() {
}
```

그림 40.6 스케치 40.1 실행 결과

16×2 텍스트 LCD에도 80바이트의 메모리(DDRAM)가 포함되어 있으며, 텍스트 LCD에 출력된 80개 문자를 저장할 수 있다. 따라서 **연속해서 출력할 수 있는 문자의 최대 개수는 80개이며 이 중 32개 문자만 화면에 나타난다.** 스케치 40.2는 83개의 문자를 연속으로 출력하는 예다. 마지막 3개 문자가 (0, 0) 위치부터 다시 출력되고 있음을 확인할 수 있다. 즉, 처음 출력한 3개 문자는 DDRAM에서 없어진다.

스케치 40.2 문자 연속 출력 – 16×2 텍스트 LCD

```
#include <LiquidCrystal.h>

LiquidCrystal lcd(7, 8, 10, 11, 12, 13);          // RS 핀, E 핀, 데이터 핀 4개

void setup() {
    lcd.begin(16, 2);                              // LCD 크기 지정, 2줄 16칸
    lcd.clear();                                   // LCD 지우기

    // 첫 번째 줄에 40개 문자 출력
    for (int i = 0; i < 16; i++) {                 // 화면에 나타나는 알파벳 소문자 16개
        lcd.write('a' + i);
    }
    for (int i = 0; i < 24; i++) {                 // 숨겨진 24개 공백문자
        lcd.write(' ');
    }

    // 두 번째 줄에 40개 문자 출력
    for (int i = 0; i < 16; i++) {                 // 화면에 나타나는 알파벳 대문자 16개
        lcd.write('A' + i);
    }
```

```
    for (int i = 0; i < 24; i++) {              // 숨겨진 24개 공백문자
        lcd.write(' ');
    }

    lcd.print("@.@");                           // 처음부터 다시 시작
}

void loop() {
}
```

그림 40.7 스케치 40.2 실행 결과

20×4 텍스트 LCD 역시 80바이트의 메모리(DDRAM)를 포함하고 있어 80개의 문자를 저장할 수 있으며, 16×2 텍스트 LCD와 달리 모든 문자가 화면에 표시된다. 하지만 그림 40.3과 같이 첫 번째 행과 세 번째 행이 연결되어 있고 두 번째 행과 네 번째 행이 연결되어 있으므로 출력 순서에 주의해야 한다. 스케치 40.3은 20×4 텍스트 LCD에 문자를 출력하는 예다. 스케치 40.3과 스케치 40.2를 비교해보면 begin 함수에서 크기를 다르게 지정했다는 점 이외에는 차이가 없다.

</> 스케치 40.3 문자 연속 출력 – 20×4 텍스트 LCD

```
#include <LiquidCrystal.h>

LiquidCrystal lcd(7, 8, 10, 11, 12, 13);        // RS 핀, E 핀, 데이터 핀 4개

void setup() {
    lcd.begin(20, 4);                           // LCD 크기 지정, 4줄 20칸
    lcd.clear();                                // LCD 지우기

    for (int i = 'a'; i <= 'z'; i++) {          // 0행과 2행 출력
        lcd.write(i);
    }
    for (int i = 0; i <= 16; i++) {             // 40개 문자 채우기 위한 공백 16개
        lcd.write(' ');
    }

    for (int i = 'A'; i <= 'Z'; i++) {          // 1행과 3행 출력
        lcd.write(i);
    }
}

void loop() {
}
```

그림 40.8 스케치 40.3 실행 결과

지금까지 스케치에서는 위치를 지정하지 않고 출력했으므로 현재 커서 위치에 출력이 이루어진다. 문제 될 것이 없어 보일 수 있지만 16×2 텍스트 LCD에서는 보이지 않는 부분에서도 커서가 움직이고 있다는 점에서, 그리고 보이지 않는 부분이 보이는 부분보다 많다는 점에서 문제가 될수 있다. 따라서 커서 위치를 옮겨 보이는 부분에만 출력이 이루어지게 하는 경우가 대부분이다. 스케치 40.4는 setCursor 함수로 출력하고 싶은 위치를 지정하여 문자를 출력하는 예를 보여준다.

</> 스케치 40.4 위치 지정 문자 출력

```
#include <LiquidCrystal.h>

LiquidCrystal lcd(7, 8, 10, 11, 12, 13);          // RS 핀, E 핀, 데이터 핀 4개

void setup() {
    lcd.begin(16, 2);                             // LCD 크기 지정, 2줄 16칸
    lcd.clear();                                  // LCD 지우기

    lcd.setCursor(1, 0);                          // (x, y) 형식으로 좌상단이 (0, 0)에서 시작
    lcd.print("1st Row");

    lcd.setCursor(2, 1);                          // (x, y) 형식으로 좌상단이 (0, 0)에서 시작
    lcd.print("2nd Row");
}

void loop() {
}
```

그림 40.9 스케치 40.4 실행 결과

텍스트 LCD에 표시할 수 있는 문자는 8비트로 표현되므로 최대 256개의 서로 다른 문자를 정의할 수 있으며, 아스키 코드 문자를 기본으로 한다. 0x00에서 0x7F까지 128개 문자 중 제어 문자가 아닌 문자는 print나 write 함수를 사용하여 출력할 수 있다. 0x80에서 0xFF까지는 확장아스키 코드 영역에 해당하며 LCD 드라이버 제조사에서 정의한 기호와 문자가 포함되어 있다. 각 문자 데이터는 8바이트로 정의되어 읽기 전용인 CGROM에 저장되어 있다. 이 외에도 사용자가

정의하여 사용할 수 있는 문자 8개가 있다. **사용자 정의 문자 8개는 아스키 코드에서 제어 문자에 해당하는 0에서 7까지의 코드값을 갖는다.** 8개 문자 정의를 위해서는 64바이트의 CGRAM이 사용된다. 16×2 텍스트 LCD에는 8×5 크기의 문자만 사용할 수 있으므로 그림 40.10과 같이 **8바이트 데이터의 하위 5비트를 사용하여 사용자 문자를 정의**할 수 있다. 사용자 정의 문자는 사용자 정의 문자 코드를 매개변수로 하는 write 함수를 사용하여 텍스트 LCD에 표시할 수 있다.

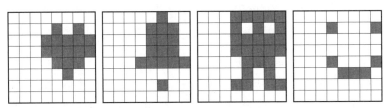

그림 40.10 사용자 정의 문자

스케치 40.5는 사용자 정의 문자를 생성하고 이를 표시하는 예다.

</> 스케치 40.5 사용자 정의 문자 표시

```
#include <LiquidCrystal.h>

LiquidCrystal lcd(7, 8, 10, 11, 12, 13);                 // RS 핀, E 핀, 데이터 핀 4개

byte custom_character[4][8] = {
    {0x00, 0x0A, 0x1F, 0x1F, 0x0E, 0x04, 0x00, 0x00},    // heart
    {0x04, 0x0E, 0x0E, 0x0E, 0x1F, 0x00, 0x04, 0x00},    // bell
    {0x1F, 0x15, 0x1F, 0x1F, 0x0E, 0x0A, 0x1B, 0x00},    // alien
    {0x00, 0x11, 0x00, 0x00, 0x11, 0x0E, 0x00, 0x00}};   // smile

void setup() {
    lcd.begin(16, 2);                                    // LCD 크기 지정, 2줄 16칸

    for (int i = 0; i < 4; i++) {                         // 사용자 정의 문자 생성
        lcd.createChar(i, custom_character[i]);
    }

    lcd.clear();                                         // 화면 지우기
    lcd.print("Custom Character");
    for (int i = 0; i < 4; i++) {
        lcd.setCursor(i * 4, 1);
        lcd.write(i);                                    // 사용자 정의 문자 표시
    }
}

void loop() {
}
```

그림 40.11 스케치 40.5 실행 결과

write 함수를 사용하면 확장 아스키 코드 영역에 정의된 문자 역시 사용할 수 있다. 다만 문자에 해당하는 코드를 알고 있어야 하는 불편함이 있다. 스케치 40.6은 CGROM에 정의된 256개 문자를 32개씩 8페이지에 나누어 LCD에 표시하는 예다. 문자 중 마지막 페이지에 해당하는 0xE0에서 0xFF까지의 문자 코드에는 수학 기호와 그리스 문자 등이 정의되어 있으므로 필요한 경우 사용할 수 있다.

</> 스케치 40.6 CGROM 문자 출력

```
#include <LiquidCrystal.h>

LiquidCrystal lcd(7, 8, 10, 11, 12, 13);          // RS 핀, E 핀, 데이터 핀 4개
int index = 0;

void setup() {
    lcd.begin(16, 2);                             // LCD 크기 지정, 2줄 16칸
}

void loop() {
    lcd.clear();                                  // 화면 지움
    for (int i = 0; i < 16; i++) {                // 첫 번째 행
        lcd.write(index * 32 + i);
    }
    lcd.setCursor(0, 1);
    for (int i = 16; i < 32; i++) {               // 두 번째 행
        lcd.write(index * 32 + i);
    }

    delay(2000);                                  // 2초 간격 페이지 전환

    index = (index + 1) % 8;                       // 페이지당 32문자, 8페이지 반복
}
```

그림 40.12는 스케치 40.6의 실행 결과 중 마지막 여덟 번째 페이지에 해당하는 내용이다.

그림 40.12 스케치 40.6 실행 결과

I2C 방식 텍스트 LCD 제어

지금까지 텍스트 LCD 제어를 위해 6개의 연결선을 사용했으며, **텍스트 LCD를 제어하는 데 필요한 최소 연결선 개수가 6개다.** 연결선의 수를 줄이고 싶다면 시리얼 통신을 사용하는 텍스트 LCD를 고려해 볼 수 있다. 시리얼 통신을 사용하는 텍스트 LCD 중에는 I2C 통신을 지원하기 위한 변환 보드가 포함된 보드를 흔히 볼 수 있으며 그림 40.13이 그 예다. I2C 통신을 사용하므로 전원을 제외하면 SDA와 SCL, 2개의 연결선만 사용하여 텍스트 LCD를 제어할 수 있다. 변환 모듈에 있는 가변저항은 콘트라스트를 조절하기 위한 것이다.

그림 40.13 I2C 변환 모듈이 포함된 텍스트 LCD

I2C 방식 텍스트 LCD를 그림 40.14와 같이 아두이노 우노에 연결해 보자.

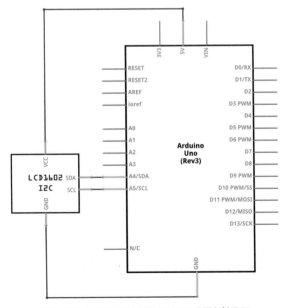

그림 40.14 I2C 방식 텍스트 LCD 연결 회로도

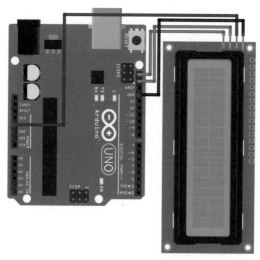

그림 40.15 I2C 방식 텍스트 LCD 연결 회로

LiquidCrystal 라이브러리는 I2C 통신을 지원하지 않으므로 I2C 방식의 텍스트 LCD를 사용하기 위해서는 별도로 라이브러리를 설치해야 한다. 라이브러리 매니저에서 'LiquidCrystal I2C'를 검색 해서 LiquidCrystal I2C 라이브러리를 설치하자.

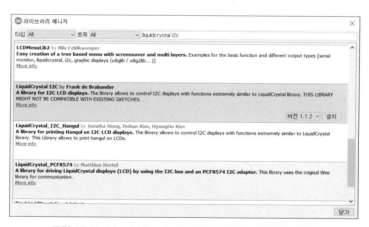

그림 40.16 LiquidCrystal I2C 라이브러리 검색 및 설치*

LiquidCrystal I2C 라이브러리를 사용하기 위해서는 먼저 헤더 파일을 포함해야 한다. '스케치 → 라이브러리 포함하기 → LiquidCrystal I2C' 메뉴 항목을 선택하거나 #include 문을 직접 입력하 면 된다.

---

*　　https://github.com/johnrickman/LiquidCrystal_I2C

```
#include <LiquidCrystal_I2C.h>
```

LiquidCrystal_I2C 클래스에 정의된 멤버 함수들은 LiquidCrystal 클래스에 정의된 멤버 함수들과 이름 및 사용 방법이 거의 같다. 다만 I2C 통신을 사용하므로 객체 생성 및 초기화 과정에서 차이가 있을 뿐이다. LiquidCrystal 라이브러리에서는 생성자에서 연결 핀을 지정하고, begin 함수에서 텍스트 LCD에 표시되는 문자 수는 지정했다. 하지만 I2C 방식의 텍스트 LCD는 연결 핀이 정해져 있으므로 생성자에서 LCD에 표시되는 문자 수를 지정하고 init 함수에서 I2C 통신을 포함한 초기화가 이루어진다는 차이가 있다.

■ LiquidCrystal_I2C

```
LiquidCrystal_I2C::LiquidCrystal_I2C(uint8_t addr, uint8_t cols, uint8_t rows)
 - 매개변수
    addr: 텍스트 LCD의 I2C 주소
    cols: 열의 개수
    rows: 행의 개수
 - 반환값: 없음
```

I2C 방식 텍스트 LCD의 객체를 생성한다. 객체를 생성할 때는 텍스트 LCD를 위한 I2C 주소와 텍스트 LCD에 나타낼 수 있는 문자 수를 지정해야 한다. 이 장에서 사용한 **텍스트 LCD는 I2C 주소로 0x27을 사용**하고 있지만, 다른 주소를 사용하는 경우도 있으므로 데이터시트를 확인해야 한다. 또는 19장 'I2C 통신'에서 살펴본 주소 스캐닝을 통해 주소를 확인하는 것도 방법이 될 수 있다.

■ init

```
void LiquidCrystal_I2C::init()
 - 매개변수: 없음
 - 반환값: 없음
```

I2C 방식 텍스트 LCD를 초기화한다.

스케치 40.6은 텍스트 LCD에 'Hello, I2C LCD!'를 출력하는 예다. 객체를 생성하고 초기화하는 부분 이외에 스케치 40.1과 다른 부분은 백라이트를 켜는 부분이다. 그림 40.4의 회로도에서 백라이트는 항상 켜지도록 연결되어 있으며 LiquidCrystal 라이브러리에는 백라이트를 제어하는 함수를 제공하지 않는다. 반면, I2C 방식 텍스트 LCD에서는 소프트웨어로 백라이트를 제어할 수 있으며, 디폴트로 꺼진 상태에 있다. 백라이트를 켜는 함수는 backlight이고 백라이트를 끄는 함수는 noBacklight다.

</> 스케치 40.7 I2C 방식 텍스트 LCD

```
#include <LiquidCrystal_I2C.h>

LiquidCrystal_I2C lcd(0x27, 16, 2);              // (주소, 열, 행)

void setup() {
    lcd.init();                                  // LCD 초기화

    lcd.clear();
    lcd.backlight();                             // 백라이트 켜기

    lcd.print("Hello, I2C LCD!");
}

void loop() {
}
```

그림 40.17 스케치 40.7 실행 결과

40.4 맺는말

텍스트 LCD는 아스키 코드에 정의된 문자를 표시할 수 있게 해주는 출력 장치의 일종으로, 32개 문자를 표시할 수 있는 텍스트 LCD를 흔히 볼 수 있다. 텍스트 LCD 모듈에는 텍스트 LCD 제어를 위한 전용 드라이버(또는 컨트롤러)가 포함되어 있어 아두이노에서 데이터를 받아 모듈 내에서 텍스트 LCD 제어를 위한 명령을 실행한다. 텍스트 LCD 내에는 폰트 데이터를 저장하는 CGROM, 화면에 표시된 문자 데이터를 저장하는 DDRAM, 사용자 정의 문자를 위한 CGRAM 등 다양한 메모리가 사용되고 있다.

텍스트 LCD는 8비트의 데이터를 8개 데이터선으로 전달하는 병렬 방식을 기본으로 하지만, 아두이노에서는 8비트 데이터를 4비트씩 두 번에 나누어 전달함으로써 필요한 데이터선을 4개로 줄여

서 사용하는 경우가 일반적이다. 이보다 더 연결선을 줄이려면 I2C 통신과 같은 시리얼 통신을 사용할 수 있다. I2C 통신을 사용하면 2개의 연결선만으로 텍스트 LCD를 제어할 수 있다.

텍스트 LCD 모듈은 간단하게 문자를 표시할 수 있다는 장점은 있지만 표시할 수 있는 문자의 수가 적고, 글자 단위의 제어만 가능하며, 고정된 위치에만 출력할 수 있다는 등의 단점으로 인해 최근에는 픽셀 단위의 제어가 가능하고 그래픽이나 한글 표현이 가능한 그래픽 LCD, TFT-LCD 등의 사용이 증가하고 있다. 하지만 이들은 텍스트 LCD와 비교하면 가격이 비싸고 연결 및 제어가 복잡하므로 필요에 따라 선택해서 사용하면 된다.

1 16×2 텍스트 LCD를 그림 40.4와 같이 연결하자. 텍스트 LCD의 임의의 위치에 임의의 알 파벳 대문자가 출력되도록 스케치를 작성해 보자. 임의의 위치와 대문자를 생성하기 위해 서는 random 함수를 사용하면 된다.

2 16×2 텍스트 LCD를 그림 40.4와 같이 연결하고 A0 핀에 가변저항을 연결한다. 가변저항 의 값을 읽어 텍스트 LCD의 첫 번째 행에 표시하는 스케치를 작성해 보자. 이때 숫자는 일 의 자리가 정렬되도록 출력하고, 선행 영은 출력되지 않게 한다.

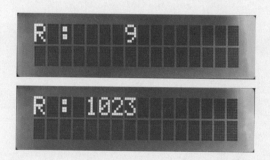

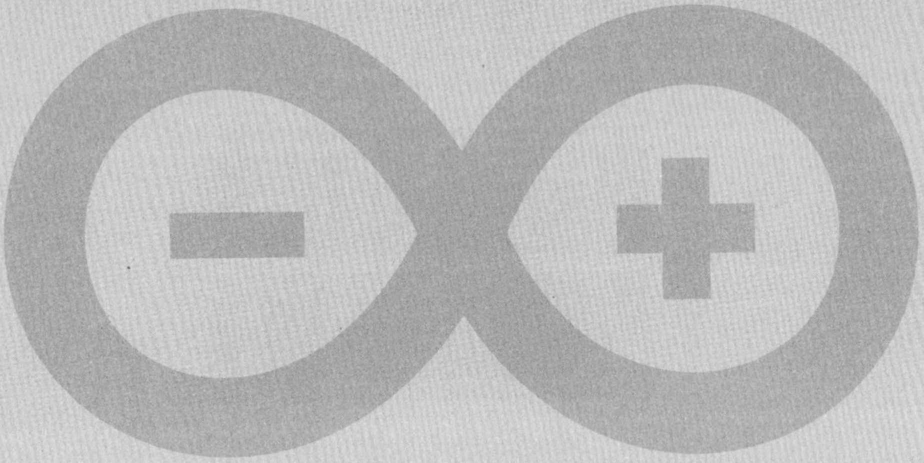

그래픽 LCD

텍스트 LCD가 고정된 위치에 문자 단위로만 출력이 가능한 장치라면, 그래픽 LCD는 임의의 위치에 픽셀 단위로 출력이 가능한 장치로 문자는 물론 이미지, 도형 등 다양한 정보를 출력할 수 있다. 이 장에서는 픽셀 단위의 제어가 가능하면서 텍스트 LCD와 비슷한 핀 배치와 제어 방식을 갖고 있는 단색 그래픽 LCD의 구조와 사용 방법을 알아본다.

이 장에서
사용할 부품

아두이노 우노	× 1	➡	그래픽 LCD 테스트
그래픽 LCD	× 1	➡	128×64 해상도
가변저항	× 1	➡	콘트라스트 조절
1kΩ 저항	× 1	➡	리셋 핀 풀업 저항
푸시 버튼	× 1	➡	리셋 버튼
LM35 온도 센서	× 1	➡	온도 측정

그래픽 LCD

텍스트 LCD는 간단하게 문자를 출력할 수 있게 해주지만, 고정된 위치에 문자 단위로만 출력할 수 있다는 점은 텍스트 LCD의 사용 범위를 제한하는 것이 사실이다. 다양한 종류의 데이터를 다양한 형식으로 표현할 수 있는 장치에 대한 요구가 증가함에 따라 픽셀 단위로 제어할 수 있고 문자 이외의 다양한 요소들을 출력할 수 있는 LCD에 대한 수요는 꾸준히 증가하고 있다. 픽셀 단위로 제어할 수 있는 LCD에는 단색의 그래픽 LCD, 색상 표현이 가능한 TFT-LCD, 백라이트가 필요 없는 OLED 등 여러 가지가 있다. 이 장에서 살펴볼 그래픽 LCD는 여러 종류의 LCD 중 텍스트 LCD와 구조가 유사하면서도 픽셀 단위로 제어할 수 있는 LCD다. 다만, 그래픽 LCD는 단색만 표현할 수 있다는 한계는 있다.

그래픽 LCD 사용에서 주의할 점은 크기와 해상도가 다양할 뿐만 아니라 핀 배열이 표준화되어 있지 않아 그래픽 LCD에 따라 연결 방법이 서로 다를 수 있다는 점이다. 핀을 잘못 연결하면 그래픽 LCD가 손상될 수 있으므로 그래픽 LCD의 사양을 반드시 확인해야 한다. 이 장에서 사용하는 그래픽 LCD는 KS0108 LCD 드라이버 칩을 사용하고 해상도는 128×64다. 텍스트 LCD와 마찬가지로 그래픽 LCD 제어는 모듈에 포함된 드라이버 칩이 담당하므로 이 장에서는 그래픽 LCD 전용 라이브러리를 사용하여 그래픽 LCD에 다양한 정보를 나타내는 방법을 중심으로 살펴본다. 그림 41.1은 이 장에서 사용하는 그래픽 LCD의 핀 구성을 보여주며, 표 41.1은 그래픽 LCD 핀의 기능을 설명한 것이다.

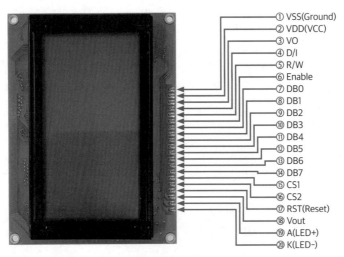

그림 41.1 그래픽 LCD

표 41.1 그래픽 LCD의 핀 설명

핀 번호	이름	설명
1	VSS	그라운드(GND)
2	VDD	5V 동작 전원(VCC)
3	VO	가변저항을 통해 Vout~VCC 사이 전압을 입력하여 콘트라스트 조정에 사용(Contrast Adjust)
4	D/I	레지스터 선택(Data/Instruction)
5	R/W	읽기 쓰기(Read/Write)
6	Enable	활성화
7-14	DB0-DB7	데이터 신호 핀
15-16	CS1-CS2	드라이버 칩 선택(Chip Select)
17	RST	리셋(Reset)
18	Vout	콘트라스트 조정을 위한 출력 전압(Contrast Out)
19	A(LED+)	백라이트 전원
20	K(LED-)	

이 장에서 사용하는 그래픽 LCD는 20개의 핀을 갖고 있다. 텍스트 LCD가 16개의 핀을 갖고 있던 것과 비교하면 15번에서 18번까지의 핀이 추가된 것 이외에는 핀 배열과 기능이 텍스트 LCD와 거의 같다. **텍스트 LCD는 4비트 또는 8비트 모드로 사용할 수 있지만 그래픽 LCD는 8비트 모드로만 사용할 수 있다**는 점은 차이가 있다. 하지만 데이터와 명령 레지스터 선택을 위해 D/I 핀을 사용하고, 그래픽 LCD의 메모리를 읽거나 쓰기 위해 R/W 핀을 사용하며, 드라이버 칩의 명령 실행을 위해 Enable 핀을 사용하는 것은 텍스트 LCD와 같다.

추가된 핀 중 18번 핀은 콘트라스트 조절에 사용되는 출력으로 텍스트 LCD에서 0~5V 전압을 콘트라스트 조정을 위해 사용했다면, 그래픽 LCD에서는 Vout에서 VCC 사이 전압을 콘트라스트 조정을 위해 사용한다. 17번은 리셋 핀으로, 텍스트 LCD에는 별도의 리셋 핀이 존재하지 않았다. 이들 두 핀을 제외하면 텍스트 LCD와 비교해서 그래픽 LCD에 추가된 핀은 14번과 15번의 CS_{Chip Select} 핀뿐이다. 그래픽 LCD에 사용된 **KS0108 드라이버는 최대 4,096픽셀을 제어할 수 있으므로 128×64 해상도의 그래픽 LCD를 제어하기 위해서는 KS0108 드라이버를 2개 사용해야 한다. CS 핀은 이들 2개의 드라이버 중 하나를 선택하기 위해 사용한다.** 2개의 KS0108 드라이버는 화면을 좌우로 반씩 나누어 제어한다.

openGLCD 라이브러리

텍스트 LCD와 달리 그래픽 LCD 제어를 위한 라이브러리는 아두이노의 기본 라이브러리로 포함되어 있지 않다. 따라서 그래픽 LCD 제어를 위한 라이브러리를 설치해야 한다. 이 장에서 사용하는 그래픽 LCD를 위한 라이브러리는 라이브러리 매니저에서 검색하여 설치할 수 없으며, 라이브러리 페이지*에서 내려받아야 한다. 파일을 내려받았으면 '스케치 → 라이브러리 포함하기 → .ZIP 라이브러리 추가...' 메뉴 항목으로 라이브러리 추가 다이얼로그를 실행하고 내려받은 파일을 선택하면 라이브러리가 설치된다.

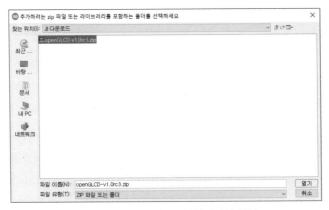

그림 41.2 openGLCD 라이브러리 설치

라이브러리가 설치되었으면 라이브러리 설치 디렉터리 아래 'config\ks0108' 디렉터리에 있는 PinConfig_ks0108-Uno.h 파일을 열어보자. 파일에는 아두이노 우노와 그래픽 LCD 연결에 사용하는 핀이 정의되어 있다.

```
/* Data pin definitions
 */
#define glcdPinData0        8
#define glcdPinData1        9
#define glcdPinData2        10
#define glcdPinData3        11
#define glcdPinData4        4
#define glcdPinData5        5
```

---

*   https://bitbucket.org/bperrybap/openglcd/downloads/

```
#define glcdPinData6          6
#define glcdPinData7          7

/* Arduino pins used for Control
 * default assignment uses the first five analog pins
 */
#define glcdPinCSEL1          A0
#define glcdPinCSEL2          A1

#define glcdPinRW             A2
#define glcdPinDI             A3
#define glcdPinEN             A4
```

정의된 핀과 다른 핀을 사용할 수도 있지만, 헤더 파일을 수정하는 등의 작업이 필요하므로 이 장에서는 디폴트로 정의된 핀을 사용한다. 그림 41.3과 같이 그래픽 LCD를 아두이노 우노에 연결하자. **아두이노 우노와 연결해야 하는 핀은 데이터선 8개와 제어선 5개 등 13개다.** 백라이트 전원 2개와 그래픽 LCD 전원 2개를 빼면 3개의 핀이 남는다. 이 중 2개는 콘트라스트 조절을 위한 Vout과 VO이며 마지막 하나는 리셋이다. 콘트라스트 출력(Vout)과 콘트라스트 입력(VO)은 아두이노 우노와 연결하지 않으며, 리셋 역시 별도의 스위치를 사용하면 된다. 표 41.2는 아두이노 우노와 그래픽 LCD의 연결선을 정리한 것이다. 그림 41.3과 같이 그래픽 LCD를 아두이노 우노에 연결하자.

표 41.2 그래픽 LCD와 아두이노 우노 연결

그래픽 LCD 핀	아두이노 우노 핀	기능	그래픽 LCD 핀	아두이노 우노 핀	기능
1	GND		11	4	Data 4
2	VCC		12	5	Data 5
3	–	Contrast Adjust	13	6	Data 6
4	A3	DI(Data/Instruction)	14	7	Data 7
5	A2	RW(Read/Write)	15	A0	Chip 1 Select
6	A4	Enable	16	A1	Chip 2 Select
7	8	Data 0	17	–	Reset
8	9	Data 1	18	–	Contrast Out
9	10	Data 2	19	VCC	Backlight(+)
10	11	Data 3	20	GND	Backlight(-)

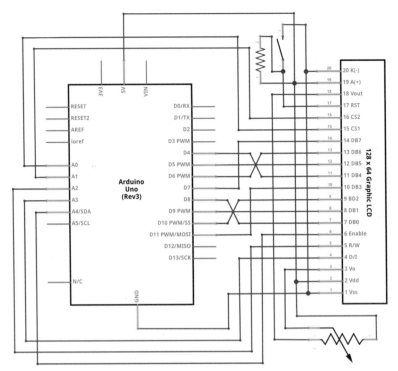

그림 41.3 그래픽 LCD 연결 회로도

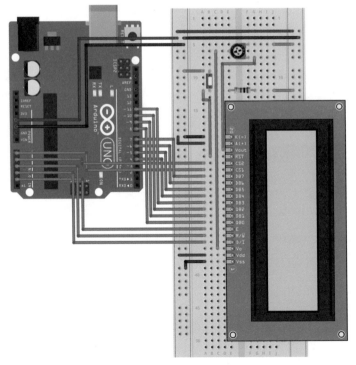

그림 41.4 그래픽 LCD 연결 회로

openGLCD 라이브러리를 사용하기 위해서는 먼저 헤더 파일을 포함해야 한다. '스케치 → 라이브러리 포함하기 → openGLCD' 메뉴 항목을 선택하거나 #include 문을 직접 입력하면 된다.

```
#include <openGLCD.h>
```

openGLCD 라이브러리는 그래픽 LCD 제어를 위한 glcd 클래스의 유일한 객체인 GLCD를 선언하고 있으므로 별도로 객체를 생성할 필요 없이 GLCD 객체를 통해 그래픽 LCD를 제어할 수 있다. 그래픽 LCD 핀의 연결은 번거롭고 귀찮은 작업이지만, 연결 후 사용 방법은 복잡하거나 어렵지 않다. 먼저 화면에 문자와 숫자를 출력해 보자. 그래픽 LCD에 문자열을 출력하기 위해서는 초기화 함수, 폰트 선택 함수, 출력 함수 등 3개의 함수가 필요하다. 출력을 위한 print, println 함수는 Serial 클래스에서와 사용 방법이 같다.

■ Init

```
int glcd::Init(glcd_device_mode invert = NON_INVERTED)
 - 매개변수
    invert: 비반전 모드(NON_INVERTED) 또는 반전 모드(INVERTED)
 - 반환값: 오류가 없음을 나타내는 GLCD_ENOERR를 반환
```

그래픽 LCD를 초기화한다. 반전 모드 또는 비반전 모드 중 선택할 수 있으며, 비반전 모드가 디폴트값이다. 항상 같은 값을 반환하므로 반환값은 의미가 없다.

■ SelectFont

```
void glcd::SelectFont(Font_t font)
 - 매개변수
    font: 사용할 폰트
 - 반환값: 없음
```

그래픽 LCD 출력에 사용할 폰트를 선택한다. 사용할 수 있는 폰트 이름은 라이브러리가 설치된 디렉터리 아래 'fonts' 디렉터리에 있는 파일 이름과 같으며, 사용할 수 있는 전체 폰트 목록은 allFonts.h 파일에 포함되어 있다.

스케치 41.1 문자 및 숫자 출력

```
#include <openGLCD.h>

void setup() {
    GLCD.Init();                              // 그래픽 LCD 초기화

    GLCD.SelectFont(System5x7);               // 출력 폰트 선택

    GLCD.println("Hello World!");             // 문자열 출력
    GLCD.println(78, BIN);                    // 정수를 이진수로 출력
    GLCD.println(78, DEC);                    // 정수를 십진수로 출력
    GLCD.println(78, HEX);                    // 정수를 십육진수로 출력
    GLCD.println(1.23456, 2);                 // 실수를 소수점 이하 두 자리로 출력
}

void loop() {
}
```

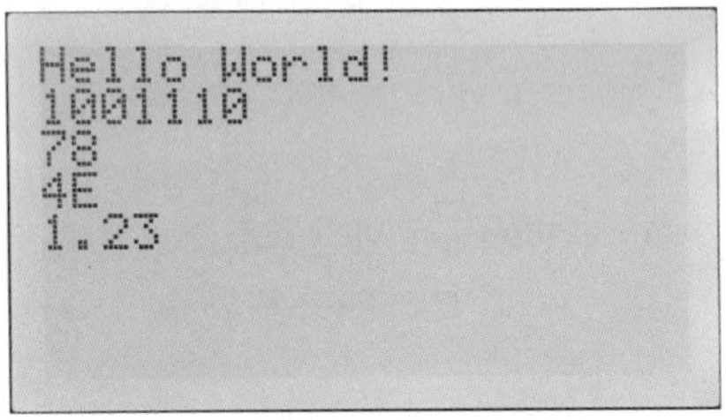

그림 41.5 **스케치 41.1 실행 결과**

스케치 41.1에서 println 함수를 통해 자동으로 줄바꿈이 이루어졌으며 자동 스크롤 역시 지원하므로 그래픽 LCD를 작은 시리얼 모니터처럼 활용하는 것도 가능하다. 특정 위치에 문자를 출력하고 싶다면 먼저 커서를 원하는 위치로 옮긴 후 출력하면 된다. 커서 위치를 지정하는 방법에는 문자 단위로 지정하는 방법과 픽셀 단위로 지정하는 방법, 두 가지를 사용할 수 있다.

■ CursorTo

```
void glcd::CursorTo(uint8_t column, uint8_t row)
  - 매개변수
      column: 문자 단위의 열
      row: 문자 단위의 행
  - 반환값: 없음
```

좌상단 0행 0열을 기준으로 커서를 문자 단위로 계산하여 옮긴다. 표시되는 행과 열의 수는 폰트의 크기에 따라 자동으로 결정된다. 스케치 41.1에서 사용한 폰트(System5x7)는 5×7 크기로 여백을 포함하여 6×8 도트가 한 글자를 표시하기 위해 사용되므로 8행 21열까지 문자를 표시할 수 있다.

■ CursorToXY

void glcd::CursorToXY(uint8_t x, uint8_t y)
- 매개변수
  x: 픽셀 단위의 x 좌표
  y: 픽셀 단위의 y 좌표
- 반환값: 없음

좌상단 (0, 0)을 기준으로 픽셀 단위로 커서를 (x, y)로 옮긴다.

스케치 41.2는 문자 단위로 커서를 옮기는 CursorTo 함수와 픽셀 단위로 커서를 옮기는 CursorToXY 함수를 비교한 것이다.

스케치 41.2 위치를 지정한 출력

```
#include <openGLCD.h>

void setup(){
    GLCD.Init();                             // 그래픽 LCD 초기화

    GLCD.SelectFont(System5x7);              // 출력 폰트 선택

    for(int i = 0; i < 8; i++){              // 문자 단위의 커서 이동
        GLCD.CursorTo(i, i);
        GLCD.print(i);
    }

    for(int i = 0; i < 6; i++){              // 픽셀 단위의 커서 이동
        GLCD.CursorToXY(100, i * 10);
        GLCD.print(char('A' + i));
    }
}

void loop() {
}
```

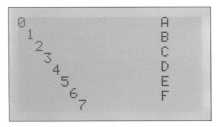

그림 41.6 스케치 41.2 실행 결과

도형 및 이미지 출력

openGLCD 라이브러리는 문자뿐만 아니라 직선, 사각형, 원 등 도형을 출력할 수 있는 함수를 제공하고 있다.

```
void glcd::ClearScreen(
    uint8_t color = PIXEL_OFF );
void glcd::DrawVLine(
    uint8_t x, uint8_t y, uint8_t height, uint8_t color = PIXEL_ON );
void glcd::DrawHLine(
    uint8_t x, uint8_t y, uint8_t width, uint8_t color = PIXEL_ON );
void glcd::DrawLine(
    uint8_t x1, uint8_t y1, uint8_t x2, uint8_t y2, uint8_t color = PIXEL_ON );
void glcd::DrawRect(
    uint8_t x, uint8_t y, uint8_t width, uint8_t height, uint8_t color = PIXEL_ON );
void glcd::DrawRoundRect(
    uint8_t x, uint8_t y, uint8_t width, uint8_t height, uint8_t radius,
    uint8_t color = PIXEL_ON );
void glcd::DrawTriangle(
    uint8_t x1, uint8_t y1, uint8_t x2, uint8_t y2, uint8_t x3, uint8_t y3,
    uint8_t color = PIXEL_ON );
void glcd::DrawCircle(
    uint8_t xCenter, uint8_t yCenter, uint8_t radius, uint8_t color = PIXEL_ON );
void glcd::DrawEllipse(
    uint8_t xCenter, uint8_t yCenter, uint8_t xRadius, uint8_t yRadius,
    uint8_t color = PIXEL_ON );
```

이 외에도 openGLCD 라이브러리는 다양한 그래픽 함수를 제공하고 있으며, 자세한 내용은 openGLCD 라이브러리와 함께 배포되는 문서를 참고하면 된다.

스케치 41.3은 그래픽 LCD에 도형을 그리는 예다. 이 장에서 사용하는 그래픽 LCD는 단색 표현 만 가능하므로 색상값으로는 미리 정의된 PIXEL_ON 또는 PIXEL_OFF를 사용하면 된다.

</> 스케치 41.3 도형 그리기

```
#include <openGLCD.h>

void setup() {
    GLCD.Init();                                      // 그래픽 LCD 초기화

    GLCD.DrawLine(0, 0, 127, 63);                     // 직선
    GLCD.DrawLine(127, 0, 0, 63);

    for (int r = 30; r >= 5; r -= 5) {
        if (r % 10 == 0) {                            // 채워진 원
            GLCD.FillCircle(64, 32, r, PIXEL_ON);
        }
        else {                                        // 빈 원, 원 내부를 강제로 지움
            GLCD.FillCircle(64, 32, r, PIXEL_OFF);
        }
    }
}

void loop() {
}
```

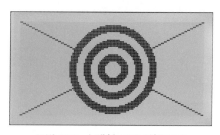

그림 41.7 스케치 41.3 실행 결과

그래픽 LCD는 픽셀 단위의 표현이 가능하므로 이미지 파일 역시 표시할 수 있다. 먼저 미리 준 비된 이미지를 나타내는 방법을 살펴보자. openGLCD 라이브러리 설치 디렉터리 아래 'bitmaps\ images' 디렉터리를 살펴보면 몇 가지 이미지들이 미리 준비되어 있다. 또한 'bitmaps' 디렉터리를 살펴보면 같은 이름의 헤더 파일을 볼 수 있다. **이미지를 그래픽 LCD에 표시하기 위해서는 먼저 이 미지 파일을 헤더 파일로 변환해야 한다.** 스케치 41.4는 미리 준비된 이미지를 그래픽 LCD에 표시 하는 예다. 미리 준비된 이미지 목록은 'bitmaps' 디렉터리 아래 allBitmaps.h 파일에서 확인할 수 있으며, 이미지 표시를 위해서는 DrawBitmap 함수를 사용하면 된다.

- **DrawBitmap**

```
void glcd::DrawBitmap(Image_t bitmap, uint8_t x, uint8_t y,
uint8_t color = PIXEL_ON)
 - 매개변수
    bitmap: 표시할 이미지 데이터
    x: 표시 시작 영역의 x 좌표
    y: 표시 시작 영역의 y 좌표
    color: PIXEL_ON 또는 PIXEL_OFF의 색상 정보
 - 반환값: 없음
```

이미지 데이터를 (x, y) 위치부터 나타낸다. 색상 정보를 PIXEL_OFF로 설정하면 반전된 이미지가
표시된다.

스케치 41.4 **미리 준비된 이미지 표시하기**

```
#include <openGLCD.h>

Image_t icon;                            // 표시할 이미지

void setup() {
    GLCD.Init();                         // 그래픽 LCD 초기화

    // 미리 준비된 이미지 중에서 표시할 이미지 선택
    icon = openGLCD128x64;

    GLCD.DrawBitmap(icon, 0, 0);         // 이미지 표시
}

void loop() {
}
```

그림 41.8 스케치 41.4 실행 결과

미리 준비된 이미지의 경우 DrawBitmap 함수를 사용하여 간단하게 표시할 수 있지만, 임의의
이미지 파일을 표시하기 위해서는 이미지 파일을 먼저 헤더 파일로 변환해야 한다. openGLCD

라이브러리에는 이미지를 헤더 파일로 변환해 주는 도구가 포함되어 있다. 먼저 변환할 이미지를 준비한다. 이미지는 그래픽 LCD의 해상도에 맞게 128×64 크기로 준비하자. openGLCD 라이브러리 디렉터리 아래 'bitmaps\utils\Java' 디렉터리에는 자바로 작성된 이미지 변환 프로그램이 포함되어 있다. 명령창을 열고 해당 디렉터리로 이동한 후 glcdMakeBitmap.jar 파일을 실행한다. jar 파일을 실행하려면 Java SDK*가 설치되어 있어야 한다.

```
>> java -jar glcdMakeBitmap.jar
```

그림 41.9 이미지 변환 프로그램

128×64 크기로 미리 준비한 logo.jpg 파일을 이미지 변환 프로그램에 끌어다 놓는다.

그림 41.10 파일 끌어다 놓기

파일을 끌어다 놓으면 자동으로 변환이 진행된다. 변환이 완료되면 이미지 변환 프로그램에 변환된 이미지가 표시되면서 이미지 파일의 이름과 같은 이름의 헤더 파일인 logo.h가 생성되었다는

---

* https://www.oracle.com/technetwork/java/javase/downloads/index.html

메시지를 확인할 수 있다. 생성된 파일은 라이브러리 설치 디렉터리 아래 'bitmaps' 디렉터리에서
찾을 수 있다.

그림 41.11 이미지 변환 완료

생성된 logo.h 파일은 allBitmaps.h 파일에 자동으로 포함되므로 logo라는 이름으로 이미지를 사
용할 수 있다. 생성되는 헤더 파일에는 크기를 나타내는 값이 먼저 나오고, 이후 픽셀값이 0 또는
1의 비트로 변환되어 저장된다.

</> logo.h

```
#ifndef logo_H
#define logo_H

GLCDBMAPDECL(logo) = {
    128,     // width
    64,      // height
    /* page 0 (lines 0-7) */
    0x0,0x0,0x0,0x0,0x0,0x0,0x0,0x0,0x0,0x0,0x0,0x0,0x0,0x0,0x0,0x0,
    0x0,0x80,0x80,0xc0,0xc0,0xe0,0xe0,0xf0,0xf0,0xf0,0xf0,0xf0,0xf8,0xf8,0xf8,0xf8,
    0xf8,0xf8,0xf0,0xf0,0xf0,0xf0,0xf0,0xe0,0xe0,0xc0,0x40,0x0,0x80,0x0,0x0,0x0,
    ...
};
#endif
```

스케치 41.5는 아두이노 로고를 그래픽 LCD에 표시하는 예로, 스케치 41.4와 다른 점이라면
icon 변수에 대입하는 이미지 이름에서만 차이가 있다. 물론, 그 전에 표시할 이미지가 헤더 파일
로 변환되어 있어야 한다.

```
#include <openGLCD.h>

Image_t icon;                           // 표시할 이미지

void setup() {
    GLCD.Init();                        // 그래픽 LCD 초기화

    // 사용자가 준비한 이미지를 이미지 변환 프로그램을 통해 logo.h 헤더 파일로
    // 변환한 경우 스케치에서는 미리 준비된 이미지와 같은 방법으로 사용할 수 있다.
    icon = logo;

    GLCD.DrawBitmap(icon, 0, 0);        // 이미지 표시
}

void loop() {
}
```

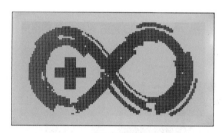

그림 41.12 스케치 41.5 실행 결과

41.4 가상 화면 나누기

그래픽 LCD를 활용하는 방법 중 하나는 시리얼 모니터처럼 사용하는 것이다. openGLCD 라이브러리는 자동 스크롤을 지원하므로 연속해서 문자열을 출력하면 자동으로 이전 정보는 스크롤되어 사라진다. 먼저 그림 41.3과 같이 그래픽 LCD가 연결된 상태에서 A5번 핀에 LM35 온도 센서를 연결하자. LM35 온도 센서는 온도에 비례하는 전압을 출력하는 센서로, 아날로그 입력 핀에 연결하여 간단하게 온도를 측정할 수 있다.

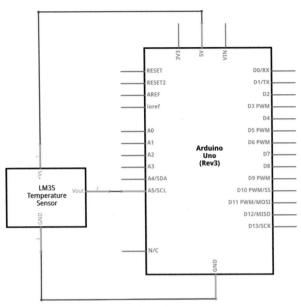

그림 41.13 LM35 온도 센서 연결 회로도

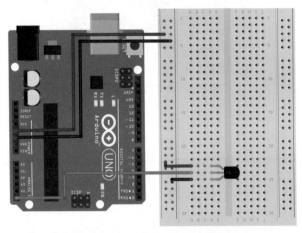

그림 41.14 LM35 온도 센서 연결 회로

스케치 41.6은 1초 간격으로 온도를 측정하여 시리얼 모니터와 그래픽 LCD로 출력하는 예다.
LM35 온도 센서에 대한 자세한 내용은 29장 '센서 사용하기'를 참고하면 된다.

</> 스케치 41.6 온도 표시하기

```
#include <openGLCD.h>

void setup() {
    GLCD.Init();                                    // 그래픽 LCD 초기화
    GLCD.SelectFont(System5x7);                     // 출력 폰트 선택

    Serial.begin(9600);                             // 시리얼 통신 초기화
}

void loop() {
    int reading = analogRead(A5);                   // 온도 센서 읽기
    // 전압에 100을 곱하면 섭씨온도를 얻을 수 있다.
    float temperature = (reading / 1024.0 * 5.0) * 100;

    Serial.print("Temperature : ");                 // 시리얼 모니터로 출력
    Serial.print(temperature, 2);
    Serial.println(" C");

    GLCD.print("Temperature : ");                   // 시리얼 모니터와 같은 방법으로
    GLCD.print(temperature, 2);                     // 그래픽 LCD로 출력
    GLCD.println(" C");

    delay(1000);
}
```

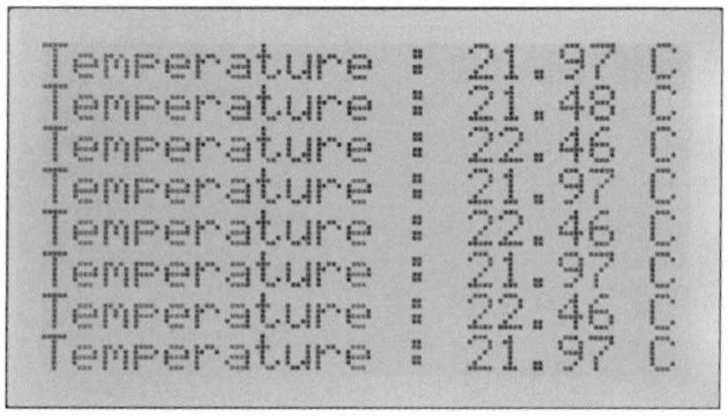

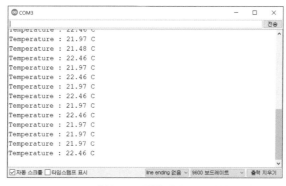

그림 41.15 스케치 41.6 실행 결과 – 그래픽 LCD

그림 41.16 스케치 41.6 실행 결과 – 시리얼 모니터

그래픽 LCD를 시리얼 모니터처럼 사용할 때 유용한 점은 **그래픽 LCD 화면을 여러 개의 가상 화면으로 나누어서 사용할 수 있다**는 점이다. **가상 화면은 gText 클래스 객체를 통해 사용할 수 있다.**

- **DefineArea**

```
uint8_t gText::DefineArea(uint8_t x1, uint8_t y1, uint8_t x2, uint8_t y2)
uint8_t gText::DefineArea(predefinedArea selection)
 - 매개변수
     x1, y1: 영역의 왼쪽 위 점 좌표
     x2, y2: 영역의 오른쪽 아래 점 좌표
     selection: 미리 정의된 영역 상수
 - 반환값: 영역 정의 성공 여부
```

gText 객체가 생성된 후 객체에서 제어하는 가상 화면 영역을 지정한다. 가상 화면 영역은 좌표를 통해 지정할 수도 있지만, 미리 정의된 가상 화면 영역을 위한 상수를 사용하는 것이 편리하다.

표 41.3 미리 정의된 가상 화면 영역 상수

상수	영역
textAreaFULL	전체 화면
textAreaTOP	위쪽 절반 화면
textAreaBOTTOM	아래쪽 절반 화면
textAreaLEFT	왼쪽 절반 화면
textAreaRIGHT	오른쪽 절반 화면
textAreaTOPLEFT	왼쪽 위 1/4 화면
textAreaTOPRIGHT	오른쪽 위 1/4 화면
textAreaBOTTOMLEFT	왼쪽 아래 1/4 화면
textAreaBOTTOMRIGHT	오른쪽 아래 1/4 화면

각 가상 화면에서는 다른 폰트를 사용할 수 있으며, 이는 glcd 클래스에서와 같이 SelectFont 함수를 사용한다. 이 외에도 텍스트 출력과 관련된 함수 대부분은 glcd 클래스와 같은 이름의 함수를 사용한다. 다만 **gText 클래스로 만들어진 가상의 영역에는 문자 출력만 가능**하므로 그래픽 요소를 출력하고 싶으면 glcd 클래스를 사용해야 한다. 문자 출력을 위해 사용할 수 있는 멤버 함수 중 하나가 DrawString 함수다.

■ DrawString

```
void gText::DrawString(const char *str, int hpos, int vpos)
 - 매개변수
     str: 출력할 문자열
     hpos: 수평 위치horizontal position
     vpos: 수직 위치vertical position
 - 반환값: 없음
```

지정한 위치에 문자열을 출력한다. 수직 및 수평 위치는 문자열 출력을 시작하는 왼쪽 위 좌표를 의미하지만, 미리 정의된 상수를 사용하여 문자열을 정렬하여 출력할 수 있다. 정렬에 사용할 수 있는 상수는 표 41.4와 같다.

표 41.4 미리 정의된 문자열 정렬 상수

상수	위치 지정 방법
gTextfmt_left	수평으로 왼쪽 정렬
gTextfmt_right	수평으로 오른쪽 정렬
gTextfmt_top	수직으로 위쪽 정렬
gTextfmt_bottom	수직으로 아래쪽 정렬
gTextfmt_center	수직 및 수평으로 가운데 정렬
gTextfmt_current	현재 커서 위치

스케치 41.7은 그래픽 LCD를 위아래 2개의 가상 화면으로 나누어 위쪽에는 0에서 99까지 증가하는 카운터를 DrawString 함수를 사용하여 수직 및 수평으로 가운데 정렬하여 출력하고, 아래쪽에는 LM35 온도 센서로부터 온도를 읽어 println 함수를 사용하여 출력하는 예다.

</> 스케치 41.7 화면 분할

```
#include <openGLCD.h>

gText upperArea;                             // 위쪽 절반
gText lowerArea;                             // 아래쪽 절반

int count = 0;                               // 위쪽에 표시할 카운터

void setup() {
    GLCD.Init();                             // 그래픽 LCD 초기화

    upperArea.DefineArea(textAreaTOP);       // 위쪽 영역 정의
    upperArea.SelectFont(lcdnums12x16);      // 위쪽 영역 폰트 선택
```

```
    lowerArea.DefineArea(textAreaBOTTOM);          // 아래쪽 영역 정의
    lowerArea.SelectFont(System5x7);               // 아래쪽 영역 폰트 선택
}

void loop() {
    count = (count + 1) % 100;
    String countStr = String(count);

    upperArea.ClearArea();                         // 영역 지움
    // 영역의 좌우 및 상하 가운데 정렬로 문자열 표시
    upperArea.DrawString(countStr.c_str(), gTextfmt_center, gTextfmt_center);

    int reading = analogRead(A5);                  // 온도 센서 읽기
    // 전압에 100을 곱하면 섭씨온도를 얻을 수 있다.
    float temperature = reading / 1024.0 * 500;

    lowerArea.print("Temperature : ");             // 아래쪽 영역에 온도 표시
    lowerArea.print(temperature, 2);
    lowerArea.println(" C");

    delay(1000);
}
```

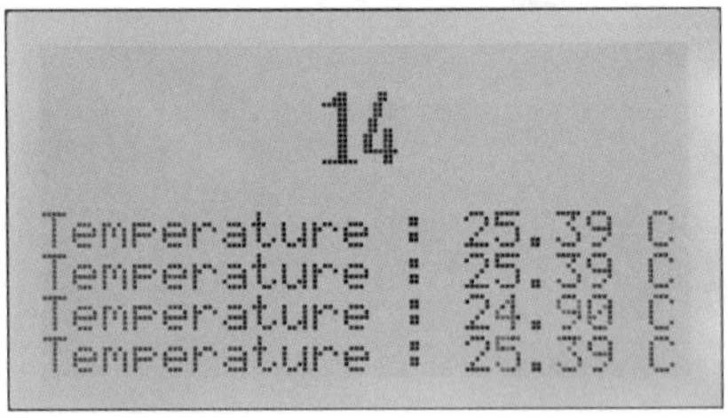

그림 41.17 스케치 41.7 실행 결과

41.5 맺는말

텍스트 LCD가 고정된 위치에 문자 단위의 출력만 가능하다면, 그래픽 LCD는 픽셀 단위의 데이터 출력이 가능해 문자 이외에 도형이나 이미지 등도 표시할 수 있어 그 활용 범위가 넓다. 그래픽 LCD는 크기와 해상도가 여러 가지이며 핀 배치 역시 표준화되어 있지 않아 사용하고자 하는 그래픽 LCD의 데이터시트를 반드시 확인해야 한다. 또한 텍스트 LCD를 위한 LiquidCrystal 라이브러리가 아두이노의 기본 라이브러리 중 하나인 것과 달리, 그래픽 LCD를 위한 라이브러리는

기본 라이브러리에 포함되어 있지 않으므로 별도로 설치해야 한다.

이 장에서 사용한 그래픽 LCD는 20개의 핀을 가지며 13개의 핀을 아두이노와 연결해야 하므로 연결은 복잡하지만, 라이브러리를 사용하면 간단하게 텍스트나 그래픽 요소를 출력할 수 있다. 하지만 연결이 복잡하다는 점 이외에도 단색만 나타낼 수 있고, 크기에 비해 해상도가 낮으며, TFT-LCD나 OLED 등의 보급에 따라 가격 면에서도 장점을 찾아보기 어려운 것이 사실이다. 따라서 그래픽 LCD 대신 TFT-LCD나 OLED 등의 사용이 증가하고 있다. 연결선을 줄여 간단한 연결을 가능하게 하는 시리얼 방식의 LCD 모듈이 여러 종류 판매되고 있으므로 크기, 해상도, 색상 등의 요구 조건에 따라 선택하여 사용하면 된다.

1 openGLCD 라이브러리에서 사용할 수 있는 폰트의 종류는 호환성 유지를 위해 다중 정의된
것을 제외하더라도 30가지가 넘는다. 하지만 이들 폰트 대부분은 키보드로 입력할 수 있는
문자들만 정의하고 있으며 일부는 숫자만 정의하고 있기도 하다. 그중 CP437 폰트는 1바이트
로 나타낼 수 있는 256문자 모두를 정의하고 있으며 0번 NULL, 10번 '\n', 13번 '\r', 255번
을 제외하면 모두 그래픽 LCD에 출력할 수 있다. CP437은 IBM의 개인용 컴퓨터에서 사용
한 코드로 Code Page 437을 의미하며, 다양한 그래픽 문자가 포함되어 있다. openGLCD 라
이브러리에 포함된 CP437 폰트는 8×8 크기로 표시되므로 한 화면에 128개의 문자를 표시
할 수 있다. 코드를 출력하는 스케치를 작성하여 CP437 폰트에 정의된 문자를 확인해 보자.

2 그래픽 LCD를 그림 41.3과 같이 연결하자. 스케치 41.7과 표 41.3을 참고하여 화면을 4개로
나누고 위쪽에는 메시지, 아래쪽에는 데이터가 표시되고 왼쪽에는 카운터, 오른쪽에는 온도
가 표시되도록 스케치를 작성해 보자. 이때 온도 역시 카운터와 마찬가지로 가운데 정렬로
고정된 위치에 출력되게 한다.

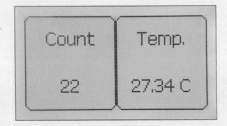

OLED 디스플레이

LCD가 백라이트에서 발산된 빛을 액정에서 굴절시켜 밝기를 조절하는 방식을 사용한다면, OLED 디스플레이는 스스로 빛을 내는 유기소자를 사용해 백라이트를 사용하지 않는 것이 가장 큰 특징이다. 백라이트를 사용하지 않으므로 얇고 휘는, 심지어 입는 디스플레이까지도 제작할 수 있어 OLED 디스플레이는 기존 LCD를 대체할 차세대 디스플레이로 주목받고 있다. 이 장에서는 소형의 OLED 디스플레이를 SPI 통신과 I2C 통신을 사용하여 제어하는 방법을 살펴본다.

이 장에서
사용할 부품

아두이노 우노 × 1 ➡ OLED 디스플레이 테스트

OLED 디스플레이 × 1 ➡ SPI 방식 0.96인치

OLED 디스플레이 × 1 ➡ I2C 방식 0.96인치

OLED 디스플레이

OLED는 'Organic Light Emitting Diode'의 약어로, **형광성 유기화합물에 전류를 흘리면 빛을 내는 현상을 이용하여 만든 유기 발광 다이오드**를 말한다. OLED는 스마트폰 디스플레이로 사용되기 시작하면서 주목을 받기 시작해 스마트폰이나 스마트워치 같은 작은 크기에서부터 대형 TV에 이르기까지 다양한 제품에 사용되고 있으며, 기존 LCD를 대체하는 차세대 디스플레이로 주목받고 있다. 기본적으로 액정Liquid Crystal은 빛을 통과시키는 양을 조절할 수 있는 막이므로 빛을 발산하는 별도의 광원이 필요하다. 광원은 백색의 광을 균일하게 발산하는 역할만 하고, 액정은 광원의 빛을 일정 비율만 통과시키는 역할을 한다. 따라서 액정을 통과하면 백색광은 밝기가 다른 여러 단계의 빛으로 바뀐다. 여기에 색을 입히기 위해 컬러 필터를 통과시키면 RGB 중 하나의 색을 얻을 수 있고 이들의 조합으로 임의의 색을 만들 수 있다. LED 디스플레이라는 말을 흔히 사용하지만, 정확히 이야기하자면 LED를 광원으로 사용하는 LCD를 LED 디스플레이라고 이야기하는 것이다.

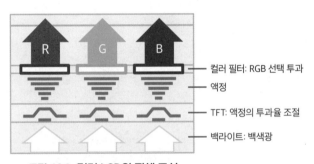

컬러 필터: RGB 선택 투과
액정
TFT: 액정의 투과율 조절
백라이트: 백색광

그림 42.1 컬러 LCD의 픽셀 구성

이에 비해 OLED는 사용된 유기 물질에 따라 RGB 중 하나의 색을 원하는 밝기로 얻을 수 있고 이들의 조합으로 임의의 색을 얻을 수 있다.

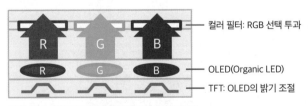

컬러 필터: RGB 선택 투과
OLED(Organic LED)
TFT: OLED의 밝기 조절

그림 42.2 OLED 디스플레이의 픽셀 구성

그림 42.1과 그림 42.2는 LCD와 OLED 디스플레이의 차이를 간단하게 나타낸 것으로, 실제로는 이보다 더 많은 것들이 디스플레이를 만드는 데 사용된다. LCD를 이야기할 때 함께 등장하는 용어가 TFTThin Film Transistor, 박막 트랜지스터로 흔히 TFT-LCD라고 이야기한다. TFT는 디스플레이에서 각각의 화소를 개별적으로 제어하는 역할을 한다. OLED 디스플레이와 함께 TFT라는 용어가 사용되는 경우는 많지 않지만, OLED 디스플레이에서도 화소를 제어하기 위해 TFT가 사용된다. **LCD에서 TFT는 액정의 배열 상태를 변화시켜 통과하는 빛의 양을 조절하는 역할을 한다면, OLED 디스플레이에서 TFT는 유기 물질에 공급되는 에너지를 조절하여 OLED의 밝기를 조절하는 역할을 한다.**

OLED 디스플레이는 LCD와 비교했을 때 여러 가지 장점이 있다. OLED 디스플레이는 백라이트가 필요하지 않으므로 디스플레이를 만들 때 필요한 층의 수가 적어 LCD보다 얇게 만들 수 있다. 또한 OLED 디스플레이는 전력 소비가 적고, 개별 픽셀을 완전히 끌 수 있으므로 LCD보다 검은색을 더 어둡게 표시할 수 있어 명암비가 높다. 시야각 역시 LCD보다 넓고 표현할 수 있는 색 영역이 넓은 점도 장점으로 꼽힌다. 하지만 OLED 디스플레이는 LCD와 비교했을 때 제조 비용이 많이 들고, 같은 위치에 같은 색을 계속 표현했을 때 번인burn-in 현상이 발생하는 문제가 있다. 즉, LCD는 반영구적으로 사용할 수 있지만, OLED 디스플레이는 수명이 있다.

이 장에서 사용하는 OLED 디스플레이는 0.96인치 크기에 해상도가 128×64이며 단색만 표현할 수 있다. 아두이노에는 I2C나 SPI 통신을 통해 연결할 수 있으며 같은 라이브러리를 사용하여 제어할 수 있으므로 필요에 따라 선택하여 사용하면 된다. 그림 42.3은 이 장에서 사용하는 OLED 디스플레이로 SPI 방식은 7개의 연결선을, I2C 방식을 4개의 연결선을 갖고 있어 쉽게 구별할 수 있다.

그림 42.3 OLED 디스플레이

OLED 라이브러리

OLED 디스플레이를 사용하기 위해서는 먼저 라이브러리를 설치해야 한다. 라이브러리 매니저에서 'OLED'를 검색하면 여러 종류의 라이브러리를 찾을 수 있다. 이 장에서는 SPI 방식과 I2C 방식 OLED를 같은 클래스로 제어할 수 있게 해주는 Adafruit SSD1306 라이브러리를 사용한다.

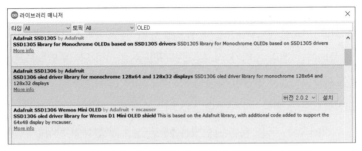

그림 42.4 Adafruit SSD1306 라이브러리 검색 및 설치*

Adafruit SSD1306 라이브러리를 사용하기 위해서는 역시 Adafruit에서 제공하는 Adafruit GFX 라이브러리가 필요하다. **Adafruit GFX 라이브러리는 추상적인 그래픽 요소들과 동작을 정의하는 `Adafruit_GFX` 클래스를 정의**하고 있으며, 실제 하드웨어를 제어하는 Adafruit SSD1306 라이브러리에서 **`Adafruit_GFX` 클래스를 상속하여 `Adafruit_SSD1306` 클래스를 정의**하고 있다. Adafruit GFX 라이브러리가 설치되어 있지 않다면 라이브러리 매니저에서 Adafruit GFX 라이브러리도 검색해서 설치하자.

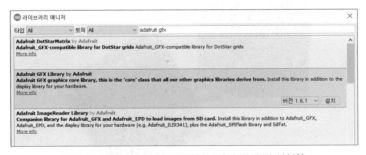

그림 42.5 Adafruit GFX 라이브러리 검색 및 설치**

---

*   https://github.com/adafruit/Adafruit_SSD1306

**   https://github.com/adafruit/Adafruit-GFX-Library

라이브러리의 이름이기도 한 SSD1306은 최대 128×64 해상도의 OLED 또는 PLED~Polymer LED~를 제어할 수 있는 드라이버 칩이다. SSD1306은 여러 가지 연결 방법을 지원하고 있으며, 기본적인 연결 방법은 그래픽 LCD 연결 방법과 거의 같다. SSD1306 칩은 8개의 데이터 핀과 5개의 제어 핀을 통해 마이크로컨트롤러와 연결한다. 하지만 **SSD1306 칩은 SPI와 I2C 시리얼 통신을 통해 제어하는 방법을 지원**하며, 시리얼 통신을 사용하는 경우에 연결해야 하는 핀의 수는 훨씬 적다. 표 42.1은 연결 방법에 따라 SSD1306 칩과 마이크로컨트롤러를 연결하는 방법을 나타낸 것으로, 이 장에서 사용하는 OLED는 4선 SPI 방식이나 I2C 방식으로 아두이노에 연결할 수 있다.

표 42.1 SSD1306 드라이버 연결 방법

	데이터/명령								제어				
	D7	D6	D5	D4	D3	D2	D1	D0	E	RW	CS	DC	RES
8비트 8080	D[7:0]								RD	WR	CS	DC	RES
8비트 6800	D[7:0]								E	RW	CS	DC	RES
3선 SPI	LOW					NC	MOSI	SCK	LOW		CS	LOW	RES
4선 SPI	LOW					NC	MOSI	SCK	LOW		CS	DC	RES
I2C	LOW					DOUT	SDA	SCL	LOW			SA0	RES

4선 SPI 방식에서는 SPI 통신에서 데이터 전송을 위해 사용하는 MOSI, SCK 핀과 드라이버 제어를 위한 CS~Chip Select~, DC~Data/Command~, RES~Reset~ 등 5개의 핀을 사용한다. 반면, I2C 방식에서는 SDA와 SCL, 2개의 핀만 연결하면 된다. SA0~Slave Address 0~는 I2C 주소의 최하위 비트값을 변경할 수 있게 해준다. **SA0에 가해지는 값에 따라 OLED의 I2C 주소는 0x3C 또는 0x3D 중 하나를 사용할 수 있다.** 이 장에서 사용한 I2C 방식 OLED는 뒷면에 납땜을 통해 2개의 주소 중 하나를 선택할 수 있도록 만들어져 있으며, I2C 주소를 정확히 알 수 없다면 19장 'I2C 통신'의 주소 스캐닝 스케치를 사용하여 I2C 주소를 확인할 수 있다. RES~Reset~와 데이터 출력 핀인 DOUT은 별도로 연결하지 않아도 된다.

42.3 I2C 방식 OLED

그림 42.6을 참고하여 I2C 방식 OLED를 그림 42.7과 같이 아두이노 우노에 연결해 보자. I2C 방식 OLED 연결에는 아두이노 우노에서 I2C 통신을 지원하는 A4(SDA: Serial Data)번 핀과 A5(SCL: Serial Clock)번 핀을 사용하면 된다.

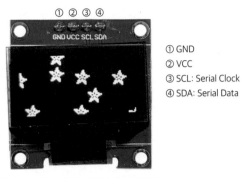

① GND
② VCC
③ SCL: Serial Clock
④ SDA: Serial Data

그림 42.6 I2C 방식 OLED 디스플레이

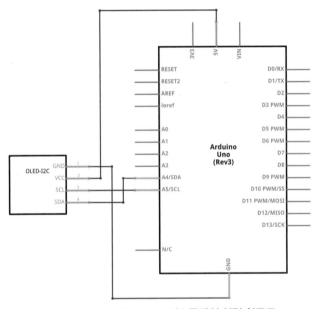

그림 42.7 I2C 방식 OLED 디스플레이 연결 회로도

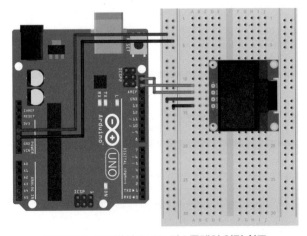

그림 42.8 I2C 방식 OLED 디스플레이 연결 회로

Adafruit SSD1306 라이브러리에서 I2C 방식 OLED를 제어하기 위해 사용하는 클래스는 Adafruit_SSD1306 클래스다. Adafruit_SSD1306 클래스는 I2C 방식뿐만 아니라 SPI 방식 역시 지원하며, 객체를 생성할 때 사용하는 통신 방식에 맞는 생성자를 선택하여 사용하면 된다.

■ **Adafruit_SSD1306**

```
Adafruit_SSD1306::Adafruit_SSD1306(uint8_t w, uint8_t h, TwoWire *twi = &Wire)
 - 매개변수
    w: OLED의 픽셀 단위 x축 해상도
    h: OLED의 픽셀 단위 y축 해상도
    Wire: I2C 통신을 담당하는 객체에 대한 포인터
 - 반환값: 없음
```

I2C 방식 OLED 제어를 위한 객체를 생성한다. 객체를 생성할 때는 화면 해상도만 지정하면 된다. I2C 통신을 담당하는 객체에는 TwoWire 클래스의 유일한 객체인 Wire가 디폴트값으로 지정되어 있으므로 별도로 지정하지 않아도 된다.

■ **begin**

```
boolean Adafruit_SSD1306::begin(uint8_t switchvcc = SSD1306_SWITCHCAPVCC,
uint8_t i2caddr = 0)
 - 매개변수
    switchvcc: 전원 옵션
    i2caddr: I2C 주소
 - 반환값: 버퍼 할당 및 초기화 성공 여부
```

객체가 생성된 후에는 제일 먼저 초기화를 수행해야 한다. 초기화 과정에서는 전원 선택을 위한 switchvcc를 지정할 수 있지만, 이 장에서 사용하는 OLED는 디폴트값인 SSD1306_SWITCHCAPVCC를 사용하면 된다. I2C 주소는 0x3C 또는 0x3D 중 하나를 사용하면 된다. begin 함수에서 수행하는 작업 중 하나가 디스플레이 버퍼를 할당하는 것이며, begin 함수의 반환값을 통해 버퍼 할당이 정상적으로 이루어졌는지 확인할 수 있다.

■ **display**

```
void Adafruit_SSD1306::display()
 - 매개변수: 없음
 - 반환값: 없음
```

SSD1306 라이브러리는 내부적으로 화면에 출력할 데이터를 저장하는 버퍼를 갖고 있다. 따라서 모든 출력은 버퍼에서 수행되며 버퍼의 내용을 실제 화면에 보여주기 위해 display 함수를 호출해야 한다.

■ clearDisplay

```
void Adafruit_SSD1306::clearDisplay()
 – 매개변수: 없음
 – 반환값: 없음
```

버퍼의 내용을 모두 지운다. 버퍼의 내용을 지운 후에 실제 화면을 지우기 위해서도 display 함수를 호출해야 한다.

■ setTextColor

```
void Adafruit_SSD1306::setTextColor(uint16_t c)
 – 매개변수
    c: 색상값
 – 반환값: 없음
```

문자 표시를 위해서는 5-6-5 형식의 16비트 RGB 색상을 사용할 수 있다. 하지만 이 장에서 사용하는 OLED는 단색만 나타낼 수 있으므로 미리 정의된 상수를 사용하면 된다. 전경색을 나타내기 위해서는 SSD1306_WHITE나 WHITE를 사용하고, 배경색을 나타내기 위해서는 SSD1306_BLACK 또는 BLACK을 사용할 수 있다.

스케치 42.1은 I2C 방식 OLED에 문자열을 출력하는 예다. 문자열 출력을 위해서는 Serial 클래스에서 사용하는 print 또는 println 함수를 사용하면 된다.

</> 스케치 42.1 Hello OLED

```
#include <Adafruit_SSD1306.h>

#define SCREEN_WIDTH 128                          // OLED x축 해상도
#define SCREEN_HEIGHT 64                          // OLED y축 해상도

// OLED 제어를 위한 객체 생성
Adafruit_SSD1306 display(SCREEN_WIDTH, SCREEN_HEIGHT);

void setup() {
    // OLED 객체 초기화 및 디스플레이 버퍼 할당, I2C 주소 지정
    if( !display.begin(SSD1306_SWITCHCAPVCC, 0x3C) ) {
        while(1);                                 // 초기화 실패로 정지
```

```
        }
        display.clearDisplay();                         // 디스플레이 버퍼 지우기
        display.setTextColor(WHITE);                    // 텍스트 색상 지정
        display.print("Hello OLED Display~");           // 문자열 출력
        display.display();                              // 디스플레이 버퍼 화면에 나타내기
}

void loop() {
}
```

그림 42.9   스케치 42.1 실행 결과

SSD1306 라이브러리에서 사용하는 폰트는 5×7 크기 폰트로 여백까지 포함해서 6×8픽셀을 차지하므로 8행 21열로 문자를 표시할 수 있다. setTextSize 함수를 사용하면 기본 폰트 크기의 정수배로 폰트를 확대하여 사용할 수 있다.

■ setTextSize

void Adafruit_SSD1306::setTextSize(uint8_t s)
void Adafruit_SSD1306::setTextSize(uint8_t s_x, uint8_t s_y)
 - 매개변수
    s: 텍스트 크기 확대 비율
    s_x: x축 방향 텍스트 크기 확대 비율
    s_y: y축 방향 텍스트 크기 확대 비율
 - 반환값: 없음

텍스트를 출력하기 위해 사용하는 폰트 크기를 정수 단위로 확대한다. x축과 y축 방향의 확대 비율을 다르게 지정할 수 있다.

■ setCursor

원하는 위치에 문자를 출력하기 위해서는 먼저 커서를 원하는 위치로 옮겨야 한다. print 함수를 사용하여 문자를 계속 출력하면 자동으로 다음 줄로 이동하며, println 함수를 사용하면 줄바꿈이 된다. 하지만 자동 스크롤을 지원하지는 않으므로 커서가 화면 내에 있지 않으면 출력되는 내용이 표시되지 않는다. 커서 위치는 픽셀 단위로 지정하며 좌상단이 (0, 0)으로 기준이 된다.

스케치 42.2는 텍스트의 크기를 변경하면서 지정한 위치에 출력하는 예다. 커서 위치를 옮기지 않고 print 대신 println을 사용해도 비슷한 결과를 얻을 수 있다. 자동 줄바꿈을 사용하면 문자 간 여백이 1픽셀로 고정되지만, setCursor 함수를 사용하면 매번 위치를 지정해야 하는 불편함은 있지만 임의로 여백을 조절할 수 있다는 장점이 있다.

</> 스케치 42.2 텍스트 크기 및 위치 지정

```
#include <Adafruit_SSD1306.h>

#define SCREEN_WIDTH 128                           // OLED x축 해상도
#define SCREEN_HEIGHT 64                           // OLED y축 해상도

// OLED 제어를 위한 객체 생성
Adafruit_SSD1306 display(SCREEN_WIDTH, SCREEN_HEIGHT);

void setup() {
    // OLED 객체 초기화 및 디스플레이 버퍼 할당, I2C 주소 지정
    if( !display.begin(SSD1306_SWITCHCAPVCC, 0x3C) ) {
        while(1);                                  // 초기화 실패로 정지
    }
    display.clearDisplay();                        // 디스플레이 버퍼 지우기
    display.setTextColor(WHITE);                   // 텍스트 색상 지정

    int y = 0;                                     // 문자열을 출력할 y축 위치
    for (int scale = 1; scale < 4; scale++) {
        display.setTextSize(scale);                // 텍스트 배율 지정
        display.setCursor(0, y);                   // 텍스트 커서 위치 변경, 픽셀 단위

        display.print("Size:");
        display.print(scale);
```

```
        y = y + 8 * scale + 2;                      // 2픽셀 여백
    }
    display.display();                              // 디스플레이 버퍼 화면에 나타내기
}

void loop() {
}
```

그림 42.10 스케치 42.2 실행 결과

SPI 방식 OLED

이 장에서 사용하는 OLED는 지원하는 통신 방식에 따라 I2C 방식과 SPI 방식이 있다. 하지만 하나의 OLED가 두 방식을 모두 지원하는 것은 아니며, 통신 방식에 따라 서로 다른 OLED를 사용해야 한다. 그림 42.11을 참고하여 그림 42.12와 같이 OLED를 아두이노 우노에 연결하자. **I2C 방식 OLED는 I2C 통신을 지원하는 전용 핀에 OLED를 연결해야 하지만, SPI 방식 OLED는 범용 입출력 핀을 사용할 수 있다.** 그림 42.12에서는 SPI 통신을 위한 전용 핀이 아니라 범용 입출력 핀을 사용하여 연결한 것이다.

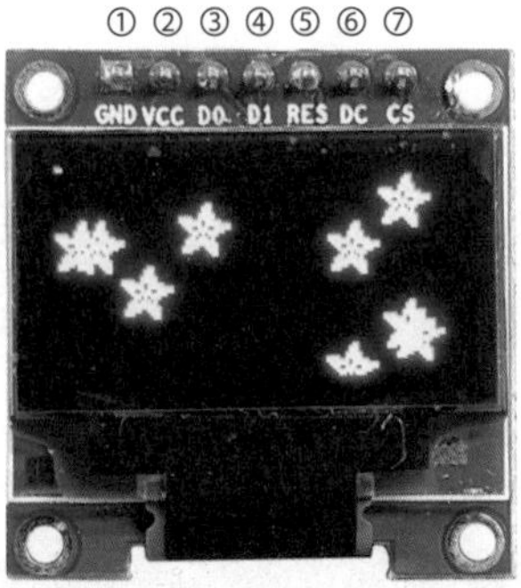

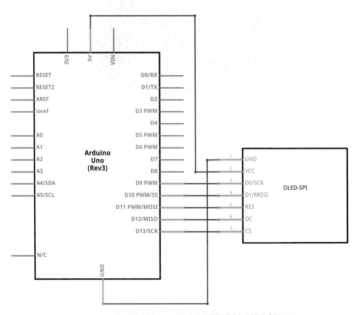

① ② ③ ④ ⑤ ⑥ ⑦
GND VCC D0 D1 RES DC CS
① GND
② VCC
③ D0: SCK
④ D1: MOSI
⑤ RES: RESET
⑥ DC: Data/Command
⑦ CS: Chip Select

그림 42.11 SPI 방식 OLED 디스플레이

3V3
5V
VIN
RESET
RESET2
AREF
ioref
A0
A1
A2
A3
A4/SDA
A5/SCL
N/C
Arduino Uno (Rev3)
D0/RX
D1/TX
D2
D3 PWM
D4
D5 PWM
D6 PWM
D7
D8
D9 PWM
D10 PWM/SS
D11 PWM/MOSI
D12/MISO
D13/SCK
GND
GND
VCC
D0/SCK
D1/MOSI
RES
DC
CS
OLED-SPI

그림 42.12 SPI 방식 OLED 디스플레이 연결 회로도

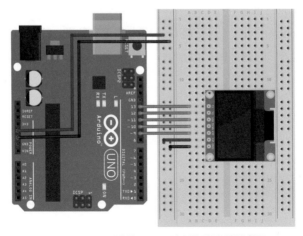

그림 42.13 SPI 방식 OLED 디스플레이 연결 회로

Adafruit SSD1306 라이브러리에서 SPI 방식 OLED를 지원하는 클래스는 I2C 방식 OLED를 지원하는 클래스와 같은 Adafruit_SSD1306 클래스다. Adafruit_SSD1306 클래스의 생성자는 I2C 통신을 사용하는 경우와 SPI 통신을 사용하는 경우가 중복 정의되어 있으므로 SPI 통신을 위한 생성자를 사용하면 된다.

■ Adafruit_SSD1306

```
Adafruit_SSD1306::Adafruit_SSD1306(uint8_t w, uint8_t h, int8_t mosi_pin,
int8_t sclk_pin, int8_t dc_pin, int8_t rst_pin, int8_t cs_pin)
Adafruit_SSD1306::Adafruit_SSD1306(uint8_t w, uint8_t h, SPIClass *spi,
int8_t dc_pin, int8_t rst_pin, int8_t cs_pin)
```
 – 매개변수
   w: OLED의 픽셀 단위 x축 해상도
   h: OLED의 픽셀 단위 y축 해상도
   mosi_pin: MOSI(D1) 연결 핀
   sclk_pin: SCK(D0) 연결 핀
   dc_pin: DC$_{Data/Command}$ 연결 핀
   rst_pin: RST$_{Reset}$ 연결 핀
   cs_pin: CS$_{Chip\ Select}$ 연결 핀
   spi: SPI 통신을 담당하는 객체에 대한 포인터
 – 반환값: 없음

SPI 방식 OLED 제어를 위한 객체를 생성한다. 객체를 생성할 때는 하드웨어 방식의 SPI 통신이나 소프트웨어 방식의 SPI 통신을 사용할 수 있다. 소프트웨어 방식 SPI를 사용하는 경우에는 5개의 연결 핀을 모두 지정해야 하지만, 하드웨어 방식 SPI를 사용하는 경우에는 MOSI와 SCK 연결 핀은 정해져 있으므로 나머지 3개 핀을 지정하고 하드웨어 SPI 통신을 담당하는 객체에 대한 포인터를 함께 지정하면 된다. 이 장에서는 소프트웨어 방식 SPI를 사용한다.

객체가 생성된 후 begin 함수로 초기화와 디스플레이 버퍼를 할당하는 것은 I2C 방식을 사용할 때와 같지만, SPI 방식에서는 주소를 사용하지 않으므로 주소를 지정하지 않는다.

```
void Adafruit_SSD1306::drawLine(
    int16_t x0, int16_t y0, int16_t x1, int16_t y1, uint16_t color );
void Adafruit_SSD1306::drawRect(
    int16_t x, int16_t y, int16_t width, int16_t height, uint16_t color );
void Adafruit_SSD1306::fillRect(
    int16_t x, int16_t y, int16_t width, int16_t height, uint16_t color );
```

```
void Adafruit_SSD1306::drawCircle(
    int16_t x, int16_t y, int16_t radius, uint16_t color );
void Adafruit_SSD1306::fillCircle(
    int16_t x, int16_t y, int16_t radius, uint16_t color );
void Adafruit_SSD1306::drawRoundRect(
    int16_t x, int16_t y, int16_t width, int16_t height, int16_t radius,
    uint16_t color );
void Adafruit_SSD1306::fillRoundRect(
    int16_t x, int16_t y, int16_t width, int16_t height, int16_t radius,
    uint16_t color );
void Adafruit_SSD1306::drawTriangle(
    int16_t x0, int16_t y0, int16_t x1, int16_t y1, int16_t x2, int16_t y2,
    uint16_t color );
void Adafruit_SSD1306::fillTriangle(
    int16_t x0, int16_t y0, int16_t x1, int16_t y1, int16_t x2, int16_t y2,
    uint16_t color );
```

Adafruit SSD1306 라이브러리에는 문자 이외의 다양한 그래픽 요소 출력을 위한 멤버 함수가 정의되어 있다. 이들 함수를 사용하여 41장 '그래픽 LCD'에서 그래픽 LCD에 그렸던 것과 같은 그림을 그려보자. 스케치 42.3은 OLED에 도형을 그리는 예로, 41장 '그래픽 LCD'의 결과와 비교해보기 바란다. 스케치 42.3에서 객체를 생성하는 부분과 객체를 초기화하는 begin 함수를 수정하면 I2C 방식 OLED에서도 같은 결과를 확인할 수 있으며, 다른 스케치의 경우도 마찬가지다.

스케치 42.3 도형 그리기

```
#include <Adafruit_SSD1306.h>

#define SCREEN_WIDTH 128                        // OLED x축 해상도
#define SCREEN_HEIGHT 64                        // OLED y축 해상도

#define OLED_CLK    9
#define OLED_MOSI   10
#define OLED_RESET  11
#define OLED_DC     12
#define OLED_CS     13

// OLED 제어를 위한 객체 생성
Adafruit_SSD1306 display(SCREEN_WIDTH, SCREEN_HEIGHT,
    OLED_MOSI, OLED_CLK, OLED_DC, OLED_RESET, OLED_CS);

void setup() {
    // OLED 객체 초기화 및 디스플레이 버퍼 할당
    if( !display.begin(SSD1306_SWITCHCAPVCC) ) {
        while(1);                               // 초기화 실패로 정지
    }
    display.clearDisplay();
```

```
    display.drawLine(0, 0, 127, 63, WHITE);        // 직선
    display.drawLine(127, 0, 0, 63, WHITE);

    for (int r = 30; r >= 5; r -= 5) {
        if (r % 10 == 0) {                         // 채워진 원
            display.fillCircle(64, 32, r, WHITE);
        }
        else {                                     // 빈 원, 원 내부를 강제로 지움
            display.fillCircle(64, 32, r, BLACK);
        }
    }

    display.display();                             // 디스플레이 버퍼 화면에 나타내기
}

void loop() {
}
```

그림 42.14 스케치 42.3 실행 결과

그래픽 LCD와 마찬가지로 OLED도 픽셀 단위로 제어가 가능하므로 이미지를 표시할 수 있다. Adafruit SSD1306 라이브러리가 설치된 디렉터리의 splash.h 파일에는 라이브러리 제작사인 Adafruit의 로고 이미지가 일차원 배열 형식의 데이터로 정의되어 있다. 그중 splash1_data 변수에 정의된 이미지를 표시해 보자.

</> Adafruit 로고 데이터

```
#define splash1_width  82
#define splash1_height 64
const uint8_t PROGMEM splash1_data[] = {
    0x00, 0x00, 0x00, 0x00, 0x00, 0x01, 0x80, 0x00, 0x00, 0x00, 0x00, 0x00,
    0x00, 0x00, 0x00, 0x00, 0x03, 0x80, 0x00, 0x00, 0x00, 0x00, 0x00, 0x00,
    0x00, 0x00, 0x00, 0x07, 0xC0, 0x00, 0x00, 0x00, 0x00, 0x00, 0x00, 0x00,
    ...
};
```

로고 데이터를 정의할 때 사용된 PROGMEM 키워드는 변숫값을 플래시 메모리에 저장하여 사용할 수 있게 해준다. 일반적으로 변숫값은 SRAM에 저장되지만, SRAM은 크기가 작아 큰 크기의 배열을 SRAM에 저장하여 사용할 수 없다. 따라서 **상대적으로 큰 플래시 메모리에 변수를 저장하여 사용할 수 있게 해주는 것이 PROGMEM 키워드다.** 하지만 플래시 메모리는 스케치가 실행되고 있는 동안에는 읽기만 가능하므로 **플래시 메모리에 저장된 변수 역시 읽기 전용으로만 사용할 수 있고 값을 변경할 수 없으므로 const 키워드가 함께 사용된다.** 플래시 메모리 활용 방법은 56장 '플래시 메모리 활용'을 참고하면 된다. 이미지를 표시하기 위해 사용하는 함수는 drawBitmap이다.

- **drawBitmap**

```
void Adafruit_SSD1306::drawBitmap(int16_t x, int16_t y, const uint8_t bitmap[],
int16_t w, int16_t h, uint16_t color)
void Adafruit_SSD1306::drawBitmap(int16_t x, int16_t y, uint8_t *bitmap,
int16_t w, int16_t h, uint16_t color)
 - 매개변수
    x: 표시 시작 영역의 x 좌표
    y: 표시 시작 영역의 y 좌표
    bitmap: 표시할 이미지 데이터
    w: 이미지 폭width
    h: 이미지 높이height
    color: 이미지 표시 색상
 - 반환값: 없음
```

이미지를 (x, y) 위치에서부터 나타낸다. 이 장에서 사용하는 OLED는 단색만 표시할 수 있으므로 색상은 WHITE를 사용하면 된다. 중복 정의된 함수 중 비트맵 데이터를 나타내는 bitmap 변수에 const 키워드가 있는 함수는 플래시 메모리에서 데이터를 읽어 SRAM에 저장하지 않고 바로 사용하는 함수이므로 bitmap 변수 선언에 PROGMEM 키워드를 함께 사용해야 한다.

스케치 42.4는 Adafruit 로고 이미지를 화면 가운데 표시하는 예다.

</> 스케치 42.4 이미지 표시하기

```
#include <Adafruit_SSD1306.h>
#include <splash.h>

#define SCREEN_WIDTH 128                          // OLED x축 해상도
#define SCREEN_HEIGHT 64                          // OLED y축 해상도
```

```
#define OLED_CLK      9
#define OLED_MOSI     10
#define OLED_RESET    11
#define OLED_DC       12
#define OLED_CS       13

// OLED 제어를 위한 객체 생성
Adafruit_SSD1306 display(SCREEN_WIDTH, SCREEN_HEIGHT,
    OLED_MOSI, OLED_CLK, OLED_DC, OLED_RESET, OLED_CS);

void setup() {
    // OLED 객체 초기화 및 디스플레이 버퍼 할당
    if( !display.begin(SSD1306_SWITCHCAPVCC) ) {
        while(1);                                        // 초기화 실패로 정지
    }
    display.clearDisplay();

    display.drawBitmap(                                  // 화면 가운데에 이미지 표시
        (display.width() - splash1_width) / 2,
        (display.height() - splash1_height) / 2,
        splash1_data, splash1_width, splash1_height, WHITE);

    display.display();                                   // 디스플레이 버퍼 화면에 나타내기
}

void loop() {
}
```

그림 42.15 스케치 42.4 실행 결과

스케치 42.4에서 볼 수 있듯이 배열 변수로 변환된 이미지를 OLED에 표시하는 것은 어렵지 않다. 임의의 이미지 파일 역시 배열 변수로 변환한 후 같은 방법으로 OLED에 표시할 수 있다. 그래픽 LCD를 위한 openGLCD 라이브러리에는 이미지를 데이터로 변환하는 프로그램이 포함되어 있지만, OLED를 위한 Adafruit SSD1306 라이브러리에는 이미지 변환 프로그램이 포함되어 있지 않으므로 다른 공개된 프로그램을 사용해야 한다. 먼저 변환할 이미지를 단색의 비트맵 파일로

준비한 후 'LCD Assistant' 프로그램을 내려받는다*. LCD Assistant 프로그램은 설치할 필요 없이 바로 실행할 수 있다. 내려받은 프로그램을 실행해 보자.

그림 42.16 LCD Assistant 프로그램

LCD Assistant 프로그램의 'File → Load image' 메뉴 항목을 선택하여 준비한 비트맵 파일을 연다. 비트맵 파일이 열리면 화면에 이미지가 표시된다.

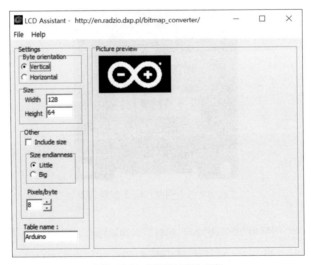

그림 42.17 비트맵 파일 변환

---

* http://en.radzio.dxp.pl/bitmap_converter

LCD Assistant 프로그램의 'File → Save output' 메뉴 항목을 선택하여 변환된 결과를 텍스트 파일로 저장한다. 이때 'Byte orientation' 설정은 디폴트로 'Vertical'로 설정되어 있지만, 변환 후 이미지가 정상적으로 보이지 않을 때는 'Horizontal'로 변경하여 다시 변환하면 된다. 저장된 텍스트 파일을 열어보면 Adafruit 로고 데이터와 같은 형식의 배열 변수로 이미지가 변환된 것을 확인할 수 있다. 41장 '그래픽 LCD'에서도 이미지를 배열 변수로 변환해서 사용했지만 이때 사용한 형식이 이미지 크기까지 포함된 openGLCD 자체 형식이라면, 이번 장에서 사용하는 형식은 픽셀 데이터만 포함된 형식으로 차이가 있다.

임의의 이미지를 표시하기 위한 스케치는 기본적으로 스케치 42.4와 같으므로 스케치 42.4에서 시작하면 된다. 툴바의 오른쪽 아래에 있는 아래쪽 화살표 버튼(▼)을 눌러 '새 탭' 메뉴 항목을 선택하거나 'Ctrl + Shift + N' 단축키를 눌러 새 파일을 생성한다.

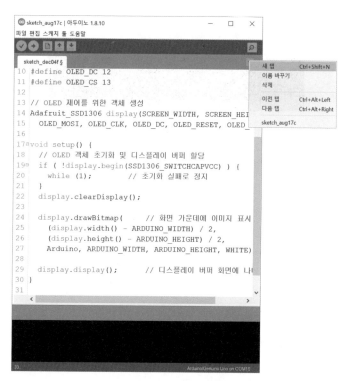

그림 42.18 새 탭 생성

하나의 파일에 이미지 데이터를 포함하는 것도 가능하지만, 이미지 데이터를 텍스트로 나타내면 그 길이가 길어서 Adafruit 로고 데이터처럼 별도의 파일로 분리해서 저장하는 것이 좋다. 새 파일 이름으로 'ArduinoLogo.h'를 입력한다.

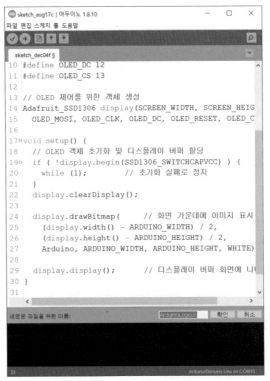

그림 42.19 새 파일 이름 지정

새로 만들어진 탭에 LCD Assistant 프로그램에서 변환한 아두이노 로고 데이터와 이미지 크기를 나타내는 변수를 정의한다. 이때 Adafruit 로고 데이터처럼 PROGMEM 키워드를 사용하는 것을 잊지 말자.

스케치 42.5 ArduinoLogo.h – 아두이노 로고 데이터

```
const int ARDUINO_WIDTH = 128;
const int ARDUINO_HEIGHT = 64;

const unsigned char PROGMEM Arduino [] = {
    0xFF, 0xFF, 0xFF, 0xFF, 0xFF, 0xFF, 0xFF, 0xFF,
    0xFF, 0xFF, 0xFF, 0xFF, 0xFF, 0xFF, 0xFF, 0xFF,
    0xFF, 0xFF, 0xFF, 0xFF, 0xFF, 0xFF, 0xFF, 0xFF,
    0xFF, 0xFF, 0xFF, 0xFF, 0xFF, 0xFF, 0xFF, 0xFF,
    ...
};
```

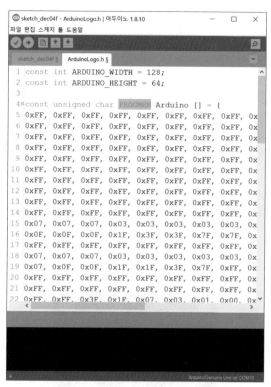

그림 42.20 ArduinoLogo.h 파일 작성

스케치 42.4는 스케치 42.6과 같이 수정한다. 스케치 42.4와 달라진 점은 포함하는 헤더 파일이 splash.h 파일에서 ArduinoLogo.h 파일로 바뀌었고, 이에 따라 이미지 데이터를 나타내는 변수와 이미지 크기를 나타내는 변수 이름이 바뀐 점 이외에는 없다.

</> 스케치 42.6 이미지 표시하기 – 아두이노 로고

```
#include <Adafruit_SSD1306.h>
#include "ArduinoLogo.h"                        // 아두이노 로고 데이터 저장 헤더

#define SCREEN_WIDTH 128                        // OLED x축 해상도
#define SCREEN_HEIGHT 64                        // OLED y축 해상도

#define OLED_CLK     9
#define OLED_MOSI    10
#define OLED_RESET   11
#define OLED_DC      12
#define OLED_CS      13

// OLED 제어를 위한 객체 생성
Adafruit_SSD1306 display(SCREEN_WIDTH, SCREEN_HEIGHT,
    OLED_MOSI, OLED_CLK, OLED_DC, OLED_RESET, OLED_CS);
```

```
void setup() {
    // OLED 객체 초기화 및 디스플레이 버퍼 할당
    if( !display.begin(SSD1306_SWITCHCAPVCC) ) {
        while(1);                                  // 초기화 실패로 정지
    }
    display.clearDisplay();

    display.drawBitmap(                            // 화면 가운데에 이미지 표시
        (display.width() - ARDUINO_WIDTH) / 2,
        (display.height() - ARDUINO_HEIGHT) / 2,
        Arduino, ARDUINO_WIDTH, ARDUINO_HEIGHT, WHITE);

    display.display();                             // 디스플레이 버퍼 화면에 나타내기
}

void loop() {
}
```

그림 42.21 스케치 42.6 실행 결과

42.5 맺는말

OLED 디스플레이는 스스로 빛을 내는 유기 발광 다이오드를 사용하여 만든 출력 장치로, LCD
와 비교했을 때 백라이트를 사용하지 않는다는 점이 가장 큰 차이이자 장점이다. 사소한 차이로
보일 수 있지만, 백라이트가 없어 더 얇게 만들 수 있고 휘거나 접는 디스플레이를 만드는 것이
가능하므로 다양한 사용자 인터페이스를 가능하게 해준다는 점에서 큰 차이라고 할 수 있다. 그
래픽 LCD와 비교했을 때 OLED의 장점은 작고 가벼운 장치를 만들 수 있다는 점이다. 색상을 표

현할 수 있는 OLED는 아직은 가격이 비싸 아두이노와 함께 사용된 예를 찾기는 쉽지 않지만, 단색만 표시할 수 있는 소형 OLED가 사용된 예는 어렵지 않게 찾아볼 수 있다.

이 장에서 사용한 OLED는 0.96인치의 OLED로, I2C와 SPI 통신을 통해 제어할 수 있으므로 연결이 간편하다는 장점이 있다. I2C 방식과 SPI 방식은 같은 라이브러리를 사용하므로 객체 생성과 초기화 부분 이외에는 같은 코드를 사용한다. 두 가지 방식의 OLED를 사용해 보면 SPI 방식 OLED가 I2C 방식 OLED보다 속도가 빠르다는 사실을 쉽게 알아챌 수 있다. 그러나 I2C 방식은 2개의 연결선만 연결하면 되지만 SPI 방식은 5개의 연결선이 필요하므로 연결선의 개수와 속도를 고려하여 적절한 방식을 선택하면 된다.

1　Adafruit SSD1306 라이브러리에서 사용자 정의 문자를 나타내는 간단한 방법은 이미지로 정의하여 사용하는 것이다. 다음과 같이 8×8 크기의 이미지를 정의하여 OLED에 표시하는 스케치를 작성해 보자. OLED에는 단색의 이미지만 표시할 수 있으므로 수평 방향 8개 픽셀을 바이트 단위 데이터로 정의하면 된다.

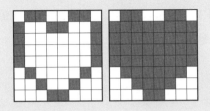

```
const unsigned char PROGMEM heart1 [] = {          // 빈 하트
    0x66, 0x99, 0x81, 0x81, 0x81, 0x42, 0x24, 0x18
};

const unsigned char PROGMEM heart2 [] = {          // 꽉 찬 하트
    0x66, 0xFF, 0xFF, 0xFF, 0xFF, 0x7E, 0x3C, 0x18
};
```

2　그림 42.12와 같이 SPI 방식 OLED를 연결하고 A0 핀에 가변저항을 연결하여 1초 간격으로 가변저항의 값을 읽어 OLED에 표시하는 스케치를 작성해 보자. 이때 이전에 출력된 값을 지우기 위해서는 setTextColor 함수에서 배경색인 BLACK을 지정하여 출력하는 방법을 사용할 수 있다.

네오픽셀

WS2812(B)는 RGB LED를 하나의 제어선으로 제어할 수 있도록 RGB LED와 LED 제어 칩을 하나의 소형 패키지로 만든 것으로, WS2812(B)를 직렬로 계속 연결해도 하나의 제어선만으로 연결된 모든 LED를 제어할 수 있다는 점이 가장 큰 장점이다. 네오픽셀은 Adafruit에서 WS2812(B)를 사용하여 다양한 형태의 디스플레이로 활용할 수 있도록 만든 브랜드 이름이지만, WS2812(B)를 사용한 대표적인 제품이므로 일반 명사처럼 사용되고 있다. 이 장에서는 네오픽셀 링과 네오픽셀 매트릭스를 사용하여 다양한 정보를 표시하는 방법을 알아본다.

이 장에서
사용할 부품

아두이노 우노	× 1 ➡ 네오픽셀 테스트
네오픽셀 링	× 1 ➡ 24픽셀 크기
네오픽셀 매트릭스	× 2 ➡ 8×8 크기

하나의 제어 핀으로 여러 개의 RGB LED를 개별적으로 제어할 수 있도록 만들어진 제품을 LED 스트립 strip이라고 한다. LED 스트립은 여러 개의 LED가 직렬로 연결된 형태이며, 각 LED의 밝기와 색상을 개별적으로 제어할 수 있어 다양한 시각적 효과를 간단하게 얻을 수 있다. 하나의 제어 핀으로 여러 개의 LED를 제어할 수 있다는 점이 신기할 수 있겠지만, 이는 각 패키지에 LED를 위한 제어 칩(또는 드라이버 칩)이 포함되어 있어 가능한 것이다. 제어 칩을 포함하는 RGB LED는 WS2812, WS2812B 등이 주로 사용되며 이를 흔히 픽셀pixel이라고 한다. 즉, **픽셀을 여러 개 직렬로 연결하여 만들어놓은 것이 LED 스트립**이며, **Adafruit에서 픽셀을 직선뿐만 아니라 원, 매트릭스 등의 다양한 형태로 만든 제품에 대한 브랜드 이름이 네오픽셀이다.** 네오픽셀은 그 인기에 힘입어 일반 명사처럼 사용되고 있을 뿐이다. 이 장에서도 WS2812B를 사용하여 하나의 제어선으로 여러 개의 RGB LED를 제어할 수 있도록 만들어진 제품을 네오픽셀이라고 이야기한다.

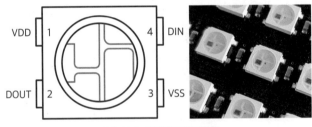

그림 43.1 **WS2812B 픽셀**

이 장에서 사용하는 네오픽셀은 WS2812의 개선된 버전인 WS2812B를 사용하여 만들어졌다. WS2312B는 흔히 '5050 LED'라고 불린다. 5050은 패키지의 크기를 나타내는 것으로, 5mm×5mm 크기의 SMD 타입으로 만들어진 픽셀을 가리킨다. WS2812B는 4개의 핀을 갖고 있으며 각 핀의 기능은 표 43.1과 같다.

표 43.1 **WS2812B의 핀**

핀 번호	이름	설명
1	VDD	LED 전원(3.5~5.3V)
2	DOUT	제어 신호 출력
3	VSS	GND
4	DIN	제어 신호 입력

여러 개의 픽셀을 하나의 제어선으로 제어할 수 있는 비밀은 DIN과 DOUT에 있다. 픽셀을 직렬로 연결하여 사용할 때 앞 픽셀의 DOUT을 뒤 픽셀의 DIN으로 연결함으로써 제어 신호를 전달할 수 있다. 이때 연결할 수 있는 픽셀의 수에는 제한이 없지만, 너무 많은 픽셀을 연결하면 제어 신호가 전달되는 시간에 차이가 있어 픽셀 사이에 동기화 문제가 발생할 수 있다.

또한 네오픽셀을 위한 RGB 값을 메모리에 저장해야 하므로 아두이노 우노의 경우 메모리 제한으로 **300개 이상의 픽셀을 제어하기는 어렵다.** 또 한 가지 주의할 점은 WS2812B 픽셀은 최대 밝기에서 약 50mA의 전류를 사용한다는 점이다. 따라서 **많은 수의 픽셀을 연결하는 경우에는 반드시 전용 전원을 사용해야 한다.** 또한 전용 전원을 사용하는 경우에는 네오픽셀을 위한 전원과 아두이노를 위한 전원의 GND를 연결해야 한다는 점도 잊지 말아야 한다. 그림 43.2는 이 장에서 사용하는 네오픽셀 링으로, 24개의 픽셀을 원형으로 배열해 놓은 것이다.

그림 43.2 네오픽셀 링

픽셀을 구입해서 연결하는 경우는 거의 없지만, 연결 방법은 간단하다. 앞 픽셀의 DOUT을 뒤 픽셀의 DIN으로 연결해 주면 제어 신호가 전달된다. 또한 픽셀마다 VDD와 그라운드 사이에 0.1μF 커패시터를 연결하면 된다. 그림 43.3은 픽셀을 직렬로 연결하는 방법을 나타낸 것이다.

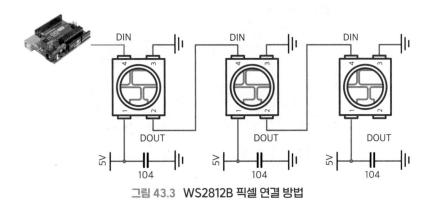

그림 43.3 WS2812B 픽셀 연결 방법

43.2 Adafruit NeoPixel 라이브러리

네오픽셀 링을 그림 43.4와 같이 아두이노 우노에 연결하자. 네오픽셀은 많은 전력을 필요로 하므로 외부 전원을 추천하고 있지만, 픽셀의 수가 24개로 많지 않고 밝기를 최대한 낮추어 사용할 것이므로 어댑터 전원을 아두이노와 함께 사용했다.

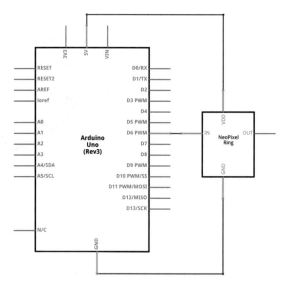

그림 43.4 네오픽셀 링 연결 회로도

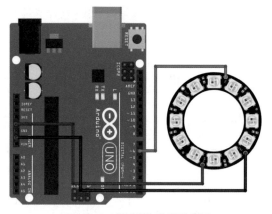

그림 43.5 네오픽셀 링 연결 회로

네오픽셀 연결을 위한 추천 회로

네오픽셀을 제작하여 판매하는 Adafruit에서는 네오픽셀을 연결할 때의 추천 사항을 제시하고 있다. 그림 43.4의 회로도에서는 적용하지 않았고 동작에 문제는 없었지만, 안정적인 동작을 위해서는 추천 사항의 적용을 고려해 볼 수 있다.

- 네오픽셀에 연결하는 전원 사이에 1,000μF 커패시터를 연결한다.
- 네오픽셀의 데이터 입력 핀과 마이크로컨트롤러의 핀 사이에는 300~500Ω의 저항을 연결한다.
- 마이크로컨트롤러와 네오픽셀의 첫 번째 픽셀 사이의 거리는 가능한 한 짧게 한다.
- 네오픽셀의 입력 전압과 제어 신호의 논리 레벨은 같아야 한다. 따라서 3.3V 논리 레벨을 사용하는 마이크로컨트롤러에 네오픽셀을 연결하는 경우, 네오픽셀의 데이터 입력 핀과 마이크로컨트롤러의 핀

사이에는 레벨 변환기를 사용하여 네오픽셀의 동작 전압인 5V로 변환해서 연결해야 한다.

- 네오픽셀은 마이크로컨트롤러에 전원이 공급되지 않은 상태에서 연결한다. 마이크로컨트롤러에 전원이 공급되고 있는 경우에는 '(−) → (+) → 데이터 핀' 순서로 연결한다.

추천 사항을 모두 만족시키기 위해서는 그림 43.4에 저항과 커패시터를 추가하고 외부 전원을 연결해야한다.

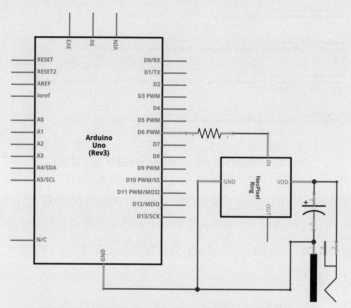

그림 43.6 제조사에서 추천하는 네오픽셀 링 연결 회로도

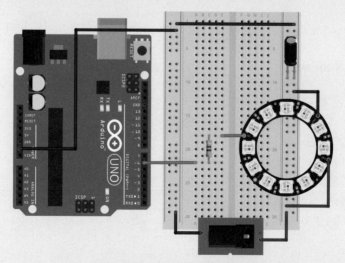

그림 43.7 제조사에서 추천하는 네오픽셀 링 연결 회로

네오픽셀을 사용하기 위해서는 먼저 라이브러리를 설치해야 한다. 라이브러리 매니저에서 'NeoPixel'을 검색하여 Adafruit NeoPixel 라이브러리를 설치하자.

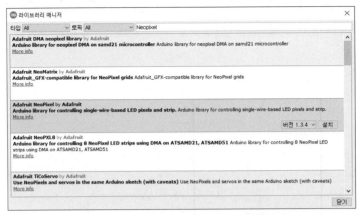

그림 43.8 Adafruit NeoPixel 라이브러리 검색 및 설치*

Adafruit NeoPixel 라이브러리는 네오픽셀 제어를 위해 Adafruit_NeoPixel 클래스를 제공하고 있다. Adafruit NeoPixel 라이브러리를 사용하기 위해서는 먼저 헤더 파일을 포함해야 한다. '스케치 → 라이브러리 포함하기 → Adafruit NeoPixel' 메뉴 항목을 선택하거나 #include 문을 직접 입력하면 된다.

```
#include <Adafruit_NeoPixel.h>
```

Adafruit_NeoPixel 클래스에서는 다음과 같은 멤버 함수를 네오픽셀 제어를 위해 정의하고 있다.

■ Adafruit_NeoPixel

```
Adafruit_NeoPixel::Adafruit_NeoPixel(uint16_t n, uint8_t pin = 6,
neoPixelType type = NEO_GRB + NEO_KHZ800)
 - 매개변수
    n: 픽셀의 수
    pin: 네오픽셀 제어 핀
    type: 픽셀의 종류
 - 반환값: 없음
```

네오픽셀 제어를 위한 객체를 생성한다. 객체를 생성할 때는 픽셀의 수와 네오픽셀에 연결된 데이터 핀 번호를 지정한다. **데이터 핀은 임의의 디지털 핀을 사용할 수 있으며, 6번 핀이 디폴트값으로 지정되어 있다.** 픽셀의 종류에서는 픽셀의 색상 배열과 데이터 전달 속도를 지정한다. **WS2812B는 GRB 색상 배열(NEO_GRB)을 사용하고 800kHz(NEO_KHZ800)로 동작**하므로 디폴트값을 그대로 사용하면 된다.

- **begin**

```
void Adafruit_NeoPixel::begin()
 – 매개변수: 없음
 – 반환값: 없음
```

객체가 생성되면 먼저 begin 함수로 네오픽셀을 초기화한다.

- **setPixelColor**

```
void Adafruit_NeoPixel::setPixelColor(uint16_t n, uint8_t r, uint8_t g, uint8_t b)
void Adafruit_NeoPixel::setPixelColor(uint16_t n, uint32_t c)
 – 매개변수
    n: 픽셀 인덱스
    r: RED 성분 [0, 255]
    g: GREEN 성분 [0, 255]
    b: BLUE 성분 [0, 255]
    c: 32비트 형식의 RGB 색상값
 – 반환값: 없음
```

초기화 이후 픽셀의 색상을 개별적으로 지정하기 위해 setPixelColor 함수를 사용한다. setPixelColor 함수에서 픽셀 인덱스는 픽셀의 개수가 N개인 경우 $0 \sim N - 1$ 범위의 값을 가지며 아두이노에 가까울수록 픽셀 인덱스는 작은 값을 갖는다. 색상은 RGB 성분값을 개별적으로 지정하거나 32비트 형식의 색상값을 사용할 수 있다. 색상값은 WRGB 포맷도 지원할 수 있도록 32비트 크기를 갖지만, 이 장에서 사용하는 네오픽셀은 W_{White} 성분을 지원하지 않으므로 최상위 바이트를 제외한 3바이트에 RGB 성분을 지정하면 된다.

- **Color**

```
uint32_t Adafruit_NeoPixel::Color(uint8_t r, uint8_t g, uint8_t b)
 - 매개변수
    r: RED 성분 [0, 255]
    g: GREEN 성분 [0, 255]
    b: BLUE 성분 [0, 255]
 - 반환값: 32비트 형식의 RGB 색상값
```

지정한 R, G, B 성분값을 갖는 32비트 형식의 색상값을 반환한다.

- **show**

```
void Adafruit_NeoPixel::show()
 - 매개변수: 없음
 - 반환값: 없음
```

픽셀의 색상값을 설정한 후 이를 실제로 네오픽셀로 전달하여 나타내기 위해 사용한다.

스케치 43.1은 네오픽셀 링의 픽셀을 0번부터 23번까지 하나씩 순서대로 초록색으로 켜고, 0번부터 23번까지 하나씩 순서대로 끄기를 반복하는 예다.

</> 스케치 43.1 네오픽셀 링에 단색 나타내기

```cpp
#include <Adafruit_NeoPixel.h>

int PIN = 6;                                    // 네오픽셀 연결 핀
int NUMPIXELS = 24;                             // 픽셀 수
int BRIGHTNESS = 5;                             // 밝기 정도 [0, 255]
int INTERVAL = 100;

Adafruit_NeoPixel ring(NUMPIXELS, PIN);         // 네오픽셀 객체 생성

void setup() {
    ring.begin();                               // 네오픽셀 객체 초기화
    ring.clear();                               // 모든 픽셀을 끔
}

void loop() {
    for(int n = 0; n < NUMPIXELS; n++) {        // 픽셀을 순서대로 켜기
        // 네오픽셀의 n번째 픽셀 색상을 RGB 개별 성분값으로 설정
        ring.setPixelColor(n, 0, BRIGHTNESS, 0);
        ring.show();                            // 네오픽셀로 데이터 전송
```

```
        delay(INTERVAL);
    }

    for(int n = 0; n < NUMPIXELS; n++) {                           // 픽셀을 순서대로 끄기
        // 네오픽셀의 n번째 픽셀 색상을 32비트 WRGB 값으로 설정
        ring.setPixelColor(n, ring.Color(0, 0, 0));
        ring.show();

        delay(INTERVAL);
    }
}
```

스케치 43.1은 단색으로 네오픽셀 링을 켜는 예이지만, 네오픽셀은 8비트로 RGB 성분을 나타내므로 224가지의 색상을 표현할 수 있다. 네오픽셀 링에 무지개색이 나타나게 해보자. 무지개색을 표현할 때 인접한 픽셀의 색이 자연스럽게 변하도록 하기 위해서는 HSV 모델을 사용하는 것이 편리하다. 색상을 표현하는 대표적인 모델 중 하나가 RGB 모델로 R, G, B 각 요소를 얼마나 섞느냐에 따라 색이 달라진다. 반면, **HSV 모델은 색상**Hue, **채도**Saturation, **명도**Value**로 색을 표현하는 방법이다.** 색상은 우리가 흔히 이야기하는 빨강, 초록, 파랑 등을 말하며, 색상값에 따른 색을 원으로 나타낸 것을 색상환이라고 한다. **색상환에서 바로 옆에 있는 색은 비슷한 색으로, 색상값 역시 비슷하다.** 채도는 색의 선명한 정도를 나타내며 채도가 낮아질수록 흰색, 회색, 검정색 등 색상이 없는 무채색에 가까워진다. 명도는 색의 밝기를 나타내며 명도가 낮아질수록 검정색에 가까워진다.

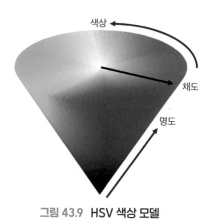

그림 43.9 HSV 색상 모델

그림 43.9에서 알 수 있듯이 **채도와 명도를 고정하고 색상값만 변경함으로써 자연스럽게 변하는 무지개색을 얻을 수 있다.** HSV 값에서 32비트 형식의 RGB 값을 얻기 위해서는 ColorHSV 함수를 사용하면 된다.

■ **ColorHSV**

```
uint32_t Adafruit_NeoPixel::ColorHSV(uint16_t hue, uint8_t sat = 255,
uint8_t val = 255)
 - 매개변수
    hue: 색상
    sat: 채도
    val: 명도
 - 반환값: 32비트 형식의 RGB 색상값
```

HSV 성분값을 사용하여 32비트 형식의 색상값을 반환한다. 채도와 명도는 선명하고 밝은색이 디폴트값으로 지정되어 있다.

■ **gamma32**

```
uint32_t Adafruit_NeoPixel::gamma32(uint32_t x)
 - 매개변수
    x: 32비트 형식의 RGB 색상값
 - 반환값: 감마 보정된 32비트 형식의 RGB 색상값
```

ColorHSV 함수로 얻어진 색은 감마 보정gamma correction을 거치면 좀 더 자연스러운 색상을 얻을 수 있으며, 감마 보정된 색상을 얻기 위해 사용하는 함수가 gamma32다.

■ **setBrightness**

```
void Adafruit_NeoPixel::setBrightness(uint8_t b)
 - 매개변수
    b: 픽셀의 밝기 정도(0 ≤ b ≤ 255)
 - 반환값: 없음
```

모든 픽셀에 대해 픽셀 밝기를 설정한다.

스케치 43.2는 HSV 모델을 이용하여 네오픽셀 링에 무지개색을 나타내는 예다. 채도와 명도는 변경하지 않고 색상만 변경하여 다양한 색이 나타나게 했다. 색상은 16비트값으로 0~65535 사이의 값을 가지므로, 이를 픽셀 수로 나누어 색상환에서 같은 간격으로 24개의 색상을 뽑아 가능한 한 다양한 색이 표현되게 했다.

```
#include <Adafruit_NeoPixel.h>

int PIN = 6;                                   // 네오픽셀 연결 핀
int NUMPIXELS = 24;                            // 픽셀 수
int INTERVAL = 10;                             // 색상이 변하는 시간 간격

Adafruit_NeoPixel ring(NUMPIXELS, PIN);        // 네오픽셀 객체 생성

void setup() {
    ring.begin();                              // 네오픽셀 객체 초기화
    ring.clear();                              // 모든 픽셀을 끔
    ring.setBrightness(20);                    // 전체적인 밝기 조정 [0, 255]
}

void loop() {
    // 시작 픽셀의 색상값을 변경하여 색상이 이동하는 효과를 얻음
    for(uint16_t hue = 0; hue < 65536; hue += 256){
        rainbow(hue);
        delay(INTERVAL);
    }
}

void rainbow(uint16_t start_hue) {
    // 전체 색상값의 범위를 정해진 픽셀 수에 나누어 표현
    uint16_t hue_step = 65536 / NUMPIXELS;

    for(int n = 0; n < NUMPIXELS; n++){
        // 65536 이상의 값이 나올 수 있지만, 오버플로에 의해 자동으로 조정된다.
        uint16_t current_hue = hue_step * n + start_hue;
        uint32_t current_color = ring.ColorHSV(current_hue);
        uint32_t corrected_color = ring.gamma32(current_color);

        ring.setPixelColor(n, corrected_color);
    }
    ring.show();
}
```

43.3 Adafruit NeoMatrix 라이브러리

네오픽셀 링이 네오픽셀을 원형으로 배치한 것이라면 네오픽셀 매트릭스는 네오픽셀을 행렬 형태로 배치한 것이다. 네오픽셀 매트릭스 역시 네오픽셀 링과 마찬가지로 3개의 선만 연결하여 사용할 수 있다. 네오픽셀 매트릭스를 그림 43.10과 같이 연결하자.

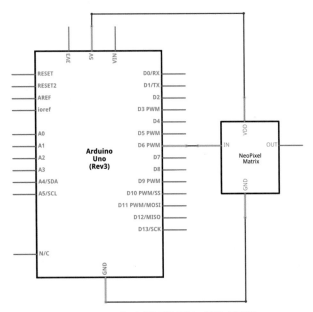

그림 43.10 네오픽셀 매트릭스 연결 회로도

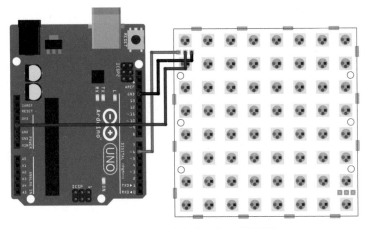

그림 43.11 네오픽셀 매트릭스 연결 회로

네오픽셀 매트릭스를 사용하기 위해서는 먼저 라이브러리를 설치해야 한다. 네오픽셀 링은 일렬로 픽셀을 배치한 것이지만, 네오픽셀 매트릭스는 픽셀을 2차원으로 배치한 것이므로 작은 디스플레이로 활용할 수 있다. 라이브러리 매니저에서 'NeoPixel'을 검색하여 Adafruit NeoMatrix 라이브러리를 설치하자.

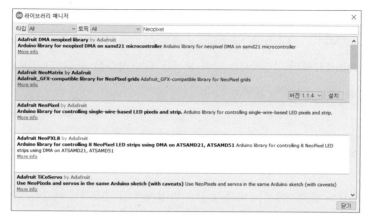

그림 43.12 Adafruit NeoMatrix 라이브러리 검색 및 설치*

NeoMatrix 라이브러리를 사용하기 위해서는 역시 Adafruit에서 제공하는 Adafruit GFX 라이브러리가 필요하다. **Adafruit GFX 라이브러리는 추상적인 그래픽 요소들과 동작을 정의하는 Adafruit_GFX 클래스를 정의**하고 있으며, 실제 하드웨어를 제어하는 Adafruit NeoMatrix 라이브러리에서 **Adafruit_GFX 클래스를 상속하여 Adafruit_NeoMatrix 클래스를 정의**하고 있다.

Adafruit_NeoMatrix 클래스가 Adafruit_GFX 클래스를 상속해서 만들어진 만큼 네오픽셀 매트릭스는 작은 디스플레이와 같이 취급되며, OLED 제어를 위한 Adafurit_SSD1306 클래스와 기본적으로 같은 방법으로 제어할 수 있다. 물론 해상도가 8×8에 불과하므로 해상도가 128×64인 OLED와 같은 용도로 사용할 수는 없다. Adafruit GFX 라이브러리가 설치되어 있지 않다면 라이브러리 매니저에서 Adafruit GFX 라이브러리도 검색해서 설치하자.

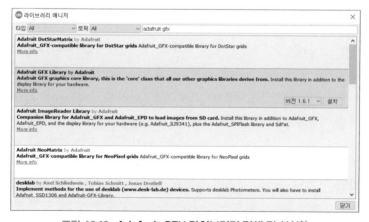

그림 43.13 Adafruit GFX 라이브러리 검색 및 설치**

---

* https://github.com/adafruit/Adafruit_NeoMatrix

** https://github.com/adafruit/Adafruit-GFX-Library

Adafruit NeoMatrix 라이브러리를 사용하기 위해서는 먼저 헤더 파일을 포함해야 한다. '스케치 → 라이브러리 포함하기 → Adafruit NeoMatrix' 메뉴 항목을 선택하거나 #include 문을 직접 입력하면 된다. gamma.h 헤더 파일에서는 감마 보정을 위한 상수를 정의하고 있으므로 감마 보정을 사용하지 않을 때는 포함하지 않아도 된다.

```
#include <Adafruit_NeoMatrix.h>
#include <gamma.h>
```

Adafruit_NeoMatrix 클래스에서는 다음과 같은 멤버 함수를 네오픽셀 매트릭스 제어를 위해 정의하고 있다.

■ Adafruit_NeoMatrix

```
Adafruit_NeoMatrix::Adafruit_NeoMatrix(int w, int h, uint8_t pin = 6,
uint8_t matrixType = NEO_MATRIX_TOP + NEO_MATRIX_LEFT + NEO_MATRIX_ROWS,
neoPixelType ledType = NEO_GRB + NEO_KHZ800)
 - 매개변수
    w: 매트릭스의 열 수
    h: 매트릭스의 행 수
    pin: 데이터 핀
    matrixType: 매트릭스의 픽셀 구성 방법
    ledType: 픽셀의 종류
 - 반환값: 없음
```

하나의 네오픽셀 매트릭스 제어를 위한 객체를 생성한다. 여러 개의 네오픽셀 매트릭스를 연결하여 사용하는 경우에는 다른 생성자를 사용해야 한다. 생성자에서는 매트릭스 크기, 연결 핀, 픽셀의 구성 방법, 픽셀의 종류 등을 지정한다. 네오픽셀 링과 마찬가지로 데이터 핀은 임의의 디지털 핀을 사용할 수 있으며, 6번 핀이 디폴트값으로 지정되어 있다. ledType은 픽셀의 색상 배열과 데이터 전달 속도를 지정하는 것으로, WS2812B는 디폴트값을 그대로 사용하면 된다.

네오픽셀 매트릭스는 매트릭스 형태로 픽셀이 배열되어 있지만, 내부적으로는 네오픽셀 링과 마찬가지로 픽셀이 일렬로 연결되어 있다. 일렬로 연결된 픽셀을 매트릭스 형태로 다시 배열하는 방법에 따라 데이터를 나타내는 방법에 차이가 있으므로 matrixType을 통해 매트릭스 구성 방법을 지정한다. matrixType에 지정할 수 있는 상수들은 표 43.2와 같다.

표 43.2 매트릭스 형태 정의 상수

그룹	상수	설명
시작 픽셀 위치	NEO_MATRIX_TOP	0번 픽셀이 매트릭스 위쪽에 있다.
	NEO_MATRIX_BOTTOM	0번 픽셀이 매트릭스 아래쪽에 있다.
	NEO_MATRIX_LEFT	0번 픽셀이 매트릭스 왼쪽에 있다.
	NEO_MATRIX_RIGHT	0번 픽셀이 매트릭스 오른쪽에 있다.
행/열 우선	NEO_MATRIX_ROWS	픽셀이 행 우선(수평 방향)으로 배치되어 있다.
	NEO_MATRIX_COLUMNS	픽셀이 열 우선(수직 방향)으로 배치되어 있다.
줄 사이 픽셀 순서	NEO_MATRIX_PROGRESSIVE	줄이 바뀌어도 픽셀 배열 순서는 같다.
	NEO_MATRIX_ZIGZAG	줄이 바뀌면 픽셀 배열 순서는 반대가 된다.

흔히 볼 수 있는 매트릭스 구성 방법의 예와 그에 따른 상수 조합은 그림 43.14와 같다. 디폴트값은 왼쪽 위에서부터(NEO_MATRIX_TOP + NEO_MATRIX_LEFT) 행 우선으로 배열되고(NEO_MATRIX_ROWS) 모든 행의 픽셀 순서가 같은(NEO_MATRIX_PROGRESSIVE) 형태다*.

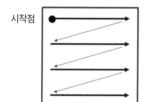

시작점

배치 방법	상수
왼쪽 위에서 시작	NEO_MATRIX_TOP + NEO_MATRIX_LEFT
행 우선 배치	NEO_MATRIX_ROWS
모든 행 픽셀 순서 동일	NEO_MATRIX_PROGRESSIVE

(a) 디폴트 형태

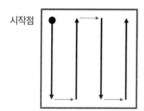

시작점

배치 방법	상수
왼쪽 위에서 시작	NEO_MATRIX_TOP + NEO_MATRIX_LEFT
열 우선 배치	NEO_MATRIX_COLUMNS
열 사이 픽셀 순서 반대	NEO_MATRIX_ZIGZAG

(b) 열 우선 지그재그 형태

그림 43.14 픽셀의 배열 방법

그림 43.15는 이 장에서 사용하는 네오픽셀 매트릭스를 나타낸다. 그림 43.14의 배열과 달리 오른쪽 위 픽셀(NEO_MATRIX_TOP, NEO_MATRIX_RIGHT)이 0번 픽셀이고, 행 우선(NEO_MATRIX_ROWS)으로 배치되어 있으며, 행이 바뀔 때마다 픽셀 순서도 바뀌는 지그재그(NEO_MATRIX_ZIGZAG) 형태를 갖고 있다.

---

* 생성자에는 NEO_MATRIX_PROGRESSIVE가 포함되어 있지 않지만, 내부적으로 디폴트값으로 처리되고 있다.

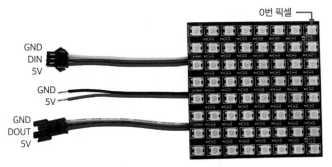

그림 43.15 네오픽셀 매트릭스

■ setTextWrap

void Adafruit_NeoMatrix::setTextWrap(boolean w)
 – 매개변수
   w: 자동 줄바꿈 여부
 – 반환값: 없음

출력할 문자열 전체를 매트릭스에 표시할 수 없을 때 다음 줄로 자동으로 넘길지 여부를 설정한다. 자동 줄바꿈을 설정하지 않으면 표시할 수 없는 문자는 클리핑되므로 문자를 출력하는 위치에 따라 문자의 일부만 표시될 수 있다.

■ setTextColor

void Adafruit_NeoMatrix::setTextColor(uint16_t c)
 – 매개변수
   c: 색상값
 – 반환값: 없음

문자를 표시할 5-6-5 형식의 16비트 RGB 색상을 지정한다. RGB 요소로부터 5-6-5 형식의 16비트 RGB 색상을 얻기 위해서는 Color 함수를 사용하면 된다.

■ Color

static uint16_t Adafruit_NeoMatrix::Color(uint8_t r, uint8_t g, uint8_t b)
 – 매개변수
   r, g, b: 8비트의 RGB 요솟값
 – 반환값: 16비트 형식의 RGB 색상값

8비트 RGB 요솟값으로 5-6-5 형식의 16비트 RGB 색상을 만들어 반환한다. 네오픽셀은 24비트 색상을 사용할 수 있지만 Adafruit_GFX 클래스의 상속을 받는 다른 표시장치와의 호환을 위해 16비트 색상을 사용한다.

■ setCursor

```
void Adafruit_NeoMatrix::setCursor(int16_t x, int16_t y)
 - 매개변수
     x: 픽셀 단위의 x축 위치
     y: 픽셀 단위의 y축 위치
 - 반환값: 없음
```

커서를 지정한 위치로 옮긴다. 커서 위치는 픽셀 단위로 지정하며 왼쪽 위가 (0, 0)으로 기준이 된다. 커서의 위치는 음수로도 지정할 수 있으며, 매트릭스 표시 범위를 벗어나는 부분은 클리핑된다.

스케치 43.3은 네오픽셀 매트릭스에 문자열을 표시하는 예다.

</> 스케치 43.3 네오픽셀 매트릭스에 문자열 표시

```
#include <Adafruit_NeoMatrix.h>

int ROWS = 8, COLUMNS = 8;                      // 네오픽셀 매트릭스 크기
int PIN = 6;

// 네오픽셀 매트릭스 제어 객체 생성
Adafruit_NeoMatrix matrix = Adafruit_NeoMatrix(COLUMNS, ROWS, PIN,
                 NEO_MATRIX_TOP + NEO_MATRIX_RIGHT +
                 NEO_MATRIX_ROWS + NEO_MATRIX_ZIGZAG);

const uint16_t textColor = matrix.Color(255, 0, 0);

void setup() {
    matrix.begin();                             // 네오픽셀 매트릭스 초기화
    matrix.setBrightness(20);                   // 밝기 정도 [0, 255]

    matrix.setTextWrap(false);                  // 자동 줄바꿈 해제
    matrix.setTextColor(textColor);             // 문자 색상 지정

    matrix.setCursor(0, 0);                     // 커서 위치 지정
    // matrix.setCursor(-3, 0);

    matrix.print("Hello");                      // 문자열 출력
    matrix.show();                              // 네오픽셀로 데이터 전송
}

void loop() {
}
```

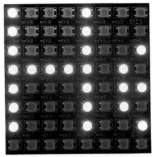

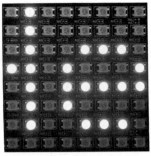

(a) matrix.setCursor(0, 0) (b) matrix.setCursor(-3, 0)

그림 43.16 스케치 43.3 실행 결과

스케치 43.3의 실행 결과에서 알 수 있듯이 커서의 위치 지정만으로 간단하게 문자열을 스크롤하는 효과를 얻을 수 있다. 문자 출력에 사용되는 폰트는 5×7 크기가 사용되므로 자간 여백까지 6×8픽셀이 사용된다. 스케치 43.4는 문자열을 표시하는 시작 위치를 setCursor 함수로 조절하여 문자열을 스크롤하는 효과를 얻는 방법을 보여준다.

</> 스케치 43.4 네오픽셀 매트릭스에 텍스트 스크롤

```
#include <Adafruit_NeoMatrix.h>

int ROWS = 8, COLUMNS = 8;                      // 네오픽셀 매트릭스 크기
int PIN = 6;

// 네오픽셀 매트릭스 제어 객체 생성
Adafruit_NeoMatrix matrix = Adafruit_NeoMatrix(COLUMNS, ROWS, PIN,
                NEO_MATRIX_TOP + NEO_MATRIX_RIGHT +
                NEO_MATRIX_ROWS + NEO_MATRIX_ZIGZAG);

const uint16_t textColor = matrix.Color(255, 0, 0);
int text_start = matrix.width();                // 오른쪽에 보이지 않는 위치부터 시작

void setup() {
    matrix.begin();                             // 네오픽셀 매트릭스 초기화
    matrix.setBrightness(20);                   // 밝기 정도 [0, 255]

    matrix.setTextWrap(false);                  // 자동 줄바꿈 해제
    matrix.setTextColor(textColor);             // 문자 색상 지정
}

void loop() {
    matrix.clear();                             // 모든 픽셀을 끔
    matrix.setCursor(text_start, 0);            // 커서 위치 지정
    matrix.print("Hello~");                     // 문자열 출력
    matrix.show();                              // 네오픽셀로 데이터 전송

    text_start--;
```

```
    if (text_start < -36) {            // 글자폭(6) * 글자수(6)
        text_start = matrix.width();   // 오른쪽 끝으로 다시 옮김
    }

    delay(200);
}
```

네오픽셀 매트릭스는 RGB 색상을 표현할 수 있다는 점을 제외하면 단색 8×8 LED 매트릭스와 사용 목적은 크게 다르지 않다. 물론 하나의 선만으로 64개 LED를 제어할 수 있다는 점은 LED 매트릭스와 비교해서 장점인 것은 분명하다. LED 매트릭스와 같이 픽셀 단위의 제어를 위해서는 drawPixel 함수를 사용할 수 있다.

■ drawPixel

```
void Adafruit_NeoMatrix::drawPixel(int16_t x, int16_t y, uint16_t color)
 - 매개변수
     x: 픽셀 단위의 x축 위치
     y: 픽셀 단위의 y축 위치
     color: 픽셀의 색상
 - 반환값: 없음
```

지정한 위치의 픽셀을 지정한 색상으로 설정한다.

drawPixel 함수를 사용하여 0부터 9까지의 숫자를 1초 간격으로 네오픽셀 매트릭스에 표시하는 초 단위 카운터를 만들어보자. 나타낼 숫자는 그림 43.17과 같이 정의하고 열 단위로 서로 다른 색으로 나타나게 한다.

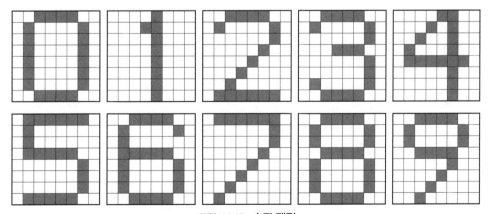

그림 43.17 숫자 패턴

스케치 43.5는 초 단위 카운터를 네오픽셀 매트릭스를 사용하여 구현한 예다.

</> 스케치 43.5 네오픽셀 매트릭스 – drawPixel 함수 사용

```
#include <Adafruit_NeoMatrix.h>

int ROWS = 8, COLUMNS = 8;                        // 네오픽셀 매트릭스 크기
int PIN = 6;

// 네오픽셀 매트릭스 제어 객체 생성
Adafruit_NeoMatrix matrix = Adafruit_NeoMatrix(COLUMNS, ROWS, PIN,
                 NEO_MATRIX_TOP + NEO_MATRIX_RIGHT +
                 NEO_MATRIX_ROWS + NEO_MATRIX_ZIGZAG);

// 열에 따라 무지개색으로 설정, 시작과 끝 열은 사용하지 않으므로 색을 지정하지 않음
uint16_t digitColor[8] = {                        // 빨주노초파보
    matrix.Color(0, 0, 0),
    matrix.Color(255, 0, 0), matrix.Color(255, 127, 0), matrix.Color(255, 255, 0),
    matrix.Color(0, 255, 0), matrix.Color(0, 0, 255), matrix.Color(143, 0, 255),
    matrix.Color(0, 0, 0)
};

const uint8_t number_data[10][8] = {              // 0~9까지의 행 우선 숫자 데이터
    0x3C, 0x42, 0x42, 0x42, 0x42, 0x42, 0x42, 0x3C,
    0x08, 0x18, 0x08, 0x08, 0x08, 0x08, 0x08, 0x08,
    0x3C, 0x42, 0x02, 0x04, 0x08, 0x10, 0x20, 0x7E,
    0x3C, 0x42, 0x02, 0x1C, 0x02, 0x02, 0x42, 0x3C,
    0x0C, 0x14, 0x24, 0x44, 0x7E, 0x04, 0x04, 0x04,
    0x7E, 0x40, 0x40, 0x7C, 0x02, 0x02, 0x02, 0x7C,
    0x3C, 0x42, 0x40, 0x7C, 0x42, 0x42, 0x42, 0x3C,
    0x7E, 0x02, 0x02, 0x04, 0x08, 0x10, 0x20, 0x40,
    0X3C, 0x42, 0x42, 0x3C, 0x42, 0x42, 0x42, 0x3C,
    0x3C, 0x42, 0x42, 0x3C, 0x04, 0x08, 0x10, 0x20
};

int index = 0;                                    // 표시할 숫자 인덱스

void setup() {
    matrix.begin();                               // 네오픽셀 매트릭스 초기화
    matrix.setBrightness(10);                     // 밝기 정도 [0, 255]
}

void loop() {
    matrix.clear();                               // 모든 픽셀을 끔

    for (int r = 0; r < 8; r++) {                 // drawPixel 함수로 픽셀 단위 제어
        uint8_t pattern = number_data[index][r];
        for (int c = 0; c < 8; c++) {
            // 첫 번째 열 데이터가 MSB에 저장되어 있음
            boolean pixel_on = (pattern >> (7 - c)) & 0x01;
            if (pixel_on) {
```

```
                  // 켜는 픽셀일 때 열에 따라 무지개색으로 표현
                  matrix.drawPixel(c, r, digitColor[c]);
              }
          }
      }
      matrix.show();                              // 네오픽셀로 데이터 전송

      index = (index + 1) % 10;                   // 표시할 숫자 인덱스 변경

      delay(1000);
  }
```

네오픽셀 매트릭스를 위한 Adafruit_NeoMatrix 클래스는 Adafruit_GFX 클래스를 상속한 만큼 OLED와 같은 디스플레이로 사용할 수 있다. 따라서 도형 그리기 역시 가능하지만, 낮은 해상도로 8×8 매트릭스에 도형 그리기를 사용하는 예는 흔치 않다. 네오픽셀 매트릭스를 여러 개 연결하여 사용하는 경우라면 도형 그리기가 필요할 수 있으며, 필요하다면 42장 'OLED 디스플레이'에서 사용한 그리기 함수들을 사용할 수 있다는 점을 기억하면 된다. 그리기뿐만 아니라 비트맵 표시 역시 가능하며, 비트맵 표시 기능은 사용자 정의 문자 표시에 사용할 수 있다. 스케치 43.5에서 표시한 숫자들도 비트맵으로 생각할 수 있다. 다만 비트맵 표시 함수는 스케치 43.5와 같이 여러 가지 색으로 비트맵을 표시할 수는 없으며 단색 표현만 지원한다.

■ **drawBitmap**

```
void Adafruit_NeoMatrix::drawBitmap(int16_t x, int16_t y, const uint8_t bitmap[],
int16_t w, int16_t h, uint16_t color)
void Adafruit_NeoMatrix::drawBitmap(int16_t x, int16_t y, uint8_t *bitmap,
int16_t w, int16_t h, uint16_t color)
 – 매개변수
     x: 표시 시작 영역의 x 좌표
     y: 표시 시작 영역의 y 좌표
     bitmap: 표시할 이미지 데이터
     w: 이미지 폭width
     h: 이미지 높이height
     color: 이미지 표시 색상
 – 반환값: 없음
```

이미지를 (x, y) 위치에서부터 나타낸다. 중복 정의된 함수 중 비트맵 데이터를 나타내는 bitmap 변수에 const 키워드가 있는 함수는 플래시 메모리에서 데이터를 읽어 바로 사용하는 함수이므로 bitmap 변수 선언에 PROGMEM 키워드를 함께 사용해야 한다.

스케치 43.6은 3개의 비트맵을 정의하고 이를 1초 간격으로 바꾸어 표시하는 예다.

스케치 43.6 네오픽셀 매트릭스에 비트맵 표시

```
#include <Adafruit_NeoMatrix.h>

int ROWS = 8, COLUMNS = 8;                              // 네오픽셀 매트릭스 크기
int PIN = 6;

// 네오픽셀 매트릭스 제어 객체 생성
Adafruit_NeoMatrix matrix = Adafruit_NeoMatrix(COLUMNS, ROWS, PIN,
                   NEO_MATRIX_TOP + NEO_MATRIX_RIGHT +
                   NEO_MATRIX_ROWS + NEO_MATRIX_ZIGZAG);

const uint16_t dotColor[] = {
    matrix.Color(255, 0, 0), matrix.Color(0, 255, 0), matrix.Color(0, 0, 255)
};

const uint8_t PROGMEM user_bmp[][8] = {                  // 플래시 메모리 활용
    { 0x3C, 0x42, 0xA5, 0x81, 0xA5, 0x99, 0x42, 0x3C },  // 스마일
    { 0x3C, 0x42, 0xA5, 0x81, 0xBD, 0x81, 0x42, 0x3C },  // 무표정
    { 0x3C, 0x42, 0xA5, 0x81, 0x99, 0xA5, 0x42, 0x3C } }; // 화남

int index = 0;                                           // 비트맵 인덱스

void setup() {
    matrix.begin();                                      // 네오픽셀 매트릭스 초기화
    matrix.setBrightness(20);                            // 밝기 정도 [0, 255]
}

void loop() {
    matrix.clear();                                      // 모든 픽셀을 끔
    // 사용자 정의 비트맵 표시(x, y, data, width, height, color)
    matrix.drawBitmap(0, 0, user_bmp[index], 8, 8, dotColor[index]);
    matrix.show();                                       // 네오픽셀로 데이터 전송

    index = (index + 1) % 3;                             // 사용자 정의 비트맵 인덱스 변경

    delay(1000);
}
```

네오픽셀 매트릭스의 장점은 여러 개의 매트릭스를 간편하게 연결할 수 있다는 점이다. 네오픽셀 매트릭스 자체가 직렬로 연결된 픽셀을 매트릭스 형태로 배치한 것이므로, 여러 개의 네오픽셀 매트릭스를 연결하는 것 역시 LED 스트립과 다르지 않다. 다만 여러 개의 매트릭스를 사용하는 경우 픽셀의 배치 이외에 매트릭스 배치 역시 지정해야 하므로 하나의 매트릭스를 사용하는 경우와는 다른 생성자를 사용한다.

■ Adafruit_NeoMatrix

Adafruit_NeoMatrix::Adafruit_NeoMatrix(uint8_t matrixW, uint8_t matrixH,
uint8_t tX, uint8_t tY, uint8_t pin = 6, uint8_t matrixType = NEO_MATRIX_TOP +
NEO_MATRIX_LEFT + NEO_MATRIX_ROWS + NEO_TILE_TOP + NEO_TILE_LEFT + NEO_TILE_ROWS,
neoPixelType ledType = NEO_GRB + NEO_KHZ800)
- 매개변수
matrixW: 각 매트릭스의 열 수
matrixH: 각 매트릭스의 행 수
tX: 수평 방향으로 배열된 매트릭스의 수
tY: 수직 방향으로 배열된 매트릭스의 수
pin: 데이터 핀
matrixType: 매트릭스의 픽셀 구성 방법 및 매트릭스 배치 방법
ledType: 픽셀의 종류
- 반환값: 없음

2개 이상의 연결된 네오픽셀 매트릭스 제어를 위한 객체를 생성한다. 이때 첫 번째와 두 번째 매개변수는 각 매트릭스의 크기를 나타내고, 세 번째와 네 번째는 수평 및 수직 방향으로 배열할 매트릭스의 개수를 나타낸다. **2개 이상의 매트릭스를 사용할 때도 필요한 핀은 하나뿐이며, 앞 매트릭스의 DOUT을 뒤 매트릭스의 DIN으로 연결하면 된다.** 데이터 핀은 임의의 디지털 핀을 사용할 수 있으며 6번 핀이 디폴트값으로 지정되어 있다. ledType은 픽셀의 색상 배열과 데이터 전달 속도를 지정하는 것으로, WS2812B는 디폴트값을 그대로 사용하면 된다.

matrixType에 지정하는 상수는 매트릭스 내 픽셀 배열 방법과 2개 이상의 매트릭스를 위한 매트릭스 배치 방법의 조합으로 나타낸다. 픽셀 배열 방법은 하나의 매트릭스를 제어하는 경우와 같으므로 표 43.2를 참고하면 된다. 매트릭스 배치 방법은 매트릭스 사이의 위치를 지정하기 위한 것으로 표 43.3의 상수들을 사용할 수 있다.

표 43.3 매트릭스 배치 정의 상수

그룹	상수	설명
시작 매트릭스 위치	NEO_TILE_TOP	첫 번째 매트릭스가 위쪽에 있다.
	NEO_TILE_BOTTOM	첫 번째 매트릭스가 아래쪽에 있다.
	NEO_TILE_LEFT	첫 번째 매트릭스가 왼쪽에 있다.
	NEO_TILE_RIGHT	첫 번째 매트릭스가 오른쪽에 있다.
행/열 우선	NEO_TILE_ROWS	매트릭스가 행 우선(수평 방향)으로 배치되어 있다.
	NEO_TILE_COLUMNS	매트릭스가 열 우선(수직 방향)으로 배치되어 있다.

2개 이상의 매트릭스를 연결하여 사용할 때는 생성자만 다르게 지정하면 매트릭스의 크기가 커진 점 이외에는 하나의 매트릭스를 사용하는 경우와 차이가 없다. 스케치 43.7은 스케치 43.3을 수정하여 2개의 매트릭스에 'Hello' 문자열을 나타내는 예다. 스케치 43.3과 비교해 보면 생성자 이외에 다른 점을 찾아볼 수 없다. 2개의 매트릭스를 좌우로 연결하여 사용했지만 모든 문자를 표시하기에는 여전히 부족하므로 클리핑되어 나타난다. 더 많은 매트릭스를 좌우로 연결하면 클리핑 없이 문자열이 출력되는 것을 확인할 수 있으며, 이때 사용하는 스케치 역시 스케치 43.7에서 연결된 매트릭스의 개수만 변경하면 된다.

</> 스케치 43.7 2개의 네오픽셀 매트릭스에 문자열 표시

```
#include <Adafruit_NeoMatrix.h>

int ROWS = 8, COLUMNS = 8;                          // 네오픽셀 매트릭스 크기
int NUM_X = 2, NUM_Y = 1;                           // x 및 y 방향으로 연결된 매트릭스 수
int PIN = 6;

// 2개의 연결된 네오픽셀 매트릭스 제어 객체 생성
Adafruit_NeoMatrix matrix = Adafruit_NeoMatrix(
                COLUMNS, ROWS, NUM_X, NUM_Y, PIN,
                NEO_MATRIX_TOP + NEO_MATRIX_RIGHT +
                NEO_MATRIX_ROWS + NEO_MATRIX_ZIGZAG +
                NEO_TILE_TOP + NEO_TILE_LEFT + NEO_TILE_ROWS);

const uint16_t textColor = matrix.Color(255, 0, 0);

void setup() {
    matrix.begin();                                 // 네오픽셀 매트릭스 초기화
    matrix.setBrightness(5);                        // 밝기 정도 [0, 255]

    matrix.setTextWrap(false);                      // 자동 줄바꿈 해제
    matrix.setTextColor(textColor);                 // 문자 색상 지정

    matrix.setCursor(0, 0);                         // 커서 위치 지정

    matrix.print("Hello");                          // 문자열 출력
    matrix.show();                                  // 네오픽셀로 데이터 전송
}

void loop() {
}
```

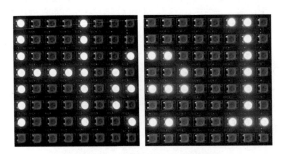

그림 43.18 스케치 43.7 실행 결과

43.4 맺는말

네오픽셀은 RGB LED를 직렬로 연결하고 하나의 제어선만으로 연결된 모든 LED를 제어할 수 있게 해주는 표시장치를 가리킨다. RGB LED 하나를 제어하기 위해서도 PWM 출력이 가능한 3개의 연결선이 필요하지만, 네오픽셀에 사용된 WB2812(B) 픽셀은 전용 드라이버 칩이 내장되어 있어 하나의 제어선만으로 제어가 가능하며 여러 개의 픽셀을 연결해도 필요한 제어선의 수가 증가하지 않는다. 아두이노에 연결하여 사용할 때는 전용 라이브러리를 통해 간단하게 각 픽셀의 색상을 제어할 수 있다. 이러한 장점으로 인해 네오픽셀은 다양한 효과를 적용하여 다양한 정보를 표시하는 용도로 사용이 증가하고 있다. 네오픽셀을 사용할 때 주의할 점 중 한 가지는 WS2812(B)가 많은 전력을 소비하므로 전용 전원이 필요하다는 점이다. 이 장에서는 아두이노 우노에 공급되는 어댑터 전원을 함께 사용했지만, 픽셀의 수가 늘어나면 안정적인 동작을 위해 네오픽셀 매트릭스 전용 전원을 사용해야 한다. 또한 WS2812(B)의 경우 5V 전원을 사용하지만 판매되고 있는 비슷한 방식으로 제어할 수 있는 LED 스트립 중에는 9V나 12V 전원을 사용하는 경우도 있으므로 필요한 전원을 확인해야 한다.

이 장에서는 원형과 매트릭스 형태로 배열된 네오픽셀을 사용하는 방법을 살펴봤다. 특히 매트릭스 형태의 네오픽셀 매트릭스는 Adafruit에서 제공하는 라이브러리를 통해 해상도가 낮은 디스플레이로 사용할 수 있으며, 여러 개의 매트릭스를 연결하여 해상도를 늘릴 수 있어 대형 컬러 디스플레이로 사용하는 예를 어렵지 않게 찾아볼 수 있다. 하지만 각 픽셀이 24비트 또는 32비트 색상을 사용하므로 픽셀의 수가 많아지면 많은 메모리가 필요하기 때문에 이 장에서와는 다른 라이브러리를 사용하거나, 라이브러리 없이 직접 제어하는 방법을 사용해야 할 수 있다는 점은 기억해야 한다.

1 스케치 43.5는 숫자 데이터를 픽셀 단위로 제어하여 네오픽셀 매트릭스에 표시하는 예이고, 스케치 43.6은 8×8 크기의 비트맵 데이터를 정의하여 drawBitmap 함수로 네오픽셀 매트릭스에 표시하는 예다. 이들 스케치를 참고하여 0부터 9까지의 숫자를 8×8 크기의 비트맵으로 정의하고 1초 간격으로 증가하는 카운터를 drawBitmap 함수를 사용하여 표시하는 스케치를 작성해 보자. 이때 비트맵의 색상은 스케치 43.6의 세 가지 색상이 반복되게 한다.

2 스케치 43.4는 1개의 네오픽셀 매트릭스에 문자열을 스크롤하는 예이고, 스케치 43.7은 2개의 네오픽셀 매트릭스를 연결하여 문자열을 출력하는 예다. 이들 스케치를 참고하여 2개의 네오픽셀 매트릭스에 'Hello~' 문자열을 스크롤하는 스케치를 작성해 보자.

터치 TFT-LCD

그래픽 LCD는 픽셀 단위로 제어가 가능한 출력 장치로 문자, 도형, 이미지 등을 출력할 수 있지만, 단색만 표시할 수 있다는 한계가 있다. 이에 비해 TFT-LCD에 사용된 TFT(박막 트랜지스터)는 픽셀 밝기를 조절할 수 있으므로 컬러 필터와 함께 사용하여 색상을 표현할 수 있다. 아두이노와 함께 사용하는 TFT-LCD에는 터치패널이 포함된 경우가 많으므로 사용자 인터페이스를 구현하기 위한 입출력 장치로 흔히 사용된다. 이 장에서는 아두이노와 함께 사용할 수 있는 병렬 방식 및 SPI 방식 터치 TFT-LCD의 사용 방법을 알아본다.

이 장에서 사용할 부품

아두이노 우노 × 1 ➡ TFT-LCD 테스트

TFT-LCD 모듈 × 1 ➡ 병렬 방식 2.8인치

TFT-LCD 모듈 × 1 ➡ SPI 방식 2.8인치

44.1 터치 TFT-LCD

TFT-LCD는 TFT와 LCD로 이루어져 있다. LCD는 'Liquid Crystal Display'의 약어로, 액정을 사용하여 만든 출력 장치를 가리킨다. 액정은 전기를 가하면 투과율을 조절할 수 있으며, **투과율 조절을 위해 사용하는 것이 TFT**Thin Film Transistor(박막 트랜지스터)다. 투과율을 조절하면 픽셀의 밝기를 조절할 수 있고, 픽셀에 컬러 필터를 추가하면 RGB 성분을 조절할 수 있다. 따라서 TFT-LCD는 일반적으로 색상 표현이 가능한 LCD를 가리킨다. 그래픽 LCD도 픽셀 단위의 제어가 가능하지만 밝기를 조절할 수는 없고 ON/OFF 제어만 가능하므로 단색만 나타낼 수 있다.

최근 사용되고 있는 TFT-LCD는 LED 디스플레이라는 용어를 사용한다. **액정은 투과율을 조절하는 장치로 자체적으로 빛을 내지는 못한다.** 따라서 별도의 광원이 필요하며 광원으로 LED를 사용한 TFT-LCD를 LED 디스플레이라고 한다. 별도의 광원을 사용하지 않고 자체적으로 빛을 내는 OLED 디스플레이가 최근 많이 사용되고 있지만, 큰 크기의 OLED는 TFT-LCD보다 가격이 비싸 아두이노에서는 3인치 이하 출력 장치에서 흔히 볼 수 있고, 그보다 큰 출력 장치는 TFT-LCD가 주로 사용된다.

TFT-LCD를 사용할 때 고려해야 할 점 중 하나가 사용할 TFT-LCD의 크기다. AVR 시리즈 마이크로컨트롤러를 사용하는 아두이노 보드의 경우 풀컬러 영상을 다루기에는 연산 능력이 충분하지 않으며, 해상도가 높을수록 더 많은 연산 능력이 필요하므로 큰 크기의 TFT-LCD가 꼭 좋은 것은 아니다. TFT-LCD에도 텍스트 LCD나 그래픽 LCD와 마찬가지로 드라이버 칩이 사용되지만, 드라이버 칩은 아두이노에서 보내온 데이터를 디스플레이에 나타내는 역할을 하므로 픽셀 데이터를 준비하고 전송하는 것은 아두이노의 책임이다.

TFT-LCD에는 터치패널이 포함된 경우가 많으며 이 장에서 사용하는 TFT-LCD 역시 마찬가지다. 마이크로컨트롤러에 출력 장치와 입력 장치를 별도로 연결하는 것은 번거롭고 공간의 제약이 있을 수 있으므로, 입출력 장치를 결합하고 직관적인 사용자 인터페이스를 통해 입출력을 한꺼번에 해결하는 것이 최선일 수 있다.

터치패널은 감압식과 정전식의 두 가지가 흔히 사용된다. **감압식**pressure-sensitive**은 저항막 방식**resistive**이라고도 이야기하며, 누르는 힘으로 저항막을 변형시켜 저항의 변화에 따른 전압 변화로 눌린 위치를 인식한다.** 감압식은 가격이 싸고 압력을 가할 수 있는 모든 물체로 동작시킬 수 있다는 장점이 있다.

하지만 원하지 않는 터치가 발생할 수 있고 정전식과 비교했을 때 반응 속도가 느리다는 단점이 있다. 감압식에서 터치 위치를 검출하는 방식은 크게 4선식과 5선식의 두 종류로 나눌 수 있다. **4선식은 가격이 저렴하고 작은 크기로 만들 수 있어 작은 크기의 터치패널에 많이 사용된다. 반면, 5선식은 가격은 비싸지만 내구성이 좋아 큰 크기의 터치패널에 많이 사용된다.**

정전식capacitive**은 인체에 미세하게 흐르는 전류를 감지하여 작동한다.** 최근 스마트폰, 태블릿 등이 모두 정전식 터치패널을 사용하고 있다. 정전식은 반응 속도가 빠르고 인체 등 전류가 흐르는 물체로만 동작시킬 수 있으므로 불필요한 터치를 방지할 수 있다는 장점이 있다. 하지만 감압식과 비교했을 때 가격이 비싼 점은 단점이 될 수 있다.

이 장에서 사용하는 TFT-LCD 모듈에는 4선 감압식 터치패널이 포함되어 있다. 4선 감압식 터치패널은 2개의 저항막을 절연 공간으로 분리하여 서로 닿지 않도록 만들어져 있다. 그림 44.1은 4선 감압식 터치패널의 구조를 나타낸 것으로, 각 저항막에 있는 2개의 단자를 통해 전원을 가하거나 전압을 읽는 데 사용한다.

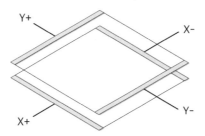

그림 44.1 4선 감압식 터치패널 구조

터치패널의 특정 위치에 압력을 가하면 2개의 저항막이 접촉하게 되고, 두 저항막의 접촉은 그림 44.2와 같이 저항으로 나타낼 수 있다.

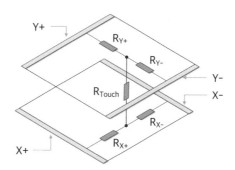

그림 44.2 4선 감압식 터치패널의 동작

누른 위치는 하나의 저항막에 전원을 가하고 다른 저항막의 단자를 ADC로 읽어 구할 수 있다. X축 위치를 알아내기 위해서는 X−에 VCC를, X+에 GND를 가하고, Y−와 Y+는 하이 임피던스 상태로 만든다. 하이 임피던스 상태에서는 전류가 거의 흐르지 않으므로 Y− 값을 ADC를 통해 읽으면* X축 위치에 따라 선형적으로 변하는 ADC 값을 얻을 수 있다. 이때 아래쪽 저항막은 누르는 위치에 따라 저항값이 변하는 가변저항으로 생각할 수 있다**.

$$\frac{\text{readADC(Y−)}}{2^{10}} \approx \frac{R_{X+}}{R_{X−} + R_{X+}} = \frac{R_{X+}}{R_{Xplate}} = \frac{X}{\text{Width}} \tag{1}$$

비슷하게 Y축 위치를 알아내기 위해서는 Y−에 VCC를, Y+에 GND를 가하고, X−와 X+를 하이 임피던스 상태로 만든 후, X− 값을 ADC를 통해 읽으면*** Y축 위치에 따라 선형적으로 변하는 ADC 값을 얻을 수 있다.

$$\frac{\text{readADC(X−)}}{2^{10}} \approx \frac{R_{Y+}}{R_{Y−} + R_{Y+}} = \frac{R_{Y+}}{R_{Yplate}} = \frac{Y}{\text{Height}} \tag{2}$$

터치패널을 누른 압력은 저항막 사이의 저항인 R_{Touch}를 통해 알아낼 수 있다. 저항막 사이의 저항을 알아내기 위해서는 X+에 GND를, Y−에 VCC를 가하고, X−와 Y+를 하이 임피던스 상태로 만든 후, X−와 Y+를 ADC로 읽는다.

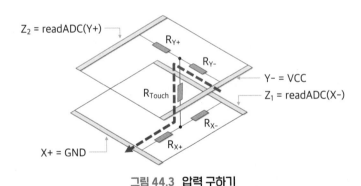

그림 44.3 **압력 구하기**

$$\frac{Z_1}{2^{10}} \approx \frac{R_{X+}}{R_{X+} + R_{Touch} + R_{Y−}} \tag{3}$$

---

* 하이 임피던스 상태이므로 Y+ 값을 읽어서 X축 위치를 계산할 수도 있다.

** 식 (1)은 5V 전원을 사용했을 때 Y−로 0~5V 범위의 전압을 확인할 수 있다고 가정한 것이다. 하지만 Y−로는 이보다 좁은 범위의 전압만 확인할 수 있으며, 이것이 터치패널을 사용할 때 보정이 필요한 이유 중 하나다.

*** 하이 임피던스 상태이므로 X+ 값을 읽어서 Y축 위치를 계산할 수도 있다.

$$\frac{Z_2}{2^{10}} \approx \frac{R_{Touch} + R_{Y-}}{R_{X+} + R_{Touch} + R_{Y-}} \tag{4}$$

위의 식들로부터 R_{Touch}는 다음과 같이 구할 수 있으며, 압력은 R_{Touch} 값에 반비례한다.

$$R_{Touch} \approx R_{Xplate} \cdot \frac{X}{2^{10}} \cdot \left(\frac{Z_2}{Z_1} - 1 \right) \tag{5}$$

식 (5)에서 알 수 있듯이 압력을 구하기 위해서는 X축에 해당하는 저항막의 저항값을 알고 있어야 한다. 하지만 터치패널을 누르지 않은 경우 $Z_1 \approx 0$, $Z_2 \approx 1023$의 값을 가지므로 저항막의 저항값 없이 두 값의 차이를 압력에 반비례하는 값으로 근사화하여 사용하기도 한다.

44.2 병렬 방식 TFT-LCD 모듈

그림 44.4는 이 장에서 사용하는 TFT-LCD 모듈의 하나로, 2.8인치 크기에 감압식 터치패널을 포함하고 있다. 그림 44.4의 TFT-LCD 모듈은 병렬parallel 인터페이스를 사용하므로 연결해야 하는 핀 수가 많지만, 쉴드 형태를 하고 있으므로 아두이노 우노의 핀 헤더에 꽂아 사용할 수 있다.

(a) 앞면   (b) 뒷면

그림 44.4 병렬 방식의 TFT-LCD 모듈

그림 44.4의 모듈은 ILI9341 그래픽 드라이버 칩을 사용한다. **ILI9341 칩은 320×240 해상도의 RGB 색상을 지원하며, 마이크로컨트롤러와의 연결을 위해 병렬 인터페이스 또는 SPI**Serial Peripheral Interface **직렬 인터페이스를 사용한다.** 두 인터페이스의 가장 큰 차이는 TFT-LCD 모듈로 데이터 전달을 위해 몇 개의 연결선을 사용하는가에 있다. 병렬 인터페이스의 경우 8개의 데이터 연결선

을 사용하며 그래픽 LCD 역시 8개의 데이터 연결선을 사용했다. TFT-LCD 모듈에는 SPI 통신을 사용하는 마이크로 SD 카드 슬롯이 포함되어 있으므로 이미지를 저장하여 TFT-LCD에 표시할 수 있지만, 이 장에서는 사용하지 않는다. 표 44.1은 TFT-LCD와 SD 카드 제어를 위해 사용되는 핀을 요약한 것이다.

표 44.1 병렬 방식 TFT-LCD 모듈의 연결 핀

아두이노 핀 번호	쉴드 핀		설명
0	–		–
1	–		–
2	LCD_D2	TFT LCD 데이터	LCD 데이터 비트 2
3	LCD_D3		LCD 데이터 비트 3
4	LCD_D4		LCD 데이터 비트 4
5	LCD_D5		LCD 데이터 비트 5
6	LCD_D6		LCD 데이터 비트 6
7	LCD_D7		LCD 데이터 비트 7
8	LCD_D0		LCD 데이터 비트 0
9	LCD_D1		LCD 데이터 비트 1
10	SD_SS	SD 카드 SPI	SD 카드 Slave Select
11	SD_DI		SD 카드 Serial Data In(MOSI)
12	SD_DO		SD 카드 Serial Data Out(MISO)
13	SD_SCK		SD 카드 Serial Clock(SCK)
A0	LCD_RD	TFT LCD 제어	LCD Read
A1	LCD_WR		LCD Write
A2	LCD_RS		LCD Register Select
A3	LCD_CS		LCD Chip Select
A4	LCD_RST		LCD Reset
A5	–		–

표 44.1에 터치패널을 위한 핀이 정의되어 있지 않다는 점이 의아할 수 있다. **4선 감압식에서는 X축과 Y축을 위해 2개씩 4개의 핀을 사용한다.** 하지만 표 44.1에서 알 수 있듯이 아두이노 우노의 경우 터치패널을 위한 전용 핀을 할당하기에는 핀 수가 부족하다. 따라서 병렬 방식 TFT-LCD 모듈에서는 **TFT-LCD를 제어하지 않을 때 TFT-LCD를 위한 핀 일부를 사용하여 터치를 감지하는 방법을 사용한다.** 표 44.2는 터치패널을 위해 사용되는 핀을 나타낸다.

표 44.2 터치패널 제어를 위해 사용되는 핀

터치패널 핀	아두이노 핀	터치패널 핀	아두이노 핀
X+	6	Y+	A1
X-	A2	Y-	7

병렬 방식 TFT-LCD 모듈을 제어하기 위해서는 먼저 라이브러리를 설치해야 한다. 라이브러리 매니저에서 'MCUFRIEND'를 검색하여 MCUFRIEND_kbv 라이브러리를 설치하자.

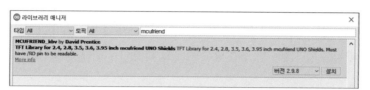

그림 44.5 MCUFRIEND_kbv 라이브러리 검색 및 설치*

MCUFRIEND_kbv 라이브러리를 사용하기 위해서는 Adafruit에서 제공하는 Adafruit GFX 라이브러리가 필요하다. **Adafruit GFX 라이브러리는 추상적인 그래픽 요소들과 동작을 정의하는 Adafruit_GFX 클래스를 정의**하고 있으며, 실제 하드웨어를 제어하는 MCUFRIEND_kbv 라이브러리에서 **Adafruit_GFX 클래스를 상속하여 MCUFRIEND_kbv 클래스를 정의**하고 있다**. Adafruit GFX 라이브러리가 설치되어 있지 않다면 라이브러리 매니저에서 Adafruit GFX 라이브러리도 검색해서 설치하자.

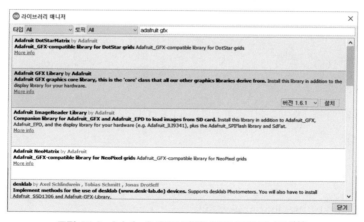

그림 44.6 Adafruit GFX 라이브러리 검색 및 설치***

---

* https://github.com/prenticedavid/MCUFRIEND_kbv

** Adafruit TFTLCD 라이브러리 역시 2.8인치의 병렬 방식 TFT-LCD를 지원하는 라이브러리이지만, Adafruit에서 병렬 방식 TFT-LCD가 단종되면서 업데이트가 이루어지지 않아 Adafruit GFX 라이브러리와 호환되지 않는다는 등의 문제가 있다. 이 장에서 사용하는 MCUFRIEND_kbv 라이브러리는 Adafruit TFTLCD 라이브러리를 기반으로 만들어진 라이브러리다.

*** https://github.com/adafruit/Adafruit-GFX-Library

MCUFRIEND_kbv 라이브러리를 사용하기 위해서는 먼저 헤더 파일을 포함해야 한다. '스케치 → 라이브러리 포함하기 → MCUFRIEND_kbv' 메뉴 항목을 선택하면 여러 헤더 파일을 포함하지만, 기본적인 제어를 위해 꼭 포함해야 하는 헤더 파일은 MCUFRIEND_kbv.h뿐이므로 #include 문을 직접 입력해도 된다.

```
#include <MCUFRIEND_kbv.h>
```

TFT-LCD 모듈이 쉴드 형태로 만들어져 사용하는 핀 번호가 고정되어 있으므로, 병렬 방식 TFT-LCD 제어를 위한 객체를 생성할 때 핀 번호를 지정하지 않아도 된다. MCUFRIEND_kbv 클래스에서는 다음과 같은 멤버 함수를 병렬 방식 TFT-LCD 제어를 위해 정의하고 있다.

■ reset

```
void MCUFRIEND_kbv::reset()
  - 매개변수: 없음
  - 반환값: 없음
```

TFT-LCD 모듈을 리셋한다.

■ readID

```
uint16_t MCUFRIEND_kbv::readID()
  - 매개변수: 없음
  - 반환값: TFT-LCD 모듈 아이디
```

TFT-LCD 모듈의 아이디를 반환한다. 아이디는 TFT-LCD 모듈 제어를 위해 사용된 드라이버 칩 종류를 나타낸다.

■ begin

```
void MCUFRIEND_kbv::begin(uint16_t ID)
  - 매개변수
    ID: TFT-LCD 모듈 아이디
  - 반환값: 없음
```

readID 함수로 읽은 TFT-LCD 모듈 아이디를 사용하여 TFT-LCD 모듈의 종류에 따른 초기화를
수행한다.

- **width**

```
int16_t MCUFRIEND_kbv::width()
 - 매개변수: 없음
 - 반환값: 화면의 너비
```

화면의 너비를 픽셀 단위로 반환한다. 화면 너비는 화면의 회전 방향에 따라 달라진다.

- **height**

```
int16_t MCUFRIEND_kbv::height()
 - 매개변수: 없음
 - 반환값: 화면의 높이
```

화면의 높이를 픽셀 단위로 반환한다. 화면 높이는 화면의 회전 방향에 따라 달라진다.

- **setTextColor**

```
void MCUFRIEND_kbv::setTextColor(uint16_t color)
 - 매개변수
    color: 색상값
 - 반환값: 없음
```

문자를 표시할 16비트 색상값으로 5-6-5 형식의 RGB 색상을 지정한다. 흔히 사용하는 색상은
MCUFRIEND_kbv.h 파일에 상수로 정의되어 있으므로 이를 사용하면 된다.

```
#define TFT_BLACK       0x0000
#define TFT_NAVY        0x000F
#define TFT_DARKGREEN   0x03E0
#define TFT_DARKCYAN    0x03EF
#define TFT_MAROON      0x7800
#define TFT_PURPLE      0x780F
#define TFT_OLIVE       0x7BE0
#define TFT_LIGHTGREY   0xC618
#define TFT_DARKGREY    0x7BEF
#define TFT_BLUE        0x001F
#define TFT_GREEN       0x07E0
#define TFT_CYAN        0x07FF
```

```
#define TFT_RED            0xF800
#define TFT_MAGENTA        0xF81F
#define TFT_YELLOW         0xFFE0
#define TFT_WHITE          0xFFFF
#define TFT_ORANGE         0xFDA0
#define TFT_GREENYELLOW    0xB7E0
#define TFT_PINK           0xFC9F
```

■ setTextSize

```
void MCUFRIEND_kbv::setTextSize(uint8_t s)
void MCUFRIEND_kbv::setTextSize(uint8_t s_x, uint8_t s_y)
 - 매개변수
     s: 텍스트 크기 확대 비율
     s_x: x축 방향 텍스트 크기 확대 비율
     s_y: y축 방향 텍스트 크기 확대 비율
 - 반환값: 없음
```

텍스트를 출력하기 위해 사용하는 폰트 크기를 정수 단위로 확대한다. x축과 y축 방향으로 확대 비율을 다르게 지정할 수 있다. 디폴트로 사용되는 폰트는 5×7 크기 폰트로, 여백까지 포함하면 6×8 픽셀을 차지한다.

■ setCursor

```
void MCUFRIEND_kbv::setCursor(int16_t x, int16_t y)
 - 매개변수
     x: 픽셀 단위의 x축 위치
     y: 픽셀 단위의 y축 위치
 - 반환값: 없음
```

커서를 지정한 위치로 옮긴다. 커서 위치는 픽셀 단위로 지정하며, 좌상단이 (0, 0)으로 기준이 된다. TFT-LCD의 회전 방향에 따라 위치는 다르게 결정된다.

■ fillScreen

```
void MCUFRIEND_kbv::fillScreen(uint16_t color)
 - 매개변수
     color: 화면을 채울 색상
 - 반환값: 없음
```

화면을 지정한 16비트의 색상값을 사용하여 채운다. 화면을 지우는 용도로 흔히 사용한다.

■ setRotation

> void MCUFRIEND_kbv::setRotation(uint8_t r)
> - 매개변수
>   r: 회전 방향
> - 반환값: 없음

화면을 지정한 방향으로 회전한다. 회전 방향은 정수로 주어지며 0은 세로portrait 모드, 1은 가로landscape 모드에 해당한다.

스케치 44.1은 문자의 색상과 크기를 바꾸어가면서 화면에 문자열을 출력하는 예다. 화면 회전에 따라 위치가 자동으로 바뀌는 것을 확인해 보자.

</> 스케치 44.1 텍스트 출력 – MCUFRIEND_kbv 라이브러리

```
#include <MCUFRIEND_kbv.h>

MCUFRIEND_kbv myTFT;                        // TFT-LCD 제어 객체
byte r = 0;                                 // 회전 방향

void setup() {
    Serial.begin(9600);

    uint16_t ID = myTFT.readID();           // TFT-LCD ID 읽기
    Serial.print("* 드라이버칩\t: ILI");
    Serial.println(ID, HEX);
    myTFT.begin(ID);                        // TFT-LCD 초기화
}

void loop() {
    textDemo(r);                            // 텍스트 출력 데모
    r = (r + 1) % 4;                        // 회전 방향 변경
    delay(3000);
}

void textDemo(byte rotation) {
    myTFT.fillScreen(TFT_WHITE);            // 화면 지우기

    Serial.println();
    Serial.print("* 화면 방향 \t\t: ");
    Serial.println(rotation);               // 화면 회전 방향
    myTFT.setRotation(rotation);            // 화면 회전

    Serial.print("* TFT-LCD 너비 (width)\t: ");
    Serial.println(myTFT.width());          // 화면 너비
    Serial.print("* TFT-LCD 높이 (height)\t: ");
```

```
        Serial.println(myTFT.height());                    // 화면 높이

        myTFT.setTextColor(TFT_RED);
        myTFT.setTextSize(1);
        myTFT.setCursor(10, 10);
        myTFT.print("Text Size 1");

        myTFT.setTextColor(TFT_BLUE);
        myTFT.setTextSize(2);
        myTFT.setCursor(10, 18);
        myTFT.print("Text Size 2");

        myTFT.setTextColor(TFT_PURPLE);
        myTFT.setTextSize(3);
        myTFT.setCursor(10, 33);
        myTFT.print("Text Size 3");

        myTFT.setTextColor(TFT_BLACK);
        myTFT.setCursor(10, 55);
        // 화면을 넘어가는 문자열은 자동 줄바꿈이 이루어짐
        myTFT.println("MCUFRIEND_kbv class inherits from Adafruit_GFX class");
}
```

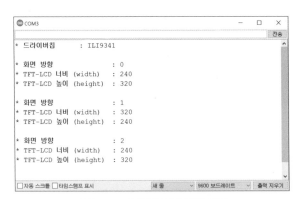

그림 44.7 스케치 44.1 실행 결과

(a) setRotation(0): 세로 모드   (b) setRotation(1): 가로 모드

그림 44.8 화면 회전에 따른 문자열 출력 결과

MCUFRIEND_kbv 클래스는 텍스트 출력 이외에도 다양한 그래픽 요소 출력을 위한 함수를 제공하고 있다. MCUFRIEND_kbv 클래스는 Adafruit_GFX 클래스를 상속하여 만들어진 것으로, 그래픽 요소 출력을 위한 함수들은 Adafruit_GFX 클래스에 정의된 함수들이다. 따라서 **Adafruit_GFX 클래스를 상속하여 만든 클래스를 사용하는 OLED 디스플레이, 네오픽셀 매트릭스, TFT-LCD 등에서 그래픽 요소 출력을 위해 같은 함수를 사용한다.** 다만 OLED 디스플레이는 단색만 사용할 수 있었고 네오픽셀 매트릭스는 8×8로 해상도가 낮다는 점에서 TFT-LCD와 차이가 있다.

```
void MCUFRIEND_kbv::drawPixel(
    int16_t x, int16_t y, uint16_t color);
uint16_t MCUFRIEND_kbv::readPixel(
    int16_t x, int16_t y);
void MCUFRIEND_kbv::drawLine(
    int16_t x0, int16_t y0, int16_t x1, int16_t y1, uint16_t color);
void MCUFRIEND_kbv::drawFastVLine(
    int16_t x, int16_t y, int16_t height, uint16_t color);
void MCUFRIEND_kbv::drawFastHLine(
    int16_t x, int16_t y, int16_t width, uint16_t color);
void MCUFRIEND_kbv::drawRect(
    int16_t x, int16_t y, int16_t width, int16_t height, uint16_t color);
void MCUFRIEND_kbv::fillRect(
    int16_t x, int16_t y, int16_t width, int16_t height, uint16_t color);
void MCUFRIEND_kbv::drawCircle(
    int16_t x, int16_t y, int16_t radius, uint16_t color);
void MCUFRIEND_kbv::fillCircle(
    int16_t x, int16_t y, int16_t radius, uint16_t color);
void MCUFRIEND_kbv::drawRoundRect(
    int16_t x, int16_t y, int16_t width, int16_t height, int16_t radius, uint16_t color);
void MCUFRIEND_kbv::fillRoundRect(
    int16_t x, int16_t y, int16_t width, int16_t height, int16_t radius, uint16_t color);
void MCUFRIEND_kbv::drawTriangle(
    int16_t x0, int16_t y0, int16_t x1, int16_t y1, int16_t x2, int16_t y2,
    uint16_t color);
void MCUFRIEND_kbv::fillTriangle(
    int16_t x0, int16_t y0, int16_t x1, int16_t y1, int16_t x2, int16_t y2,
    uint16_t color);
```

스케치 44.2는 MCUFRIEND_kbv 라이브러리에 정의된 색상을 이용하여 다양한 색상의 직선을 그리는 예다.

</> 스케치 44.2 **직선 그리기 – MCUFRIEND_kbv 라이브러리**

```
#include <MCUFRIEND_kbv.h>
#define COLOR_NO          17                          // 직선 그리기에 사용하는 색상 수

MCUFRIEND_kbv myTFT;
```

```
uint16_t colors[] = {                                        // 직선 그리기 색상
    TFT_BLACK, TFT_NAVY, TFT_DARKGREEN, TFT_DARKCYAN, TFT_MAROON,
    TFT_PURPLE, TFT_OLIVE, TFT_DARKGREY, TFT_BLUE, TFT_GREEN,
    TFT_CYAN, TFT_RED, TFT_MAGENTA, TFT_YELLOW, TFT_ORANGE,
    TFT_GREENYELLOW, TFT_PINK
};

void setup() {
    uint16_t ID = myTFT.readID();
    myTFT.begin(ID);                                         // TFT-LCD 초기화
    myTFT.setRotation(1);                                    // 가로 모드
}

void loop() {
    lineDemo();
    delay(5000);
}

void lineDemo() {
    int x1 = 0, y1 = 0, x2, y2, colorIndex = 0;
    int w = myTFT.width(), h = myTFT.height();

    myTFT.fillScreen(TFT_WHITE);                             // 흰색으로 화면 지우기

    y2 = h - 1;
    for (x2 = 0; x2 < w; x2 += 6) {                          // 아래쪽 직선 그리기
        myTFT.drawLine(x1, y1, x2, y2, colors[colorIndex]);
        colorIndex = (colorIndex + 1) % COLOR_NO;
    }

    x2 = w - 1;
    for (y2 = 0; y2 < h; y2 += 6) {                          // 위쪽 직선 그리기
        myTFT.drawLine(x1, y1, x2, y2, colors[colorIndex]);
        colorIndex = (colorIndex + 1) % COLOR_NO;
    }
}
```

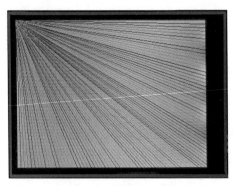

그림 44.9 스케치 44.2 실행 결과

TFT-LCD에는 컬러 이미지도 표시할 수 있다. 컬러 이미지를 표시하기 위해서는 먼저 이미지를 C 언어에서 사용할 수 있는 변수 형태로 변환하여 코드에 포함시켜야 한다. 이때 이미지를 표현하기 위한 변수의 크기에 주의해야 한다. MCUFRIEND_kbv 라이브러리에서 한 픽셀은 5-6-5 형식의 RGB 값으로 표현되므로 2바이트가 필요하다. 따라서 100×100 크기 컬러 이미지를 변환하면 20KB에 가까운 변수가 만들어진다. 많은 메모리를 사용하는 상수 변수는 프로그램 메모리에 저장하여 사용할 수 있지만, 아두이노 우노의 프로그램 메모리는 32KB이므로 100×100보다 큰 컬러 이미지를 사용하기는 어렵다.

그림 44.10 이미지 변환 페이지*

여러 사이트에서 이미지를 변수 형태로 변환하는 서비스를 제공하고 있으며 그림 44.10이 그중 하나다. 이미지 변환 페이지에 이미지를 업로드하고 변수로 변환한 후 변환된 소스 파일을 내려받아 사용하면 된다. 내려받은 C 파일에는 이미지 파일을 16비트의 RGB 값으로 바꾼 배열 변수가 정의되어 있다. 아두이노 프로그램에서 시리얼 모니터 아래쪽에 있는 버튼(▼)을 눌러 '새 탭' 메뉴 항목을 선택하거나 'Ctrl + Shift + N' 단축키를 눌러 새 탭을 생성하고 파일 이름으로 'image.c'를 지정한다.

★ http://www.rinkydinkelectronics.com/t_imageconverter565.php

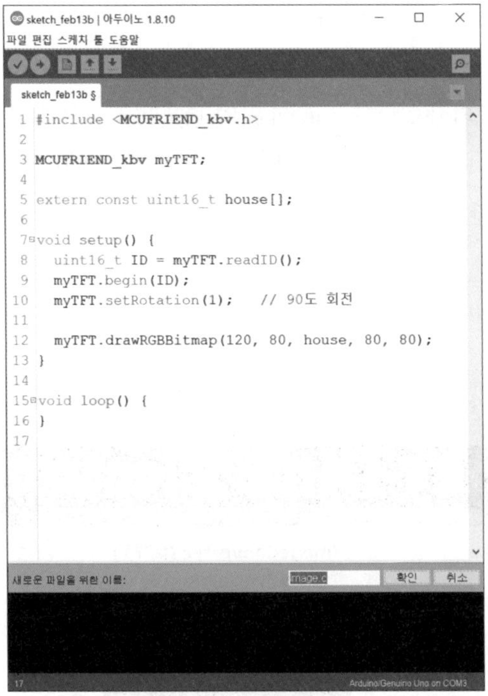

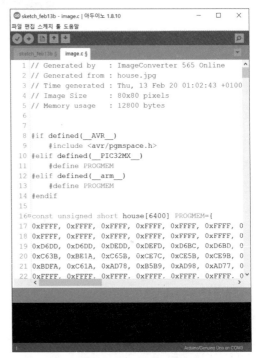

그림 44.11 새 탭 생성

새 탭에는 이미지 파일을 변환하여 내려받은
파일의 내용을 그대로 복사해서 붙여넣는다.
변환된 변수는 프로그램 메모리에서 직접 값을
읽어올 수 있도록 PROGMEM 키워드를 사용하여
정의되어 있다.

그림 44.12 새 탭 내용 입력

이미지 데이터 변수를 사용하여 TFT-LCD에 이미지를 표시하기 위해서는 drawRGBBitmap 함수를 사용하면 된다.

- **drawRGBBitmap**

```
void MCUFRIEND_kbv::drawRGBBitmap(int16_t x, int16_t y, uint16_t bitmap[],
int16_t w, int16_t h)
void MCUFRIEND_kbv::drawRGBBitmap(int16_t x, int16_t y, uint16_t *bitmap,
int16_t w, int16_t h)
 - 매개변수
    x, y: 이미지를 표시할 좌상단 좌표
    bitmap: 표시할 컬러 이미지 데이터
    w, h: 이미지의 너비(w)와 높이(h)
 - 반환값: 없음
```

(x, y) 위치에서 시작하여 w(idth)×h(eight) 크기의 이미지를 표시한다. 매개변수 bitmap이 배열 형식이면 플래시 메모리에서 이미지 데이터를 읽어오고, 포인터 형식이면 SRAM에서 데이터를 읽어오는 차이가 있다.

스케치 44.3은 변환한 컬러 이미지를 TFT-LCD에 표시하는 예다. 준비 과정은 복잡하지만, drawRGBBitmap 함수를 사용하면 간단하게 컬러 이미지를 표시할 수 있다.

</> 스케치 44.3 컬러 이미지 표시 – MCUFRIEND_kbv 라이브러리

```
#include <MCUFRIEND_kbv.h>

MCUFRIEND_kbv myTFT;

extern const uint16_t house[];              // image.c 파일에 정의된 이미지 변수

void setup() {
    uint16_t ID = myTFT.readID();
    myTFT.begin(ID);                        // TFT-LCD 초기화
    myTFT.setRotation(1);                   // 가로 모드

    // (x, y, image, width, height)
    myTFT.drawRGBBitmap(120, 80, house, 80, 80);
}

void loop() {
}
```

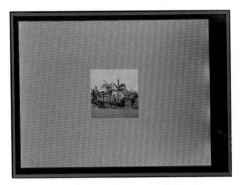

그림 44.13 스케치 44.3 실행 결과

이 장에서 사용하는 TFT-LCD에는 터치패널도 포함되어 있다. 터치패널을 사용하기 위해서는 별도의 라이브러리를 설치해야 한다. 라이브러리 매니저에서 'Touchscreen'을 검색하여 Adafruit TouchScreen 라이브러리를 설치하자.

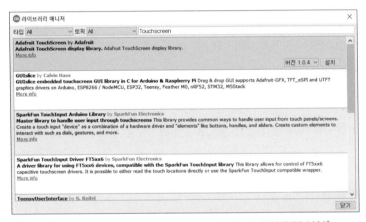

그림 44.14 Adafruit TouchScreen 라이브러리 검색 및 설치*

Adafruit TouchScreen 라이브러리에서는 감압식 터치패널 제어를 위해 TouchScreen 클래스를 제공하고 있다. Adafruit TouchScreen 라이브러리를 사용하기 위해서는 먼저 헤더 파일을 포함해야 한다. '스케치 → 라이브러리 포함하기 → Adafruit TouchScreen' 메뉴 항목을 선택하거나 #include 문을 직접 입력하면 된다.

```
#include <TouchScreen.h>
```

---

* https://github.com/adafruit/Adafruit_TouchScreen

TouchScreen 클래스에서는 감압식 터치스크린 제어를 위해 다음과 같은 멤버 함수를 정의하고 있다.

■ TouchScreen

TouchScreen::TouchScreen(uint8_t xp, uint8_t yp, uint8_t xm, uint8_t ym, uint16_t rx)
 - 매개변수
   xp, yp, xm, ym: 터치패널 연결 핀
   rx: X+와 X− 사이의 저항(R_{Xplate} 값)
 - 반환값: 없음

터치패널 제어를 위한 객체를 생성한다. 객체를 생성할 때는 터치패널에 사용되는 4개 핀 번호와 R_{Xplate} 값을 지정한다. R_{Xplate} 값은 테스터기로 X+와 X− 핀 사이 저항을 측정하여 사용하면 된다. 터치스크린이 연결된 핀 번호는 표 44.2를 참고하면 된다. 이 장에서 사용한 TFT-LCD 모듈의 경우 R_{Xplate} 값은 약 300Ω이다.

■ getPoint

TSPoint TouchScreen::getPoint()
 - 매개변수: 없음
 - 반환값: 누른 위치와 압력을 포함하는 TSPoint 클래스 객체

터치패널에서 누른 위치와 압력을 포함하는 TSPoint 클래스 객체를 반환한다. TSPoint 클래스에는 위치를 나타내는 x와 y 및 압력을 나타내는 z가 멤버 변수로 포함되어 있다. 위치는 ADC를 통해 읽은 값이므로 화면 좌표에 맞게 변환한 후 사용해야 한다. z 값은 압력에 비례하는 값으로, 터치가 발생했을 때 입력되는 값의 범위는 경험적으로 결정해서 사용하면 된다.

스케치 44.4는 터치패널 입력을 통해 6가지 색상을 바꾸어가면서 그림을 그리는 예다. 한 가지 주의할 점은 터치패널이 TFT-LCD와 같은 핀을 사용하며, getPoint 함수에서 압력을 알아내기 위해 X−와 Y+ 핀을 입력으로 설정한다는 점이다. 따라서 **getPoint 함수를 사용한 후에는 X-와 Y+ 핀을 다시 출력으로 설정해야 TFT-LCD가 정상적으로 동작한다.**

스케치 44.4에서 TFT-LCD 화면은 세 부분으로 나누어져 있다. 6가지 색상 상자가 나타나는 윗부분은 그림을 그릴 색상을 선택하는 부분이고, 가운데 부분은 그림을 그리는 영역이며, 화면에 보이지는 않지만 가장 아래쪽을 누르면 화면이 지워진다.

```
#include <MCUFRIEND_kbv.h>
#include <TouchScreen.h>

#define MINPRESSURE     200                         // 터치패널을 눌렀을 때 최소 입력
#define MAXPRESSURE     1000                        // 터치패널을 눌렀을 때 최대 입력

MCUFRIEND_kbv myTFT;

const int XP = 6, XM = A2, YP = A1, YM = 7;         // 터치패널 사용 핀
const int TS_LEFT = 907, TS_RIGHT = 136;            // 터치패널 입력 범위
const int  TS_TOP = 942, TS_BOTTOM = 139;

uint16_t colors[] = {
                    TFT_RED, TFT_YELLOW, TFT_GREEN,
                    TFT_CYAN, TFT_BLUE, TFT_MAGENTA};
byte previousColor, currentColor;                   // 색상 인덱스

TouchScreen ts = TouchScreen(XP, YP, XM, YM, 300);
TSPoint tp;                                         // 터치 정보

int16_t BOXSIZE;                                    // 색상 선택 영역의 크기
int16_t PENRADIUS = 1;

void setup() {
    uint16_t ID = myTFT.readID();
    myTFT.begin(ID);
    myTFT.setRotation(1);                           // 가로(landscape) 모드

    BOXSIZE = myTFT.width() / 6;
    myTFT.fillScreen(TFT_BLACK);                    // 화면 지우기

    for (byte i = 0; i < 6; i++) {                  // 색상 선택 상자 그리기
        myTFT.fillRect(BOXSIZE * i, 0, BOXSIZE, BOXSIZE, colors[i]);
    }

    currentColor = 0;
    // 선택된 색상에 흰색 테두리 표시(x, y, width, height, color)
    myTFT.drawRect(BOXSIZE * currentColor, 0, BOXSIZE, BOXSIZE, TFT_WHITE);
}

void loop() {
    uint16_t xpos, ypos;                            // 화면 좌표
    tp = ts.getPoint();                             // 터치 정보 얻기

    // 터치 입력 후 TFT-LCD와 함께 사용하는 핀을 출력으로 되돌림
    pinMode(XM, OUTPUT);
    pinMode(YP, OUTPUT);

    if (tp.z > MINPRESSURE && tp.z < MAXPRESSURE) {
        // setRotation(0): 세로(portrait) 모드
```

```
// xpos = map(tp.x, TS_LEFT, TS_RIGHT, 0, myTFT.width());
// ypos = map(tp.y, TS_TOP, TS_BOTTOM, 0, myTFT.height());

// setRotation(1): 가로(landscape) 모드
xpos = map(tp.y, TS_TOP, TS_BOTTOM, 0, myTFT.width());
ypos = map(tp.x, TS_RIGHT, TS_LEFT, 0, myTFT.height());

if (ypos < BOXSIZE) {                              // 색상 선택 영역을 터치한 경우
    previousColor = currentColor;

    currentColor = xpos / BOXSIZE;
    if (previousColor != currentColor) {           // 색상 선택 박스 다시 그리기
        myTFT.drawRect(                            // 현재 선택 박스 그리기
            currentColor * BOXSIZE, 0, BOXSIZE, BOXSIZE, TFT_WHITE);
        myTFT.fillRect(previousColor * BOXSIZE,    // 이전 선택 박스 지우기
            0, BOXSIZE, BOXSIZE, colors[previousColor]);
    }
}

// 그리기 영역을 터치한 경우
if ( (ypos - PENRADIUS) > BOXSIZE
        && (ypos + PENRADIUS) < myTFT.height() ) {
    myTFT.fillCircle(xpos, ypos, PENRADIUS, colors[currentColor]);
}

// 화면 지우기 영역을 터치한 경우
if (ypos > myTFT.height() - 10) {
    myTFT.fillRect(0, BOXSIZE,                      // 화면 지우기
        myTFT.width(), myTFT.height() - BOXSIZE, TFT_BLACK);
}
    }
}
```

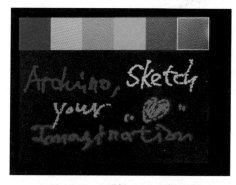

그림 44.15 스케치 44.4 실행 결과

병렬 방식 TFT-LCD 모듈은 2.8인치 크기에 16비트 컬러를 사용할 수 있고, 감압식 터치패널을 포함하고 있으며, 쉴드 형태로 만들어져 연결이 간단하므로 사용자와의 상호 작용을 위한 입출력 장치로 사용할 수 있다. 하지만 병렬 방식 TFT-LCD 모듈은 사용하는 핀이 너무 많다는 문제가 있다. TFT-LCD 모듈로 데이터 전송을 위해 8개, TFT-LCD 모듈 제어를 위해 5개의 핀을 사용 하므로 7개의 핀이 남는다. 0번과 1번은 스케치 업로드를 위해 남겨둔다면 5개 핀을 사용할 수 있 지만, SD 카드까지 사용한다면 남는 핀은 1개뿐이다. TFT-LCD 모듈만 사용한다면 문제가 없겠 지만 다른 주변장치도 함께 사용해야 한다면 연결에 문제가 있을 수 있다. 또한 아두이노 우노와 호환되는 핀 헤더가 없는 아두이노 보드에서는 쉴드를 사용할 수 없어 핀을 연결하는 것 역시 간 단하지 않을 수 있다. 이러한 단점을 보완하기 위해 TFT-LCD의 제어 방식을 SPI 방식으로 바꾼 TFT-LCD 모듈이 그림 44.16이다.

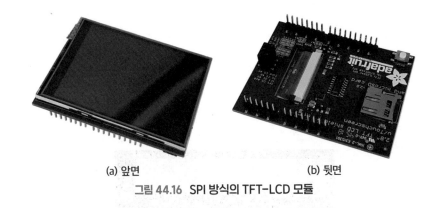

(a) 앞면   (b) 뒷면

그림 44.16 SPI 방식의 TFT-LCD 모듈

그림 44.16의 TFT-LCD 모듈 역시 2.8인치 크기에 SD 카드와 감압식 터치패널을 포함하고 있어 기능 면에서는 그림 44.4의 병렬 방식 TFT-LCD 모듈과 같다. 쉴드 형식으로 만들어져 선을 연결 하지 않아도 된다는 점 역시 같지만, 사용하는 핀 수는 차이가 있다. 그림 44.16의 TFT-LCD 모 듈은 SPI 통신을 사용하므로 TFT-LCD를 위해 5개, 터치패널을 위해 1개, 마이크로 SD 카드를 위해 1개 등 7개의 핀을 사용한다*. 표 44.3은 TFT-LCD 모듈에서 사용되는 핀을 요약한 것이다.

---

* 일부 TFT-LCD 모듈에서 터치패널은 I2C 통신을 사용한다. 이 경우 SPI 통신에서 터치패널을 위한 SS 핀 하나가 줄지만, I2C 통신을 위한 SDA와 SCL 핀이 필요하므로 사용하는 핀은 8개가 된다.

표 44.3 SPI 방식 TFT-LCD 모듈의 연결 핀

아두이노 핀 번호	쉴드 핀	설명
4	uSD CS	마이크로 SD Chip Select
8	TOUCH CS	터치패널 Chip Select
9	TFT DC	TFT-LCD Data/Command
10	TFT CS	TFT-LCD Chip Select
11	MOSI	
12	MISO	SPI 공통
13	SCK	

SPI 방식의 TFT-LCD 모듈을 사용하기 위해서는 먼저 전용 라이브러리를 설치해야 한다. 라이브러리 매니저에서 'ILI9341'을 검색하여 Adafruit ILI9341 라이브러리를 설치하자.

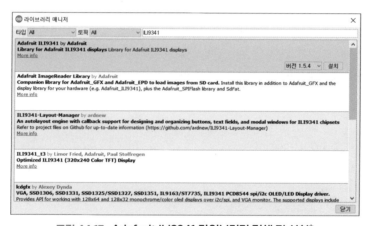

그림 44.17 Adafruit ILI9341 라이브러리 검색 및 설치*

Adafruit ILI9341 라이브러리는 SPI 방식의 TFT-LCD 모듈 제어를 위해 Adafruit_ILI9341 클래스를 제공하고 있다. Adafruit ILI9341 라이브러리를 사용하기 위해서는 먼저 헤더 파일을 포함해야 한다. '스케치 → 라이브러리 포함하기 → Adafruit ILI9341' 메뉴 항목을 선택하거나 #include 문을 직접 입력하면 된다.

```
#include <Adafruit_ILI9341.h>
```

---

*   https://github.com/adafruit/Adafruit_ILI9341

Adafruit_ILI9341 클래스는 Adafruit GFX 라이브러리의 Adafruit_SPITFT 클래스를 상속하여 만들어졌고, Adafruit_SPITFT 클래스는 Adafruit_GFX 클래스를 상속하여 만들어졌다. 즉, MCUFRIEND_kbv 클래스와 Adafruit_ILI9341 클래스는 모두 Adafruit_GFX 클래스를 부모 클래스로 가지므로 객체를 생성하고 초기화하는 부분을 제외하면 MCUFRIEND_kbv 클래스와 같은 방법으로 TFT-LCD를 제어할 수 있다.

■ Adafruit_ILI9341

```
Adafruit_ILI9341::Adafruit_ILI9341(int8_t cs, int8_t dc, int8_t rst = -1)
 - 매개변수
    cs: Chip Select 핀
    dc: Data/Command 핀
    rst: Reset 핀
 - 반환값: 없음
```

SPI 방식 TFT-LCD 제어를 위한 객체를 생성한다. SPI 통신은 전용 핀을 사용하므로 CS, DC 핀만 지정하면 된다. 그림 44.16의 모듈은 RESET 핀을 사용하지 않으므로 지정하지 않아도 된다.

■ begin

```
void Adafruit_ILI9341::begin()
 - 매개변수: 없음
 - 반환값: 없음
```

TFT-LCD 제어를 위한 객체를 초기화한다.

스케치 44.5는 TFT-LCD 모듈에 텍스트를 출력하는 예다. 객체를 생성하는 부분을 제외한 텍스트 출력을 위한 부분은 스케치 44.1에서 사용한 함수들을 그대로 사용할 수 있다. 한 가지 달라진 점은 MCUFRIEND_kbv 라이브러리에는 'TFT_'로 시작하는 색상 상수들이 정의되어 있다면, Adafruit ILI9341 라이브러리에는 'ILI9341_'로 시작하는 색상 상수들이 정의되어 있으므로 색상을 나타내는 상수를 변경해야 한다는 점이다. 텍스트 출력 이외에 그래픽 요소 출력이나 컬러 이미지 표시를 위한 스케치도 객체 생성 부분과 색상 상수만 수정하면 MCUFRIEND_kbv 클래스를 사용한 스케치를 그대로 사용할 수 있다.

```
#include <Adafruit_ILI9341.h>

#define TFT_DC          9               // TFT-LCD의 DC 핀
#define TFT_CS          10              // TFT-LCD의 CS 핀

// TFT-LCD 제어 객체 생성
Adafruit_ILI9341 myTFT = Adafruit_ILI9341(TFT_CS, TFT_DC);

void setup() {
    myTFT.begin();                      // TFT-LCD 초기화

    myTFT.setRotation(1);               // 가로(landscape) 방향

    myTFT.fillScreen(ILI9341_WHITE);    // 화면 지우기

    myTFT.setTextColor(ILI9341_RED);
    myTFT.setTextSize(2);
    myTFT.println("Adafruit_ILI9341 class inherits from Adafruit_SPITFT class");

    myTFT.setTextColor(ILI9341_BLUE);
    myTFT.println("Adafruit_SPITFT class inherits from Adafruit_GFX class");
}

void loop() {
}
```

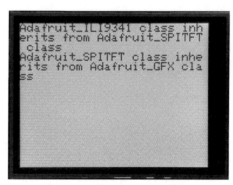

그림 44.18 스케치 44.5 실행 결과

SPI 방식 TFT-LCD 모듈에 포함된 터치패널 역시 4선 감압식이다. 하지만 4개 선을 직접 제어하지 않고 **터치패널 제어 칩인 STMPE610을 통해 압력을 감지한다.** STMPE610 칩은 SPI와 I2C 통신을 지원하지만, 그림 44.16의 TFT-LCD 모듈은 SPI 통신을 사용한다. STMPE610 칩을 사용하기 위해서는 먼저 라이브러리를 설치해야 한다. 라이브러리 매니저에서 'STMPE610'을 검색하여 Adafruit STMPE610 라이브러리를 설치하자.

그림 44.19 Adafruit STMPE610 라이브러리 검색 및 설치 [*]

Adafruit STMPE610 라이브러리에서는 4선 감압식 터치패널 제어를 위해 Adafruit_STMPE610 클래스를 제공하고 있다. Adafruit STMPE610 라이브러리를 사용하기 위해서는 먼저 헤더 파일을 포함해야 한다. '스케치 → 라이브러리 포함하기 → Adafruit STMPE610' 메뉴 항목을 선택하거나 #include 문을 직접 입력하면 된다.

```
#include <Adafruit_STMPE610.h>
```

Adafruit_STMPE610 클래스에서는 다음과 같은 멤버 함수를 터치패널 제어를 위해 정의하고 있다.

■ **Adafruit_STMPE610**

```
Adafruit_STMPE610::Adafruit_STMPE610(uint8_t cs)
 - 매개변수
    cs: Chip Select 핀
 - 반환값: 없음
```

SPI 방식 터치패널 제어를 위한 객체를 생성한다. SPI 통신은 전용 핀을 사용하므로 CS 핀만 지정하면 된다.

■ **begin**

```
boolean Adafruit_STMPE610::begin()
 - 매개변수: 없음
 - 반환값: 초기화 성공 여부
```

터치패널 제어를 위한 객체를 초기화한다.

---

[*]   https://github.com/adafruit/Adafruit_STMPE610

■ touched

```
boolean Adafruit_STMPE610::touched()
 - 매개변수: 없음
 - 반환값: 터치 여부
```

터치패널의 터치 여부를 반환한다.

■ getPoint

```
TS_Point Adafruit_STMPE610::getPoint()
 - 매개변수: 없음
 - 반환값: 누른 위치와 압력을 포함하는 TS_Point 클래스 객체
```

터치패널에서 누른 위치와 압력을 포함하는 TS_Point 클래스 객체를 반환한다. TS_Point 클래스에는 위치를 나타내는 x와 y 및 압력을 나타내는 z가 멤버 변수로 포함되어 있다. 위치 정보인 x와 y는 12비트값으로 표현되고, 압력 정보인 z는 8비트값으로 표현된다. 위치 정보는 보정을 통해 화면 위치에 맞게 조정해서 사용해야 한다.

스케치 44.6은 터치패널에서 터치 정보를 읽어 컴퓨터로 전송하는 예다. 한 가지 주의할 점은 10번 핀으로 HIGH를 출력해야 한다는 점이다. 스케치 44.6에서 TFT-LCD는 사용하지 않지만 10번 핀은 TFT-LCD의 CS 핀으로 연결되어 있으므로 TFT-LCD가 선택되지 않도록 설정해야 한다. 실행 결과는 터치패널에 원을 그리면서 출력된 값을 시리얼 플로터로 확인한 것이다.

</> 스케치 44.6 터치패널 사용하기 – Adafruit STMPE610 라이브러리

```
#include <Adafruit_STMPE610.h>

#define STMPE_CS     8                            // 터치패널의 CS 핀

// 터치패널을 위한 객체 생성
Adafruit_STMPE610 myTouch = Adafruit_STMPE610(STMPE_CS);

void setup() {
    Serial.begin(9600);

    pinMode(10, OUTPUT);                          // TFT-LCD가 선택되지 않도록 함
    digitalWrite(10, LOW);

    myTouch.begin();                              // 터치패널 객체 초기화
}
```

```
void loop() {
    if (myTouch.touched()) {                          // 터치가 발생한 경우
        TS_Point tp = myTouch.getPoint();             // 터치 정보 얻기

        Serial.print(tp.x); Serial.print('\t');       // 시리얼로 데이터 출력
        Serial.print(tp.y); Serial.print('\t');
        Serial.println(tp.z);
    }
}
```

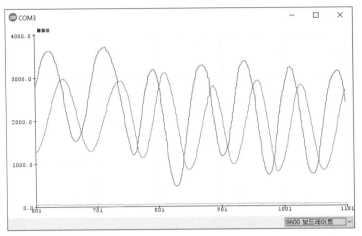

그림 44.20 스케치 44.6 실행 결과

44.4 맺는말

TFT-LCD는 TFT로 LCD의 투과율을 제어하여 픽셀의 밝기를 조절하고 컬러 필터를 추가하여 RGB 색상을 표현할 수 있게 만든 출력 장치로, 모니터와 TV를 포함하여 다양한 제품에 사용되고 있다. 또한 터치패널은 별도의 입력 장치 없이 LCD 화면에 출력된 정보를 직접 조작할 수 있게 해 주므로 사용자 친화적인 입력 장치로 널리 사용되고 있다. 이들을 결합하여 만든 것을 흔히 '터치 TFT-LCD'라고 하며, 아두이노에서도 입출력 장치로 사용되는 예를 어렵지 않게 찾아볼 수 있다.

TFT-LCD를 사용할 때 가장 큰 문제점은 LCD의 해상도가 높을수록 많은 연산이 필요하다는 점이다. 따라서 해상도가 높은 LCD를 사용하는 경우에는 아두이노의 메모리가 부족하여 사용할 수 없거나, 화면의 갱신 속도가 느려져서 출력 장치로 사용하기에 적합하지 않을 수 있다. 큰 크기

의 TFT-LCD를 사용하기 어려운 점은 UART 시리얼 통신으로 제어하는 TFT-LCD 모듈을 사용하면 해결할 수 있다. 시리얼 TFT-LCD 모듈에는 드라이버 칩과 별개로 UART 시리얼 통신으로 텍스트 기반의 명령을 수신하여 처리하는 전용 마이크로컨트롤러가 포함되어 있어 아두이노의 연산 능력과는 무관하게 TFT-LCD를 제어할 수 있다. 명령의 형식은 다르지만, 블루투스 모듈에서 AT 명령으로 블루투스 통신 모듈을 설정하고 블루투스 통신을 수행하는 방식을 생각하면 된다. 하지만 시리얼 TFT-LCD 모듈의 가격이 비싼 것은 단점이라고 할 수 있다. 그림 44.21의 TFT-LCD 모듈에서 가운데 가장 큰 칩이 그래픽 처리 전용의 Cortex-M 시리즈 마이크로컨트롤러다.

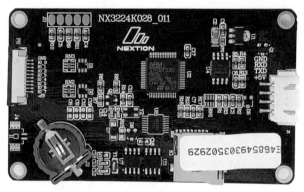

그림 44.21 그래픽 처리 전용 마이크로컨트롤러를 포함한 TFT-LCD 모듈

터치패널의 경우 감압식과 정전식의 두 가지가 주로 사용되고 있다. 아두이노에서는 가격이 싼 감압식이 주로 사용되지만, 스마트폰에 사용되고 있는 정전식 터치패널을 사용한 제품도 판매되고 있다. 터치패널을 사용할 때는 보정이 필요하다는 점을 주의해야 한다. **터치 TFT-LCD는 개별적으로 동작하는 터치패널과 TFT-LCD를 모아놓은 형태이므로 화면 좌표와 터치 좌표를 일치시키기 위해 보정이 필요하다.** 이 장에서는 라이브러리의 예제에서 제공하는 보정값을 사용했지만, 실제 시스템을 구현할 때는 사용하는 제품에 맞도록 보정을 수행할 것을 추천한다. 보정을 위해서는 라이브러리에서 제공하는 예제를 사용하면 된다.

1 스케치 44.3은 drawRGBBitmap 함수를 사용하여 TFT-LCD에 컬러 이미지를 표시하는 예다. 컬러 이미지를 저장하기 위해서는 많은 메모리가 필요하므로 메모리가 한정된 아두이노에서는 큰 크기의 이미지 데이터를 코드 내에 포함할 수 없다. 대신 이미지를 확대하여 표시하는 방법이 대안이 될 수 있다. 스케치 44.7은 RGB 이미지를 확대하여 표시하는 함수의 예로 방향에 따라 다른 배율을 지정할 수 있다. 스케치 44.3과 스케치 44.7을 사용하여 컬러 이미지를 확대하여 나타내는 스케치를 작성해 보자.

</> 스케치 44.7 **이미지를 확대해서 표시하는 함수**

```
void drawRGBBitmap(int16_t x, int16_t y, const uint16_t bitmap[],
int16_t w, int16_t h, byte magX, byte magY) {
    for (int16_t j = 0; j < h; j++, y += magY) {
        for (int16_t i = 0; i < w; i++) {
            for (byte yy = 0; yy < magY; yy++) {
                for (byte xx = 0; xx < magX; xx++) {
                    myTFT.writePixel(x + i * magX + xx, y + yy,
                    pgm_read_word(&bitmap[j * w + i]));
                }
            }
        }
    }
}
```

2 스케치 44.4는 터치패널 입력을 통해 6가지 색을 사용하여 그림을 그리는 예다. SPI 방식의 TFT-LCD 모듈에서 같은 기능을 하는 스케치를 작성해 보자. 객체의 생성 방법과 터치 위치를 얻어오는 방법은 스케치 44.6을 참고하면 된다.

DC 모터

모터는 전자기 유도 현상을 통해 전기 에너지를 운동 에너지로 변환하는 장치로, 움직이는 장치를 만드는 데 필수적인 부품 중 하나다. 아두이노와 함께 사용되는 모터에는 여러 종류가 있고 그 특성이 서로 달라 용도에 맞게 선택해서 사용해야 한다. 이 장에서는 모터 중에서도 가장 간단하고 많이 사용되는 DC 모터의 제어 방법과 모터 드라이버를 사용하여 DC 모터를 제어하는 방법을 알아본다.

아두이노 우노	× 1 ➡	DC 모터 테스트
모터 드라이버 모듈	× 1 ➡	L298N 모터 드라이버 칩 사용
DC 모터	× 1 ➡	기어 박스 포함
푸시 버튼	× 1	
1kΩ 저항	× 1 ➡	푸시 버튼 풀다운 저항

이 장에서
사용할 부품

모터는 자동차, 로봇, 공작기계 등에서 움직임을 구현하는 데 필수적인 부품 중 하나다. **모터는 전기 장의 변화에 따라 자기장의 변화가 발생하고 자기장의 인력과 척력에 의해 움직임을 만들어내는 부품**으로, 다양한 종류의 모터가 실생활에서도 사용되고 있다. 아두이노와 함께 흔히 사용되는 모터에는 DC 모터, 스텝 모터, 서보 모터 등이 있다. 각각의 모터들은 그 특징이 다르므로 사용하고자 하는 목적에 맞는 모터를 선택하는 것이 중요하다. 각 모터의 특징은 다음과 같다.

- **DC**Direct Current **모터**   최초로 만들어진 가장 간단한 형태의 모터로, 축이 연속적으로 회전하고 전원이 끊어질 때 정지한다. 정지 시에는 관성으로 인해 정확한 정지 위치를 지정하기 어렵다.

- **서보**servo **모터**   DC 모터의 한 종류로, DC 모터에 귀환 제어 회로를 추가하여 정확한 위치 제어가 가능하도록 만들어진 모터다. 제어 회로로 인해 스텝 모터보다 비싸다는 단점은 있지만, 정밀 제어가 가능하고 오동작을 수정할 수 있다.

- **스텝**step **모터**   전원이 공급되면 축이 일정 각도를 회전하고 멈추는 특성을 가진 모터로, 축을 연속적으로 회전시키기 위해서는 모터에 펄스열을 전달해야 한다. 이때 하나의 펄스에 반응하여 회전하는 양을 분할각step angle이라고 한다. 스텝 모터는 제어하기 쉽다는 장점은 있지만 분할각 단위로만 제어 가능하다는 한계가 있다. 스테핑stepping 모터, 스테퍼stepper 모터 등으로도 불린다.

이 장에서는 모터 중 가장 간단하고 기본적인 DC 모터의 구동 방법과 모터 드라이버를 사용하여 제어하는 방법을 알아본다.

45.1 DC 모터

DC 모터는 모터 중 가장 먼저 만들어진 모터로 고정자로 영구자석을, 회전자로 코일을 사용한다. 회전자인 코일에 전류를 흘리면 자력이 발생하고, 회전자와 고정자 사이의 인력 및 척력에 의해 회전이 발생한다. DC 모터는 제어가 간단하고, 회전 특성이 전류나 전압에 비례하며, 가격이 저렴하여 널리 사용되고 있다.

DC 모터는 2개의 연결선만을 갖고 있어 연결선을 VCC와 GND에 연결하는 순서에 따라 모터의 회전 방향이 결정되고, PWMPulse Width Modulation 신호를 사용하여 간단하게 속도 제어가 가능하다.

하지만 DC 모터를 사용하는 경우 기억해야 할 사항이 있다. 첫 번째는 **모터에 충분한 전력을 공급하기 위해 모터 전용 전원이 필요하다**는 점이고, 두 번째는 **속도와 방향 제어를 위해 모터 드라이버 모듈이 필요하다**는 점이다.

일반적으로 DC 모터는 아두이노에서 공급할 수 있는 전력보다 많은 전력을 필요로 한다*. 아두이노의 디지털 핀과 GND에 DC 모터를 연결하고 핀의 출력으로 모터의 ON/OFF 제어가 가능하고, PWM 신호를 출력하여 속도 제어도 가능하다. 하지만 아두이노의 디지털 출력 핀으로 공급할 수 있는 최대 전류는 40mA에 불과하며, 이 출력은 소형 DC 모터를 구동하기에도 충분하지 않다. 따라서 DC 모터를 사용하는 경우에는 아두이노 구동을 위한 전원과는 별도로 모터 전용 전원을 사용하고 아두이노의 디지털 출력 핀은 전원을 제어하는 스위치 역할을 하도록 구성하는 것이 일반적이다. 디지털 출력 핀으로 전원을 제어하기 위해서는 트랜지스터를 사용하면 된다. **트랜지스터는 아두이노의 디지털 핀으로 출력되는 적은 전류로 모터 구동에 필요한 많은 전류를 제어할 수 있게 해준다.** 그림 45.1은 NPN 타입의 트랜지스터를 나타낸 것으로 베이스base에 연결된 아두이노 핀의 출력이 HIGH인 경우 콜렉터collector에서 이미터emitter로 전류가 흐르고, 아두이노 핀의 출력이 LOW인 경우에는 콜렉터에서 이미터로 전류가 흐르지 않는다. 즉, 베이스에 연결된 아두이노 핀의 출력이 콜렉터와 이미터 사이에 흐르는 전류를 제어하는 스위치 역할을 한다. 트랜지스터에 대한 자세한 내용은 10장 '아두이노를 위한 전자공학'을 참고하면 된다.

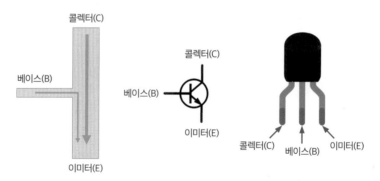

그림 45.1 NPN 트랜지스터

전용 전원과 트랜지스터를 사용하면 많은 전력을 사용하는 모터에 충분한 전력을 공급할 수 있지만, 이것만으로는 충분하지 않다. DC 모터 사용에서 또 다른 문제점은 DC 모터의 회전 방향이 전원을 연결하는 방향에 따라 결정된다는 점으로, 모터를 연결한 후에는 회전 방향을 변경하기가

---

* 모터 구동을 위해 많은 전력이 필요한 것은 DC 모터의 경우에만 적용되는 것은 아니다. 서보 모터, 스텝 모터 등 다른 모터 역시 큰 힘을 얻기 위해서는 많은 전력이 필요하며 모터 전용 전원을 사용해야 한다.

쉽지 않다. 따라서 DC 모터의 연결 핀에 (+) 또는 (−) 전원을 선택해서 연결하는 방법이 필요하며, 이를 위해 사용하는 회로가 H 브리지bridge 회로다. H 브리지 회로는 그림 45.2와 같이 4개의 스위치로 표현할 수 있다. H 브리지 회로는 스위치 1(S1)과 4(S4)가 눌린 경우와 스위치 2(S2)와 3(S3)이 눌린 경우 모터에 가해지는 전압이 서로 반대가 되는 원리를 사용하여 모터에 가해지는 전원 방향을 조절하고 이를 통해 모터의 회전 방향을 제어한다.

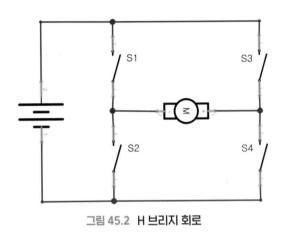

그림 45.2 H 브리지 회로

모터의 속도 제어를 위해서는 PWM 신호를 사용한다. 예를 들어, PWM 신호를 트랜지스터의 베이스에 가함으로써 평균적으로 모터에 공급되는 전류의 양을 조절하고 이를 통해 모터의 속도를 제어할 수 있다. 이처럼 트랜지스터와 H 브리지 회로를 사용하면 모터에 필요한 전력 공급 문제와 모터의 속도 및 방향 제어 문제를 해결할 수 있다.

DC 모터 제어에서의 문제점을 해결할 수 있도록 만들어진 전용 칩을 모터 드라이버motor driver 칩 또는 간단히 모터 드라이버라고 하고, 모터 드라이버에 모터와 전용 전원 연결 커넥터 등 필요한 부품을 추가하여 만든 모듈을 모터 드라이버 모듈이라고 한다. DC 모터 제어를 위한 모터 드라이버로는 L293, L298 등이 흔히 사용되며 이 장에서는 L298을 사용한다.

그림 45.3은 이 장에서 사용하는 DC 모터로, 3~12V 전압에서 동작하며 기어 박스가 포함되어 있어 RCRadio Controlled 자동차를 만들기 위해 흔히 사용하는 모터다. 기어 박스는 모터의 회전 속도를 줄이고 회전력을 높이기 위해 사용한다. 그림 45.3의 모터를 구동하는 데는 많은 전력이 필요하지 않으므로 아두이노의 5V 핀을 통해 전원을 공급하도록 연결하여 사용했다. 하지만 아두이노 우노

그림 45.3 기어 박스가 포함된 DC 모터

의 전원을 USB를 통해 컴퓨터로부터 공급받는 경우라면 USB가 충분한 전원을 공급하지 못해 아두이노와 모터 모두 정상적으로 동작하지 않을 수 있다. 전력 부족으로 아두이노가 정상적으로 동작하지 않는다면 별도의 모터 전용 전원을 사용해야 하며, 이때 모터 전원과 아두이노 전원의 GND를 연결해야 한다는 점도 잊지 말아야 한다.

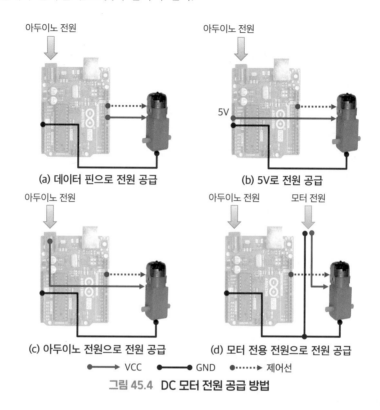

그림 45.4 DC 모터 전원 공급 방법

표 45.1 모터 전원 공급 방법 비교

전원	전압(V)	최대 전류(mA)	비고
데이터 핀	5	40	거의 사용하지 않는 방법
5V 핀	5	800	5V 모터만 구동 가능
아두이노 전원	6~12	아두이노 전원 허용 범위	가장 많이 사용하는 방법
모터 전용 전원	모터 전용 전원 허용 범위		가장 안정적인 구성 방법

아두이노에 DC 모터를 연결할 때 전원 구성은 그림 45.4와 같이 네 가지 방법을 사용할 수 있다. 첫 번째는 데이터 핀으로 모터 전원을 공급하는 방법이다. 하지만 데이터 핀으로는 최대 40mA의 전류만 공급할 수 있으므로 거의 사용하지 않는다.

두 번째는 아두이노의 5V 핀에서 모터 전원을 공급하는 방법이다. 아두이노의 5V 핀을 통해 공급할 수 있는 최대 전류는 레귤레이터에 의해 결정되며 아두이노 우노는 최대 800mA를 공급할 수 있다. 하지만 800mA에는 아두이노 보드와 다른 주변장치에서 사용하는 전류가 모두 포함되므로 많은 전류가 필요한 모터는 사용하기 어려우며, 5V를 사용하는 소형 DC 모터의 경우에만 사용할 수 있다.

세 번째는 아두이노 전원과 DC 모터 전원을 함께 사용하는 방법이다. 아두이노에는 6~12V의 전원을 연결하므로 모터에서도 같은 전압을 사용하고, 아두이노와 모터에 충분한 전력을 공급할 수 있는 전원이 준비되어 있다면 사용할 수 있다. 아두이노와 모터가 하나의 전원을 사용하므로 구성이 간단하고 안정적인 전력 공급이 가능해 흔히 사용된다. 하지만 모터는 많은 전기 잡음을 만들어내기 때문에, 아두이노의 안정적인 동작을 위해서는 모터 전용 전원을 사용하는 것이 추천되며 네 번째 방법이 사용되는 이유이기도 하다.

네 번째 방법은 모터를 위한 전용 전원을 별도로 구성하는 방법이다. 전원을 2개 사용해야 한다는 단점이 있지만, 아두이노와 모터가 가장 안정적으로 동작하게 하는 방법이며 모터의 전원을 아두이노와 무관하게 선택하여 사용할 수 있다는 장점이 있다. 이때 아두이노 전원과 모터 전원의 GND는 서로 연결해야 한다는 점을 잊지 말아야 한다.

45.2 DC 모터 제어

이 장에서 사용하는 모터 드라이버 모듈은 L298* 모터 드라이버 칩을 사용하고 있다. L298 모터 드라이버 칩은 15핀의 칩으로 2개의 모터를 제어할 수 있다. L298 칩은 5V에서 동작하지만 사용할 수 있는 모터 전용 전원은 35V까지 연결할 수 있다. 그림 45.4는 L298 모터 드라이버 칩의 외형을 나타낸 것이고, 표 45.2는 각 핀의 기능을 요약한 것이다.

---

*   L298 모터 드라이버는 패키지 형태에 따라 L298N과 L298P의 두 가지가 있으며, 이 장에서 사용하는 모터 드라이버 모듈에 포함된 칩은 그림 45.5의 L298N 칩이다. L298P 칩 역시 기능적으로는 L298N 칩과 같지만 핀 수가 20개로 더 많다. 이후 L298은 L298N 칩을 가리킨다.

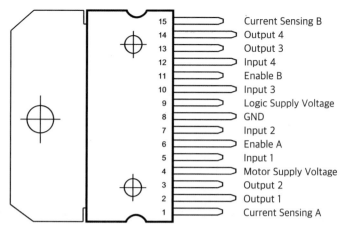

그림 45.5 **L298 모터 드라이버의 핀 배치도**

표 45.2 **L298 모터 드라이버 칩의 핀**

핀 번호	이름	설명
1	Current Sensing B	모터 2의 공급 전류 측정용
2	Output 4	모터 2 연결
3	Output 3	
4	Input 4	모터 2 입력
5	Enable B	모터 2 제어 활성화(active HIGH)
6	Input 3	모터 2 입력
7	Logic Supply Voltage	모터 드라이버 칩 동작 전압(5V)
8	GND	그라운드
9	Input 2	모터 1 입력
10	Enable A	모터 1 제어 활성화(active HIGH)
11	Input 1	모터 1 입력
12	Motor Supply Voltage	모터 전원(최대 46V)
13	Output 2	모터 1 연결
14	Output 1	
15	Current Sensing A	모터 1의 공급 전류 측정용

모터 하나를 제어하기 위해서는 (Enable A, Input 1, Input 2) 또는 (Enable B, Input 3, Input 4)
의 3개 제어선 연결이 필요하다. 제어선 중 **Enable 입력이 HIGH인 상태에서만 모터를 제어할 수 있
으며, LOW인 상태에서 모터는 정지한다. 나머지 2개의 입력**Input **핀은 모터의 회전 방향을 결정하기
위해 사용된다.** 표 45.3은 모터 드라이버 칩의 입력 핀에 가하는 신호에 따른 모터의 동작을 나타

낸다. 기본적으로 모터에 주어지는 입력Input 신호가 LOW-LOW 또는 HIGH-HIGH로 같은 경우 모터는 정지하고, 서로 다른 입력이 주어질 때만 회전한다. 물론 Enable 핀에 HIGH를 가해 모터가 제어 가능한 상태에 있는 경우에만 해당한다.

표 45.3 모터 제어 신호

Enable	Input n	Input n+1	설명
LOW	–	–	정지
HIGH	LOW	LOW	정지
HIGH	LOW	HIGH	정회전
HIGH	HIGH	LOW	역회전
HIGH	HIGH	HIGH	정지

Input 핀은 그림 45.2의 H 브리지 회로에서 스위치 개폐를 통해 모터에 가하는 전압의 방향을 결정하는 역할을 하며, 이를 통해 정회전과 역회전을 선택할 수 있다. 반면, **모터의 속도는 Enable 핀에 PWM 신호를 가하여 조절할 수 있다.** 따라서 모터의 속도를 제어하고자 한다면 Enable 핀은 PWM 신호 출력이 가능한 핀에 연결해야 하지만, 속도 제어 없이 회전 방향만을 제어하고자 한다면 Enable 핀을 5V에 연결하거나 디지털 출력 핀에 연결하여 HIGH를 출력하면 된다.

모터 드라이버 칩을 사용하면 간단하게 모터를 제어할 수 있지만, 모터, 전원, 제어선 등의 연결 단자가 필요하므로 모터 드라이버 칩을 바탕으로 만들어진 모터 드라이버 모듈이 주로 사용된다. 그림 45.6은 L298 모터 드라이버 칩을 사용하여 만든 모터 드라이버 모듈의 예를 보여준다.

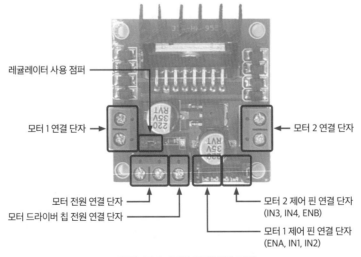

레귤레이터 사용 점퍼

모터 1 연결 단자

모터 2 연결 단자

모터 전원 연결 단자
모터 드라이버 칩 전원 연결 단자

모터 2 제어 핀 연결 단자
(IN3, IN4, ENB)

모터 1 제어 핀 연결 단자
(ENA, IN1, IN2)

그림 45.6 모터 드라이버 모듈

모터 드라이버 모듈과 모터를 그림 45.7과 같이 아두이노 우노에 연결하자. 그림 45.6의 모터 드라이버 모듈에는 2개의 모터를 연결할 수 있지만, 두 모터의 제어 방법이 같으므로 이 장에서는 1개의 모터만 연결하여 사용한다.

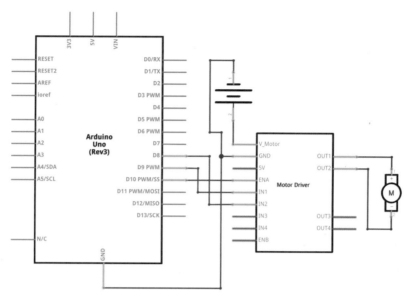

그림 45.7 모터 드라이버 모듈과 모터 연결 회로도

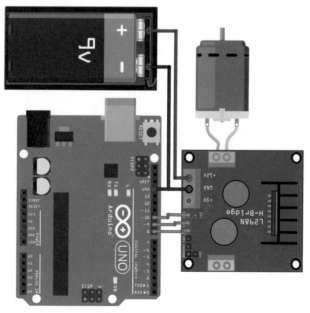

그림 45.8 모터 드라이버 모듈과 모터 연결 회로

모터 드라이버 모듈에는 5V 레귤레이터가 포함되어 있어 모터 전원으로 5V 전원을 만들고 이를 칩 구동을 위한 전원으로 사용할 수 있다. 단, 이를 위해서는 모터 드라이버 모듈의 '레귤레이터 사용' 점퍼가 연결된 상태여야 한다. 점퍼가 연결되지 않은 상태라면 모터 드라이버 칩을 위한 5V 전압을 '모터 드라이버 칩 전원 연결 단자'에 연결하면 된다. 레귤레이터를 사용하는 경우에는 7805 레귤레이터의 최소 입력이 7V라는 점을 기억해야 한다. 7V 이하의 모터 전원을 사용하는 경우에는 변환된 전압이 5V 이하가 되어 모터 드라이버 칩의 동작에 이상이 발생할 수도 있다. 그림 45.7에서는 레귤레이터로 모터 전원에서 모터 드라이버 칩의 동작 전압을 만들어 사용하게 했으므로 5V 입력은 사용하지 않았다. Enable 핀에도 점퍼가 존재한다. Enable 핀과 5V 핀을 점퍼로 연결하면 Enable 핀에 5V가 가해지므로 속도 제어가 필요하지 않을 때 연결하여 사용하면 된다.

스케치 45.1은 모터 1을 정방향과 역방향으로 회전시키는 예다. 스케치 45.1에서 모터의 속도는 제어하지 않지만, 그림 45.7의 연결을 모터 속도 제어에서도 사용할 수 있도록 Enable 핀을 PWM 신호 출력이 가능한 10번 핀에 연결했다.

</> 스케치 45.1 DC 모터 회전 방향 제어

```
int ENABLE_A = 10;                              // Enable A 핀
int INPUT_1 = 9;                                // 모터 제어 핀 1
int INPUT_2 = 8;                                // 모터 제어 핀 2

void setup() {
    pinMode(ENABLE_A, OUTPUT);
    pinMode(INPUT_1, OUTPUT);
    pinMode(INPUT_2, OUTPUT);

    digitalWrite(ENABLE_A, HIGH);               // 제어 가능한 상태로 둠
}

void loop() {
    forward();                                  // 정회전
    delay(2000);

    backward();                                 // 역회전
    delay(2000);
}

void forward() {
    digitalWrite(INPUT_1, LOW);                 // 표 45.3 참고
    digitalWrite(INPUT_2, HIGH);
}

void backward() {
    digitalWrite(INPUT_1, HIGH);                // 표 45.3 참고
    digitalWrite(INPUT_2, LOW);
}
```

모터 제어를 위한 입력 핀은 모터의 회전 방향만을 조절하며, 모터의 회전 속도는 Enable 핀에 PWM 신호를 출력하여 조절할 수 있다. 스케치 45.1에서는 모터의 회전 방향만 조절했다면, 스케치 45.2는 PWM 신호를 사용하여 모터의 회전 속도까지 조절하는 예다. **모터의 속도를 조절할 때 모터에서 소리가 나지만 회전하지 않는 경우는 모터에 충분한 전력이 공급되지 못한 경우가 대부분이다.** 특히 저속 회전에서는 모터에 공급되는 평균 전류가 적어 모터가 움직이지 않을 수 있다.

</> 스케치 45.2 DC 모터 회전 속도 제어

```
int ENABLE_A = 10;                          // Enable A 핀
int INPUT_1 = 9;                            // 모터 제어 핀 1
int INPUT_2 = 8;                            // 모터 제어 핀 2

void setup() {
    pinMode(ENABLE_A, OUTPUT);
    pinMode(INPUT_1, OUTPUT);
    pinMode(INPUT_2, OUTPUT);

    digitalWrite(ENABLE_A, LOW);            // 제어 불가능한 상태로 둠
}

void loop() {
    forward();                              // 정회전
    for (int i = 0; i < 256; i++) {         // Enable 핀으로 속도 증가
        analogWrite(ENABLE_A, i);
        delay(30);
    }

    motor_stop();                           // 표 45.3 참고

    backward();                             // 역회전
    for (int i = 0; i < 256; i++) {         // 속도 증가
        analogWrite(ENABLE_A, i);
        delay(30);
    }
}

void motor_stop() {
    digitalWrite(INPUT_1, LOW);
    digitalWrite(INPUT_2, LOW);
}

void forward() {
    digitalWrite(INPUT_1, LOW);             // 표 45.3 참고
    digitalWrite(INPUT_2, HIGH);
}

void backward() {
    digitalWrite(INPUT_1, HIGH);            // 표 45.3 참고
    digitalWrite(INPUT_2, LOW);
}
```

모터의 속도와 회전 방향을 제어하는 방법을 살펴봤다. 속도와 방향 제어가 가능하다면 2개의 모터를 연결하여 자동차를 만들 수 있다. 이때 **두 모터의 회전 방향이 같으면 전진 또는 후진이 되고, 두 모터의 회전 방향이 반대라면 좌회전 또는 우회전이 된다.**

2번 핀에 풀다운 저항을 통해 버튼을 연결하고 버튼이 눌릴 때마다 모터의 회전 방향을 바꾸는 스케치를 작성해 보자. 버튼과 모터는 그림 45.9와 같이 연결한다.

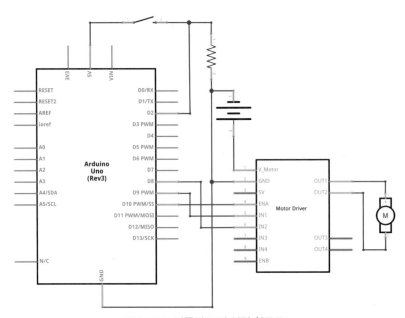

그림 45.9 **버튼과 모터 연결 회로도**

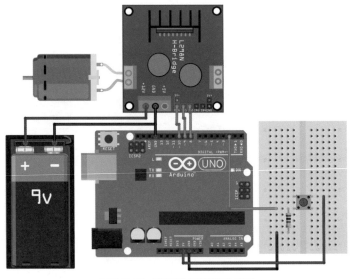

그림 45.10 **버튼과 모터 연결 회로**

스케치 45.3은 초기 회전 방향을 정방향으로 하고 버튼을 누를 때마다 회전 방향이 바뀌게 하는 예다. 버튼이 눌렸을 때 회전 방향을 반대로 바꾸기 위해서는 현재 회전 방향을 저장하고 있어야 하므로, 스케치 45.3에서는 변수 direction을 현재 모터의 회전 방향을 나타내기 위해 사용했다.

</> 스케치 45.3 버튼으로 DC 모터 회전 방향 제어

```
int ENABLE_A = 10;                              // Enable A 핀
int INPUT_1 = 9;                                // 모터 제어 핀 1
int INPUT_2 = 8;                                // 모터 제어 핀 2

int BUTTON_PIN = 2;
boolean direction = true;                       // 정회전

void setup() {
    pinMode(ENABLE_A, OUTPUT);
    pinMode(INPUT_1, OUTPUT);
    pinMode(INPUT_2, OUTPUT);

    digitalWrite(ENABLE_A, HIGH);               // 최대 속도
    pinMode(BUTTON_PIN, INPUT);                 // 버튼 연결 핀을 입력으로 설정

    forward();                                  // 정회전으로 시작
    Serial.begin(9600);
    Serial.println("* 시작...");
}

void loop() {
    if (digitalRead(BUTTON_PIN)) {
        direction = !direction;                 // 버튼이 눌리면 회전 방향 바꿈

        if (direction) {
            forward();
            Serial.println(" => 앞으로...");
            delay(500);
        }
        else {
            backward();
            Serial.println(" => 뒤로...");
            delay(500);
        }
    }
}

void forward() {
    digitalWrite(INPUT_1, LOW);                 // 표 45.3 참고
    digitalWrite(INPUT_2, HIGH);
}

void backward() {
    digitalWrite(INPUT_1, HIGH);                // 표 45.3 참고
    digitalWrite(INPUT_2, LOW);
}
```

그림 45.11 스케치 45.3 실행 결과

DC 모터 라이브러리

DC 모터를 제어하는 방법은 그렇게 복잡하지 않다. 하지만 간단한 동작에 비해 스케치가 길어지는 이유는 모터를 제어하기 위해 3개의 제어 핀으로 직관적이지 않은 값을 출력하여 모터를 제어하기 때문이다. 이러한 번거로움은 모터 제어를 위한 라이브러리를 사용하면 해결할 수 있다. 모터 제어를 위해 사용할 수 있는 드라이버 칩은 여러 가지가 있고, 드라이버 칩에 따라 다른 라이브러리를 사용해야 한다. 라이브러리 매니저에서 'L298'을 검색하여 L298N 라이브러리를 설치하자.

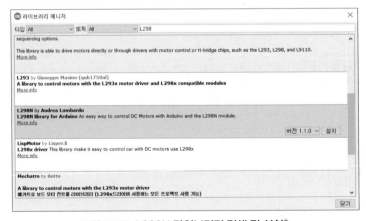

그림 45.12 L298N 라이브러리 검색 및 설치*

---

*   https://github.com/AndreaLombardo/L298N/tree/master/src

L298N 라이브러리에서는 L298 모터 드라이버 칩을 지원하기 위해 L298N 클래스를 제공하고 있다. L298N 라이브러리를 사용하기 위해서는 먼저 헤더 파일을 포함해야 한다. '스케치 → 라이브러리 포함하기 → L298N' 메뉴 항목을 선택하거나 #include 문을 직접 입력하면 된다.

```
#include <L298N.h>
```

L298N 클래스에서는 다음과 같은 멤버 함수를 DC 모터 제어를 위해 정의하고 있다.

■ L298N

```
L298N::L298N(uint8_t pinEnable, uint8_t pinIN1, uint8_t pinIN2)
 - 매개변수
    pinEnable: Enable 핀
    pinIN1: 제어 입력 핀 1
    pinIN2: 제어 입력 핀 2
 - 반환값: 없음
```

모터 제어를 위한 객체를 생성한다. **제어는 모터 드라이버 칩 단위가 아니라 모터 단위로 이루어지므로 모터 하나당 하나의 객체를 생성해야 한다.** 객체를 생성할 때는 제어에 사용되는 핀 3개를 지정하면 된다.

■ setSpeed

```
void L298N::setSpeed(unsigned short pwmVal)
 - 매개변수
    pwmVal: 모터의 속도 [0, 255]
 - 반환값: 없음
```

모터의 속도를 설정한다. 모터의 속도는 PWM 신호를 출력할 때 사용되는 값으로, 0에서 255 사이의 값을 갖는다. 속도 설정은 다음 이동 명령이 있을 때까지 반영되지 않는다. 이동 명령에는 forward, backward, run 등이 포함된다.

■ forward, backward

```
void L298N::forward()
void L298N::backward()
 - 매개변수: 없음
 - 반환값: 없음
```

모터를 앞으로 또는 뒤로 회전한다.

▪ run

> void L298N::run(uint8_t direction)
> - 매개변수
>   direction: 회전 방향으로 L298N::BACKWARD 또는 L298N::FORWARD 중 하나
> - 반환값: 없음

모터를 지정한 방향으로 회전한다. 이때 회전 방향은 미리 정의된 상수인 L298N::BACKWARD 또는 L298N::FORWARD 중 하나를 사용하면 된다.

스케치 45.4는 스케치 45.2와 같은 동작을 L298N 라이브러리를 사용하여 구현한 예다. 스케치 45.4에서는 setSpeed 함수로 속도를 변경한 후에는 forward, backward, run 등의 이동 함수를 호출해야 변경된 속도가 반영된다. 스케치 45.2에서 속도를 변경하면 즉시 반영되었던 것과는 차이가 있다.

</> 스케치 45.4 L298N 라이브러리 사용

```
#include <L298N.h>

// 모터 제어 객체(Enable, Input1, Input2)
L298N motor(10, 9, 8);

void setup() {
}

void loop() {
    for (int i = 0; i < 256; i++) {
        motor.setSpeed(i);                    // 속도 설정
        motor.run(L298N::FORWARD);            // 설정한 속도 반영
        delay(30);
    }

    motor.stop();                             // 모터 정지

    for (int i = 0; i < 256; i++) {
        motor.run(L298N::BACKWARD);
        motor.setSpeed(i);
        delay(30);
    }
}
```

L298N 라이브러리에서 유용한 함수로는 지정한 시간 동안 같은 방향, 같은 속도로 모터를 회전하는 forwardFor, backwardFor 함수가 있다. 이들 함수는 지정한 시간 동안 회전한 후 콜백 함수를 호출하도록 설정할 수 있다. 다만 시간 계산이 인터럽트 방식이 아닌 폴링 방식으로 동작하므로 loop 함수 내에서 forwardFor, backwardFor 함수를 계속 호출해야 한다.

■ forwardFor

```
void L298N::forwardFor(unsigned long delay)
void L298N::forwardFor(unsigned long delay, CallBackFunction callback)
 - 매개변수
    delay: 회전을 계속할 밀리초 단위 시간
    callback: 지정한 시간 경과 후 호출할 콜백 함수 포인터
 - 반환값: 없음
```

지정한 시간 동안 같은 속도로 모터를 정회전한다. 콜백 함수를 지정하면 지정한 시간 동안 정회전한 후에 콜백 함수가 자동으로 호출된다.

■ backwardFor

```
void L298N::backwardFor(unsigned long delay)
void L298N::backwardFor(unsigned long delay, CallBackFunction callback)
 - 매개변수
    delay: 회전을 계속할 밀리초 단위 시간
    callback: 지정한 시간 경과 후 호출할 콜백 함수 포인터
 - 반환값: 없음
```

지정한 시간 동안 같은 속도로 모터를 역회전한다. 콜백 함수를 지정하면 지정한 시간 동안 역회전한 후에 콜백 함수가 자동으로 호출된다.

■ reset

```
void L298N::reset()
 - 매개변수: 없음
 - 반환값: 없음
```

forwardFor, backwardFor 함수에서 지정한 시간이 지나면 모터는 움직일 수 없는 상태로 바뀐다. 이는 loop 함수 내에서 이들 함수를 계속 호출해야 하므로 지정한 시간 이후 원하지 않는 움직임이 발생하는 경우를 방지하기 위해서다. 다시 모터가 움직일 수 있는 상태로 바꾸기 위해서는 reset 함수를 명시적으로 호출해야 한다.

스케치 45.5는 스케치 45.2 및 스케치 45.4와 같은 동작을 하는 스케치를 콜백 함수를 사용하여 구현한 예다.

</> 스케치 45.5 L298N 라이브러리 사용 – 콜백 함수

```
#include <L298N.h>

// 모터 제어 객체(Enable, Input1, Input2)
L298N motor(10, 9, 8);

int motorSpeed = 0;                              // 모터 속도
boolean motorDirection = true;                   // 모터 회전 방향

void setup() {
}

void loop() {
    if (motorDirection) {                        // 정회전
        motor.forwardFor(30, motorSpeedChange);
    }
    else {                                       // 역회전
        motor.backwardFor(30, motorSpeedChange);
    }
}

void motorSpeedChange() {
    motorSpeed++;                                // 속도 증가

    // 최고 속도를 넘으면 방향을 바꾸고 속도를 0으로 변경
    if (motorSpeed > 255) {
        motorSpeed = 0;
        motorDirection = !motorDirection;
    }

    motor.reset();                               // 다시 움직일 수 있는 상태로 바꿈
    motor.setSpeed(motorSpeed);                  // 변경한 속도 적용
}
```

45.4 맺는말

DC 모터는 구조와 제어 방법이 간단하고 가격이 저렴하여 다양한 용도로 널리 사용되고 있다. 하지만 DC 모터는 전원 연결 방법에 따라 회전 방향이 결정되고 많은 전력을 필요로 하는 경우가 많으므로, 모터 드라이버 칩을 사용하여 회전 방향과 전력 공급을 제어하는 경우가 일반적이다. 이 장에서 사용한 L298 모터 드라이버 칩은 2개의 모터를 제어할 수 있으며, 모터 하나를 제어하는 데는 회전 방향 결정을 위한 디지털 신호 출력 2개와 속도 제어를 위한 PWM 신호 출력 1개 등 총 3개의 제어선을 사용한다. **L298은 아두이노의 공식 모터 쉴드에서도 사용하는 모터 드라이버 칩이다.**

L298 모터 드라이버 칩 이외에도 다양한 모터 드라이버 칩이 존재하며, 칩에 따라 제어 방식에 차이가 있을 수 있다. 또한 칩의 종류에 따라 제어할 수 있는 최대 전력에 차이가 있으므로 사용하고자 하는 모터에 맞는 모터 드라이버 칩을 사용해야 한다.

1 DC 모터를 그림 45.7과 같이 연결하고 A0 핀에 가변저항을 연결하자. 0에서 1023 사이의 가변저항값에 따라 DC 모터의 속도가 0에서 255 사이에서 변하도록 L298N 라이브러리를 사용하여 스케치를 작성해 보자. 가변저항값은 10비트로 표현되고 DC 모터의 속도는 8비트로 표현되므로, 가변저항값을 오른쪽으로 2비트 이동하면 속도를 얻을 수 있다.

2 이 장에서 사용한 L298 모터 드라이버 칩 이외에 아두이노에서 흔히 사용하는 모터 드라이버 칩에는 L298과 마찬가지로 2개의 DC 모터를 제어할 수 있는 L293이 있다. L293이 4개의 하프half H 브리지 회로로 구성되어 있다면 L298은 2개의 풀full H 브리지 회로로 구성되어 있다는 점이 두 칩의 기본적인 차이 중 하나다. L293과 L298을 구성하는 H 브리지 회로의 차이를 알아보고, 두 모터 드라이버 칩의 특징을 비교해 보자.

서보 모터

서보 모터는 DC 모터에 귀환 제어 회로를 추가하여 정확한 위치 제어가 가능하도록 만든 DC 모터의 한 종류다. 서보 모터는 180° 범위에서만 회전할 수 있는 표준 서보 모터가 흔히 사용되며, PWM 신호를 사용하여 회전 위치를 제어할 수 있다. 이 외에 360° 회전이 가능하고 회전 속도를 제어할 수 있는 연속 회전 서보 모터도 흔히 볼 수 있다. 이 장에서는 서보 모터의 동작 원리와 제어 방법을 알아본다.

이 장에서
사용할 부품

아두이노 우노	× 1 ➡ 서보 모터 테스트
마이크로 서보	× 1
연속 회전 서보	× 1
가변저항	× 1 ➡ 서보 모터 제어

서보 모터

서보란 '서보 메커니즘servomechanism'을 줄여서 부르는 말로, **오류를 검출하고 이를 보정하기 위한 피드백이 가능한 자동 장치**를 가리킨다. DC 모터에 서보 메커니즘이 적용된 서보 모터는 DC 모터의 한 종류로, 회전 위치를 알아내고 피드백을 통해 위치를 보정하여 정확한 위치로 회전시킬 수 있는 모터를 말한다. 서보 모터는 표준 서보 모터와 연속 회전 서보 모터로 나눌 수 있다. 표준 서보 모터는 0~180° 범위에서만 회전할 수 있지만, 연속 회전 서보 모터는 DC 모터와 마찬가지로 360° 회전할 수 있다. 서보 모터라고 하면 일반적으로 표준 서보 모터를 가리킨다. 180° 범위에서만 회전할 수 있는 모터를 어디에 사용할지 궁금할 수 있겠지만, **서모 모터의 장점은 한정된 범위 내에서 정확한 위치로 이동할 수 있다는 점으로, 정밀한 위치 제어가 필요한 로봇 등에서 많이 사용되고 있다.**

서보 모터는 3개의 연결선을 가지며 전원을 제외한 나머지 하나의 연결선으로 위치 또는 속도를 제어한다. 3개의 연결선은 색상으로 기능이 구별되며 표 46.1의 색상이 흔히 사용된다.

DC 모터의 경우 VCC와 GND의 구별이 없으며 반대로 연결하면 모터가 반대 방향으로 회전하지만, 서보 모터는 전원에 극성이 있어 전원을 반대로 연결하면 모터가 파손될 수 있으므로 주의해야 한다.

표 46.1 서보 모터의 연결선 색상

연결선	색상
VCC	붉은색
GND	검정색, 갈색
제어선	노란색, 주황색, 흰색

그림 46.1 표준 마이크로 서보 모터

서보 모터의 위치 제어에는 PWM 신호가 사용된다. 서보 모터가 PWM 신호를 받으면 입력된 PWM 신호에 의한 위치와 현재 위치를 비교하고, 모터를 PWM 신호에 의한 위치로 회전한다. 이때 PWM 신호에 의한 모터의 위치는 듀티 사이클에 의해 결정된다. **서보 모터는 주파수 50Hz, 주기 20ms(= 1/50Hz)의 PWM 신호를 사용한다.** 20ms의 주기 중 서보 모터의 위치를 결정하는 구간은

1~2ms로, 1ms에서는 반시계 방향으로 최대로 회전한 상태(0°)를 나타내고 2ms에서는 시계 방향으로 최대로 회전한 상태(180°)를 나타낸다*.

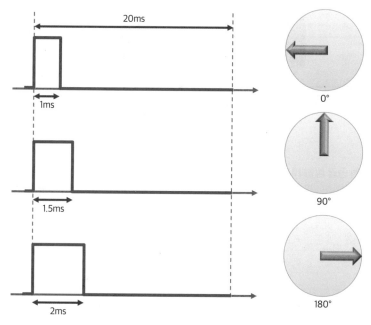

그림 46.2 서보 모터의 위치 제어

DC 모터의 경우 속도와 회전 방향 제어를 위해 그리고 전용 전원 사용을 위해 모터 드라이버 모듈을 사용한다. 서보 모터는 표준 서보 모터의 경우 회전 위치만 제어할 수 있고, 연속 회전 서보 모터의 경우 회전 속도만 제어할 수 있다. 게다가 제어를 위해 별도의 제어선을 사용하므로 제어 목적으로 모터 드라이버 모듈을 사용할 이유는 없다. 많은 전력이 필요한 서보 모터의 경우 전용 전원이 필요한 것은 DC 모터의 경우와 마찬가지다. **서보 모터를 위한 모터 드라이버 모듈이 존재하지만, DC 모터의 경우와 달리 모터와 전용 전원 연결을 위한 커넥터를 제공하는 것이 주목적이다.** 그림 46.3은 서보 모터에 전원을 공급하는 방법을 나타낸 것으로 DC 모터의 경우와 같다. 다만 서보 모터에는 항상 전원이 연결된 상태여야 하므로 데이터 핀으로 전류를 공급하는 것은 의미가 없다. 전원 연결 방법에 대한 자세한 내용은 45장 'DC 모터'를 참고하면 된다.

★   서보 모터의 종류에 따라 회전할 수 있는 위치와 이에 따른 듀티 사이클에 약간의 차이가 있을 수 있으므로 사용하고자 하는 서보 모터의 데이터시트를 확인해야 한다.

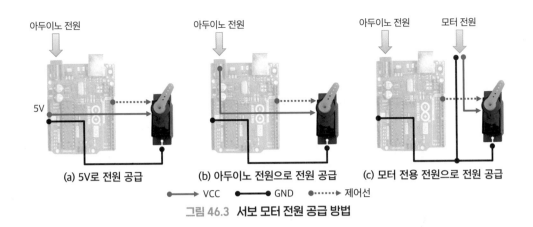

(a) 5V로 전원 공급 (b) 아두이노 전원으로 전원 공급 (c) 모터 전용 전원으로 전원 공급

→ VCC → GND ·····→ 제어선

그림 46.3 서보 모터 전원 공급 방법

표 46.2 모터 전원 공급 방법 비교

전원	전압(V)	최대 전류(mA)	비고
5V 핀	5	800	5V 모터만 구동 가능
아두이노 전원	6~12	아두이노 전원 허용 범위	가장 많이 사용하는 방법
모터 전용 전원	모터 전용 전원 허용 범위		가장 안정적인 구성 방법

46.2 Servo 라이브러리

아두이노에서는 서보 모터 제어를 위한 Servo 라이브러리를 기본 라이브러리로 제공하고 있다. **Servo 라이브러리를 통해 표준 서보 모터는 회전 위치를 제어할 수 있고, 연속 회전 서보 모터는 회전 속도를 제어할 수 있다.** Servo 라이브러리를 사용하면 **아두이노 우노에는 최대 12개의 서보 모터를 연결하여 사용**할 수 있다. 하지만 Servo 라이브러리는 ATmega328의 1번 타이머/카운터를 사용하므로 같은 타이머/카운터를 사용하는 9번과 10번 핀의 PWM 출력은 사용할 수 없다. 서보 모터는 임의의 디지털 핀에 연결하여 사용할 수 있다.

Servo 라이브러리를 사용하기 위해서는 먼저 헤더 파일을 포함해야 한다. '스케치 → 라이브러리 포함하기 → Servo' 메뉴 항목을 선택하거나 #include 문을 직접 입력하면 된다.

```
#include <Servo.h>
```

Servo 클래스에서는 다음과 같은 멤버 함수를 서보 모터 제어를 위해 정의하고 있다. Servo 클래스의 객체는 모터의 수만큼 생성하고 모터가 연결된 핀을 attach 함수로 지정하여 사용한다.

■ **attach**

```
uint8_t Servo::attach(int pin)
uint8_t Servo::attach(int pin, int min, int max)
 - 매개변수
    pin: 서보 모터의 제어선이 연결된 핀 번호
    min: 0°에 해당하는 마이크로초 단위의 펄스 폭
    max: 180°에 해당하는 마이크로초 단위의 펄스 폭
 - 반환값: 서보 모터가 연결된 채널
```

서보 모터를 지정한 핀에 연결하고 현재 서보 모터가 연결된 채널을 반환한다. 아두이노 우노의 경우 12개까지 서보 모터를 연결할 수 있으므로 연결에 성공하면 1~12 사이의 값을 반환하며, 연결할 수 있는 개수를 초과한 경우 255를 반환한다. min과 max는 PWM 제어 신호의 최소 및 최대 폭을 지정하기 위해 사용한다. 모터에 따라서는 회전 위치가 0~180° 범위와 약간의 차이가 있을 수 있고 해당 PWM 신호의 폭 역시 다를 수 있으므로 모터에 따라 설정이 필요한 경우 사용하면 된다.

■ **write**

```
void Servo::write(int value)
 - 매개변수
    value: 서보 모터의 제엇값
 - 반환값: 없음
```

서보 모터로 0에서 180 사이의 값을 출력한다. 표준 서보 모터의 경우 value 값은 축의 회전 위치를 나타낸다. 연속 회전 서보 모터의 경우 value 값은 속도 조절을 위해 사용되며 0은 정방향 최고 속도, 180은 역방향 최고 속도, 90은 정지 상태를 나타낸다. 0 이하의 값은 0으로, 180 이상의 값은 180으로 변환된다.

■ **writeMicroseconds**

```
void Servo::writeMicroseconds(int value)
 - 매개변수
    value: 서보 모터의 제엇값
 - 반환값: 없음
```

서보 모터로 마이크로초 단위의 값을 출력한다. 표준 서보 모터의 경우 1,000이 0°, 1,500이 90°, 2,000이 180°에 해당한다. 일부 서보 모터의 경우 각도에 따른 출력값이 달라질 수 있다. 연속 회전 서보 모터의 경우 write 함수와 같은 방식으로 동작하므로 0에서 180 사이의 값을 매개변수로 지정해야 한다.

■ read

```
int Servo::read()
  – 매개변수: 없음
  – 반환값: 서보 모터의 현재 축 위치
```

서보 모터에 write 함수를 사용하여 마지막으로 쓴 값을 [0, 180] 범위의 값으로 반환한다.

■ attached

```
bool Servo::attached()
  – 매개변수: 없음
  – 반환값: 서보 모터의 연결 여부
```

Servo 클래스의 객체가 특정 핀에 연결되어 있는지를 반환한다. 객체를 생성한 후 attach 함수로 서보 모터가 연결된 핀을 지정하지 않았다면 Servo 클래스 객체는 특정 핀에 연결되지 않은 상태에 있다. 연결되어 있으면 true를, 연결되어 있지 않으면 false를 반환한다.

■ detach

```
void Servo::detach()
  – 매개변수: 없음
  – 반환값: 없음
```

서보 모터 연결을 해제한다. 모든 서보 모터의 연결이 해제된 이후에는 9번과 10번 핀을 PWM 신호 출력을 위해 사용할 수 있다.

표준 서보 모터를 그림 46.4와 같이 아두이노 우노에 연결하자. 서보 모터의 제어 핀은 9번 핀*에 연결한다.

---

*   Servo 라이브러리의 초기 버전에서는 1번 타이머/카운터로 PWM 신호를 출력하는 9번과 10번 핀으로만 서보 모터를 제어할 수 있었다. 따라서 많은 예제에서 9번이나 10번 핀을 서보 모터 연결에 사용하고 있다. 지금은 임의의 디지털 핀을 사용하여 서보 모터를 제어할 수 있다.

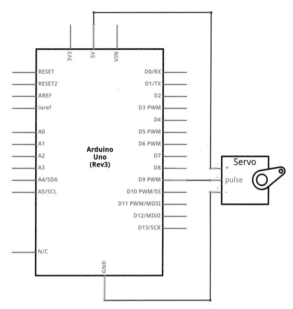

그림 46.4 표준 서보 모터 연결 회로도

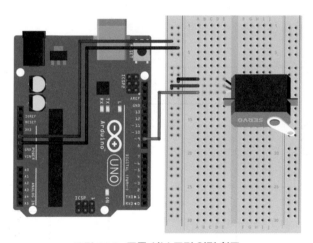

그림 46.5 표준 서보 모터 연결 회로

스케치 46.1은 서보 모터가 0에서 180° 사이를 반복해서 회전하는 예다.

스케치 46.1 서보 모터 회전

```
#include <Servo.h>
#define INTERVAL    5

Servo microServo;                          // 서보 모터 제어 객체
int servoPin = 9;                          // 서보 모터 연결 핀
int angle = 0, angleStep = 1;              // 현재 회전 위치 및 위치 변화량
```

```
void setup() {
    microServo.attach(servoPin);                // 서보 모터 연결
    microServo.write(angle);
}

void loop() {
    angle += angleStep;                          // 위치 증감

    if (angle == 180) {                          // 180도에 도달하면
        angleStep = -1;                          // 각도 감소로 설정
    }
    else if (angle == 0) {                       // 0도에 도달하면
        angleStep = 1;                           // 각도 증가로 설정
    }

    microServo.write(angle);                     // 서보 모터 위치 조정
    delay(INTERVAL);
}
```

서보 모터와 가변저항을 연결하고 가변저항값으로 서보 모터의 위치를 제어하는 스케치를 작성해 보자. 서보 모터와 가변저항은 그림 46.6과 같이 연결한다. 가변저항은 A0 핀에 연결하고 서보 모터의 제어 핀은 9번 핀에 연결한다.

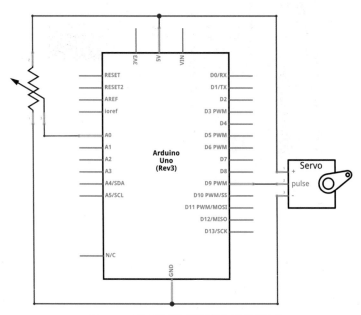

그림 46.6 서보 모터와 가변저항 연결 회로도

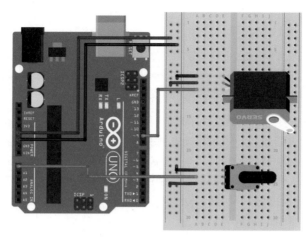

그림 46.7 서보 모터와 가변저항 연결 회로

스케치 46.2는 가변저항으로 서보 모터의 위치를 제어하는 예다. 가변저항값에서 서보 모터의 위치를 얻기 위해 스케치 46.2에서는 선형 사상 함수인 map 함수를 사용했다.

</> 스케치 46.2 가변저항으로 서보 모터 위치 제어

```
#include <Servo.h>
#define INTERVAL    5

Servo microServo;                              // 서보 모터 제어 객체
int servoPin = 9;                              // 서보 모터 연결 핀

void setup() {
    microServo.attach(servoPin);               // 서보 모터 연결
}

void loop() {
    int vr = analogRead(A0);                   // 가변저항 읽기
    int angle = map(vr, 0, 1023, 0, 180);      // 각도로 변환

    microServo.write(angle);                   // 서보 모터 위치 조정
    delay(INTERVAL);
}
```

서보 모터 떨림 현상

서모 모터를 사용하다 보면 지정한 위치로 회전하는 데는 문제가 없지만, 모터가 지정한 위치에서 움직이지 않아야 함에도 미세하게 떨리는 현상을 발견할 수 있다. 예를 들어, 스케치 46.2에서 가변저항을 움직이지 않았음에도 서보 모터가 약간씩 움직이는 현상이 발생한다. 서보 모터는 PWM 신호의 듀티 사이클에 따라 회전 위치를 결정한다. 표준 서보 모터에서 180°의 회전 위치는 1ms 펄스 폭으로 결정되므로 1° 회전 위치의 차이는 1ms/180 ≈ 5.56µs의 펄스 폭 차이에 지나지 않는다. 따라서 PWM 신호에서 안정적인 펄스 폭이

유지되어야 모터가 떨리는 현상이 발생하지 않는다. 펄스 폭이 유지되려면 기본적으로 전원이 안정된 상태에 있어야 하지만 아두이노에 공급되는 전원 자체에 변화가 있을 수 있고, 잡음에 의해서도 변할 수 있다. 가변 저항 역시 고정된 위치에서 읽어도 전원 전압이 변하면 디지털값으로 변환하는 과정에서 값이 달라질 수 있다는 점도 서보 모터의 회전 위치 결정에 영향을 미친다.

이처럼 다양한 이유로 펄스 폭이 변하고 따라서 서보 모터의 떨림이 발생한다. 떨림을 줄이기 위해서는 전원 회로를 보강하여 공급 전원을 안정화하는 하드웨어적인 방법과, 펄스 폭 결정에 사용되는 입력값에 잡음 제거 필터를 적용하여 입력값에서 잡음의 영향을 줄이는 소프트웨어적인 방법이 흔히 사용된다. 필터는 입력값의 특성에 따라 적용하는 방법이 달라질 수 있으므로 사용하고자 하는 입력의 종류와 특성에 맞게 사용해야 한다. 따라서 가장 쉽게 적용할 수 있는 방법은 전원을 안정화하는 방법으로, 아두이노의 안정적인 동작을 위해서도 전원 안정화는 추천된다.

전원 안정화에서 기본적이면서도 중요한 점은 충분한 전력을 공급할 수 있는 전원을 사용해야 한다는 것이다. 아두이노 우노는 주변 회로가 연결되지 않은 상태에서도 45mA 전후의 전류를 소비하는 것으로 알려져 있으며, 이는 배터리를 사용하는 경우라면 적은 전류가 아니다. 여기에 다른 주변장치를 추가하면 소비 전류는 빠른 속도로 증가하고, 모터 전원을 함께 사용한다면 배터리로 공급할 수 있는 전류를 넘어설 수 있다. 따라서 사용하는 주변장치에서 필요로 하는 전류를 파악하여 충분한 전류를 공급할 수 있는 전원을 사용하는 것이 서보 모터의 흔들림을 줄이는 방법이다.

모터를 사용하는 경우 **모터 전원의 (+)와 (−) 사이에 100μF 전후의 전해 커패시터를 연결**하는 것이 좋다. 이는 특히 모터가 움직이기 시작할 때 순간적으로 많은 전력을 필요로 해서 발생하는 문제를 줄이는 역할을 하며 전원의 안정적인 공급을 위해서도 필요하다. 아두이노의 5V 레귤레이터에도 47μF 정도의 전해 커패시터가 전원 안정화를 위해 사용되고 있으며, 모터의 경우 많은 전력을 사용하므로 이보다 큰 용량의 커패시터를 사용한다.

서보 모터의 **제어선과 GND 사이에 고주파 잡음 제거를 위해 세라믹 커패시터를 연결**하는 것도 흔히 사용하는 방법 중 하나다. 아두이노에도 클록 생성을 위한 크리스털에 고주파 잡음을 제거하기 위해 세라믹 커패시터가 연결되어 있다.

46.3 표준 서보 모터 속도 제어

서보 모터에는 하나의 제어선만 사용되며, 표준 서보 모터에서 제어선은 회전 위치를 결정하기 위해 사용된다. 따라서 표준 서보 모터에서 회전 속도를 제어할 수 있는 하드웨어적인 방법은 없다. **표준 서보 모터에서 회전 속도를 제어하기 위해서는 회전하는 동안 delay 함수나 millis 함수를 사용하여**

단위 회전 사이의 시간 간격을 조절하는 방법을 사용해야 한다. 스케치 46.3은 스케치 46.2를 수정하여 가변저항값에 따라 서보 모터의 회전 속도가 변하게 한 예다. 스케치 46.3에서는 가변저항값에 따라 회전각을 변화시키는 시간 간격을 5~20밀리초 사이에서 변하게 했다. 또한 모터의 떨림을 줄이기 위해 가변저항값이 일정 값 이상 변하는 경우에만 그에 따라 회전각 변화 간격을 조절하게 했다.

</> 스케치 46.3 가변저항으로 서보 모터 속도 제어

```cpp
#include <Servo.h>

// 가변저항값이 1024를 20단계로 나눈 값의 50% 이상 변할 때만 시간 조절
#define THRESH ((1024 / 20) / 2)

Servo microServo;                              // 서보 모터 제어 객체
int servoPin = 9;                              // 서보 모터 연결 핀

unsigned long time_previous, time_current;
int interval = 10;                             // 현재 이동 시간 간격
int reading = -2000;                           // 가변저항값
int angle = 0;                                 // 현재 회전 위치 및 위치 변화량
int angle_step = 1;                            // 회전 위치 변화량(1 또는 -1)

void setup() {
    microServo.attach(servoPin);               // 서보 모터 연결
    Serial.begin(9600);

    microServo.write(angle);                   // 0도에서 시작
    delay(100);

    time_previous = millis();
}

void loop() {
    time_current = millis();

    if (time_current - time_previous >= interval) {
        time_previous = time_current;

        angle += angle_step;                   // 현재 위치 조정
        if (angle >= 180) {                    // 180도를 넘어가면 방향 전환
            angle = 180;
            angle_step *= -1;
        }
        else if (angle <= 0) {                 // 0도를 넘어가면 방향 전환
            angle = 0;
            angle_step *= -1;
        }

        microServo.write(angle);               // 서보 모터 위치 조정
    }
```

```
int reading_cur = analogRead(A0);                    // 가변저항값 읽기
// 임계치 이상 변한 경우에만 이동 시간 간격 조정
if (abs(reading_cur - reading) > THRESH) {
    reading = reading_cur;
    int new_interval = map(reading, 0, 1023, 5, 20);
    if (new_interval != interval) {
        interval = new_interval;                     // 이동 시간 간격 조정
        Serial.print("* 회전 위치 증감을 위한 지연 시간 : ");
        Serial.println(interval);
    }
}
}
```

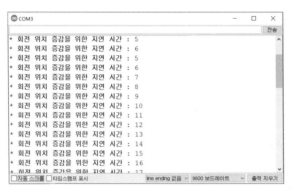

그림 46.8 스케치 46.3 실행 결과

아두이노 라이브러리 중에는 소프트웨어로 속도 제어를 가능하게 해주는 라이브러리가 존재하며 MobaTools 라이브러리가 그중 하나다. 라이브러리 매니저에서 'MobaTools'를 검색하여 MobaTools 라이브러리를 설치하자.

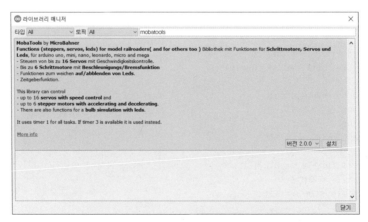

그림 46.9 MobaTools 라이브러리 검색 및 설치*

★   https://github.com/MicroBahner/MobaTools

MobaTools 라이브러리는 서보 모터와 스텝 모터 제어에 사용할 수 있는 클래스를 비롯하여 다양한 유틸리티 클래스를 제공하고 있으며, 그중 이 장에서 사용할 클래스는 서보 모터의 속도 제어를 지원하는 MoToServo 클래스다. MobaTools 라이브러리를 사용하기 위해서는 먼저 헤더 파일을 포함해야 한다. '스케치 → 라이브러리 포함하기 → MobaTools' 메뉴 항목을 선택하거나 #include 문을 직접 입력하면 된다.

```
#include <MobaTools.h>
```

MoToServo 클래스에서는 서보 모터 제어를 위해 여러 가지 멤버 함수를 정의하고 있지만, 기본적인 사용 방법은 아두이노의 Servo 클래스와 같다. 이 외에 서보 모터의 속도 제어를 위한 멤버 함수가 정의되어 있다.

■ setSpeed

```
void MoToServo::setSpeed(int speed)
 - 매개변수
    speed: 회전 속도
 - 반환값: 없음
```

서보 모터의 회전 속도를 설정한다. 속도를 0으로 설정하면 속도 제어 기능을 사용하지 않음을 의미한다. speed는 20ms마다 변하는 0.5μs 단위의 펄스 길이를 의미한다. speed = 1이면 한 번에 0.5μs씩 펄스 폭이 길어지므로 1ms만큼 길이가 변하기 위해서는 1ms/0.5μs = 2,000번 펄스 길이가 변해야 하고, 20ms마다 펄스 길이가 변하므로 20ms × 2,000 = 40초의 시간이 필요하다. 즉, speed = 1일 때 180° 회전을 위해서는 40초가 소요된다. **speed 값이 커지면 회전 속도는 빨라지며 180° 회전을 위해서는 '40/speed'초가 소요된다.** 서보 모터의 종류에 따라 180° 회전을 위한 펄스 폭에 차이가 있을 수 있으며 절대적인 회전 시간 역시 차이가 있을 수 있다. 하지만 speed 값에 따른 상대적인 시간은 유지된다.

■ moving

```
uint8_t MoToServo::moving()
 - 매개변수: 없음
 - 반환값: 지정한 위치까지 회전하기 위해 남은 퍼센트
```

지정한 위치까지 회전하기 위해 남은 각도를 퍼센트로 반환한다.

스케치 46.4는 스케치 46.1과 같이 0에서 180° 사이를 반복해서 회전하는 예로, 움직이는 방향에
따라 회전하는 속도가 차이 나게 했다.

스케치 46.4 서보 모터 회전 속도 제어 – MobaTools 라이브러리

```
#include <MobaTools.h>

MoToServo microServo;                              // 서보 모터 제어 객체
int servoPin = 9;                                  // 서보 모터 연결 핀
int rotate = -1;                                   // 회전 방향

unsigned long time_previous;

void setup() {
    Serial.begin(9600);

    microServo.attach(servoPin);                   // 서보 모터 연결

    microServo.setSpeed(0);
    microServo.write(0);                           // 0도 위치에서 시작
    delay(200);

    time_previous = millis();
}

void loop() {
    unsigned long time_current = millis();
    if (time_current - time_previous >= 1000) {
        time_previous = time_current;
        Serial.print('.');                         // 1초에 한 번 도트 출력
    }
    if (microServo.moving() == 0) {                // 회전하지 않을 때
        if (rotate == -1) {                        // 180 -> 0
            rotate = 1;                            // 0 -> 180
            microServo.setSpeed(10);               // 4초에 180도 회전
            microServo.write(180);

            Serial.println("\t정회전으로 바꿈");
        }
        else if (rotate == 1) {                    // 0 -> 180
            rotate = -1;                           // 180 -> 0
            microServo.setSpeed(32);               // 2초에 180도 회전
            microServo.write(0);

            Serial.println("\t역회전으로 바꿈");
        }
    }
}
```

텍스트 영역 상단의 COM3 시리얼 모니터:

```
COM3                                              —  □  ×
|                                                      전송
. . . .    역회전으로 바꿈
. .        정회전으로 바꿈
. . . .    역회전으로 바꿈
. .        정회전으로 바꿈
. . . .    역회전으로 바꿈
. .        정회전으로 바꿈
. . . .    역회전으로 바꿈
. .        정회전으로 바꿈
. . . .    역회전으로 바꿈
. .        정회전으로 바꿈
. . . .    역회전으로 바꿈
. .        정회전으로 바꿈
. . . .    역회전으로 바꿈
. .        정회전으로 바꿈
. .
☑ 자동 스크롤 ☐ 타임스탬프 표시     line ending 없음 ▾  9600 보드레이트 ▾  출력 지우기
```

그림 46.10 스케치 46.4 실행 결과

46.4 연속 회전 서보 모터

지금까지 이야기한 **표준 서보 모터는 0에서 180° 사이에서만 회전할 수 있으며 제어선으로 회전 위치를 제어한다.** 반면, **연속 회전 서보 모터는 DC 모터와 마찬가지로 360°를 회전할 수 있으며 제어선으로 회전 속도를 제어한다.** 연속 회전 서보 모터 역시 3개의 연결선을 가지며 연결하는 방법도 표준 서보 모터와 같다. 표준 서보 모터와의 차이는 write 함수를 사용하여 위치가 아닌 속도를 제어한다는 점이다. wirte 함수의 매개변수 범위는 0에서 180 사이이며 0은 정방향 최고 속도, 180은 역방향 최고 속도, 90은 정지 상태를 나타낸다. 그림 46.11은 연속 회전 서보 모터의 예로, 모양만으로 표준 서보 모터와 구별하기는 쉽지 않다. 다만 90의 값을 출력했을 때 모터가 완전히 정지하도록 조정하기 위한 가변저항이 모터의 아래쪽에 있다는 점에서 표준 서보 모터와 차이가 있다. 가변저항이 없는 연속 회전 서보 모터는 정지 위치를 90이 아닌 다른 값으로 사용해야 한다.

그림 46.11 연속 회전 서보 모터

스케치 46.5는 연속 회전 서보 모터의 회전 속도를 0에서 180까지 30 차이로 7단계로 제어하는 예다. 시작은 정지 상태(90)에서 시작하고 시리얼 모니터에서 '<' 문자를 입력하면 숫자가 감소하여 정방향으로 속도가 증가하고, '>' 문자를 입력하면 숫자가 증가하여 역방향으로 속도가 증가한다. 's'나 'S' 문자를 입력하면 즉시 정지한다.

</> 스케치 46.5 연속 회전 서보 모터 회전 속도 제어

```
#include <Servo.h>
#define STEP        30                          // 속도 변화량
#define MIN_SPEED   0                           // 속도 최솟값
#define MAX_SPEED   180                         // 속도 최댓값
#define STOP_SPEED  90                          // 정지 시 속돗값

Servo continuousServo;                          // 서보 모터 제어 객체
int servoPin = 9;                               // 서보 모터 연결 핀
int speed = 90;                                 // 정지 상태

void setup() {
    continuousServo.attach(servoPin);           // 서보 모터 연결
    continuousServo.write(speed);               // 초기 정지 상태로 설정
    delay(20);

    Serial.begin(9600);
    Serial.println("* 정지 상태에서 시작합니다.");
}

void loop() {
    if (Serial.available()) {                   // 시리얼 모니터로 데이터 수신
        char ch = Serial.read();

        if (ch == '<') {                        // 속도 감소 방향
            speed -= STEP;

            if (speed < MIN_SPEED) {            // 역방향 최대 속도를 넘어간 경우
                speed = MIN_SPEED;
            }
            continuousServo.write(speed);       // 속도 변경
            Serial.println(String("* 현재 속도는 ") + speed + "입니다.");
        }
        else if (ch == '>') {                   // 속도 증가 방향
            speed += STEP;
            if (speed > MAX_SPEED) {            // 정방향 최대 속도를 넘어간 경우
                speed = MAX_SPEED;
            }
            continuousServo.write(speed);       // 속도 변경
            Serial.println(String("* 현재 속도는 ") + speed + "입니다.");
        }
        else if (ch == 's' || ch == 'S') {      // 정지
            speed = STOP_SPEED;
            continuousServo.write(speed);
            Serial.println(String("* 정지했습니다."));
        }
    }
}
```

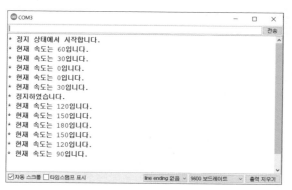

그림 46.12　스케치 46.5 실행 결과

맺는말

모터 중에서 가장 쉽게 찾아볼 수 있는 모터는 DC 모터로, 360°를 회전하는 제품에 사용되는 모터는 대부분 DC 모터다. DC 모터의 한 종류이면서 정확한 회전 위치를 제어할 수 있는 서보 모터는 0에서 180° 사이를 회전할 수 있는 표준 서보 모터가 주로 사용된다. 회전 범위가 한정된 서보 모터의 사용처가 의심스럽겠지만 생각보다 많은 분야에서 서보 모터가 사용되고 있으며, 특히 로봇의 관절 움직임에 사용하는 모터 대부분은 서보 모터다. 회전 속도를 제어할 수 있는 연속 회전 서보 모터도 존재하지만, 일반적으로 이야기하는 서보 모터는 회전 위치를 제어할 수 있는 표준 서보 모터를 가리킨다.

아두이노에서 흔히 사용하는 모터 중 회전 범위가 한정된 모터는 서보 모터가 유일하며, 아두이노에서 제공하는 Servo 라이브러리를 사용하면 DC 모터보다 간단하게 서보 모터를 제어할 수 있다. 또한 서보 모터는 일반적으로 모터 드라이버 모듈을 사용하지 않으므로 DC 모터와 비교했을 때 하드웨어 구성 역시 간단하다. 이 장에서 사용한 서보 모터는 회전 운동을 하는 경우이지만, 직선 운동을 하는 리니어 서보 모터도 존재하므로 정해진 범위 내에서 왕복 운동이 필요한 경우 사용할 수 있다.

1 스케치 46.2는 가변저항의 값을 읽어 그에 따라 서보 모터의 위치를 0에서 180° 사이로 조정하는 예다. 스케치 46.2에 이동 평균moving average을 적용하여 최근 N개 샘플을 평균하여 가변저항값을 결정하도록 스케치를 수정해 보자. 이동 평균은 순간적으로 발생하는 잡음을 줄일 수 있는 간단하면서도 효과적인 방법이다.

2 서보 모터에는 데드 밴드dead band가 존재한다. 데드 밴드는 모터를 움직이는 데 필요한 최소의 펄스 폭 차이로 생각할 수 있다. 아두이노의 Servo 라이브러리는 16비트 타이머/카운터를 사용하므로 PWM의 듀티 사이클 5%를 나타내기 위해 $2^{16} \times 0.05 = 3276.8$단계가 사용된다. 3276.8단계는 180° 표현에 사용되므로 16비트 타이머/카운터로 구별할 수 있는 최소 각도는 $180 \div 3276.8 \approx 0.055°$가 되며, 이때 PWM 신호의 펄스 길이 차이는 약 0.3μs다. 만약 서보 모터가 0.3μs 차이의 펄스를 구별하지 못한다면, 즉 데드 밴드보다 작으면 펄스 폭을 변화시켜도 모터는 움직이지 않는다. 사용하고 있는 서보 모터의 데드 밴드를 데이터시트에서 확인하고 8비트 타이머/카운터를 사용하여 서보 모터를 제어하는 경우의 문제점을 생각해 보자.

스텝 모터

스텝 모터는 펄스가 가해지면 일정 각도를 회전하고 멈추는 특징을 가진 모터로, 한 번에 회전하는 각도가 정해져 있어 간단하게 회전량을 제어하여 원하는 위치로 회전시킬 수 있다는 장점이 있다. 아두이노와 함께 사용되는 스텝 모터는 4개의 연결선을 갖는 양극 스텝 모터와 6개의 연결선을 갖는 단극 스텝 모터가 대부분이다. 이 장에서는 스텝 모터의 동작 원리와 제어 방법을 알아본다.

아두이노 우노	× 1 ➡	스텝 모터 테스트
스텝 모터	× 1 ➡	28BYJ-48 단극 스텝 모터
스텝 모터 드라이버	× 1 ➡	ULN2003 칩 사용

이 장에서
사용할 부품

스텝 모터

스텝 모터step motor는 스테핑 모터stepping motor, 스테퍼 모터stepper motor, 펄스 모터pulse motor 등으로도 불리며, 펄스로 회전을 제어할 수 있는 모터를 말한다. 스텝 모터의 특징은 다음과 같다.

- 스텝 모터는 브러시가 없는 브러시리스brushless 모터다. 브러시는 코일에 공급되는 전원의 극성을 바꿀 수 있도록 만들어진 기계적인 접점으로, 모터 고장의 주요 원인 중 하나다. 45장 'DC 모터'에서 사용한 DC 모터는 브러시가 있는 모터다.

- 스텝 모터는 허용 범위를 초과하는 부하가 가해지지 않는 이상 부하에 상관없이 일정한 속도로 회전할 수 있다. 스텝 모터의 회전 속도는 펄스를 가하는 속도에 따라 결정된다.

- 스텝 모터는 허용 범위를 초과하는 부하가 가해지지 않는 이상 서보 모터와 같은 피드백 없이도 정확한 위치로 회전할 수 있다.

- 시작, 정지, 역회전 등의 동작에서 DC 모터나 서보 모터보다 반응 속도가 빠르다.

이처럼 스텝 모터는 여러 가지 장점이 있다. 펄스에 의해 회전하는 모터라는 특징은 제어가 쉽다는 면에서 장점이 되기도 하지만 이산적인discrete 회전만 가능하다는 면에서 단점이 되기도 한다. **스텝 모터에서 펄스 하나가 주어질 때 모터가 회전하는 각도는 미리 정해져 있으며 이를 분할각**step angle **이라고 한다.** 스텝 모터는 분할각 단위의 이산적인 회전만 가능하고 분할각보다 작은 각도의 회전은 불가능하므로 필요한 정밀도에 따라 모터나 모터 제어 방식을 선택해야 한다.

스텝 모터는 코일이 감겨 있고 회전하지 않는 바깥쪽의 고정자인 스테이터stator와 축에 연결되어 회전하는 회전자인 로터rotor의 두 부분으로 크게 나눌 수 있다*. 고정자의 코일에 전원이 가해지면 자력이 발생하고 회전자의 상호 작용으로 회전이 발생한다. 회전자를 만드는 방법에 따라 회전이 발생하는 원리가 달라지며 회전이 발생하는 원리에 따라 스텝 모터는 가변 리럭턴스variable reluctance 모터, 영구자석permanent magnet 모터 그리고 두 가지를 결합한 하이브리드 모터 등 크게 세 종류로 나눌 수 있다.

---

* 대부분의 DC 모터는 회전축에 코일이 감겨 있다. 따라서 전원 공급을 위해 회전축에 전원을 연결해야 하고, 움직이는 회전축에 전원을 공급하기 위해 브러시(brush)가 필요하다. 하지만 스텝 모터는 축에 전원을 공급하지 않으므로 브러시가 없는 브러시리스 모터다.

가변 리럭턴스 모터

먼저 가변 리럭턴스 모터의 동작 원리를 살펴보자. 그림 47.1은 가변 리럭턴스 모터의 구조를 나타낸 것으로, 고정자에는 6개 폴pole에 3쌍의 코일이 감겨 있고 회전자는 4개의 톱니를 갖고 있다. 가변 리럭턴스 모터는 3~5개의 코일을 갖고 있으며, 모든 코일은 공통 단자로 연결되어 있고 각 폴에 감겨 있다.

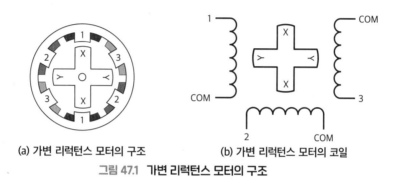

(a) 가변 리럭턴스 모터의 구조   (b) 가변 리럭턴스 모터의 코일

그림 47.1 가변 리럭턴스 모터의 구조

그림 47.1의 모터에서 코일 1에 전압이 가해지면 회전자의 톱니 X는 1번 폴로 움직이는데 이는 **고정자의 폴과 회전자의 톱니에 의해 형성되는 리럭턴스, 즉 자기 저항이 최소화되는 위치이기 때문**이다. 다음으로 코일 2에 전압이 가해지면 톱니 Y는 2번 폴로 움직이고, 코일 3에 전압이 가해지면 톱니 X는 3번 폴로 움직인다. 즉, 그림 47.1에서 코일에 전원이 가해질 때마다 모터는 시계 방향으로 30°씩 회전하게 된다.

(a) 코일 1 전원 연결   (b) 코일 2 전원 연결   (c) 코일 3 전원 연결

그림 47.2 가변 리럭턴스 모터의 시계 방향 회전

그림 47.1의 모터에 표 47.1과 같이 코일 1, 2, 3에 전압을 순서대로 가하면 한 스텝에 30°씩 회전하여 12 스텝에 모터는 1회전하게 된다.

표 47.1 가변 리럭턴스 모터 – 시계 방향 1회전

스텝	1	2	3	4	5	6	7	8	9	10	11	12
코일 1	1	0	0	1	0	0	1	0	0	1	0	0
코일 2	0	1	0	0	1	0	0	1	0	0	1	0
코일 3	0	0	1	0	0	1	0	0	1	0	0	1

그림 47.1의 모터는 분할각이 30°이지만, 실제 가변 리럭턴스 모터는 폴의 수와 톱니의 수를 늘려 분할각을 줄일 수 있다. 가변 리럭턴스 모터는 영구자석 모터과 비교했을 때 분할각을 작게 만들기가 쉽지만, 토크가 작아 많이 사용되지는 않는다. 대신 가변 리럭턴스 모터의 작은 분할각과 영구자석 모터의 큰 토크를 결합한 하이브리드 모터에서 가변 리럭턴스 모터의 원리가 사용된다.

47.3 단극 스텝 모터

영구자석 모터는 영구자석을 사용하여 회전자를 만든 모터다. 영구자석 모터는 단극unipolar과 양극bipolar으로 나눌 수 있으며, 이들의 차이는 코일에 전원을 가하는 방식에 있다. 단극 영구자석 모터 또는 **단극 스텝 모터는 2개의 코일로 구성되며 각 코일의 중앙에 공통 연결선이 존재한다***. 코일 중앙에서 나오는 공통 연결선은 2개가 모두 모터 밖으로 나오는 경우가 일반적이지만, 공통 연결선에 가해지는 전원의 극성이 같으므로 이 장에서 사용하는 28BYJ-48 단극 스텝 모터처럼 내부에서 공통 연결선을 연결한 후 하나만 모터 밖으로 나올 수도 있다. 따라서 2개 코일의 양쪽 끝에 해당하는 연결선 4개에 1개 또는 2개의 공통 연결선까지 **단극 스텝 모터는 5개 또는 6개의 연결선을 갖는다.** 그림 47.3의 단극 스텝 모터는 6개 연결선을 갖는 경우다. 영구자석 모터에서 코일의 양쪽 끝은 흔히 'A'와 '/A', 'B'와 '/B'로 표시한다.

단극 스텝 모터의 회전자에는 영구자석이 배치되어 있다. 코일에 전원을 가하면 고정자의 폴이 전자석이 되고 회전자와의 인력과 척력에 의해 회전이 발생한다. 그림 47.3의 단극 스텝 모터에 한 번에 하나의 코일 절반에만 전원을 가하면, 즉 A, /A, B, /B 중 하나에만 전원을 가하면 그림 47.1의 가변 리럭턴스 모터와 마찬가지로 분할각 30°로 12 스텝에 1회전한다. 그림 47.1의 가변 리럭턴스 모터는 고정자의 폴이 6개, 회전자의 톱니가 4개로 구성되어 있지만, 그림 47.3의 단극 스텝 모

---

* 단극 스텝 모터는 각 코일에서 공통 연결선을 기준으로 절반씩 사용하므로 4개의 코일로 구성되어 있다고 설명하기도 한다.

터는 그 반대로 고정자의 폴이 4개, 회전자의 톱니가 6개로 구성되어 있다. 표 47.2는 한 번에 하나의 코일에 전원을 가하는 순서를 나타낸 것으로 'A → B → /A → /B'의 순서로 전원을 가하면 전자석이 되는 폴이 가까이에 있는 반대 극성의 영구자석을 끌어당겨 회전이 발생한다.

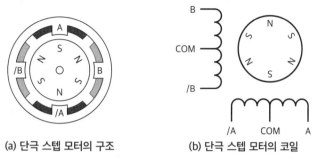

(a) 단극 스텝 모터의 구조   (b) 단극 스텝 모터의 코일

그림 47.3 단극 스텝 모터의 구조

표 47.2 단극 스텝 모터의 1상 여자 방식 구동 – 시계 방향 1회전

스텝	1	2	3	4	5	6	7	8	9	10	11	12
A	1	0	0	0	1	0	0	0	1	0	0	0
B	0	1	0	0	0	1	0	0	0	1	0	0
/A	0	0	1	0	0	0	1	0	0	0	1	0
/B	0	0	0	1	0	0	0	1	0	0	0	1

그림 47.4는 그림 47.3의 단극 스텝 모터에 표 47.2의 순서에 따라 전원을 가했을 때 모터가 회전하는 것을 나타낸다.

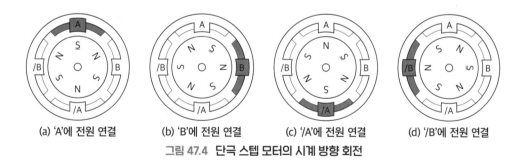

(a) 'A'에 전원 연결   (b) 'B'에 전원 연결   (c) '/A'에 전원 연결   (d) '/B'에 전원 연결

그림 47.4 단극 스텝 모터의 시계 방향 회전

표 47.2와 그림 47.4에서 볼 수 있듯이, 단극 스텝 모터의 2개 코일 중 **한 번에 하나의 코일에만 전원을 가하여 모터를 구동하는 방식을 1상 여자 방식**이라고 한다. 1상 여자 방식과 다르게 **인접한 2개의 코일에 동시에 전원을 가하는 방식을 2상 여자 방식**이라고 한다. 2상 여자 방식은 1상 여자 방식과 비교했을 때 토크는 크지만 그만큼 전력 소비도 많다. 2상 여자 방식의 분할각 역시 30°로 1상 여자 방식과 같다.

표 47.3 단극 스텝 모터의 2상 여자 방식 구동 – 시계 방향 1회전

스텝	1	2	3	4	5	6	7	8	9	10	11	12
A	1	0	0	1	1	0	0	1	1	0	0	1
B	1	1	0	0	1	1	0	0	1	1	0	0
/A	0	1	1	0	0	1	1	0	0	1	1	0
/B	0	0	1	1	0	0	1	1	0	0	1	1

두 가지 방식을 함께 사용하는 1-2상 여자 방식은 전력 소비가 1상 여자 방식의 1.5배가 되며, 1상 여자 방식이나 2상 여자 방식과 비교했을 때 1/2 크기의 분할각을 가지므로 정밀한 움직임이 가능하다는 장점이 있다. 하지만 스텝에 따라 사용하는 코일의 수가 다르므로 토크가 일정하지 않다는 점은 단점이다. 1-2상 여자 방식에서 분할각은 15°로 이를 흔히 하프 스텝half step 모드라고 한다. 반면, 1상 여자 방식이나 2상 여자 방식은 풀 스텝full step 모드라고 한다.

표 47.4 단극 스텝 모터의 1-2상 여자 방식 구동 – 시계 방향 1/2 회전

스텝	1	2	3	4	5	6	7	8	9	10	11	12
A	1	1	0	0	0	0	0	1	1	1	0	0
B	0	1	1	1	0	0	0	0	0	1	1	1
/A	0	0	0	1	1	1	0	0	0	0	0	0
/B	0	0	0	0	0	1	1	1	0	0	0	0

47.4 양극 스텝 모터

양극 스텝 모터 역시 2개의 코일을 사용한다. 하지만 **양극 스텝 모터는 코일 중앙에 공통 연결선이 없으므로 4개의 연결선만을 갖는다.** 단극 스텝 모터는 공통 연결선을 중심으로 코일의 절반만 사용하지만 양극 스텝 모터는 코일 전체를 사용하므로, 같은 크기의 모터라면 양극 스텝 모터의 토크가 더 크다는 장점이 있다. 하지만 단극 스텝 모터보다 제어가 복잡한 것은 단점이라 할 수 있다.

그림 47.5는 30°의 분할각을 갖는 양극 스텝 모터로. 그림 47.3의 **단극 스텝 모터와 비교하면 공통 연결선이 없다는 점 이외에는 구조가 같다.** 따라서 일부 단극 스텝 모터는 공통 연결선을 제외하고 4개의 연결선만 사용하여 양극 스텝 모터처럼 사용하는 것도 가능하다.

(a) 양극 스텝 모터의 구조

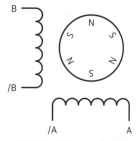
(b) 양극 스텝 모터의 코일

그림 47.5 양극 스텝 모터

양극 스텝 모터를 구동하는 방법은 기본적으로 단극 스텝 모터를 구동하는 방법과 같다. 표 47.5 는 양극 스텝 모터를 1상 여자 방식으로 구동하는 예다. 표 47.2와 비교해 보면 양극 스텝 모터에는 공통 연결선이 없으므로 **항상 2개의 연결선에 전원이 가해지고, 따라서 2개의 폴이 전자석이 된다**는 점에서 차이가 있다. 또한 **연결선에 가해지는 전압의 극성이 (+)와 (−)로 바뀌는 점은 전원이 가해지거나 가해지지 않는 ON/OFF 성격을 갖는 단극 스텝 모터와의 차이점이다.**

표 47.5 양극 스텝 모터의 1상 여자 방식 구동 − 시계 방향 1회전

스텝	1	2	3	4	5	6	7	8	9	10	11	12
A	(+)	·	(−)	·	(+)	·	(−)	·	(+)	·	(−)	·
B	·	(+)	·	(−)	·	(+)	·	(−)	·	(+)	·	(−)
/A	(−)	·	(+)	·	(−)	·	(+)	·	(−)	·	(+)	·
/B	·	(−)	·	(+)	·	(−)	·	(+)	·	(−)	·	(+)

그림 47.6은 그림 47.3의 양극 스텝 모터에 표 47.5의 순서에 따라 전원을 가했을 때 모터가 회전하는 것을 나타낸다. 그림 47.6(a)와 그림 47.6(c)에서 전원이 가해지는 코일은 같지만 극성이 반대라는 점에 주의해야 하며, 이는 그림 47.6(b)와 그림 47.6(d) 역시 마찬가지다.

(a) 'A'에 전원 연결

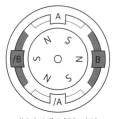
(b) 'B'에 전원 연결

(c) '/A'에 전원 연결

(d) '/B'에 전원 연결

그림 47.6 양극 스텝 모터의 시계 방향 회전

표 47.6과 표 47.7은 각각 2상 여자 방식과 1-2상 여자 방식의 구동 방법을 나타낸 것으로, 1상 여자 방식에서 단극 스텝 모터와의 차이가 그대로 적용된다.

표 47.6 양극 스텝 모터의 2상 여자 방식 구동 – 시계 방향 1회전

스텝	1	2	3	4	5	6	7	8	9	10	11	12
A	(+)	(−)	(−)	(+)	(+)	(−)	(−)	(+)	(+)	(−)	(−)	(+)
B	(+)	(+)	(−)	(−)	(+)	(+)	(−)	(−)	(+)	(+)	(−)	(−)
/A	(−)	(+)	(+)	(−)	(−)	(+)	(+)	(−)	(−)	(+)	(+)	(−)
/B	(−)	(−)	(+)	(+)	(−)	(−)	(+)	(+)	(−)	(−)	(+)	(+)

표 47.7 양극 스텝 모터의 1-2상 여자 방식 구동 – 시계 방향 1/2 회전

스텝	1	2	3	4	5	6	7	8	9	10	11	12
A	(+)	(+)	·	(−)	(−)	(−)	·	(+)	(+)	(+)	·	(−)
B	·	(+)	(+)	(+)	·	(−)	(−)	(−)	·	(+)	(+)	(+)
/A	(−)	(−)	·	(+)	(+)	(+)	·	(−)	(−)	(−)	·	(+)
/B	·	(−)	(−)	(−)	·	(+)	(+)	(+)	·	(−)	(−)	(−)

스텝 모터의 상

영구자석 스텝 모터의 표준은 2상이다. 여기서 '상(phase)'이란 단순하게 이야기하면 고정자에 감겨 있는 코일의 수를 이야기한다. 양극 스텝 모터의 경우 A와 B의 2개 코일이 감겨 있으므로 2상 모터라고 한다. 단극 스텝 모터 역시 A와 B의 2개 코일이 감겨 있으므로 2상이라고도 이야기하지만, 공통 연결선을 기준으로 절반의 코일만 사용되므로 4개의 코일이 감겨 있는 것으로도 볼 수 있어 4상이라고 이야기할 때도 있다.

2상 모터 이외에 코일의 수를 늘린 3상 모터와 5상 모터도 사용되고 있다. 코일의 수가 늘어나면 분할각이 줄어들어 정밀 제어가 가능하다는 장점이 있지만, 가격이 높고 제어가 복잡하며 고속 회전에는 적합하지 않다는 단점도 있다. 상에 따른 모터의 일반적인 특성은 표 47.8과 같다.

표 47.8 코일 수에 따른 스텝 모터의 특성

모터	코일 수(개)	분할각(도)	1회전을 위한 스텝 수
2상 모터	2	1.8	200
3상 모터	3	1.2	300
5상 모터	5	0.72	500

28BYJ-48 스텝 모터와
ULN2003 모터 드라이버

그림 47.7은 이 장에서 사용하는 28BYJ-48 스텝 모터로, 하나의 공통 연결선만 모터 밖으로 나와 있어 5개의 연결선을 갖는 단극 스텝 모터다. **28BYJ-48 모터는 하프 스텝 모드에서 분할각이 5.625°로 64 스텝에 1회전하고, 1/64* 감속 기어를 사용하므로 1회전을 위해서는 4,096**(= 64 스텝 × 64 감속) **스텝이 필요하다.** 28BYJ-48 스텝 모터는 풀 스텝 모드 사용을 추천하고 있으므로 2,048(= 32 스텝 × 64) 스텝으로 1회전하는 방식이 흔히 사용된다.

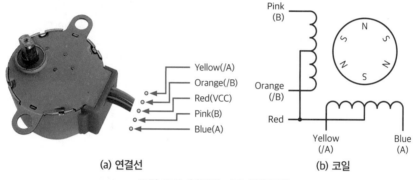

(a) 연결선   (b) 코일

그림 47.7 28BYJ-48 스텝 모터

단극 스텝 모터의 제어를 위해서는 코일에 전원을 연결하거나 연결하지 않는 것만 제어하고 전원의 극성을 바꿀 필요가 없으므로 H 브리지 회로를 사용하지 않아도 된다. 따라서 28BYJ-48 모터는 ULN2003 칩으로 만들어진 모터 드라이버 모듈을 함께 사용하는 경우가 대부분이다. ULN2003은 7개의 달링턴Darlington 트랜지스터로 구성된 칩으로, 아두이노 핀의 적은 전류로 모터 구동에 필요한 많은 전류를 스위칭하기 위해 사용한다. 일반적인 트랜지스터의 동작과 차이가 없는 것으로 보이고 실제 기본적인 동작은 차이가 없지만, 달링턴 트랜지스터는 2개의 트랜지스터를 연결하여 하나의 트랜지스터처럼 사용하므로 하나의 트랜지스터를 사용하는 경우보다 많은 전류를 제어할 수 있다. **ULN2003은 최대 500mA 전류를 스위칭할 수 있다.**

---

* 데이터시트의 설명과 달리 28BYJ-48 스텝 모터는 64:1이 아니라 63.68395:1의 감속 기어를 사용하고 있으며, 4,096 스텝이 아니라 4,075.7728 스텝에 1회전 하는 것으로 알려져 있으므로 정밀한 위치 제어가 필요한 경우라면 실제 감속비를 고려해야 한다. 이 장에서는 풀 스텝 모드의 경우 2,048 스텝, 하프 스텝 모드의 경우 4,096 스텝에 1회전 하는 것으로 가정한다.

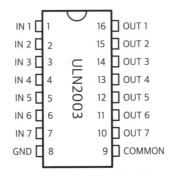

그림 47.8 ULN2003 칩의 핀 배치도

ULN2003은 칩으로 전류가 흘러 들어가는 방향으로 회로를 구성하므로 싱크 드라이버_{sink driver}라고도 불린다. 즉, 'IN n' 핀으로 HIGH를 출력하면 'OUT n' 핀에서 GND로 전류가 흐른다. 그림 47.9는 ULN2003 칩을 사용하여 모터를 제어하기 위한 기본 구성을 나타낸 것이다.

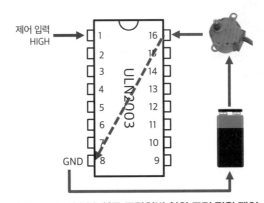

그림 47.9 ULN2003 싱크 드라이버 칩의 모터 전원 제어

그림 47.10은 28BYJ-48 스텝 모터 제어를 위해 ULN2003 칩을 사용하여 만든 모터 드라이버 모듈을 나타낸다. 모터 전원 연결 단자에는 5~12V의 전원을 연결할 수 있지만, 28BYJ-48 모터는 5V를 사용하므로 5V 전원을 연결해야 한다.

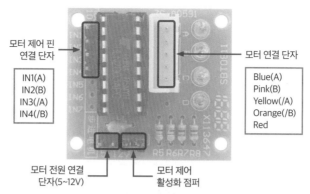

모터 제어 핀
연결 단자 →

모터 연결 단자

IN1(A)
IN2(B)
IN3(/A)
IN4(/B)

Blue(A)
Pink(B)
Yellow(/A)
Orange(/B)
Red

모터 전원 연결
단자(5~12V)

모터 제어
활성화 점퍼

그림 47.10 28BYJ-48 스텝 모터를 위한 모터 드라이버 모듈

그림 47.10의 모터 드라이버 모듈과 28BYJ-48 모터는 그림 47.11과 같이 연결한다. 모터 제어를 위해서는 2개 코일의 4개 연결선에 대한 전원 연결만을 제어하면 되므로 ULN2003의 7개 달링턴 트랜지스터 중 3개는 사용하지 않는다. 아두이노에서는 4개의 디지털 출력을 사용하여 28BYJ-48 모터에 가해지는 전원을 제어한다.

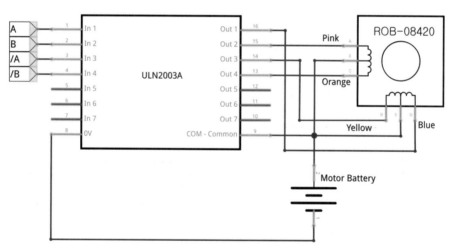

그림 47.11 ULN2003 칩과 28BYJ-48 스텝 모터 연결 회로도

스텝 모터에는 여러 방법으로 전원을 공급할 수 있다. 그림 47.12는 스텝 모터에 전원을 공급하는 방법을 나타낸 것으로, DC 모터나 서보 모터의 경우와 같다. 전원 연결 방법에 대한 자세한 내용은 45장 'DC 모터'를 참고하면 된다.

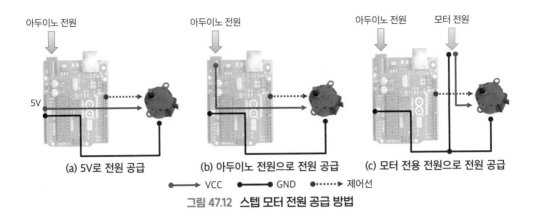

<table>
<tr><td>(a) 5V로 전원 공급</td><td>(b) 아두이노 전원으로 전원 공급</td><td>(c) 모터 전용 전원으로 전원 공급</td></tr>
</table>

→ VCC ●—● GND ●·····▷ 제어선

그림 47.12 스텝 모터 전원 공급 방법

표 47.9 모터 전원 공급 방법 비교

전원	전압(V)	최대 전류(mA)	비고
5V 핀	5	800	5V 모터만 구동 가능
아두이노 전원	6~12	아두이노 전원 허용 범위	가장 많이 사용하는 방법
모터 전용 전원	모터 전용 전원 허용 범위		가장 안정적인 구성 방법

아두이노 우노에 모터 드라이버 모듈과 모터를 그림 47.13과 같이 연결하자. 28BYJ-48 모터는 40mA의 전류만 사용하므로 아두이노의 5V 핀에 연결하여 사용할 수 있다.

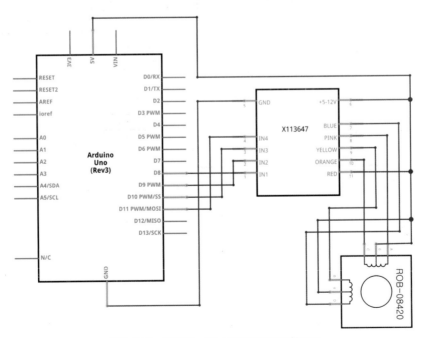

그림 47.13 28BYJ-48 스텝 모터 연결 회로도

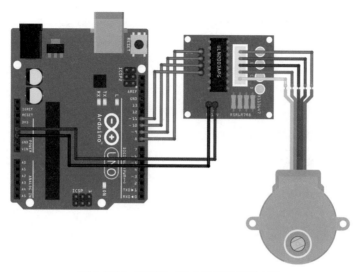

그림 47.14 **28BYJ-48 스텝 모터 연결 회로**

스케치 47.1은 표 47.2의 1상 여자 방식에 따라 4개 제어선에 전원을 가하여 모터를 회전하는
예다. 표 47.2의 순서에 따라 펄스를 가하면 시계 방향으로 회전하고, 표 47.2의 역순으로 펄스
를 가하면 반시계 방향으로 회전한다. 풀 스텝 모드를 사용하므로 2,048 스텝으로 1회전한다.

</> **스케치 47.1 스텝 모터 회전 – 1상 여자 방식**

```cpp
int pins[] = { 8, 9, 10, 11 };                      // A, B, /A, /B

void setup() {
    for (byte i = 0; i < 4; i++) {
        pinMode(pins[i], OUTPUT);                   // 모터 연결 핀을 출력으로 설정
    }
}

void loop() {
    forward();
    delay(500);

    backward();
    delay(500);
}

void forward() {
    for (int i = 0; i < 2048; i++) {                // 2048 스텝으로 1회전(증가 방향)
        int index = i % 4;
        for (byte j = 0; j < 4; j++) {
            if (j == index) {                       // A, B, /A, /B 순서로 하나만 HIGH
                digitalWrite(pins[j], HIGH);
            }
            else {                                  // 나머지 3개는 LOW
```

```
                digitalWrite(pins[j], LOW);
            }
        }
        delay(2);                           // 충분한 전력 전달을 위한 대기
    }
}

void backward() {
    for (int i = 2048; i > 0; i--) {        // 2048 스텝으로 1회전(감소 방향)
        int index = i % 4;
        for (byte j = 0; j < 4; j++) {
            if (j == index) {
                digitalWrite(pins[j], HIGH);
            }
            else {
                digitalWrite(pins[j], LOW);
            }
        }
        delay(2);
    }
}
```

스케치 47.1을 업로드하면 모터는 시계 방향으로 한 바퀴 회전한 후 반시계 방향으로 한 바퀴 회전하기를 반복한다. 스텝 모터의 동작 방식을 이해하는 것과 비교하면 실제 스텝 모터를 동작시키는 스케치는 순서에 따라 펄스를 가해주기만 하면 되므로 그렇게 복잡하지는 않다. 다만, 여자 방식과 회전 방향에 따라 펄스를 가하는 순서를 기억해야 하는 번거로움이 있다. 이런 불편한 점은 스텝 모터를 위한 전용 라이브러리를 사용하면 해결할 수 있다.

47.6 Stepper 라이브러리

아두이노에서는 기본 라이브러리의 하나로 Stepper 라이브러리를 제공하고 있다. Stepper 라이브러리를 사용하기 위해서는 먼저 헤더 파일을 포함해야 한다. '스케치 → 라이브러리 포함하기 → Stepper' 메뉴 항목을 선택하거나 #include 문을 직접 입력하면 된다.

```
#include <stepper.h>
```

Stepper 클래스에서는 스텝 모터 제어를 위해 다음과 같은 멤버 함수를 정의하고 있다.

- **Stepper**

```
Stepper::Stepper(int number_of_steps, int motor_pin_1, int motor_pin_2,
int motor_pin_3, int motor_pin_4)
 - 매개변수
    number_of_steps: 1회전을 위해 필요한 스텝 수
    motor_pin_1, motor_pin_2, motor_pin_3, motor_pin_4: 모터 연결 핀
 - 반환값: 없음
```

스텝 모터 제어를 위한 객체를 생성할 때는 1회전을 위해 필요한 스텝 수와 모터 연결 핀을 매개변수로 지정한다. 이 장에서 사용하는 모터는 단극 스텝 모터로, 4개 핀을 사용하여 모터를 제어한다. **4개의 핀을 사용하는 경우 Stepper 라이브러리는 2상 여자 방식을 사용하여 모터를 구동한다.**

- **setSpeed**

```
void Stepper::setSpeed(long whatSpeed)
 - 매개변수
    whatSpeed: 모터의 회전 속도
 - 반환값: 없음
```

스텝 모터의 회전 속도를 설정한다. 회전 속도는 분당 회전수로 지정한다.

- **step**

```
void Stepper::step(int number_of_steps)
 - 매개변수
    number_of_steps: 모터 회전을 위한 스텝, 즉 펄스의 수
 - 반환값: 없음
```

지정한 개수의 펄스를 가하여 모터를 회전한다. 펄스의 수로 양수를 지정하면 시계 방향으로, 음수를 지정하면 반시계 방향으로 회전한다. **step 함수는 블로킹**blocking **함수이므로 지정한 회전이 끝날 때까지 다른 작업을 수행할 수 없다.** 따라서 step 함수의 매개변수로 많은 스텝을 한 번에 지정하는 것은 피해야 한다.

스케치 47.2는 Stepper 라이브러리를 사용하여 스케치 47.1과 같은 동작을 하게 만든 예다. Stepper 라이브러리를 사용할 때 주의해야 할 점은 모터 제어를 위한 연결선의 순서다. 모터 제어선의 순서는 'A, B, /A, /B'로 전원을 가하는 코일 순서를 따르는 경우가 일반적이며, 이 장에서 사용하는 모터 드라이버 모듈에서 'IN1, IN2, IN3, IN4' 역시 이 순서를 따르고 있다. 하지만 Stepper 라이브러리에서 Stepper 객체를 생성할 때 핀의 순서는 'A, /A, B, /B' 순서로 지정해야 한다. 스케치 47.2를 업로드하고 모터의 회전을 확인해 보자.

</> 스케치 47.2 스텝 모터 회전 – Stepper 라이브러리

```
#include <Stepper.h>

const int stepsPerRevolution = 2048;              // 1회전을 위한 스텝 수

// 모터 드라이브에 연결된 핀 IN1, IN3, IN2, IN4 => A, /A, B, /B 순서
Stepper myStepper(stepsPerRevolution, 8, 10, 9, 11);

void setup() {
    myStepper.setSpeed(15);                       // 분당 회전 수
}
void loop() {
    myStepper.step(stepsPerRevolution);           // 정회전
    delay(500);

    myStepper.step(-stepsPerRevolution);          // 역회전
    delay(500);
}
```

47.7 Unistep2 라이브러리

아두이노에서 제공하는 Stepper 라이브러리를 사용하면 간단하게 28BYJ-48 단극 스텝 모터를 제어할 수 있다. 하지만 Stepper 라이브러리의 가장 큰 문제점은 step 함수가 블로킹 함수라는 점이다. 즉, step 함수에서 지정한 수의 스텝만큼 진행되기 전까지는 다른 작업을 진행할 수 없다. 하지만 스텝 모터를 위한 논블로킹non-blocking 방식의 스케치 작성을 지원하는 라이브러리가 여러 종류 공개되어 있으며, 이 장에서 사용하는 Unistep2 라이브러리 역시 그중 하나다. 라이브러리 매니저에서 'Unistep2'를 검색하여 Unistep2 라이브러리를 설치하자.

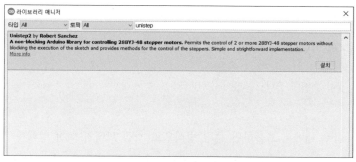

그림 47.15 Unistep2 라이브러리 검색 및 설치*

Unistep2 라이브러리는 28BYJ-48 스텝 모터 전용 라이브러리로, Unistep2 클래스를 사용하여 2개 이상의 28BYJ-48 모터를 논블로킹 방식으로 제어할 수 있다. Unistep2 라이브러리를 사용하기 위해서는 먼저 헤더 파일을 포함해야 한다. '스케치 → 라이브러리 포함하기 → Unistep2' 메뉴 항목을 선택하거나 #include 문을 직접 입력하면 된다.

```
#include <Unistep2.h>
```

Unistep2 클래스에서는 28BYJ-48 스텝 모터 제어를 위해 다음과 같은 멤버 함수를 정의하고 있다.

■ Unistep2

```
Unistep2::Unistep2(int _p1, int _p2, int _p3, int _p4, int _steps,
unsigned long _stepdelay)
 - 매개변수
    _p1, _p2, _p3, _p4: 모터 드라이버 모듈의 IN1, IN2, IN3, IN4와 연결할 핀
    _steps: 1회전을 위한 스텝 수
    _stepdelay: 스텝 사이의 시간 간격
 - 반환값: 없음
```

28BYJ-48 스텝 모터 제어를 위한 객체를 생성한다. 객체 생성을 위해서는 ULN2003 모터 드라이버 모듈과 연결할 핀을 지정해야 한다. 핀의 순서는 IN1에서 IN4까지 순서대로 지정하면 된다. _steps는 1회전을 위한 스텝 수로 **Unistep2 라이브러리에서는 1-2상 여자 방식의 하프 스텝 모드를 사용**하므로 4,096 스텝을 지정하면 된다. _stepdelay는 스텝 사이의 마이크로초 단위 시간 간격으로 Unisep2 라이브러리에서는 900μs를 추천하고 있다.

---

* https://en.reven.org/2018/01/29/unistep2/

- **run**

```
boolean Unistep2::run()
   - 매개변수: 없음
   - 반환값: 지정한 회전이 끝났으면 true를 반환
```

스케치의 loop 함수 내에서 호출하면 폴링 방식으로 스텝 모터의 회전 상태를 갱신한다. move 나 moveTo 함수로 지정한 회전이 끝나 모터가 정지하면 true를 반환하지만, 모터가 회전 중일 때 false를 반환하지는 않는다. 따라서 지정한 회전의 종료 여부 판단을 위해 반환값을 사용하는 것은 바람직하지 않다. 모터의 정지 여부를 알아내기 위해서는 stepsToGo 함수를 사용하면 된다.

- **move**

```
void Unistep2::move(int steps)
   - 매개변수
      steps: 모터가 회전할 스텝 수
   - 반환값: 없음
```

모터가 회전할 스텝 수를 지정한다. 회전 방향은 steps가 양수이면 시계 방향, 음수이면 반시계 방향으로 정해진다.

- **moveTo**

```
void Unistep2::moveTo(unsigned int pos)
   - 매개변수
      pos: 회전할 위치
   - 반환값: 없음
```

모터가 회전할 위치를 지정한다. 위치는 1회전을 위해 필요한 스텝 수, 즉 생성자에서 지정한 _steps에 따라 [0, _steps) 범위에서 지정할 수 있다. 회전할 위치를 지정하면 모터는 최단 경로로 움직이며 그에 따라 회전 방향이 자동으로 결정된다.

- **currentPosition**

```
int Unistep2::currentPosition()
   - 매개변수: 없음
   - 반환값: 모터의 현재 위치
```

모터의 현재 위치를 생성자에서 지정한 _steps에 따라 [0, _steps] 범위의 값으로 반환한다.

■ stepsToGo

> int Unistep2::stepsToGo()
> - 매개변수: 없음
> - 반환값: 목표 위치까지 회전하기 위해 필요한 스텝 수

현재 위치에서 목표 위치까지 회전하는 데 필요한 스텝 수를 반환한다. 시계 방향 회전이 필요하면 양수를, 반시계 방향 회전이 필요하면 음수를 반환한다. 목표 위치까지 회전하여 모터가 정지한 경우에는 0을 반환한다.

스케치 47.3은 스텝 모터를 시계 방향과 반시계 방향으로 회전하기를 반복함과 동시에 1초 간격으로 13번 핀에 연결된 LED를 점멸하는 예다. 논블로킹 방식으로 스케치를 작성하려면 LED 점멸을 위해서도 delay 함수가 아닌 millis 함수를 사용해야 한다는 점도 기억해야 한다.

</> 스케치 47.3 스텝 모터 회전 – Unistep2 라이브러리

```
#include <Unistep2.h>

#define STEPS_PER_REV    4096                // 1회전을 위한 스텝 수
#define INTERVAL         1000                // LED 점멸 간격

int pinLED = 13;                             // LED 연결 핀
boolean stateLED = false;                    // LED 상태

// (IN1, IN2, IN3, IN4, 1회전을 위한 스텝 수, 스텝 사이의 지연 시간(us))
Unistep2 stepper(8, 9, 10, 11, STEPS_PER_REV, 900);
int direction = 1;                           // 스텝 모터 회전 방향
unsigned long time_previous;

void setup() {
    pinMode(pinLED, OUTPUT);                 // LED 연결 핀을 출력으로 설정
    digitalWrite(pinLED, stateLED);

    Serial.begin(9600);

    time_previous = millis();
}

void loop() {
    unsigned long time_current = millis();
    // INTERVAL 시간 간격을 LED 상태를 반전시켜 LED에 출력
    if (time_current - time_previous >= INTERVAL) {
        time_previous = time_current;
```

```
    stateLED = !stateLED;
    digitalWrite(pinLED, stateLED);

    Serial.print("* LED의 상태가 ");
    Serial.print(stateLED ? "ON " : "OFF ");
    Serial.println("상태로 바뀌었습니다.");
  }

  stepper.run();                              // 폴링 방식의 스텝 모터 상태 갱신

  if (stepper.stepsToGo() == 0) {             // 이전에 지정한 회전이 끝난 경우
    direction *= -1;                          // 회전 방향을 반대로 설정
    stepper.move(STEPS_PER_REV * direction);
    Serial.println("** 스텝 모터가 회전 방향을 바꾸었습니다.");
  }
}
```

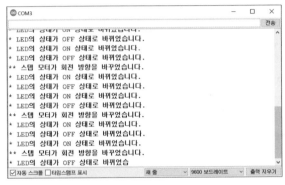

그림 47.16 스케치 47.3 실행 결과

47.8 맺는말

스텝 모터는 DC 모터, 서보 모터와 함께 아두이노에서 흔히 사용되는 모터로, 일정 각도를 회전
하고 멈추는 특징이 있다. 스텝 모터는 하나의 펄스에 의해 회전하는 각도, 즉 분할각이 정해져
있어 피드백 없이도 정확한 위치 제어가 가능하므로 위치 제어가 필요한 기기에 많이 사용되고 있
다. 주변에서 쉽게 볼 수 있는 스텝 모터로는 3D 프린터에 사용된 모터가 대표적이다.

스텝 모터는 영구자석을 사용하는 모터가 대부분이며, 영구자석 모터는 4개의 연결선을 갖는 양극 스텝 모터와 6개의 연결선을 갖는 단극 스텝 모터로 나눌 수 있다. **단극 스텝 모터와 양극 스텝 모터의 선택은 제어의 간편함과 토크 중 하나를 선택하는 것이다.** 양극 스텝 모터는 코일 전체를 사용하므로 같은 크기의 단극 스텝 모터와 비교했을 때 약 30% 토크가 크지만, 단극 스텝 모터와 비교했을 때 복잡한 제어 회로가 필요하고 가격이 비싸다는 단점이 있다. **어떤 모터를 사용해야 할지 결정하지 못했다면 제어가 간편한 단극 스텝 모터를 추천한다.** 단극 스텝 모터와 양극 스텝 모터는 공통 연결선에서만 차이가 있으므로 일부 단극 스텝 모터는 그대로 또는 모터의 일부를 개조하여 양극 스텝 모터로 사용할 수 있다. 이 장에서 사용한 28BYJ-48 모터 역시 공통 연결선을 잘라 양극 스텝 모터로 사용할 수 있으며, 검색을 통해 개조 방법을 쉽게 찾을 수 있다.

1 스케치 47.1은 1상 여자 방식을 사용하여 2,048 스텝에 모터가 1회전하는 스케치다. 반면, 스케치 47.2에서 사용한 Stepper 라이브러리는 2상 여자 방식을 사용하며, 스케치 47.3에서 사용한 Unistep2 라이브러리는 1-2상 여자 방식을 사용한다. 표 47.4를 참고하여 1-2상 여자 방식으로 4,096 스텝에 모터가 1회전하도록 스케치 47.1을 수정해 보자.

2 Unistep2 라이브러리는 논블로킹 방식으로 스텝 모터를 제어할 수 있게 해주지만 회전 속도를 제어하는 함수는 제공하지 않는다. 하지만 생성자에서 지정한 스텝 사이의 시간 간격이 멤버 변수에 저장되므로 이를 변경하는 멤버 함수를 작성하면 간단하게 속도를 변경할 수 있다. 라이브러리가 설치된 디렉터리에서 Unistep2.h 파일을 찾고, 클래스 정의 중 public 부분에 스텝 사이의 시간 간격을 설정하는 setStepTime 함수를 추가하자.

```
void setStepTime(unsigned long _stepdelay) {
    cli();                                      // 시간 간격 변경 중 인터럽트 금지
    steptime = _stepdelay;                      // 시간 간격 변경
    sei();                                      // 시간 간격 변경 후 인터럽트 허용
};
```

28BYJ-48 모터를 그림 47.13과 같이 연결하고 가변저항을 A0 핀에 연결하자. 가변저항의 값에 따라 setStepTime 함수를 사용하여 스텝 사이의 시간 간격을 900~2000μs 사이로 변경하여 회전 속도를 변경하는 스케치를 작성해 보자. 이때 스텝 모터는 계속해서 회전하고 있어야 한다.

3 2개의 코일을 사용하는 영구자석 모터의 경우 1.8°의 분할각을 갖는 경우가 많으므로 200 스텝에 1회전한다. 200 스텝으로 1회전하는 경우, 특히 저속으로 회전하는 경우 모터는 이산적으로 움직이게 되므로 모터의 진동이나 소음 등이 발생할 수 있다. 이러한 문제를 줄이는 방법 중 하나가 마이크로 스테핑microstepping을 사용하는 것이다. 마이크로 스테핑은 1.8°의 풀 스텝을 여러 개의 마이크로 스텝으로 나누는 방법이다. 하지만 마이크로 스테핑은 모터가 지원하는 기능이 아니라 모터 드라이버 모듈이 지원하는 기능이다. 마이크로 스테핑의 원리가 무엇인지 알아보자.

릴레이

릴레이는 낮은 전압으로 높은 전압을 제어할 수 있게 해주는 스위치의 일종으로, 아두이노의 3.3V 나 5V 신호로 220V를 사용하는 가전제품을 제어하기 위해 사용할 수 있다. 이 장에서는 릴레이의 동작 원리와 릴레이 중에서 흔히 볼 수 있는 전기기계식 릴레이 및 반도체 릴레이의 사용 방법을 알아본다.

이 장에서
사용할 부품

아두이노 우노	× 1 ➡ 릴레이 테스트
전기기계식 릴레이	× 1 ➡ C 타입 접점
반도체 릴레이	× 1 ➡ A 타입 접점
LED	× 1
220Ω 저항	× 1
블루투스 모듈	× 1 ➡ HC-06 슬레이브

릴레이의 동작 원리

릴레이는 스위치의 일종이다. 하지만 작동 원리와 용도는 흔히 사용되는 스위치와는 차이가 있다. 일반적으로 스위치라고 하면 손으로 열거나 닫는 조작을 생각하겠지만, 릴레이는 손으로 조작하는 스위치가 아니라 전기 신호로 조작하는 스위치를 말한다. 릴레이는 여러 방식으로 만들어진다. 릴레이 중 흔히 볼 수 있는 릴레이는 **전기기계식 릴레이**electromechanical relay로, **코일에 전류를 흘렸을 때 철심이 자석이 되는 성질을 이용**한다. 그림 48.1은 전기기계식 릴레이의 구조를 나타낸 것이다. 전기기계식 릴레이 내부에 있는 코일에 전기를 연결하면 철심은 자석이 되고 스위치를 끌어당겨 스위치가 닫히고, 전기를 연결하지 않으면 스위치는 제자리로 돌아가 스위치가 열린다.

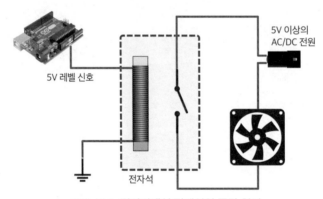

5V 레벨 신호

5V 이상의
AC/DC 전원

전자석

그림 48.1 전기기계식 릴레이의 동작 원리

전기기계식 릴레이와 달리 반도체 릴레이SSR: Solid State Relay는 스위치와 같은 움직이는 부품 없이 만들어진 릴레이로 무접점 릴레이라고도 한다. **반도체 릴레이는 전기기계식 릴레이에서 전자석의 역할을 반도체가 대신하도록 만들어져 있어** 사용의 편이성과 안정성이 높아 많이 사용되고 있다.

반도체 릴레이를 제작하는 방식에는 여러 가지가 있으며 포토커플러photocoupler를 사용하는 방식이 그중 하나다. 포토커플러는 빛을 통해 스위치 개폐를 제어한다. 포토커플러는 발광 소자와 수광 소자로 이루어져 있으며, 아두이노에서 발광 소자에 신호를 가하면 발광 소자의 빛에 의해 수광 소자에 약한 전류가 생성되고 이를 통해 트랜지스터의 스위치 기능을 제어한다. 전기기계식 릴레이는 기계적으로 접점을 닫거나 열기 때문에 고속으로 동작하기는 어렵지만, 반도체 릴레이는 반응 속도가 빨라 수 밀리초 내에 스위치를 열거나 닫을 수 있어 전기기계식 릴레이보다 고속 제어에 유리하다.

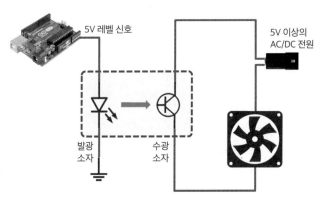

발광 소자   수광 소자

5V 레벨 신호   5V 이상의 AC/DC 전원

그림 48.2 포토커플러를 사용한 반도체 릴레이의 동작 원리

릴레이를 사용하는 이유 중 하나는 전기적으로 독립된 회로를 연동시킬 수 있기 때문이다. 일반적으로 아두이노에 주변장치를 연결하는 경우에는 아두이노의 GND와 주변장치의 GND를 연결해야 한다. 하지만 **릴레이를 사용하는 경우에는 전기적으로 독립된 두 회로를 사용하므로 두 회로의 GND를 연결하지 않는다.** 그림 48.1이나 그림 48.2의 연결에서 왼쪽의 아두이노와 오른쪽의 팬은 연결되어 있지 않다.

릴레이를 사용하면 5V를 사용하는 아두이노로 높은 전압이나 전류를 사용하는 기기를 제어할 수 있으므로 산업용 기계나 가전제품의 제어에 흔히 사용된다. 릴레이로 제어하는 장치는 대부분 높은 전압이나 전류를 사용하는 만큼 안전에 주의해야 한다. 또한 **릴레이의 종류에 따라 제어할 수 있는 최대 전압과 최대 전류가 정해져 있으므로 필요한 용량을 반드시 확인하고 사용해야 한다.**

48.2 릴레이를 사용한 LED 제어

이 장에서는 전기기계식 릴레이와 반도체 릴레이 두 가지를 사용한다. 두 릴레이는 동작 원리 및 제작 방식에서는 차이가 있지만, 릴레이의 기본적인 제어 방식과 동작은 차이가 없다. 릴레이는 스위치라는 점을 잊지 말자. 그림 48.3은 아두이노를 이용하여 팬의 전원을 제어하기 위한 구성도를 나타낸 것으로, 릴레이와 아두이노 대신 스위치를 연결하면 손으로 스위치를 조작하는 것과 같음을 알 수 있다.

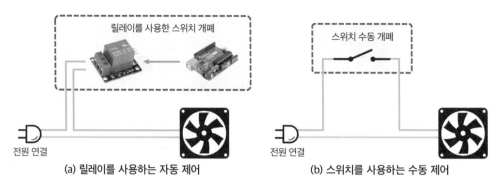

(a) 릴레이를 사용하는 자동 제어   (b) 스위치를 사용하는 수동 제어

그림 48.3 선풍기 제어 구성도

그림 48.4는 이 장에서 사용하는 전기기계식 릴레이를 나타낸다.

그림 48.4의 릴레이에서 왼쪽 3개의 연결 단
자는 제어하고자 하는 장치를 연결하는 단자
이며, 오른쪽의 3개 핀은 아두이노와 연결하
는 핀이다. 아두이노와 연결하는 핀은 전원
핀과 제어 핀으로 이루어진다. 이 장에서 사
용하는 릴레이는 5V 동작 전압을 가지므로
아두이노의 전원을 연결하면 된다. **릴레이의**

그림 48.4 전기기계식 릴레이

동작 전압과 릴레이로 제어하는 장치의 동작 전압은 별개라는 점을 기억해야 한다. 릴레이 동작 전압은
전자석을 동작시키기 위한 전압이라고 생각하면 된다. DATA 핀으로는 제어 신호를 가하여 릴레
이를 열고 닫을 수 있다.

왼쪽의 단자에는 제어하고자 하는 장치의 전원선 2개 중 하나를 잘라 자른 두 선을 연결한다. 이때
COMMON은 공통 연결 단자로, 자른 2개의 선 중 하나를 연결한다. 자른 2개의 선 중 나머
지 하나는 NO나 NC에 연결한다. NO는 'Normal Open'의 약어로, 릴레이가 동작하지 않을
때 열린 상태에 있음을 나타낸다. NO에 선을 연결하고 DATA 핀으로 HIGH를 출력하면 NO
는 COMMON과 연결된다. 반면, NC는 'Normal Close'의 약어로, 릴레이가 동작하지 않을 때
닫힌 상태에 있음을 나타낸다. NC에 선을 연결하고 DATA 핀으로 HIGH를 출력하면 NC와
COMMON의 연결은 끊어진다.

그림 48.5와 같이 릴레이를 통해 LED를 연결하자. 220V를 사용하는 가전제품을 제어할 때도 연
결 방법이나 아두이노에 업로드하는 스케치는 같다. LED를 위한 전원선 중 하나는 COMMON
에 연결하고 다른 하나는 NO에 연결했으므로 릴레이 전원이 연결되지 않았거나 DATA 핀으로

LOW를 출력하면 스위치가 열려 LED는 꺼지고, 릴레이 전원을 연결하고 DATA 핀으로 HIGH를 출력하면 스위치가 닫혀 LED가 켜진다. 그림 48.5에서 주의할 점은 LED의 전원과 아두이노의 전원이 별개로 주어지고 GND가 함께 연결되어 있지 않다는 점이다*.

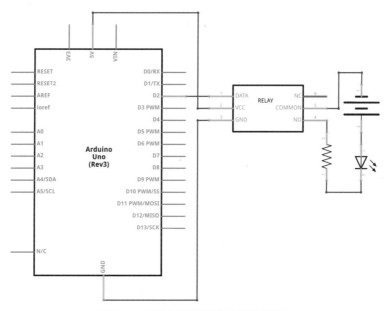

그림 48.5 전기기계식 릴레이 연결 회로도

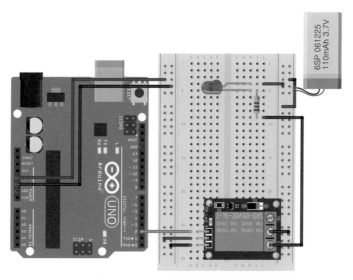

그림 48.6 전기기계식 릴레이 연결 회로

---

* 그림 48.5의 회로도는 전기적으로 분리된 두 회로를 릴레이를 통해 연계시킬 수 있다는 점을 보이기 위해 별도의 LED 전원을 사용하는 것으로 했으며, 실제 고전압이나 고전류 기기를 연결할 때 연결하는 방법이기도 하다. 하지만 테스트에서는 LED의 전원을 아두이노의 VCC와 GND로 연결해서 사용할 수 있다.

스케치 48.1은 디지털 출력 핀으로 릴레이에 연결된 LED를 제어하는 예다. 시리얼 모니터에서 'o'나 'O'를 입력하면 스위치가 닫히면서 LED가 켜지고, 그 외의 문자를 입력하면 스위치가 열리면서 LED가 꺼진다. 스케치 48.1을 테스트할 때 주의할 점은 시리얼 모니터에서 'line ending 없음'을 선택하여 개행문자가 전송되지 않게 해야 한다는 점이다. 개행문자가 선택되면 LED가 켜진 후 개행문자에 의해 릴레이가 열리면서 LED가 바로 꺼진다. 또는 릴레이를 닫기 위해 특별한 문자를 사용하는 것처럼 릴레이를 열기 위해 특별한 문자를 사용하는 것도 해결책이 될 수 있다.

</> 스케치 48.1 시리얼 모니터로 릴레이 제어

```
int relay_control = 2;                          // 릴레이 제어 핀 연결

void setup() {
    Serial.begin(9600);

    pinMode(relay_control, OUTPUT);             // 릴레이 제어 핀을 출력으로 설정
    digitalWrite(relay_control, LOW);           // 열린 상태에서 시작

    Serial.println("* 릴레이는 열린 상태입니다.");
}

void loop() {
    if (Serial.available()) {                   // 시리얼 모니터에서 문자 수신
        char c = Serial.read();

        Serial.print(String('\'') + c + "\' : ");
        if (c == 'o' || c == 'O') {             // 'o' 또는 'O': 릴레이 닫기
            Serial.println("릴레이를 닫습니다.");
            digitalWrite(relay_control, HIGH);
        }
        else {                                  // 그 외의 모든 문자: 릴레이 열기
            Serial.println("릴레이를 엽니다.");
            digitalWrite(relay_control, LOW);
        }
    }
}
```

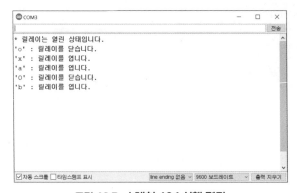

그림 48.7 스케치 48.1 실행 결과

전기기계식 릴레이에는 물리적인 스위치가 포함되어 있어 닫히거나 열릴 때 딸깍거리는 소리를 들을 수 있다. 하지만 반도체 릴레이는 스위치 대신 스위치 역할을 하는 반도체 소자가 포함되어 있어 열리거나 닫힐 때 소리가 나지 않는다. 그림 48.8은 반도체 릴레이의 예를 보여준다.

그림 48.8 반도체 릴레이

그림 48.8의 반도체 릴레이는 아두이노와 2개의 핀만 연결하면 되고 제어하고자 하는 장치와 연결하는 단자 역시 2개뿐이다. 전기기계식 릴레이에서는 전자석에 전원을 공급하기 위해 VCC 연결이 필요하지만, 반도체 릴레이에서는 제어 핀으로 발광 소자를 직접 제어하므로 별도의 전원이 필요하지 않다. 제어하고자 하는 장치와 연결하는 단자 역시 NO(Normal Open)만 지원하므로 2개의 연결 단자만 존재한다. 반도체 릴레이의 연결 방법은 VCC 연결을 제외하면 그림 48.5의 연결과 같다. 반도체 릴레이 제어를 위한 스케치는 스케치 48.1을 그대로 사용하면 되고, 실행 결과 역시 그림 48.7과 같다.

48.3 블루투스를 통한 릴레이 제어

릴레이는 원격 제어를 위해서도 흔히 사용된다. 와이파이를 사용하여 연결된 경우라면 집 밖에서 실내에 있는 가전제품을 릴레이를 사용하는 제어하는 예를 흔히 볼 수 있다. 여기서는 블루투스를 통해 무선으로 릴레이를 제어하는 방법을 살펴보자. 스마트폰에서는 'Serial Bluetooth Terminal'을 사용한다. 블루투스 설정과 Serial Bluetooth Terminal 사용 방법에 대해서는 21장 '블루투스'를 참고하면 된다. 먼저 릴레이와 블루투스 모듈을 그림 48.9와 같이 아두이노 우노에 연결한다.

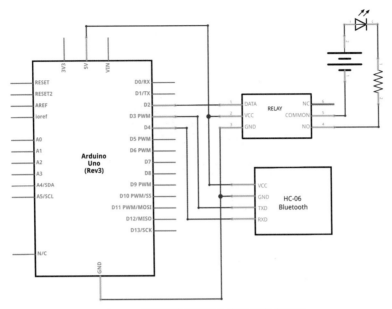

그림 48.9 릴레이와 블루투스 모듈 연결 회로도

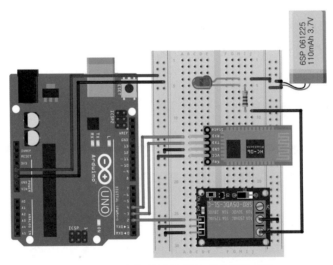

그림 48.10 릴레이와 블루투스 모듈 연결 회로

블루투스 중에서도 SPP_{Serial Port Profile}는 유선 시리얼 통신을 대체하려는 목적으로 만들어졌으므로 UART 시리얼 통신을 사용하는 스케치를 간단히 블루투스를 사용하는 스케치로 바꿀 수 있다. 시리얼 모니터로 릴레이를 제어하는 스케치 48.1을 블루투스를 사용하는 스케치로 바꾸기 위해서는 Serial 클래스를 SoftwareSerial 클래스로 바꾸는 것 외에는 변경할 부분이 거의 없다. 스케치 48.2는 스케치 48.1에 블루투스를 통해 릴레이를 제어하는 코드를 추가한 것으로, 실행 결과는 시리얼 모니터와 스마트폰 양쪽으로 모두 전송되게 했다.

```
#include <SoftwareSerial.h>

SoftwareSerial BTSerial(3, 4);                   // 소프트웨어 시리얼 포트(RX, TX)
int relay_control = 2;                           // 릴레이 제어 핀 연결

void setup() {
    Serial.begin(9600);
    BTSerial.begin(9600);

    pinMode(relay_control, OUTPUT);              // 릴레이 제어 핀을 출력으로 설정
    digitalWrite(relay_control, LOW);            // 열린 상태에서 시작

    Serial.println("* 릴레이는 열린 상태입니다.");
    BTSerial.println("* 릴레이는 열린 상태입니다.");
}

void loop() {
    if (BTSerial.available()) {                  // 블루투스로 문자 수신
        char c = BTSerial.read();

        Serial.print(String('\'') + c + "\' : ");
        BTSerial.print(String('\'') + c + "\' : ");
        if (c == 'o' || c == 'O') {              // 'o' 또는 'O': 릴레이 닫기
            Serial.println("릴레이를 닫습니다.");
            BTSerial.println("릴레이를 닫습니다.");
            digitalWrite(relay_control, HIGH);
        }
        else {                                   // 그 외의 모든 문자: 릴레이 열기
            Serial.println("릴레이를 엽니다.");
            BTSerial.println("릴레이를 엽니다.");
            digitalWrite(relay_control, LOW);
        }
    }
}
```

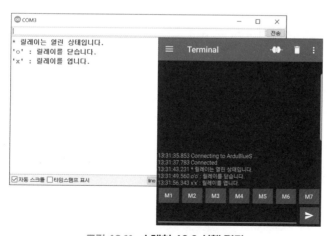

그림 48.11 스케치 48.2 실행 결과

스케치 48.2는 블루투스로 해당 문자를 수신하면 LED를 켜거나 끄는 기능을 한다. 이를 바탕으로 다른 방식으로 LED를 제어하는 스케치를 작성해 보자. 블루투스로 LED를 제어하는 동작은 다음과 같다.

① 블루투스로 문자 'o'나 'O'를 수신하면 5초 동안 LED를 0.5초 간격으로 깜빡거리는 동작을 시작한다.

② LED가 깜빡거리고 있는 동안 다시 문자 'o'나 'O'를 수신하면 5초 동안 LED를 깜빡거리는 동작을 처음부터 다시 시작한다.

③ LED가 깜빡거리고 있는 동안 문자 'x'나 'X'를 수신하면 LED를 깜빡거리는 동작을 즉시 중지한다.

위의 세 가지 동작은 LED가 꺼진 상태와 LED가 깜빡이는 상태로 나눌 수 있으며, LED가 깜빡이는 상태는 다시 LED가 켜진 상태와 LED가 꺼진 상태로 나눌 수 있다. 즉, blinking_state와 led_state라는 2개의 상태 변수를 통해 LED의 상태를 나타낼 수 있다.

표 48.1 LED 점멸 제어에서의 LED 상태

led_state \ blinking_state	true (점멸 상태)	false (꺼진 상태)
true(LED 켜진 상태)	LED가 깜빡이는 상태에서 현재 LED가 켜져 있음	LED가 꺼진 상태
false(LED 꺼진 상태)	LED가 깜빡이는 상태에서 현재 LED가 꺼져 있음	

스케치 48.3은 2개의 상태 변수를 사용하여 LED를 제어하는 예다. 제어 문자는 스마트폰에서 블루투스로 전송하고, 상태가 바뀔 때 시리얼 모니터와 스마트폰 양쪽으로 모두 메시지를 전송하게 했다.

</> 스케치 48.3 블루투스와 릴레이로 LED 제어

```
#include <SoftwareSerial.h>

const unsigned long BLINKING_INTERVAL = 500;          // LED 점멸 간격
const unsigned long TOTAL_BLINKING_TIME = 5000;       // 5초 동안 LED 점멸

SoftwareSerial BTSerial(3, 4);                        // 소프트웨어 시리얼 포트(RX, TX)
int relay_control = 2;                                // 릴레이 제어 핀 연결

boolean blinking_state = false, led_state = false;
unsigned long time_blinking_start;                    // LED 점멸을 시작한 시간
unsigned long time_last_led_invert;                   // 마지막으로 LED 상태를 바꾼 시간
```

```
void setup() {
    Serial.begin(9600);
    BTSerial.begin(9600);

    pinMode(relay_control, OUTPUT);                     // 릴레이 제어 핀을 출력으로 설정
    digitalWrite(relay_control, LOW);                   // 꺼진 상태에서 시작

    Serial.println("* LED는 꺼진 상태입니다.");
    BTSerial.println("* LED는 꺼진 상태입니다.");
}

void loop() {
    unsigned long time_current = millis();

    if (BTSerial.available()) {                         // 블루투스로 문자 수신
        char c = BTSerial.read();

        if (c == 'o' || c == 'O') {                     // 점멸 시작 명령
            if (blinking_state == false) {              // 꺼진 상태인 경우
                blinking_state = true;                  // 점멸 상태로 설정

                time_blinking_start = time_current;     // 점멸 시작 시간
                time_last_led_invert = time_current;    // LED 상태 변경 시간

                led_state = true;                       // LED를 켜서 점멸 시작
                digitalWrite(relay_control, led_state);

                Serial.println("* LED 점멸을 시작합니다.");
                BTSerial.println("* LED 점멸을 시작합니다.");
            }
            else {                                      // 이미 점멸 상태인 경우
                time_blinking_start = millis();         // 5초 다시 시작

                Serial.println("* 5초를 다시 시작합니다.");
                BTSerial.println("* 5초를 다시 시작합니다.");
            }
        }
        else if (c == 'x' || c == 'X') {                // 점멸 종료 명령
            if (blinking_state == true) {               // 점멸 상태인 경우
                blinking_state = false;                 // 꺼진 상태로 설정
                led_state = false;                      // LED 끄기
                digitalWrite(relay_control, led_state);

                Serial.println("* 종료 명령으로 LED 점멸을 종료합니다.");
                BTSerial.println("* 종료 명령으로 LED 점멸을 종료합니다.");
            }
        }
    }

    if (blinking_state) {                               // 점멸 상태인 경우
        // 5초가 지나면 꺼진 상태로 설정
        if (time_current - time_blinking_start >= TOTAL_BLINKING_TIME) {
```

```
            blinking_state = false;                        // 꺼진 상태로 설정
            led_state = false;                             // LED는 꺼진 상태로 설정
            digitalWrite(relay_control, led_state);

            Serial.println("* 시간 만료로 LED 점멸을 종료합니다.");
            BTSerial.println("* 시간 만료로 LED 점멸을 종료합니다.");
        }
        // 점멸 상태일 때 0.5초 간격으로 LED 상태를 반전
        else if (time_current - time_last_led_invert >= BLINKING_INTERVAL) {
            time_last_led_invert = time_current;
            led_state = !led_state;                        // LED 상태 반전
            digitalWrite(relay_control, led_state);

            Serial.print("* LED 상태를 ");
            Serial.print(led_state ? "ON으로 " : "OFF로 ");
            Serial.println("설정합니다.");
            BTSerial.print("* LED 상태를 ");
            BTSerial.print(led_state ? "ON으로 " : "OFF로 ");
            BTSerial.println("설정합니다.");
        }
    }
}
```

그림 48.12는 스케치 48.3의 실행 결과로 LED 점멸을 시작한 후 5초 이내에 'o'를 전송하여 점멸을 다시 시작하고 다시 5초 이내에 'x'를 전송하여 강제로 LED 점멸을 끝낸다. 두 번째 LED 점멸은 5초가 지나 시간 만료로 종료된다.

그림 48.12 스케치 48.3 실행 결과

48.4 맺는말

릴레이는 스위치의 일종이지만 물리적으로 개폐하는 스위치가 아니라 전기적인 신호로 개폐하는 스위치다. 특히 릴레이는 낮은 전압으로 높은 전압이나 전류를 제어할 수 있으므로 아두이노를 사용하여 가전제품이나 산업용 기계 등을 제어하기 위한 용도로 흔히 사용된다. 릴레이는 전원선 중 한 선만을 잘라서 연결하는 방식이 일반적으로 사용되며, 아두이노와 접지를 공통으로 연결할 필요가 없어 마이크로컨트롤러와 제어 대상이 되는 장치가 전기적으로 독립되어 있다는 특징이 있다. 하지만 릴레이는 종류에 따라 제어할 수 있는 최대 전압과 전류가 정해져 있으므로 제어하고자 하는 장치의 전압과 전류에 맞는 릴레이를 선택하여 사용해야 한다. 최근 사물인터넷과 관련하여 홈오토메이션home automation을 위한 원격 제어에도 릴레이가 사용되는 등 적용 분야가 넓어지고 있으며 앞으로 활용 범위는 더 넓어질 것으로 생각된다.

1 스케치 48.1은 시리얼 모니터로 'o' 또는 'O'를 전송하면 릴레이를 닫고, 그 외의 문자를 전송하는 릴레이를 연다. 따라서 개행문자에 의해 릴레이가 열리지 않도록 시리얼 모니터에서 개행문자가 전송되지 않게 해야 한다. 만약 릴레이를 열기 위해 'x' 또는 'X' 문자를 전송하게 한다면 시리얼 모니터의 추가 문자 전송 옵션 설정과 무관하게 릴레이를 제어할 수 있다. 릴레이를 열거나 닫기 위해 지정된 문자를 사용하도록 스케치 48.1을 수정해 보자.

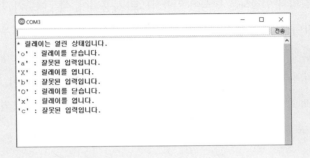

2 스케치 48.2는 릴레이가 열리고 닫히는 것을 블루투스로 제어하는 예다. 스케치 48.2를 바탕으로 릴레이를 여닫는 시간 간격을 조절하여 릴레이에 연결된 LED의 점멸 간격을 조절하는 스케치를 작성해 보자. 릴레이를 여닫는 시간 간격은 500밀리초에서 2000밀리초 사이로 하고 문자열의 끝을 나타내기 위해 '\n' 문자를 사용한다. 잘못된 값이 입력되면 여닫는 시간 간격은 변경하지 않으며 시작할 때의 점멸 간격은 1초로 한다.

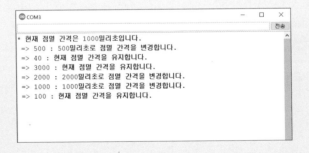

3 전기기계식 릴레이와 비교했을 때 반도체 릴레이는 움직이는 부품이 없으므로 마모가 없어 수명이 길고, 스위치 개폐 시간이 짧으며, 소음 없이 동작하고, 전기적 특성 역시 우수하다. 하지만 전기기계식 릴레이 역시 여전히 많이 사용되고 있다. 반도체 릴레이와 비교했을 때 전기기계식 릴레이의 장점은 무엇인지 알아보자.

스피커와 사운드

아두이노 우노에 사용된 ATmega328 마이크로컨트롤러는 아날로그 신호 출력을 지원하지 않으므로 소리를 내기 위해 아날로그 신호를 사용할 수 없다. 대신 tone 함수를 사용하면 디지털 신호를 사용하여 스피커나 버저로 단음을 낼 수 있고, MP3 플레이어 모듈을 사용하면 SD 카드에 저장된 음악 파일 재생을 제어할 수 있다. 이 장에서는 아두이노에서 소리를 내는 여러 방법을 살펴본다.

이 장에서 사용할 부품

아두이노 우노	× 1 ➡ 소리 재생 테스트
스피커	× 1 ➡ 8Ω 1W
1kΩ 저항	× 2 ➡ 스피커 연결 및 DFPlayer Mini 연결
액티브 버저	× 1
패시브 버저	× 1
DFPlayer Mini	× 1 ➡ MP3 파일 재생 모듈
마이크로 SD 카드	× 1 ➡ MP3 파일 저장

아두이노 우노로 소리 만들기

스피커를 구성하는 주요 부품은 진동판, 영구자석 그리고 보이스 코일이다. 보이스 코일에 전기 신호를 흘려보내면 코일에는 자기장이 형성되고, 영구자석과 코일 사이에 인력과 척력이 발생하여 진동판을 밀거나 당겨 진동이 발생하며, 이 진동으로 소리가 만들어진다.

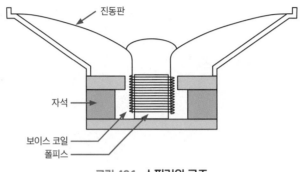

그림 49.1 스피커의 구조

이처럼 소리를 만들려면 진동을 발생시키면 된다. 낮은 주파수로 천천히 진동시키면 저음이 만들어지고, 높은 주파수로 빨리 진동시키면 고음이 만들어진다. 같은 주파수라도 진폭이 커지면 큰 소리가 만들어지고, 진폭이 작아지면 작은 소리가 만들어진다. 즉, **스피커로 소리를 낼 수 있는 신호는 주파수와 진폭을 변화시킬 수 있는 아날로그 신호다.** 하지만 아두이노 우노에 사용된 ATmega328 마이크로컨트롤러는 아날로그 신호 출력을 지원하지 않으며 아날로그 신호와 유사한 효과를 내는 PWMPulse Width Modulation 신호 출력만을 지원한다. PWM 신호로 스피커에서 소리를 낼 수 있을까? PWM 신호는 주파수를 변화시킬 수 있지만, 진폭을 변화시킬 수는 없다. 따라서 **PWM 신호로 음 높이를 변화시키는 것은 가능하지만 소리의 크기를 직접 바꿀 수는 없으므로, 가변저항 같은 부품을 사용하여 소리의 크기를 변화시켜야 한다.** PWM 신호를 사용하여 단음을 재생할 수 있도록 아두이노에서는 tone 함수를 제공하고 있으므로 스피커만 연결하면 간단한 멜로디를 재생할 수 있다.

효과음을 만들기 위해 주로 사용하는 버저, 마이크로 SD 카드에 저장된 음악을 재생하는 MP3 플레이어 모듈 등 아두이노와 함께 소리를 만들기 위해 다양한 주변장치를 사용할 수 있다. 이 장에서는 아두이노의 tone 함수를 사용하는 방법과 MP3 플레이어 모듈을 사용하여 다양한 소리를 재생하는 방법을 살펴본다.

tone 함수 사용

아두이노에서 PWM 신호를 사용하여 음을 재생할 수 있게 해주는 함수가 tone 함수다.

■ **tone**

```
void tone(uint8_t pin, unsigned int frequency, unsigned long duration = 0)
 - 매개변수
    pin: 핀 번호
    frequency: 출력 주파수
    duration: 밀리초 단위의 출력 지속 시간
 - 반환값: 없음
```

지정한 번호의 핀으로 50% 듀티 사이클과 지정된 주파수를 갖는 구형파square wave를 지정된 시간 동안 출력하여 단음을 재생한다. 지속 시간이 지정되지 않으면 noTone 함수가 호출될 때까지 출력이 계속된다.

■ **noTone**

```
void noTone(uint8_t pin)
 - 매개변수
    pin: 핀 번호
 - 반환값: 없음
```

지정한 핀으로 tone 함수에 의해 출력되고 있는 구형파 출력을 정지한다.

tone 함수는 PWM 신호를 사용하여 음을 재생하며 아두이노의 데이터 핀에는 스피커나 피에조piezo 버저를 연결하여 사용할 수 있다. tone 함수는 PWM 신호 출력을 위해 타이머를 사용하므로 tone 함수가 사용 중인 동안에는 3번과 11번 핀으로 PWM 신호를 출력할 수 없다. 먼저 1kΩ 저항을 통해 스피커를 디지털 8번 핀에 연결하고 tone 함수를 사용하여 단음을 재생해 보자.

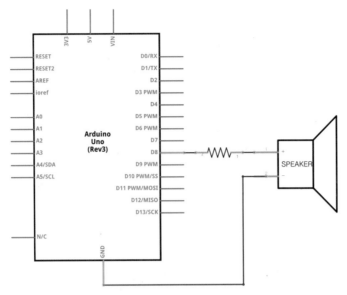

그림 49.2 스피커 연결 회로도

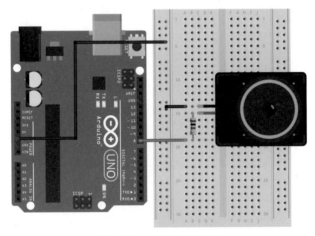

그림 49.3 스피커 연결 회로

tone 함수를 사용하여 멜로디를 재생하려면 재생하고자 하는 음의 주파수를 알고 있어야 한다. 먼저 pitches.h 파일을 내려받아* 임의의 디렉터리에 저장한다. pitches.h 파일은 멜로디 재생을 위해 흔히 사용하는 파일이므로 스케치북 디렉터리의 'libraries' 디렉터리 아래에 'pitches' 디렉터리를 만들고 그 안에 pitches.h 파일을 복사해 넣어서 라이브러리처럼 사용하는 것이 편리하다. 파일을 복사한 후에는 아두이노 프로그램을 다시 시작해야 메뉴에 라이브러리 이름이 나타

★   https://gist.github.com/mikeputnam/2820675

난다. pitches.h에 기본 '도'는 NOTE_C4, '레'는 NOTE_D4, '미'는 NOTE_E4 등으로 각 음높이에 해당하는 주파수가 정의되어 있다.

pitches 라이브러리를 사용하기 위해서는 먼저 헤더 파일을 포함해야 한다. '스케치 → 라이브러리 포함하기 → pitches' 메뉴 항목을 선택하거나 #include 문을 직접 입력하면 된다.

```
#include <pitches.h>
```

스케치 49.1은 pitches 라이브러리에 정의된 상수와 tone 함수를 사용하여 학교종 멜로디를 재생하는 예다.

스케치 49.1 학교종 멜로디 재생

```
#include <pitches.h>

int speakerPin = 8;                                         // 스피커 연결 핀

int melody[] = {                                            // 학교종 멜로디. 0은 쉼표
    NOTE_G4, NOTE_G4, NOTE_A4, NOTE_A4, NOTE_G4, NOTE_G4, NOTE_E4, 0,
    NOTE_G4, NOTE_G4, NOTE_E4, NOTE_E4, NOTE_D4, 0,
    NOTE_G4, NOTE_G4, NOTE_A4, NOTE_A4, NOTE_G4, NOTE_G4, NOTE_E4, 0,
    NOTE_G4, NOTE_E4, NOTE_D4, NOTE_E4, NOTE_C4, 0
};

int duration = 4;                                           // 모든 음표는 4분음표로 통일

void setup() {
    for (int thisNote = 0; thisNote < sizeof(melody) / sizeof(int); thisNote++) {
        int noteLength = 1000 / duration;                   // 음표 길이를 시간으로 변환
        // tone 함수로 지정한 음을 지정한 시간 동안 재생하기 시작
        tone(speakerPin, melody[thisNote], noteLength);

        // 음표와 음표 사이의 시간 간격 설정
        // 음표 길이에 30%를 더해서 재생
        int pauseBetweenNotes = noteLength * 1.30;
        delay(pauseBetweenNotes);
    }
}

void loop() {
}
```

음높이에 해당하는 상수를 나열해야 하긴 하지만, tone 함수를 사용하면 간단하게 멜로디를 재생할 수 있다. 하지만 tone 함수는 단음만 재생할 수 있다는 한계가 있다. 더 큰 문제는 멜로디를 재생하는 방식에 있다. tone 함수 자체는 하드웨어의 지원으로 음을 재생하므로 한 번 호출한 이

후에는 자동으로 같은 높이의 음이 지정한 시간 동안 재생된다. 하지만 멜로디를 재생하기 위해서는 지정한 시간 이후 다른 높이의 음을 재생해야 하며, 이를 위해 스케치 49.1에서는 delay 함수를 사용하고 있다. 따라서 스케치 49.1에 다른 작업을 추가하기는 쉽지 않다. 이러한 문제점은 delay 함수 대신 millis 함수를 사용하면 해결할 수 있다. millis 함수를 사용하여 폴링 방식으로 다음 음의 재생 시간을 결정하고 다음 음으로 자동으로 진행하게 해주는 라이브러리가 공개되어 있으므로 이 라이브러리를 사용하면 배경음악을 재생하면서 다른 작업을 진행할 수 있다. 이 장에서는 RTTTL을 사용하여 음을 표현하고 이를 폴링 방식으로 재생해 본다. 라이브러리 매니저에서 'RTTTL'을 검색하면 여러 종류의 라이브러리를 찾을 수 있으며, 이 장에서는 'PlayRtttl' 라이브러리를 사용한다.

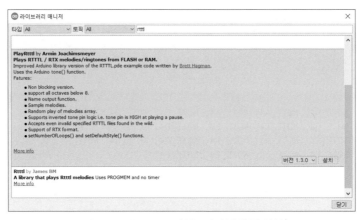

그림 49.4 PlayRtttl 라이브러리 검색 및 설치*

RTTTL은 'Ring Tone Text Transfer Language'의 약어로, 노키아Nokia에서 스마트폰 벨소리 전송을 위해 개발한 포맷이다. RTTTL에서 멜로디가 텍스트 기반으로 표시되므로 쉽게 읽고 수정할 수 있다는 장점이 있다.

RTTTL

RTTTL(Ring Tone Text Transfer Language) 데이터는 크게 제목, 디폴트 파라미터, 음표 데이터의 세 부분으로 구성되며 각 부분은 콜론(:)으로 분리되어 있다. 스케치에서 사용하는 RTTTL 데이터의 형식을 살펴보자.

> "Smurfs:d=32,o=5,b=200:4c#6,16p,4f#6"

★ https://github.com/ArminJo/PlayRtttl

첫 번째 제목 부분은 10자 이하의 알파벳으로 나타낸다. 이 예에서는 'Smurfs'가 제목에 해당한다. 두 번째 디폴트 파라미터에는 기본적으로 표 49.1의 세 가지 값을 지정한다.

표 49.1 RTTTL의 디폴트 파라미터

기호	의미
d	디폴트 음표 길이를 나타낸다. 32는 32분음표를 기본 음표 길이로 사용한다는 의미다. 1, 2, 4, 8, 16, 32 중 하나의 값을 사용할 수 있다.
o	디폴트 옥타브를 나타낸다. 5, 6, 7, 8 중 하나의 값을 사용할 수 있으며 5가 가장 낮은 옥타브. 옥타브 5의 a 음은 440Hz에 해당한다.
b	디폴트 BPM(Bits Per Minute)을 지정한다.

디폴트값을 지정하지 않으면 'd=4,o=6,b=63' 값이 사용된다. 마지막 세 번째 부분은 콤마로 분리된 음표 데이터를 나타내며, 하나의 음표 데이터는 4개 부분으로 이루어진다.

표 49.2 RTTTL의 음표 데이터 표시 방법

표시	의미
숫자 (음 길이)	첫 번째 숫자는 음표 길이를 나타내며, 지정하지 않으면 디폴트 파라미터가 사용된다. 1, 2, 4, 8, 16, 32 중 하나의 값을 사용할 수 있다.
문자와 샵(#)	알파벳과 샵은 음높이를 나타낸다. 음높이는 a에서 g까지 기호를 사용하며, p는 쉼표를 나타낸다.
도트(.)	음높이 다음에 나오는 도트는 점음표로 음표 길이를 1.5배로 늘리기 위해 사용한다.
숫자 (음 높이)	마지막 숫자는 옥타브를 나타내며, 지정하지 않으면 디폴트 파라미터가 사용된다. 5, 6, 7, 8 중 하나의 값을 사용할 수 있다.

샘플 데이터를 표 49.2에 따라 음표로 바꾸면 다음과 같다.

표 49.3 음표 데이터와 음표

표시	음표 길이	음높이	옥타브
4c#6	4분 음표	C#	6
16p	16분 쉼표	–	–
4f#6	4분 음표	F#	6

RTTTL 포맷은 현재는 많이 사용되지 않지만, 아두이노를 포함하여 마이크로컨트롤러에서 간단하게 멜로디를 재생하는 데 사용되며 인터넷에서 다양한 샘플을 내려받을 수 있다[*].

---

[*]   http://www.picaxe.com/RTTTL-Ringtones-for-Tune-Command

PlayRtttl 라이브러리를 사용하기 위해서는 먼저 헤더 파일을 포함해야 한다. '스케치 → 라이브러리 포함하기 → PlayRtttl' 메뉴 항목을 선택하거나 #include 문을 직접 입력하면 된다. PlayRtttl 라이브러리는 아두이노의 tone 함수를 사용하며 pitches.h 파일에 정의된 음높이를 사용하고 있으므로 pitches.h 파일 역시 필요하지만, PlayRtttl.h 파일에서 pitches.h 파일을 포함하고 있으므로 별도로 포함하지 않아도 된다. 이때 사용되는 pitches.h 파일은 스케치 49.1에서 사용한 pitches.h 파일이 아니라 PlayRtttl 라이브러리에 포함되어 있는 다른 파일이다.

```
#include <pitches.h>
#include <PlayRtttl.h>
```

PlayRtttl 라이브러리는 클래스를 정의하고 있지는 않으며 RTTTL 재생을 위한 다음과 같은 함수를 정의하고 있다.

■ **startPlayRtttl**

```
void startPlayRtttl(uint8_t aTonePin, char *aRTTTLArrayPtr,
void (*aOnComplete)() = NULL)
 - 매개변수
    aTonePin: 스피커 연결 핀
    aRTTTLArrayPtr: RTTTL 데이터 포인터
    aOnComplete: RTTTL 데이터 재생이 끝났을 때 호출되는 콜백 함수 포인터
 - 반환값: 없음
```

RTTTL 데이터 재생을 시작한다. 매개변수는 스피커 연결 핀과 재생할 RTTTL 데이터에 대한 포인터를 지정한다. 세 번째 매개변수에는 재생이 끝났을 때 호출되는 콜백 함수를 지정할 수 있다.

■ **updatePlayRtttl**

```
bool updatePlayRtttl()
 - 매개변수: 없음
 - 반환값: 현재 재생 중이면 true를, 재생이 끝났거나 정지 상태이면 false를 반환
```

RTTTL 데이터 재생 상태를 업데이트한다. 재생 상태 업데이트란 현재 재생 중인 음의 길이를 확인하여 다음 음으로 진행되게 하고 재생이 끝나면 정지하는 등의 작업을 말한다. **PlayRtttl 라이브러리는 인터럽트 방식이 아니라 폴링 방식으로 재생 상태를 업데이트하므로 loop 함수 내에서**

updatePlayRtttl 함수를 호출해야 한다. RTTTL 데이터가 재생 중이면 true를, 아니면 false를 반환한다.

■ stopPlayRtttl

void stopPlayRtttl()
- 매개변수: 없음
- 반환값: 없음

RTTTL 데이터 재생을 중지한다.

스케치 49.2는 스머프 멜로디를 반복해서 배경음악으로 재생하면서 13번 핀에 연결된 LED를 지정한 시간 간격(INTERVAL)으로 점멸하는 예다.

</> 스케치 49.2 RTTTL 재생

```
#include <PlayRtttl.h>

const int TONE_PIN = 8, LED_PIN = 13;
unsigned long time_previous;
bool LEDstate = false;
int INTERVAL = 2000;                              // LED 점멸 간격

char myMusic[] =
        "Smurfs:d=32,o=5,b=200:4c#6,16p,4f#6,p,16c#6,p,8d#6,p,8b,p,4g#,16p,"
        "4c#6,p,16a#,p,8f#,p,8a#,p,4g#,4p,g#,p,a#,p,b,p,c6,p,4c#6,16p,4f#6,"
        "p,16c#6,p,8d#6,p,8b,p,4g#,16p,4c#6,p,16a#,p,8b,p,8f,p,4f#";

void setup() {
    Serial.begin(9600);

    pinMode(LED_PIN, OUTPUT);                     // LED 연결 핀을 출력으로 설정
    digitalWrite(LED_PIN, LEDstate);

    time_previous = millis();

    Serial.println("** 배경음악 재생을 시작합니다.");
    startPlayRtttl(TONE_PIN, myMusic);            // 배경음악 재생 시작
}

void loop() {
    unsigned long time_current = millis();

    // 지정한 시간이 지나면 LED 상태를 반전
    if (time_current - time_previous >= INTERVAL) {
        time_previous = time_current;
        LEDstate = !LEDstate;
        digitalWrite(LED_PIN, LEDstate);
```

```
        Serial.print("* LED 상태가 ");
        Serial.print(LEDstate ? "ON으로 " : "OFF로 ");
        Serial.println("바뀌었습니다.");
    }

    // 재생 상태를 업데이트하고 재생이 끝나면 다시 재생 시작
    if (!updatePlayRtttl()) {
        startPlayRtttl(TONE_PIN, myMusic);
        Serial.println("** 배경음악 재생을 다시 시작합니다.");
    }
}
```

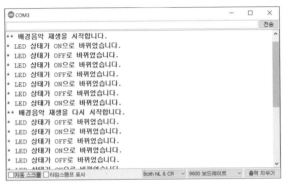

그림 49.5 스케치 49.2 실행 결과

스케치 49.2에서는 updatePlayRtttl 함수의 반환값으로 재생이 끝났는지를 확인하고 있지만 콜백 함수를 사용해서도 확인할 수 있다. 이를 위해서는 콜백 함수를 만들고 startPlayRtttl 함수의 마지막 매개변수로 함수 포인터를 지정하면 된다. 스케치 49.3은 스케치 49.2와 같이 배경음악을 반복적으로 재생하면서 지정한 시간 간격(INTERVAL)으로 LED를 점멸하는 예로, 콜백 함수를 사용하여 재생이 끝난 시점을 결정하고 다시 재생을 시작한다. 스케치 49.2와 달리 스케치 49.3은 시리얼 모니터로 메시지를 출력하지 않는다.

스케치 49.3 RTTTL 재생 – 콜백 함수

```
#include <PlayRtttl.h>

const int TONE_PIN = 8, LED_PIN = 13;
unsigned long time_previous;
bool LEDstate = false;
int INTERVAL = 2000;                              // LED 점멸 간격

char myMusic[] =
        "Smurfs:d=32,o=5,b=200:4c#6,16p,4f#6,p,16c#6,p,8d#6,p,8b,p,4g#,16p,"
        "4c#6,p,16a#,p,8f#,p,8a#,p,4g#,4p,g#,p,a#,p,b,p,c6,p,4c#6,16p,4f#6,"
        "p,16c#6,p,8d#6,p,8b,p,4g#,16p,4c#6,p,16a#,p,8b,p,8f,p,4f#";
```

```
void setup() {
    pinMode(LED_PIN, OUTPUT);                    // LED 연결 핀을 출력으로 설정
    digitalWrite(LED_PIN, LEDstate);

    time_previous = millis();

    // 배경음악 재생 시작, 재생이 종료되면 콜백 함수 자동 호출
    startPlayMusic();
}

void startPlayMusic() {                          // 재생이 끝났을 때 호출되는 콜백 함수
    startPlayRtttl(TONE_PIN, myMusic, startPlayMusic);
}

void loop() {
    unsigned long time_current = millis();

    // 지정한 시간이 지나면 LED 상태를 반전
    if (time_current - time_previous >= INTERVAL) {
        time_previous = time_current;
        LEDstate = !LEDstate;
        digitalWrite(LED_PIN, LEDstate);
    }

    updatePlayRtttl();                           // 재생 상태 업데이트
}
```

PlayRtttl 라이브러리는 폴링 방식으로 배경음악을 재생할 수 있게 해준다. 하지만 배경음악의 길이가 길어진다면 많은 메모리를 소비하게 되므로 플래시 메모리에서 SRAM으로 데이터를 옮기지 않고 바로 읽어 재생하는 것이 메모리 사용 측면에서 효과적이다. 플래시 메모리 사용을 지원하기 위해 PlayRtttl 라이브러리에서는 startPlayRtttlPGM 함수를 제공하고 있다. startPlayRtttlPGM 함수는 startPlayRtttl 함수와 같은 매개변수를 사용하지만 데이터를 플래시 메모리에서 바로 읽어온다는 점에서 차이가 있으며, 따라서 매개변수를 플래시 메모리에 대한 포인터로 변환해서 전달해야 한다.

■ startPlayRtttlPGM

```
void startPlayRtttlPGM(uint8_t aTonePin, const char *aRTTTLArrayPtrPGM,
void (*aOnComplete)() )
 - 매개변수
    aTonePin: 스피커 연결 핀
    aRTTTLArrayPtrPGM: RTTTL 데이터가 저장된 플래시 메모리 포인터
    aOnComplete: RTTTL 데이터 재생이 끝났을 때 호출되는 콜백 함수 포인터
 - 반환값: 없음
```

플래시 메모리에 저장된 RTTTL 데이터 재생을 시작한다. 첫 번째 매개변수는 스피커가 연결된 핀을, 두 번째 매개변수는 재생할 플래시 메모리 내 RTTTL 데이터에 대한 포인터를 지정한다. 세 번째 매개변수에는 재생이 끝났을 때 호출되는 콜백 함수 포인터를 지정할 수 있다.

스케치 49.4는 startPlayRtttlPGM 함수를 사용하여 플래시 메모리의 데이터를 바로 읽어 사용하는 예다. 플래시 메모리를 사용하기 위해서는 PROGMEM 키워드를 사용하여 변수를 선언해야 하고, 플래시 메모리 내의 데이터는 읽기만 가능하므로 const 키워드 역시 필요하다. 또한 플래시 메모리에 대한 포인터를 얻기 위해서는 pgm_read_byte 함수를 사용해야 한다. 플래시 메모리 사용에 대한 자세한 내용은 56장 '플래시 메모리 활용'을 참고하면 된다.

</> 스케치 49.4 RTTTL 재생 – 플래시 메모리 활용

```
#include <PlayRtttl.h>

const int TONE_PIN = 8, LED_PIN = 13;
unsigned long time_previous;
bool LEDstate = false;
int INTERVAL = 2000;                            // LED 점멸 간격

const char myMusic[] PROGMEM =                  // 플래시 메모리 활용
        "Smurfs:d=32,o=5,b=200:4c#6,16p,4f#6,p,16c#6,p,8d#6,p,8b,p,4g#,16p,"
        "4c#6,p,16a#,p,8f#,p,8a#,p,4g#,4p,g#,p,a#,p,b,p,c6,p,4c#6,16p,4f#6,"
        "p,16c#6,p,8d#6,p,8b,p,4g#,16p,4c#6,p,16a#,p,8b,p,8f,p,4f#";

void setup() {
    pinMode(LED_PIN, OUTPUT);                    // LED 연결 핀을 출력으로 설정
    digitalWrite(LED_PIN, LEDstate);

    time_previous = millis();

    // 배경음악 재생 시작, 재생이 종료되면 콜백 함수 자동 호출
    startPlayMusic();
}

void startPlayMusic() {                          // 재생이 끝났을 때 호출되는 콜백 함수
    const char *songPtr = (char *)pgm_read_word(&myMusic);
    startPlayRtttlPGM(TONE_PIN, songPtr, startPlayMusic);
}

void loop() {
    unsigned long time_current = millis();

    // 지정한 시간이 지나면 LED 상태를 반전
    if (time_current - time_previous >= INTERVAL) {
        time_previous = time_current;
        LEDstate = !LEDstate;
        digitalWrite(LED_PIN, LEDstate);
```

```
    }

    updatePlayRtttl();                          // 재생 상태 업데이트
}
```

버저

버저buzzer는 직류로 구동하는 음향 장치로, 전자제품에서 안내음이나 경고음 등을 내는 데 사용한다. 대표적으로 전자시계에서 소리를 내는 부품은 대부분 버저가 사용된다. 버저에서 소리를 내는 원리는 여러 가지가 있지만, 아두이노와 함께 사용되는 버저는 피에조 버저가 대부분이다. 피에조 버저는 피에조 효과piezoelectric effect 또는 압전 효과를 이용한다. **피에조 효과란 압전 소자에 가하는 압력을 변화시키면 전압이 발생하고, 반대로 압전 소자에 가하는 전압을 변화시키면 압전 소자에 물리적인 변형이 생겨 진동이 발생하는 현상을 말한다.** 전자를 압전 효과, 후자를 역압전 효과라고 하며 피에조 버저는 역압전 효과를 사용한다. 역압전 효과를 통해 진동이 발생하면 압전 소자에 연결된 막을 진동시켜 소리를 만들어낼 수 있다. 피에조 효과는 초음파 거리 센서에서 초음파를 만들고 거리를 측정하기 위해서도 사용된다.

피에조 버저는 다시 액티브active 버저와 패시브passive 버저로 나눌 수 있다. **액티브 버저는 발진회로가 포함되어 있어 전압을 가하는 것만으로 버저음을 낼 수 있다.** 하지만 액티브 버저 내부의 발진회로는 고정된 주파수의 단음만을 낼 수 있으므로 ON/OFF 간격을 조절하여 정해진 주파수의 음으로 여러 가지 효과음을 만들 수 있다. 액티브 버저는 극성이 있으며 긴 다리가 (+)에 해당한다.

패시브 버저는 발진회로가 포함되어 있지 않으며 PWM 신호를 사용하여 버저음을 낼 수 있다. 즉, 스피커만큼 자연스러운 소리를 내주지는 못하지만, 스피커와 마찬가지로 tone 함수를 사용하여 소리를 낼 수 있다. 패시브 버저 역시 극성이 있지만, 액티브 버저처럼 다리 길이로 구별하지 않고 윗면에 (+) 표시를 해서 구별한다. 패시브 버저는 액티브 버저와 연결 방법이 같고 스피커와 같은 방법으로 소리를 낼 수 있으므로 별도로 설명하지 않는다.

(a) 액티브 버저   (b) 패시브 버저

그림 49.6 액티브 버저와 패시브 버저

액티브 버저를 그림 49.7과 같이 연결하자.

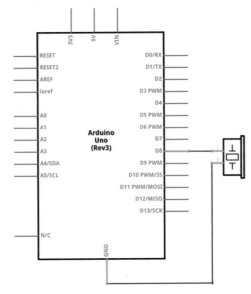

그림 49.7 액티브 버저 연결 회로도

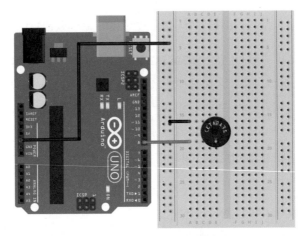

그림 49.8 액티브 버저 연결 회로

스케치 49.5는 버저로 경고음을 내는 예다. 패시브 버저를 같은 방법으로 연결하면 경고음이 나오는 것이 아니라 딸깍거리는 소리만 들을 수 있다. 액티브 버저의 경우 전원이 연결되면 자체적으로 소리가 나므로 스케치 49.5에서는 1초에 10번 ON/OFF를 반복하면서 경고음을 낸다. 초당 반복 횟수를 달리하면 다른 소리를 들을 수 있지만, 음높이는 같고 ON/OFF 간격이 달라져 느낌이 다른 소리가 난다. 그림 49.7에 패시브 버저를 연결하고 스케치 49.5를 실행하면 10Hz의 PWM 주파수가 출력되는 것과 같다. 10Hz는 가청 주파수를 벗어난 주파수이므로 사람이 들을 수 있는 소리를 만들 수 없다. delay를 50에서 5로 바꾸어 PWM 주파수를 10Hz에서 100Hz로 바꾸면 패시브 버저로 낮은 음을 들을 수 있으며, 이는 tone 함수를 사용하여 단음을 만들어내는 것과 같다.

스케치 49.5 **액티브 버저**

```
int buzzerPin = 8;                              // 버저 연결 핀
int BUZZER_INTERVAL = 50;

void setup() {
    pinMode(buzzerPin, OUTPUT);                 // 버저 연결 핀을 출력으로 설정
}

void loop() {
    digitalWrite(buzzerPin, HIGH);              // 버저 소리 내기
    delay(BUZZER_INTERVAL);
    digitalWrite(buzzerPin, LOW);               // 버저 소리 끄기
    delay(BUZZER_INTERVAL);
}
```

스피커의 경우와 마찬가지로 스케치 49.5는 버저를 켠 후 delay 함수를 사용하고 버저를 끈 후 delay 함수를 사용하는 구조로 다른 작업과 함께 진행하는 데 어려움이 있다. 다른 작업과 함께 진행하기 위해서는 millis 함수를 사용하여 ON/OFF 시간을 제어하는 방법이 필요하다. 스피커의 경우 음의 높이와 길이를 모두 제어해야 하지만, 액티브 버저는 ON/OFF만 제어하면 되므로 스케치 49.5를 delay 함수 없이 millis 함수를 사용하도록 간단하게 수정할 수 있다. 스케치 49.6은 1초 간격으로 LED를 점멸하면서 액티브 버저의 ON/OFF를 제어하는 예다.

스케치 49.6 **액티브 버저 – delay 함수 제거**

```
int buzzerPin = 8, LED_PIN = 13;
bool LEDstate = false, buzzerState = false;

int BUZZER_INTERVAL = 100;
int BLINK_INTERVAL = 1000;
unsigned long time_pre_blink, time_pre_buzzer;
```

```
void setup() {
    Serial.begin(9600);

    pinMode(buzzerPin, OUTPUT);                    // 버저 연결 핀을 출력으로 설정
    pinMode(LED_PIN, OUTPUT);                       // LED 연결 핀을 출력으로 설정

    time_pre_blink = millis();
    time_pre_buzzer = time_pre_blink;
}

void loop() {
    unsigned long time_current = millis();

    // LED 점멸 제어
    if (time_current - time_pre_blink >= BLINK_INTERVAL) {
        time_pre_blink = time_current;

        LEDstate = !LEDstate;
        digitalWrite(LED_PIN, LEDstate);

        Serial.print("\n* LED 상태가 ");
        Serial.print(LEDstate ? "ON으로 " : "OFF로 ");
        Serial.println("바뀌었습니다.");
    }

    // 액티브 버저 on/off 제어
    if (time_current - time_pre_buzzer >= BUZZER_INTERVAL) {
        time_pre_buzzer = time_current;

        buzzerState = !buzzerState;
        digitalWrite(buzzerPin, buzzerState);

        Serial.print('.');
    }
}
```

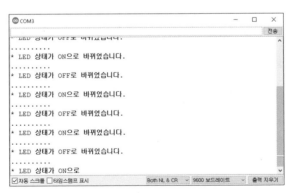

그림 49.9 스케치 49.6 실행 결과

MP3 플레이어 모듈

스피커나 버저로 배경음악을 재생할 수 있기는 하지만 음질이 그리 좋지는 않다. 또한 스피커나 버저로 음악을 재생하기 위해서는 마이크로컨트롤러에서 많은 연산이 필요할 수 있어 다른 작업과 함께 진행하기가 어려울 수 있고, tone 함수 사용으로 PWM 신호 출력에 제한이 있는 등 여러 가지 문제점이 있다. 이러한 문제점을 해결하는 방법 중 하나가 MP3 플레이어 모듈을 사용하는 것이다. MP3 플레이어 모듈을 사용하면 마이크로 SD 카드에 MP3 파일을 저장하고 UART 시리얼 통신으로 시작, 정지 등의 명령을 전송하여 음악 재생을 제어할 수 있다. 실제 음악 재생은 MP3 플레이어 모듈에 포함된 전용 칩이 담당한다. 아두이노에서 사용할 수 있는 MP3 플레이어 모듈에는 여러 가지가 있지만, 이 장에서는 크기가 작아 많이 사용되는 DFPlayer Mini를 사용한다. DFPlayer Mini는 48kHz까지의 샘플링 주파수를 지원하고, FAT16과 FAT32 파일 시스템으로 포맷된 최대 32GB 크기의 SD 카드를 지원한다.

그림 49.10 **DFPlayer Mini – MP3 플레이어 모듈**

DFPlayer Mini는 16개의 핀을 갖고 있지만, 이 중 아두이노에 연결해야 하는 핀은 명령 전달을 위한 UART 시리얼 통신 포트 연결이 전부다. DFPlayer Mini를 그림 49.11과 같이 아두이노 우노에 연결하자. DFPlayer Mini를 연결하기 위해 아두이노 우노는 소프트웨어 시리얼 포트를 사용하며, RX와 TX 연결선에는 1kΩ 저항을 직렬로 연결한다.

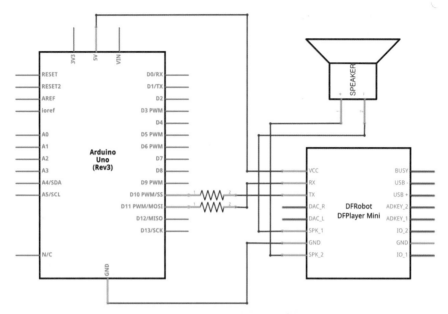

그림 49.11 DFPlayer Mini 연결 회로도

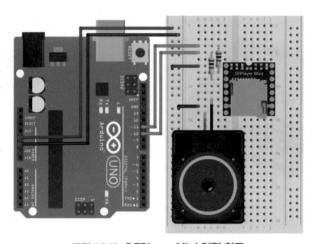

그림 49.12 DFPlayer Mini 연결 회로

DFPlayer Mini를 사용하기 위해서는 먼저 라이브러리를 설치해야 한다. 라이브러리 매니저에서 'DFPlayer'를 검색하면 여러 종류의 라이브러리를 찾을 수 있다. 그중에서 이 장에서는 DFPlayerMini_Fast 라이브러리를 사용한다.

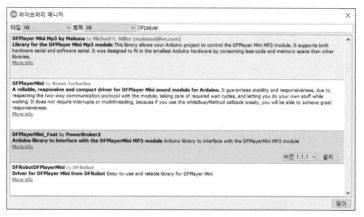

그림 49.13 DFPlayerMini_Fast 라이브러리 검색 및 설치*

DFPlayerMini_Fast 라이브러리에서는 DFPlayer Mini를 제어하기 위한 DFPlayerMini_Fast 클래스를 제공하고 있다. DFPlayerMini_Fast 라이브러리를 사용하기 위해서는 먼저 헤더 파일을 포함해야 한다. '스케치 → 라이브러리 포함하기 → DFPlayerMini_Fast' 메뉴 항목을 선택하거나 #include 문을 직접 입력하면 된다.

```
#include <DFPlayerMini_Fast.h>
```

DFPlayerMini_Fast 클래스에서는 다음과 같은 멤버 함수를 MP3 플레이어 제어를 위해 정의하고 있다. DFPlayerMini_Fast 클래스는 초기화 함수인 begin 함수를 통해 객체와 통신할 소프트웨어 시리얼 클래스를 지정하는 것을 제외하면 직관적인 함수를 통해 MP3 파일 재생을 제어할 수 있다.

■ **begin**

```
bool DFPlayerMini_Fast::begin(Stream &stream)
 - 매개변수
    stream: 데이터를 주고받을 Stream 클래스 객체
 - 반환값: 항상 true를 반환함
```

DFPlayerMini_Fast 객체를 Stream 클래스 객체를 사용하여 초기화한다. SoftwareSerial 클래스는 Stream 클래스를 상속받아 만들어진 것이므로 Stream 객체 대신 SoftwareSerial 객체를 사용할 수 있다.

---

* https://github.com/PowerBroker2/DFPlayerMini_Fast

- **numSdTracks**

```
int16_t DFPlayerMini_Fast::numSdTracks()
  - 매개변수: 없음
  - 반환값: SD 카드 내의 트랙 수
```

SD 카드 내에 저장된 MP3 파일 수를 반환한다.

- **currentSdTrack**

```
int16_t DFPlayerMini_Fast::currentSdTrack()
  - 매개변수: 없음
  - 반환값: 현재 재생 중인 트랙 번호
```

현재 재생 중인 MP3 파일의 트랙 번호를 반환한다.

- **volume**

```
void DFPlayerMini_Fast::volume(uint8_t volume)
  - 매개변수
    volume: 볼륨 설정값 [0, 30]
  - 반환값: 없음
```

볼륨을 지정한 값으로 설정한다. 볼륨의 범위는 0에서 30까지다.

- **currentVolume**

```
int16_t DFPlayerMini_Fast::currentVolume()
  - 매개변수: 없음
  - 반환값: 현재 볼륨값
```

현재 설정된 볼륨값을 반환한다.

- **incVolume, decVolume**

```
void DFPlayerMini_Fast::incVolume()
void DFPlayerMini_Fast::decVolume()
  - 매개변수: 없음
  - 반환값: 없음
```

현재 설정된 볼륨값을 증가 또는 감소시킨다.

▪ play

```
void DFPlayerMini_Fast::play(uint16_t trackNum)
 - 매개변수
    trackNum: 재생할 트랙 번호
 - 반환값: 없음
```

지정한 번호의 트랙을 재생한다.

▪ playNext, playPrevious

```
void DFPlayerMini_Fast::playNext()
void DFPlayerMini_Fast::playPrevious()
 - 매개변수: 없음
 - 반환값: 없음
```

현재 재생 중이거나 재생이 끝난 트랙의 다음 또는 이전 트랙을 재생한다.

▪ pause, resume

```
void DFPlayerMini_Fast::pause()
void DFPlayerMini_Fast::resume()
 - 매개변수: 없음
 - 반환값: 없음
```

현재 재생 중인 트랙의 재생을 일시 정지하거나, 일시 정지된 트랙의 재생을 다시 시작한다.

마지막으로 언급할 함수는 query 함수다. MP3 플레이어는 정지(STOPPED) 상태, 재생(PLAYING) 상태, 일시 정지(PAUSED) 상태 중 하나의 상태를 갖지만 이 상태들을 구별하는 데 사용할 수 있는 함수가 라이브러리에는 없다. 하지만 라이브러리에서 제공하는 query 함수에 매개변수로 GET_STATUS를 지정하면 각 상태에 따라 다른 값을 얻을 수 있으므로 query 함수가 반환하는 값으로 MP3 플레이어의 현재 상태를 알아낼 수 있다. query 함수는 내부적으로 사용하기 위해 저수준의 함수이지만 public으로 설정되어 있어 객체를 통해 접근할 수 있다.

```
#define PLAYING    0x0201
#define PAUSED     0x0202
#define STOPPED    0x0200
```

스케치 49.7은 DFPlayer Mini를 제어하는 예로 시리얼 모니터에서 이전 트랙(<), 다음 트랙(>), 볼륨 크게(U 또는 u), 볼륨 작게(D 또는 d), 일시 정지(P 또는 p), 다시 시작(R 또는 r) 등의 문자를 전송하여 MP3 파일의 재생을 제어할 수 있다.

</> 스케치 49.7 MP3 파일 재생 – DFPlayerMini_Fast 라이브러리

```
#include <SoftwareSerial.h>
#include <DFPlayerMini_Fast.h>

// 설정 변경이 MP3 플레이어 모듈에 실제 적용되기 위한 지연 시간
#define INTERNAL_DELAY  50

#define PLAYING         0x0201              // 재생 상태
#define PAUSED          0x0202              // 일시 정지 상태
#define STOPPED         0x0200              // 정지 상태

SoftwareSerial mySerial(10, 11);           // RX, TX
DFPlayerMini_Fast myMP3;                    // 객체 생성

void setup() {
    Serial.begin(9600);
    mySerial.begin(9600);

    Serial.println(F("* MP3 플레이어를 초기화합니다."));
    if (!myMP3.begin(mySerial)) {           // MP3 플레이어 초기화
        Serial.println(F(" => 초기화 과정에서 오류가 발생했습니다."));
        while (1);
    }
    Serial.println(F(" => MP3 플레이어가 연결되었습니다."));

    Serial.print(F("* SD 카드에 "));
    Serial.print(myMP3.numSdTracks());      // SD 카드 내 트랙 수 확인
    Serial.println(F("개 트랙이 있습니다."));

    myMP3.volume(10);                        // 볼륨 설정 [0, 30]
    myMP3.play(1);                           // 첫 번째 MP3 파일 재생
    printCurrentTrackInfo();
}

void printCurrentTrackInfo() {
    delay(INTERNAL_DELAY);
    Serial.print(F(" => 현재 재생 중인 트랙은 "));
    Serial.print(myMP3.currentSdTrack());   // 현재 재생 중인 트랙 번호
    Serial.println(F("번 트랙입니다."));
}

void printVolumeInfo() {
    delay(INTERNAL_DELAY);
    Serial.print(F(" => 현재 볼륨은 "));
    Serial.print(myMP3.currentVolume());    // 현재 볼륨
```

```
        Serial.println(F("입니다."));
}

void loop() {
    if (myMP3.query(GET_STATUS) == STOPPED) {
        myMP3.playNext();                                   // 이전 트랙 재생이 끝난 경우
        printCurrentTrackInfo();
    }

    if (Serial.available()) {
        char ch = Serial.read();

        if (ch == '>') {                                    // '>' 문자
            myMP3.playNext();                               // 다음 트랙
            printCurrentTrackInfo();
        }
        else if (ch == '<') {                               // '<' 문자
            myMP3.playPrevious();                           // 이전 트랙
            printCurrentTrackInfo();
        }
        else if (ch == 'U' || ch == 'u') {                  // 'U' 또는 'u' 문자
            myMP3.incVolume();                              // 볼륨 크게
            printVolumeInfo();
        }
        else if (ch == 'D' || ch == 'd') {                  // 'D' 또는 'd' 문자
            myMP3.decVolume();                              // 볼륨 작게
            printVolumeInfo();
        }
        else if (ch == 'P' || ch == 'p') {                  // 'P' 또는 'p' 문자
            myMP3.pause();                                  // 일시 정지
            Serial.println(F(" => 재생이 일시 정지되었습니다."));
        }
        else if (ch == 'R' || ch == 'r') {                  // 'R' 또는 'r' 문자
            myMP3.resume();                                 // 다시 재생
            Serial.println(F(" => 재생을 다시 시작합니다."));
            printCurrentTrackInfo();
        }
    }
}
```

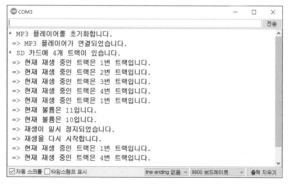

그림 49.14 스케치 49.7 실행 결과

마이크로컨트롤러에서 직접 음악을 재생하는 경우는 그리 많지 않지만 간단한 효과음을 사용하는 경우는 흔히 볼 수 있다. 아두이노 우노를 포함하여 8비트 AVR 시리즈 마이크로컨트롤러를 사용하는 아두이노 보드에서는 아날로그 출력을 사용할 수 없으므로 디지털 신호인 PWM 신호를 사용하여 간단한 멜로디를 재생하는 경우가 대부분이다. PWM 신호를 사용하여 멜로디를 재생하기 위해 아두이노에서는 tone 함수를 제공하고 있으므로 음높이만 알고 있다면 간단하게 멜로디를 재생할 수 있다. 다른 작업이 진행되는 동안 배경음악으로 재생되게 하기 위해서는 millis 함수를 사용하여 스케치를 작성해야 한다는 점은 기억해 두자.

아두이노에서 사용하는 소리 출력 장치는 스피커와 피에조 버저가 대부분이다. 피에조 버저 중 액티브 버저는 스피커와 같은 방법으로 제어할 수 있다. 패시브 버저는 제어가 간단하지만 재생할 수 있는 소리의 품질이 낮아 간단한 효과음 재생에 주로 사용된다. 스피커와 버저를 사용하면 간단하게 멜로디를 재생할 수 있지만, 재생 과정을 아두이노 보드에서 직접 제어해야 하고 연산량이 많다는 단점이 있다. 재생할 멜로디를 직접 제어하는 과정이 번거롭다면 MP3 플레이어 모듈을 사용하는 것도 방법이 될 수 있다. MP3 플레이어 모듈은 SD 카드에 저장된 MP3 파일을 읽어 재생하는 전용 칩을 사용하며, UART 시리얼 통신을 통해 제어할 수 있으므로 간단하게 연결하여 사용할 수 있다. 전용 하드웨어가 필요하기는 하지만 마이크로컨트롤러에 부담이 가장 적고 고음질의 파일을 재생할 수 있으므로 긴 시간 배경음악 재생이 필요한 경우라면 사용을 고려해 볼 수 있다.

연/습/문/제

 아두이노 우노의 아날로그 A0 핀에 가변저항을 연결하고 8번 핀에 스피커를 연결하여 가변 저항을 돌리면 음높이가 변하는 스케치를 작성해 보자. 가변저항의 값인 0에서 1023까지를 9개 구간으로 나누고 가변저항값이 제일 작은 구간에서는 소리가 나지 않다가 가변저항값 이 커지면 '도레미파솔라시도'로 재생하는 음이 바뀌게 해보자.

 스케치 49.1은 학교종 멜로디를 tone 함수로 재생하는 예이고, 스케치 49.2는 RTTTL 형식 으로 만들어진 멜로디를 재생하는 예다. 스케치 49.1의 학교종 멜로디를 RTTTL 형식으로 만들어 스케치 49.2를 사용하여 재생하게 해보자. 스케치 49.1에서는 모든 음표의 길이가 같다고 가정했지만 실제 음표 길이는 모두 같지 않으므로 이 역시 확인하여 반영한다. 디폴 트 파라미터는 'd=4,o=6,b=200'을 사용하면 된다.

미니 프로젝트: 스네이크 게임

이 장에서는 네오픽셀 매트릭스와 조이스틱을 이용하여 네오픽셀 매트릭스에서 실행되는 스네이크 게임을 만들어본다. 스네이크 게임은 1970년대 소개된 게임으로, 규칙이 단순하고 구현 역시 쉬워 프로그래밍 연습용으로 흔히 사용되는 게임이다. 스네이크 게임을 구현하기에 8×8 네오픽셀 매트릭스의 해상도가 낮긴 하지만, 네오픽셀 매트릭스는 다양한 색상을 사용할 수 있고, 제어가 쉬우며, 여러 개의 네오픽셀 매트릭스를 연결하여 해상도를 쉽게 늘릴 수 있다는 등의 장점이 있으므로 이후 확장을 고려하여 사용했다. 이 장에서 구현하는 8×8 크기의 네오픽셀 매트릭스에서 동작하는 스네이크 게임을 이용하면 더 높은 해상도에서 동작하는 스네이크 게임 역시 어렵지 않게 구현할 수 있을 것이다.

이 장에서
사용할 부품

아두이노 우노	× 1 ➡ 스네이크 게임 구현
네오픽셀 매트릭스	× 1 ➡ 8×8 크기
조이스틱	× 1 ➡ 게임 컨트롤

스네이크 게임

스네이크 게임은 1970년대에 처음 소개되어 아직도 많은 사람이 즐기는 게임 중 하나다. 스네이크 게임의 규칙은 간단하다. 게임 구현에 따라 추가되는 규칙이 있을 수 있지만, 사과를 먹으면 뱀이 길어지는 것과 장애물이나 자신의 몸에 부딪히면 게임이 끝나는 것은 공통으로 적용되는 기본적인 규칙이다. 이 장에서 구현할 스네이크 게임의 규칙은 다음과 같다.

- 뱀은 사방이 막힌 공간 내에서만 움직인다.
- 게임이 시작될 때 뱀은 움직이지 않는 상태에 있고 조이스틱을 움직이면 뱀이 움직이기 시작한다.
- 뱀은 현재 머리가 향하고 있는 방향으로 계속 움직이며 머리가 진행하는 방향만 조이스틱으로 바꿀 수 있다.
- 위아래로 움직이는 경우 바꿀 수 있는 방향은 좌우뿐이며, 좌우로 움직이는 경우 바꿀 수 있는 방향은 위아래뿐이다.
- 뱀 머리가 장애물이나 자신의 몸 일부에 부딪히면 뱀이 죽으면서 게임이 끝난다. 화면 내에 장애물을 놓지는 않으며 화면 바깥쪽 테두리를 가상의 장애물로 사용하므로 뱀 머리가 화면을 벗어나면 뱀이 죽는다.
- 화면에는 사과가 랜덤으로 하나씩 나타나고 뱀이 사과를 먹으면 뱀의 몸이 길어진다. 몸이 모두 길어지고 나면 다음 사과가 나타난다.

스네이크 게임은 역사가 오래된 만큼 다양한 변형이 존재하며 여러 사람이 같이 플레이할 수 있는 네트워크 게임까지 존재한다. 또한 브라우저에서 즐길 수 있는 스네이크 게임도 검색을 통해 쉽게 찾을 수 있다.

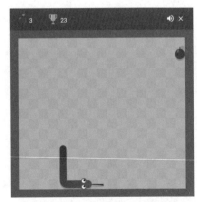

그림 50.1 크롬 브라우저에서 실행되는 스네이크 게임

스네이크 게임 구현을 위한 하드웨어

스네이크 게임을 구현하기 위해서는 조이스틱과 네오픽셀 매트릭스를 사용한다. 조이스틱은 뱀의 진행 방향을 바꾸기 위한 입력 장치로, 8×8 크기의 네오픽셀 매트릭스는 게임 진행 상황을 표시하는 출력 장치로 사용한다. 조이스틱과 네오픽셀 매트릭스를 그림 50.2와 같이 연결하자. 조이스틱의 가변저항 2개는 A0(X축)와 A1(Y축) 핀에 연결하고, 네오픽셀 매트릭스의 제어선은 6번 핀에 연결한다. 조이스틱의 버튼은 사용하지 않으므로 연결하지 않는다.

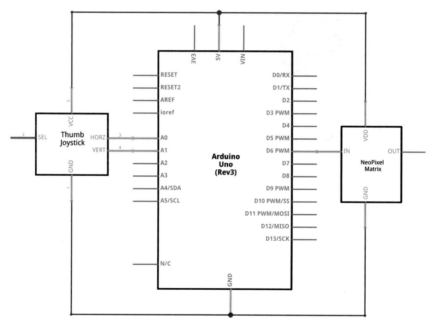

그림 50.2 조이스틱과 네오픽셀 매트릭스 연결 회로도

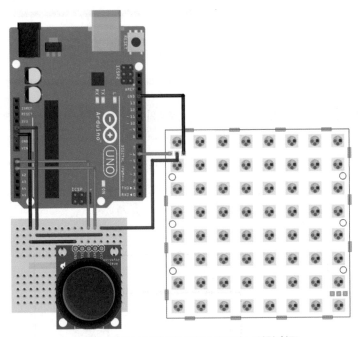

그림 50.3 조이스틱과 네오픽셀 매트릭스 연결 회로

방향 전환을 위해 사용하는 조이스틱은 2개의 가변저항이 X축과 Y축 방향 움직임을 나타낸다.
조이스틱의 노브를 움직이지 않은 상태에서 가변저항값은 X, Y 방향 모두 500 전후의 값을 가지
며, 노브의 움직임에 따라 [0, 1023] 사이의 값이 출력된다. 스케치 50.1은 노브의 움직임에 따른
가변저항의 값을 시리얼 플로터로 출력하는 예다. 조이스틱에 대한 자세한 내용은 14장 '아날로그
데이터 입력'을 참고하면 된다.

스케치 50.1 조이스틱 테스트

```
int pin_X = A0;                        // x축 위치
int pin_Y = A1;                        // y축 위치

void setup() {
    Serial.begin(9600);
}

void loop() {
    int x = analogRead(pin_X);         // X 위치
    int y = analogRead(pin_Y);         // Y 위치

    Serial.print(x);
    Serial.print('\t');
    Serial.println(y);

    delay(50);
}
```

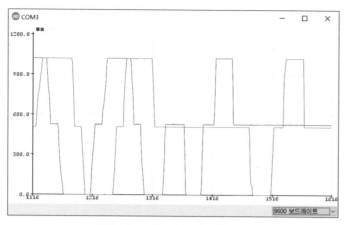

그림 50.4 스케치 50.1 실행 결과

그림 50.4의 실행 결과에서 왼쪽 부분(x축의 1116~1316 부분)은 노브를 바깥쪽에서 360° 회전한 경우이며, 오른쪽(x축의 1366~1616 부분)은 좌우상하 순서로 노브를 움직인 결과다. 실행 결과에서 알 수 있듯이 100 정도의 범위를 주면 방향 전환용으로 사용하기에 큰 문제가 없다. 다만 노브를 대각선 방향으로 움직였을 때 두 방향을 동시에 가리킬 수 있다는 점만 주의하면 된다.

네오픽셀 매트릭스는 WS2812B RGB LED를 매트릭스 형태로 배열하고 하나의 제어선으로 연결된 모든 LED를 제어할 수 있게 만들어진 RGB LED 매트릭스의 한 종류다. WS2812B는 RGB LED와 이를 제어하기 위한 전용 제어 칩을 소형 패키지로 만든 것으로, 하나의 제어선만으로 연결된 모든 RGB LED를 제어할 수 있게 해주는 비밀은 전용 제어 칩에 있다. 네오픽셀 매트릭스를 제어하기 위해서는 Adafruit NeoMatrix 라이브러리를 사용할 수 있으며, Adafruit NeoMatrix 라이브러리는 라이브러리 매니저를 통해 검색하여 설치할 수 있다. 스케치 50.2는 네오픽셀 매트릭스 내에서 뱀의 머리에 해당하는 픽셀 하나를 랜덤으로 움직이는 모습을 보여주는 예다. 네오픽셀 매트릭스에 대한 자세한 내용은 43장 '네오픽셀'을 참고하면 된다.

</> 스케치 50.2 픽셀을 랜덤하게 움직이기

```
#include <Adafruit_NeoMatrix.h>

#define UP          0
#define DOWN        1
#define LEFT        2
#define RIGHT       3

#define INTERVAL    200                       // 픽셀을 움직이는 시간 간격

int ROWS = 8, COLUMNS = 8;                     // 네오픽셀 매트릭스 크기
int PIN = 6;                                   // 네오픽셀 매트릭스 연결 핀
```

```
// 네오픽셀 매트릭스 제어 객체 생성
Adafruit_NeoMatrix matrix = Adafruit_NeoMatrix(COLUMNS, ROWS, PIN,
                            NEO_MATRIX_TOP + NEO_MATRIX_RIGHT +
                            NEO_MATRIX_ROWS + NEO_MATRIX_ZIGZAG);

const uint16_t snakeColor = matrix.Color(0, 0, 255);

byte X, Y;                                  // 현재 뱀의 머리 위치
byte direction;                             // 현재 뱀의 진행 방향

void setup() {
    matrix.begin();                         // 네오픽셀 매트릭스 초기화
    matrix.setBrightness(20);               // 밝기 정도 [0, 255]

    randomSeed(analogRead(A0));             // 난수 생성기 초기화

    X = 1;                                  // 시작 위치 초기화
    Y = 3;
    direction = RIGHT;                      // 진행 방향 초기화
}

void showSnake() {
    matrix.clear();                         // 모든 픽셀 끄기
    matrix.drawPixel(X, Y, snakeColor);     // 머리 표시
    matrix.show();                          // 매트릭스로 데이터 전송
}

void updatePosition() {                     // 진행 방향에 따라 머리 위치 갱신
    if (direction == UP)        Y--;
    else if (direction == DOWN) Y++;
    else if (direction == LEFT) X--;
    else if (direction == RIGHT) X++;
}

void decideNextPosition() {                 // 다음 이동 위치를 랜덤하게 결정
    int nextX = X, nextY = Y;               // 현재 이동 방향으로 움직일 때 다음 위치
    if (direction == UP)         nextY--;
    else if (direction == DOWN)  nextY++;
    else if (direction == LEFT)  nextX--;
    else if (direction == RIGHT) nextX++;

    // 다음 위치가 범위를 벗어난 위치거나 랜덤으로 방향을 바꾸도록 선택된 경우
    if (!validMove(nextX, nextY) || timeToChangeDirection()) {
        direction = changeDirectionRandom();    // 방향 전환
    }
    updatePosition();                       // 다음 진행 방향에 따라 머리 위치 갱신
}

boolean timeToChangeDirection() {
    byte randomNumber = random(4);          // [0, 4), 25% 확률로 방향 전환 결정
    if (randomNumber == 0) return true;
    else return false;
}
```

```
boolean validMove(int x, int y) {                          // 머리 위치가 유효한 범위인지 확인
    if (x < 0 || x > COLUMNS - 1 || y < 0 || y > ROWS - 1)
            return false;
    else     return true;
}

// 회전할 수 있는 방향 중 실제 회전 방향을 랜덤하게 결정
byte changeDirectionRandom() {
    // 위아래로 움직이는 경우 좌우로만 방향을 바꿀 수 있음
    if (direction == UP || direction == DOWN) {
        boolean check1 = validMove(X - 1, Y);
        boolean check2 = validMove(X + 1, Y);

        if (check1) {                                      // 왼쪽으로 회전 가능
            if (check2) {                                  // 왼쪽 및 오른쪽으로 회전 가능
                byte rn = random(2);                       // 0 또는 1
                if (rn == 0)    return LEFT;
                else            return RIGHT;
            }
            else {                                         // 왼쪽만 회전 가능
                return LEFT;
            }
        }
        else {                                             // 왼쪽으로 회전 불가능
            return RIGHT;
        }
    }
    // 좌우로 움직이는 경우 위아래로만 방향을 바꿀 수 있음
    else {
        boolean check1 = validMove(X, Y - 1);
        boolean check2 = validMove(X, Y + 1);

        if (check1) {                                      // 위쪽으로 회전 가능
            if (check2) {                                  // 위쪽 및 아래쪽으로 회전 가능
                byte rn = random(2);                       // 0 또는 1
                if (rn == 0)    return UP;
                else            return DOWN;
            }
            else {                                         // 위쪽으로만 회전 가능
                return UP;
            }
        }
        else {                                             // 위쪽으로 회전 불가능
            return DOWN;
        }
    }
}

void loop() {
    showSnake();                                           // 뱀 머리 표시
    decideNextPosition();                                  // 다음 이동 위치 결정
    delay(INTERVAL);
}
```

50.3 스네이크 게임 구현

스케치 50.2는 뱀의 머리가 8×8 매트릭스의 범위를 벗어나지 않으면서 랜덤하게 움직이는 모습을 보여주는 것으로, 스네이크 게임에서 뱀이 움직일 수 있는 기본적인 움직임에 해당한다. 스케치 50.2를 참고하여 스네이크 게임을 구현해 보자.

스네이크 게임을 구현하기 위해 생각해야 할 점 중 하나가 뱀의 길이다. 뱀의 길이가 3이 되면 뱀의 위치를 저장하기 위해 배열이 필요하며, 배열의 크기는 뱀이 네오픽셀 매트릭스를 모두 채울 수 있도록 최대 64가 되어야 한다. 하지만 더 중요한 문제는 뱀의 움직임에 따라 뱀의 위치에 해당하는 배열 내 값을 조정해야 한다는 점이다. 길이 3인 뱀이 한 번 움직였다고 생각해 보자. 뱀의 위치는 3개의 좌표로 저장되며 각각 머리, 몸, 꼬리로 생각하면, 한 번 움직인 후 이전 머리는 몸이 되고 이전 몸은 꼬리가 된다. 이전 꼬리는 삭제해야 하며 대신 새로운 머리가 추가되어야 한다. 이처럼 머리를 추가하고 꼬리를 잘라버리는 동작은 원형 버퍼circular buffer를 사용하여 구현할 수 있다. 원형 버퍼를 사용하기 위해서는 CircularBuffer 라이브러리를 사용할 수 있으며 CircularBuffer 라이브러리는 라이브러리 매니저를 통해 검색하여 설치할 수 있다. 스케치 50.3은 새로운 머리 위치를 저장하고 이전 꼬리 위치를 잘라버리는 동작을 원형 버퍼를 사용하여 구현하는 방법을 보여주는 예다. 머리를 추가하는 함수는 unshift를, 꼬리를 자르는 함수는 pop을 사용한다. 실제 뱀의 위치를 저장할 때는 메모리 사용량을 줄이기 위해 byte 타입 변수의 상위 니블nibble에 X 좌표를, 하위 니블에 Y 좌표를 저장했다. 원형 버퍼에 대한 자세한 내용은 16장 '아두이노 라이브러리'를 참고하면 된다.

</> **스케치 50.3 원형 버퍼 사용**

```
#include <CircularBuffer.h>

CircularBuffer<char, 5> buffer;                    // char 형 5개 저장 가능한 버퍼

void setup() {
    Serial.begin(9600);

    for (int i = 0; i < 4; i++) {                  // 4개 데이터를 버퍼에 저장
        buffer.push('A' + i);
    }
    Serial.print("초기 상태\t\t: ");
    printBuffer();
    Serial.println(String(" first 또는 head\t: ") + buffer.first());
```

```
        Serial.println(String(" last 또는 tail\t: ") + buffer.last());
        Serial.println();

        buffer.unshift('X');                        // unshift: first/head에 추가
        buffer.pop();                               // pop: last/tail에서 제거
        Serial.print("unshift('X'), pop() => ");
        printBuffer();

        buffer.unshift('Y');
        buffer.pop();
        Serial.print("unshift('Y'), pop() => ");
        printBuffer();

        buffer.unshift('Z');
        buffer.pop();
        Serial.print("unshift('Z'), pop() => ");
        printBuffer();
}

void loop() {
}

void printBuffer() {
    Serial.print("[");
    if (!buffer.isEmpty()) {
        for (decltype(buffer)::index_t i = 0; i < buffer.size() - 1; i++) {
            Serial.print(buffer[i] + String(","));
        }
        Serial.print(buffer[buffer.size() - 1]);
    }
    Serial.println("]");
}
```

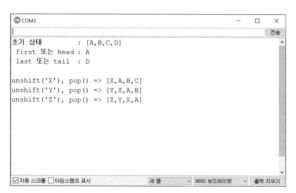

그림 50.5 스케치 50.3 실행 결과

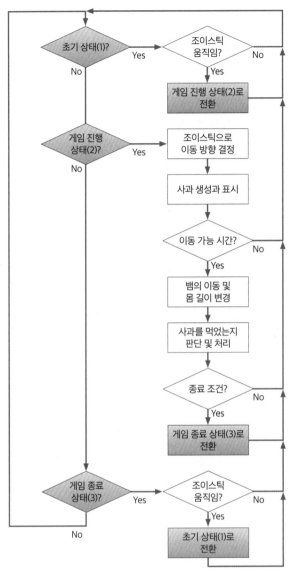

그림 50.6 loop 함수의 구조

스케치 50.4는 스네이크 게임을 구현한 예다. 구현한 스네이크 게임 스케치는 3개의 상태로 이루어져 있다. 첫 번째 상태인 초기 상태(STATE_INITIAL)는 조이스틱의 움직임을 대기하는 상태로, 조이스틱을 움직이면 두 번째 상태(STATE_MOVING)로 바뀌면서 게임이 시작된다. 두 번째 상태에서는 사과를 먹으면 몸이 길어지면서 현재 상태를 유지하고, 장애물이나 몸 일부에 부딪히면 세 번째 상태(STATE_GAME_END)로 바뀐다. 세 번째 상태에서 조이스틱을 움직이면 초기 상태로 바뀐다. 스케치 50.4에서 전체적인 게임 진행은 loop 함수에서 이루어지며, 그림 50.6은 loop 함수의 구조를 요약하여 나타낸 것이다.

```
#include <Adafruit_NeoMatrix.h>
#include <CircularBuffer.h>

#define UP            0                          // 이동 방향 상수
#define DOWN          1
#define LEFT          2
#define RIGHT         3
#define NO_MOVE       4                          // 이전 이동 방향 유지

// 방향 결정을 위한 가변저항의 값 범위
#define VR_MIN        100                        // [0, 100] 왼쪽/위쪽
#define VR_MID1       400                        // [400, 600] 움직임 없음
#define VR_MID2       600
#define VR_MAX        900                        // [900, 1023] 오른쪽/아래쪽

#define STATE_INITIAL     1                      // 초기 상태
#define STATE_MOVING      2                      // 게임 진행 상태
#define STATE_GAME_END    3                      // 게임 종료 상태

#define GROWING 2                                // 사과를 먹었을 때 길어지는 몸 길이
#define INTERVAL 300                             // 뱀이 움직이는 시간 간격

int ROWS = 8, COLUMNS = 8;                       // 네오픽셀 매트릭스 크기
int PIN = 6;                                     // 네오픽셀 매트릭스 제어 핀

// 네오픽셀 매트릭스 제어 객체 생성
Adafruit_NeoMatrix matrix = Adafruit_NeoMatrix(COLUMNS, ROWS, PIN,
                NEO_MATRIX_TOP + NEO_MATRIX_RIGHT +
                NEO_MATRIX_ROWS + NEO_MATRIX_ZIGZAG);

const uint16_t snakeColor1 = matrix.Color(0, 0, 255);   // 뱀 머리 색
const uint16_t snakeColor2 = matrix.Color(0, 100, 0);   // 뱀 몸 색
const uint16_t logoColor = matrix.Color(100, 0, 0);
const uint16_t appleColor = matrix.Color(255, 0, 0);    // 사과 색

byte appleX, appleY;                             // 현재 사과 위치
byte isGrowing;                                  // 사과를 먹어 길어져야 할 남은 길이
byte direction;                                  // 현재 뱀의 진행 방향
byte state;                                      // 게임의 상태

// 초기 상태의 뱀 데이터로 (x, y) 좌표 순서이며 뒤쪽이 머리를 나타냄
const byte startSnake[] = { 1, 4, 1, 3, 2, 3 };
const byte halfCircle[]                          // 시작 화면 원 그리기 데이터 (x, y)
    = { 3, 0, 2, 0, 1, 1, 0, 2, 0, 3, 0, 4, 0, 5, 1, 6, 2, 7, 3, 7 };
CircularBuffer<byte, 64> buffer;                 // 뱀 위치를 최대 64개 저장
unsigned long time_previous;                     // 움직임 시간 간격 조절

void setup() {
    matrix.begin();                              // 네오픽셀 매트릭스 초기화
    matrix.setBrightness(10);                    // 밝기 정도 [0, 255]

    time_previous = millis();
```

```
    state = STATE_INITIAL;                              // 초기 상태에서 시작
    startScreen();                                      // 시작 화면 표시

    randomSeed(analogRead(A5));                          // 난수 발생기 초기화
}

void initGameSetting() {
    direction = RIGHT;                                  // 진행 방향 초기화

    buffer.clear();                                     // 뱀 위치 버퍼 비움
    // (x, y) 위치를 4비트씩 나누어서 1바이트로 저장
    for (byte i = 0; i < sizeof(startSnake); i += 2) {
        buffer.unshift( (startSnake[i] << 4) | startSnake[i + 1] );
    }

    appleX = 255; appleY = 255;                         // 사과 없음
    isGrowing = 0;                                       // 몸이 길어지지 않는 상태
}

void showSnake() {
    matrix.clear();                                     // 모든 픽셀 끄기
    byte xy, x, y;
    for (decltype(buffer)::index_t i = 1; i < buffer.size(); i++) {
        xy = buffer[i];
        x = xy >> 4;
        y = xy & 0x0F;
        matrix.drawPixel(x, y, snakeColor2);            // 뱀의 몸 표시
    }
    xy = buffer[0];
    x = xy >> 4;
    y = xy & 0x0F;
    matrix.drawPixel(x, y, snakeColor1);                // 뱀의 머리 표시

    // 사과 표시, (255, 255)인 경우는 사과가 없는 경우임
    matrix.drawPixel(appleX, appleY, appleColor);

    matrix.show();                                      // 매트릭스로 데이터 전송
}

// 조이스틱 움직임에 따른 회전 방향 결정
// UP, DOWN, LEFT, RIGHT, NO_MOVE 중 하나의 값 반환
byte checkValidRotation() {
    int a1 = analogRead(A0);                            // X축
    int a2 = analogRead(A1);                            // Y축

    // 위아래로 움직이고 있을 때 조이스틱을 왼쪽으로 움직이면 왼쪽 회전
    if (a1 <= VR_MIN && a2 >= VR_MID1 && a2 <= VR_MID2) {
        if (direction == UP || direction == DOWN) return LEFT;
        else return NO_MOVE;
    }
    // 위아래로 움직이고 있을 때 조이스틱을 오른쪽으로 움직이면 오른쪽 회전
    else if (a1 >= VR_MAX && a2 >= VR_MID1 && a2 <= VR_MID2) {
        if (direction == UP || direction == DOWN) return RIGHT;
        else return NO_MOVE;
    }
```

```
        // 좌우로 움직이고 있을 때 조이스틱을 위로 움직이면 위쪽 회전
        else if (a2 <= VR_MIN && a1 >= VR_MID1 && a1 <= VR_MID2) {
            if (direction == LEFT || direction == RIGHT) return UP;
            else return NO_MOVE;
        }
        // 좌우로 움직이고 있을 때 조이스틱을 아래로 움직이면 아래쪽 회전
        else if (a2 >= VR_MAX && a1 >= VR_MID1 && a1 <= VR_MID2) {
            if (direction == LEFT || direction == RIGHT) return DOWN;
            else return NO_MOVE;
        }
        else {
            return NO_MOVE;                        // 회전할 수 없거나 조이스틱을 움직이지 않았음
        }
}

void updatePosition() {
    byte xy = buffer[0];                          // 뱀 머리 위치
    byte headX = xy >> 4, headY = xy & 0x0F;

    // 새로운 머리 위치를 결정하여 추가
    if (direction == UP)          headY--;
    else if (direction == DOWN)   headY++;
    else if (direction == LEFT)   headX--;
    else if (direction == RIGHT)  headX++;
    buffer.unshift( (headX << 4) | headY );

    // 사과를 먹어 몸이 길어지는 상태가 아니면 꼬리를 자르고
    // 몸이 길어지는 상태이면 길어질 몸 길이가 0이 될 때까지 감소
    if (isGrowing == 0) buffer.pop();
    else isGrowing--;
}

boolean anyMovement() {                           // 조이스틱의 전후좌우 움직임 여부
    int a1 = analogRead(A0);                      // X축
    int a2 = analogRead(A1);                      // Y축

    if (a1 <= VR_MIN || a1 >= VR_MAX || a2 <= VR_MIN || a2 >= VR_MAX)
        return true;
    else
        return false;
}

boolean hitBarrier() {                            // 장애물과 충돌, 즉 화면을 벗어난 경우 검사
    byte xy = buffer[0];
    byte x = xy >> 4, y = xy & 0x0F;

    if (x < 0 || x >= COLUMNS || y < 0 || y >= ROWS) return true;
    else return false;
}

boolean hitApple() {                              // 뱀 머리와 사과 충돌 감지
    byte xy = buffer[0];
    byte x = xy >> 4, y = xy & 0x0F;
```

```
        if (x == appleX && y == appleY) return true;
        else return false;
    }

    void makeApple() {                                  // 새로운 사과 위치 결정
        int x, y;
        do {
            x = random(8);
            y = random(8);
        } while ( isSnakeBody(x, y) );                  // 뱀 위치와 겹치는 경우 다시 결정

        appleX = x; appleY = y;                         // 새로운 사과 위치
    }

    boolean isSnakeBody(int _x, int _y) {               // 뱀 위치와 겹치는지 검사
        byte xy, x, y;

        for (decltype(buffer)::index_t i = 0; i < buffer.size(); i++) {
            xy = buffer[i];
            x = xy >> 4;
            y = xy & 0x0F;

            if (x == _x && y == _y) return true;
        }

        return false;
    }

    boolean hitBody() {                                 // 머리와 몸이 부딪힌 경우 검사
        byte xy = buffer[0];
        byte _x = xy >> 4, _y = xy & 0x0F;
        byte x, y;

        for (decltype(buffer)::index_t i = 1; i < buffer.size(); i++) {
            xy = buffer[i];
            x = xy >> 4;
            y = xy & 0x0F;

            if (x == _x && y == _y) return true;
        }

        return false;
    }

    void loop() {
        if (state == STATE_INITIAL) {                   // 초기 상태
            if (anyMovement()) {                        // 조이스틱을 움직이면
                initGameSetting();                      // 게임 설정 초기화
                showSnake();                            // 뱀 표시
                state = STATE_MOVING;                   // 게임 진행 상태로 바꿈
                delay(1000);                            // 1초 후 움직이기 시작
            }
        }
        else if (state == STATE_MOVING) {               // 게임 진행 상태
```

```
        unsigned long time_current = millis();

        // 조이스틱 움직임에 따라 회전 방향 결정
        byte buttonCheck = checkValidRotation();
        if (buttonCheck != NO_MOVE) {
            direction = buttonCheck;
            delay(INTERVAL / 2);                        // 연속 회전 방지
        }

        // 몸이 길어지지 않는 상태이고 사과가 없으면 새로운 사과 생성
        if (isGrowing == 0 && appleX == 255) makeApple();

        if (time_current - time_previous >= INTERVAL) {
            time_previous = time_current;

            updatePosition();                           // 진행 방향으로 움직임
            if (hitApple()) {                           // 사과를 먹은 경우
                isGrowing = GROWING;                    // 몸이 길어지도록 표시
                appleX = 255; appleY = 255;             // 사과 숨김
            }

            showSnake();                                // 뱀 표시

            if (hitBarrier() || hitBody()) {            // 장애물이나 몸 일부와 부딪힌 경우
                endScreen();                            // 게임 종료 화면 표시
                state = STATE_GAME_END;                 // 게임 종료 상태로 바꿈
            }
        }
    }
    else if (state == STATE_GAME_END) {                 // 게임 종료 상태
        if (anyMovement()) {                            // 조이스틱을 움직이면
            state = STATE_INITIAL;                      // 초기 상태로 바꿈
            startScreen();                              // 초기 화면 표시
            delay(1000);
        }
    }
}

void startScreen() {                                    // 초기 화면 표시
    matrix.clear();                                     // 매트릭스 지우기

    for (byte i = 0; i < sizeof(halfCircle); i += 2) { // 원 표시
        matrix.drawPixel(halfCircle[i], halfCircle[i + 1], logoColor);
        matrix.drawPixel(7 - halfCircle[i], halfCircle[i + 1], logoColor);
    }

    int n = sizeof(startSnake);                         // 초기 상태 뱀 표시
    for (byte i = 0; i < n - 2; i += 2) {
        matrix.drawPixel(startSnake[i], startSnake[i + 1], snakeColor2);
    }
    matrix.drawPixel(startSnake[n - 2], startSnake[n - 1], snakeColor1);

    matrix.show();                                      // 매트릭스로 데이터 전송
}
```

```
void endScreen() {                      // 게임 종료 화면 표시
    for (byte i = 0; i < 8; i++) {      // 'X'자 모양 표시
        matrix.drawPixel(7 - i, i, logoColor);
        matrix.drawPixel(i, i, logoColor);
        matrix.show();
        delay(50);
    }
}
```

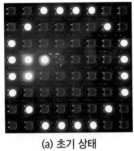

(a) 초기 상태   (b) 게임 진행 상태   (c) 게임 종료 상태

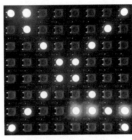

그림 50.7 스네이크 게임 실행 화면

50.4 맺는말

이 장에서는 8×8 크기의 네오픽셀 매트릭스와 조이스틱을 사용하여 스네이크 게임을 구현해 봤다. 조이스틱은 2개의 가변저항으로 생각할 수 있으며, 게임에서 움직임을 컨트롤하는 용도로 많이 사용되는 입력 장치다. 스네이크 게임에서도 뱀의 진행 방향을 제어하기 위한 입력 장치로 사용했다. 네오픽셀 매트릭스는 많은 수의 RGB LED를 하나의 제어선으로 제어할 수 있게 해주며, 전용 라이브러리를 사용하면 간단하게 다양한 효과를 낼 수 있다. 또한 여러 개의 네오픽셀 매트릭스를 연결했을 때도 하나의 큰 네오픽셀 매트릭스를 제어하는 것과 같은 방법으로 제어할 수 있다는 점이 네오픽셀 매트릭스를 사용하는 이유 중 하나가 된다.

아두이노 우노로 스네이크 게임은 어렵지 않게 구현하여 즐길 수 있다. 아두이노 우노로 화려한 그래픽을 보여주기는 어렵지만, 스네이크 게임 이외에도 퐁pong, 커넥트 포Connect Four, 테트리스 등 다양한 게임의 제작 과정을 인터넷을 통해 찾아볼 수 있으므로 관심이 있는 독자라면 검색해 보기를 추천한다.

RTC:
날짜와 시간

아두이노에서 날짜와 시간을 유지하는 방법에는 소프트웨어 라이브러리를 사용하는 방법과 하드 웨어 RTCReal Time Clock를 사용하는 방법이 있다. 흔히 소프트웨어 RTC라고 불리는 소프트웨어 라 이브러리를 사용하는 방법은 별도의 하드웨어가 필요하지 않지만, 아두이노의 전원이 꺼지면 시간 이 유지되지 않는다는 단점이 있다. 반면, 하드웨어 RTC를 사용하면 아두이노 전원과 무관하게 날 짜와 시간을 사용할 수 있지만, 전용 하드웨어가 필요하다는 단점이 있다. 이 장에서는 소프트웨어 및 하드웨어 RTC를 통해 날짜와 시간을 유지하고 사용하는 방법을 살펴본다.

이 장에서
사용할 부품

아두이노 우노	× 1 ➡ 날짜와 시간 테스트
Tiny RTC 모듈	× 1 ➡ DS1307 RTC 칩 사용
DS3231 RTC 모듈	× 1 ➡ DS3231 RTC 칩 사용

컴퓨터에는 배터리에 의해 동작하는 시계가 메인 보드에 내장되어 있어 컴퓨터 전원을 내렸다가 올린 뒤에도 날짜와 시간 정보가 유지되며, 이러한 하드웨어 장치를 RTC_{Real Time Clock}라고 한다. 아두이노 보드에는 별도의 RTC가 포함되어 있지 않으므로 마이크로컨트롤러의 타이머/카운터를 이용하는 소프트웨어적인 방법이나 별도의 하드웨어 모듈을 이용하는 하드웨어적인 방법으로 날짜와 시간을 사용할 수 있다. 소프트웨어 라이브러리를 사용하는 경우를 흔히 소프트웨어 RTC라고 한다. 하지만 소프트웨어 RTC는 아두이노의 전원을 끄면 정보가 유지되지 않으므로 아두이노를 켤 때마다 날짜와 시간을 설정해야 하는 번거로움이 있다. 하드웨어 RTC를 이용하면 이런 불편은 없지만, 전용 하드웨어가 필요한 것은 단점이라고 할 수 있다. 먼저 소프트웨어 RTC부터 알아보자.

51.1 소프트웨어 RTC

마이크로컨트롤러에 포함된 하드웨어 중 시간을 측정하고 유지하기 위해 사용할 수 있는 하드웨어에 타이머/카운터가 있다. **타이머/카운터는 CPU 클록을 기준으로 시간을 계산할 수 있게 해주며, 일정 시간이 지났을 때 인터럽트를 통해 자동으로 알려주는 기능도 포함되어 있다.** 아두이노 우노에 사용된 **ATmega328** 마이크로컨트롤러에도 3개의 타이머/카운터가 포함되어 있다. 아두이노에서 직접 타이머/카운터의 기능을 사용하지는 않지만, 함수나 라이브러리에서 타이머/카운터를 사용하는 경우는 흔히 볼 수 있다. 대표적인 함수가 실행 시간을 반환하는 millis 함수다. 타이머/카운터는 PWM 신호 출력과 관련이 있으므로 타이머/카운터를 다른 용도로 사용하면 PWM 신호 출력이 정상적으로 이루어지지 않을 수 있으므로 주의해야 한다. 표 51.1은 아두이노 우노에서 타이머/카운터와 관련된 함수 및 PWM 출력 핀을 요약한 것이다.

표 51.1 아두이노 우노의 타이머/카운터

타이머/카운터	카운터 비트 수	관련 아두이노 함수/라이브러리	관련 PWM 핀
0번	8비트	delay, millis	5, 6
1번	16비트	서보 라이브러리	9, 10
2번	8비트	tone	3, 11

타이머/카운터를 사용하는 것은 시간을 유지하기 위한 가장 간단하면서도 효과적인 방법으로 대부분의 소프트웨어 RTC에서 사용하는 방법이다. 이 장에서 살펴볼 swRTC 라이브러리 역시 타이머/카운터

2번을 사용한다. 하지만 swRTC가 아두이노 보드의 클록을 기준으로 하고 있고 아두이노 보드의 클록은 정밀도가 높지 않으므로 정확한 시간 측정용으로는 적당하지 않으며, 전용 전원이 없어 상대적인 시간 측정만 가능하다는 점을 잊지 말아야 한다. 먼저 라이브러리 매니저에서 'software RTC'를 검색하여 swRTC 라이브러리를 설치하자.

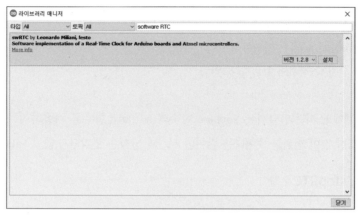

그림 51.1 swRTC 라이브러리 검색 및 설치*

swRTC 라이브러리는 2번 타이머/카운터의 오버플로 인터럽트_{overflow interrupt}를 사용하여 날짜와 시간을 계산한다. 이는 millis 함수가 0번 타이머/카운터의 오버플로 인터럽트를 사용하여 실행 시간을 계산하는 것과 같은 방법이다.

swRTC 라이브러리를 사용하기 위해서는 먼저 헤더 파일을 포함해야 한다. '스케치 → 라이브러리 포함하기 → swRTC' 메뉴 항목을 선택하면 2개의 헤더 파일을 포함하지만, 꼭 포함해야 하는 헤더 파일은 swRTC.h뿐이므로 직접 입력해도 된다.

```
#include <swRTC.h>
```

swRTC 클래스에서는 다음과 같은 멤버 함수를 시간 계산을 위해 정의하고 있다.

■ swRTC

```
swRTC::swRTC()
 - 매개변수: 없음
 - 반환값: 없음
```

---

*   https://www.leonardomiliani.com/en/arduino/

swRTC 클래스의 객체를 생성한다.

■ setTime, setDate

```
boolean swRTC::setTime(byte hourT, byte minuteT, byte secondT)
boolean swRTC::setDate(byte dayT, byte monthT, int yearT)
 - 매개변수
    hourT, minuteT, secondT: 시분초
    dayT, monthT, yearT: 일월연
 - 반환값: 시간 또는 날짜의 설정 성공 여부
```

생성된 swRTC 객체의 시간과 날짜는 setTime 함수와 setDate 함수를 사용하여 설정할 수 있다.
매개변수로 지정한 값이 범위를 벗어나는 값이면 시간과 날짜는 변경되지 않고 false를 반환한다.

■ startRTC, stopRTC

```
void swRTC::startRTC()
void swRTC::stopRTC()
 - 매개변수: 없음
 - 반환값: 없음
```

startRTC 함수는 RTC가 동작하도록, stopRTC 함수는 RTC가 일시 정지하도록 한다.

■ getXXX

```
byte swRTC::getSeconds()
byte swRTC::getMinutes()
byte swRTC::getHours()
byte swRTC::getDay()
byte swRTC::getMonth()
int swRTC::getYear()
 - 매개변수: 없음
 - 반환값: 시간 또는 날짜 정보
```

현재 시간과 날짜를 얻기 위해 사용하는 함수들이다.

스케치 51.1은 swRTC 라이브러리를 사용하여 1초에 한 번 현재 날짜와 시간을 시리얼 모니터로
출력하는 예다. 사용에 문제는 없어 보이지만 소프트웨어 RTC는 아두이노에 전원이 주어질 때마

다 매번 초기화가 필요하므로 절대적인 시간을 유지할 수는 없고 상대적인 시간을 계산하기 위해서만 사용할 수 있다.

📋 스케치 51.1 swRTC 라이브러리 사용

```
#include <swRTC.h>

swRTC rtc;                                  // swRTC 객체 생성
byte sec_previous = -1, sec_current;        // 초 단위 시간 경과 확인

void setup() {
    rtc.stopRTC();                          // RTC 정지
    rtc.setTime(15, 0, 0);                  // 15시 0분 0초로 설정
    rtc.setDate(1, 8, 2020);                // 2020년 8월 1일로 설정
    rtc.startRTC();                         // RTC 시작

    Serial.begin(9600);                     // 시리얼 통신 초기화
}

void loop() {
    sec_current = rtc.getSeconds();         // 현재 시간의 초 얻기

    if (sec_current != sec_previous) {      // 마지막 출력 후 1초 이상 경과
        sec_previous = sec_current;
        printCurrentDateTime();             // 현재 시간 출력
    }
}

void printCurrentDateTime(void) {           // 현재 날짜와 시간 출력
    Serial.print(fixedWidthStr(rtc.getYear(), 4) + "년 ");
    Serial.print(fixedWidthStr(rtc.getMonth(), 2) + "월 ");
    Serial.print(fixedWidthStr(rtc.getDay(), 2) + "일, ");

    Serial.print(fixedWidthStr(rtc.getHours(), 2) + "시 ");
    Serial.print(fixedWidthStr(rtc.getMinutes(), 2) + "분 ");
    Serial.println(fixedWidthStr(rtc.getSeconds(), 2) + "초");
}

String fixedWidthStr(int n, int width) {    // 정수를 지정한 길이 문자열로 변환
    String str = "";

    for (int i = 0; i < width; i++) {
        int remain = n % 10;
        n = n / 10;
        str = char(remain + '0') + str;
    }

    return str;
}
```

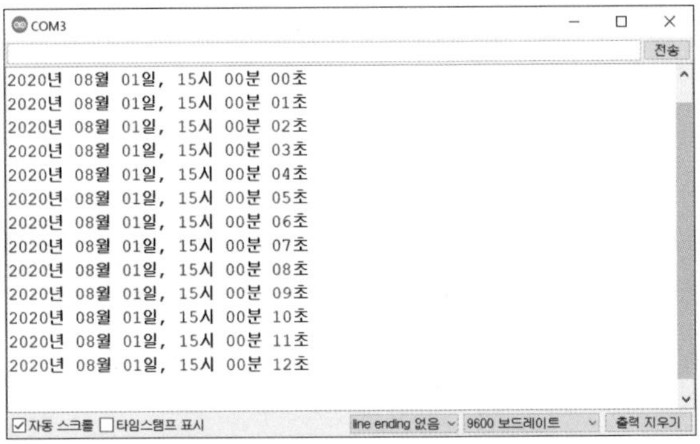

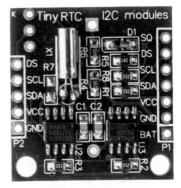

COM3
전송
2020년 08월 01일, 15시 00분 00초
2020년 08월 01일, 15시 00분 01초
2020년 08월 01일, 15시 00분 02초
2020년 08월 01일, 15시 00분 03초
2020년 08월 01일, 15시 00분 04초
2020년 08월 01일, 15시 00분 05초
2020년 08월 01일, 15시 00분 06초
2020년 08월 01일, 15시 00분 07초
2020년 08월 01일, 15시 00분 08초
2020년 08월 01일, 15시 00분 09초
2020년 08월 01일, 15시 00분 10초
2020년 08월 01일, 15시 00분 11초
2020년 08월 01일, 15시 00분 12초
자동 스크롤
타임스탬프 표시
line ending 없음
9600 보드레이트
출력 지우기

그림 51.2 **스케치 51.1 실행 결과**

51.2 Tiny RTC 모듈

소프트웨어 RTC와 비교되는 **하드웨어 RTC는 날짜와 시간을 유지하기 위해 사용되는 전용 하드웨어를 말하며, 일반적으로 RTC는 하드웨어 RTC를 가리킨다.** 하드웨어 RTC는 아두이노의 전원과 상관없이 자체적으로 시간을 유지하므로 매번 날짜와 시간을 다시 설정해야 하는 불편함이 없다. 또한 일부 하드웨어 RTC는 특정 시간을 알려주는 알람 기능이 있어 RTC만으로 간단한 알람 시계를 만들 수 있다. 19장 'I2C 통신'에서 하드웨어 RTC 중 하나인 Tiny RTC 모듈을 이미 사용해 봤다. 하지만 19장 'I2C 통신'은 I2C 통신을 위한 장이므로 RTC 사용을 위해 Wire 라이브러리를 사용했다. 반면, 이 장에서는 RTC를 위한 전용 라이브러리를 사용하여 RTC 기능을 사용하는 방법을 살펴본다.

이 장에서 사용하는 하드웨어 RTC는 DS1307 RTC 칩을 이용한 Tiny RTC 모듈과 DS3231 RTC 칩을 사용한 DS3231 RTC 모듈의 두 종류로 모두 I2C 통신을 사용한다. 먼저 Tiny RTC 모듈부터 살펴보자. Tiny RTC 모듈은 DS1307 RTC 칩에 배터리 홀더, 크리스털 등 필요한 부품을 추가하여 만든 RTC 모듈이다.

Tiny RTC
I2C modules
D1
SQ
DS
SCL
SDA
VCC
GND
BAT
P1
P2
DS
R7
SCL
SDA
VCC
GND
X1
R6
R5
R8
R4
R1
C1
C2
U2
R3
U3
R2

그림 51.3 **Tiny RTC 모듈**

Tiny RTC 모듈에는 좌우에 5개와 7개의 핀이 있으며 같은 이름의 핀은 같은 기능을 하는 핀이므로 어떤 핀을 사용해도 된다. 날짜와 시간 정보만 사용하는 경우라면 전원 관련 VCC와 GND, I2C 통신 관련 SCL과 SDA의 4개 핀만 연결하면 된다. 구형파 출력을 사용하기 위해서는 SQ 핀역시 필요하다. Tiny RTC 모듈을 그림 51.4와 같이 아두이노 우노에 연결하자. SQ 핀은 아두이노 우노에서 외부 인터럽트를 사용할 수 있는 2번 핀에 연결한다.

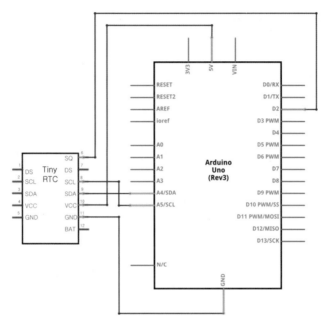

그림 51.4 Tiny RTC 모듈 연결 회로도

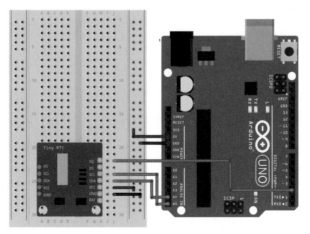

그림 51.5 Tiny RTC 모듈 연결 회로

Tiny RTC 모듈을 사용하기 위해서는 먼저 라이브러리를 설치해야 한다. 라이브러리 매니저에서
'Rtc Makuna'를 검색하여 Rtc by Makuna 라이브러리를 설치하자. 비슷한 기능의 라이브러리가 여
러 종류 있지만, Rtc by Makuna 라이브러리는 DS1307 칩과 DS3231 칩을 모두 지원하고, DS3231
RTC 칩의 알람 기능 역시 지원하므로 이 장에서는 Rtc by Makuna 라이브러리를 사용한다.

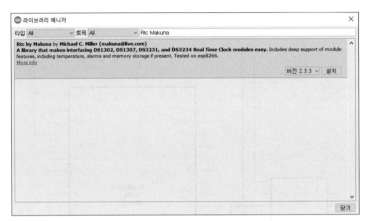

그림 51.6 Rtc by Makuna 라이브러리 검색 및 설치

Rtc by Makuna 라이브러리를 사용하기 위해서는 먼저 헤더 파일을 포함해야 한다. '스케치 → 라
이브러리 포함하기 → Rtc by Makuna' 메뉴 항목을 선택하면 10개에 달하는 헤더 파일을 포함한
다. 이 중 Tiny RTC 모듈을 사용하기 위해서는 RtcDS1307.h 파일을 꼭 포함해야 한다. 또한 Rtc
by Makuna 라이브러리에서 Wire 라이브러리를 사용하므로 Wire.h 파일도 포함해야 하지만, 메
뉴 항목을 선택했을 때 포함하는 파일 중에 Wire.h 파일은 포함되어 있지 않으므로 직접 입력해
야 한다.

```
#include <Wire.h>
#include <RtcDS1307.h>
```

Rtc by Makuna 라이브러리는 여러 가지 RTC 칩을 지원하며 그중 하나가 Tiny RTC 모듈에 사용
된 DS1307 RTC 칩이다. DS1307 RTC 칩을 지원하는 클래스는 RtcDS1307이다. Rtc by Makuna
라이브러리에서는 DS1307 RTC 칩을 위한 I2C 주소를 내부적으로 정의하여 사용하고 있으므로
스케치를 작성할 때 I2C 주소를 지정하지 않는다.

```
const uint8_t DS1307_ADDRESS = 0x68;        // DS1307 RTC 칩의 I2C 주소
```

★   https://github.com/Makuna/Rtc/wiki

RtcDS1307 클래스에서는 DS1307 RTC 칩을 사용한 Tiny RTC 모듈 제어를 위해 다음과 같은 멤버 함수를 정의하고 있다.

- **RtcDS1307**

```
RtcDS1307::RtcDS1307(T_WIRE_METHOD& wire)
 - 매개변수
    wire: DS1307 RTC 칩의 통신에 사용될 객체
 - 반환값: 없음
```

DS1307 RTC 칩을 위한 객체를 생성한다. 이때 매개변수 형식인 T_WIRE_METHOD는 클래스에 해당하고, wire는 객체에 해당한다. 따라서 객체 생성 방법은 다음과 같다.

```
RtcDS1307<TwoWire> RTC(Wire);
```

TwoWire는 아두이노 우노에서 I2C 통신을 담당하는 클래스 이름이며, Wire는 TwoWire 클래스의 유일한 객체에 해당한다.

- **Begin**

```
void RtcDS1307::Begin()
 - 매개변수: 없음
 - 반환값: 없음
```

Wire 라이브러리 초기화를 포함하여 RtcDS1307 객체의 초기화를 수행한다. 다른 라이브러리와 달리 멤버 함수가 대문자로 시작한다는 점에 주의해야 한다.

- **GetIsRunning**

```
bool RtcDS1307::GetIsRunning()
 - 매개변수: 없음
 - 반환값: RTC의 동작 상태
```

DS1307 RTC 칩의 동작 상태를 반환한다. DS1307 RTC 칩의 0번 메모리, 7번 비트인 Halt Bit가 1이면 RTC가 정지 상태를, 0이면 동작 상태를 나타내므로 메모리값에 따라 RTC의 동작 여부를 판단한다.

■ **SetIsRunning**

```
void RtcDS1307::SetIsRunning(bool isRunning)
  - 매개변수
     isRunning: RTC 동작 상태
  - 반환값: 없음
```

DS1307 RTC 칩의 동작 상태를 설정한다.

■ **SetDateTime**

```
void RtcDS1307::SetDateTime(const RtcDateTime& dt)
  - 매개변수
     dt: 날짜 및 시간 정보
  - 반환값: 없음
```

DS1307 RTC 칩의 날짜 및 시간 정보를 설정한다. 이때 매개변수는 RtcDateTime 클래스 타입으로 날짜와 시간을 한꺼번에 관리할 수 있다.

■ **GetDateTime**

```
RtcDateTime RtcDS1307::GetDateTime()
  - 매개변수: 없음
  - 반환값: RTC 현재 시간
```

DS1307 RTC 칩의 현재 시간을 반환한다. 반환값은 SetDateTime의 매개변수와 같은 RtcDateTime 클래스 타입이다.

■ **SetSquareWavePin**

```
void RtcDS1307::SetSquareWavePin(DS1307SquareWaveOut pinMode)
  - 매개변수
     pinMode: 구형파 출력 핀의 핀 모드
  - 반환값: 없음
```

구형파 출력 핀의 핀 모드를 설정한다. 핀 모드는 다음과 같이 열거형 상수로 정의되어 있다.

```
enum DS1307SquareWaveOut {
    DS1307SquareWaveOut_1Hz     = 0b00010000,
    DS1307SquareWaveOut_4kHz    = 0b00010001,
    DS1307SquareWaveOut_8kHz    = 0b00010010,
    DS1307SquareWaveOut_32kHz   = 0b00010011,
    DS1307SquareWaveOut_High    = 0b10000000,        // 구형파 출력이 없을 때 HIGH 출력
    DS1307SquareWaveOut_Low     = 0b00000000,        // 구형파 출력이 없을 때 LOW 출력
};
```

설정에 따라 출력되는 구형파 주파수는 표 51.2와 같다.

표 51.2 구형파 주파수 설정 상수에 따른 실제 주파수

상수	주파수
DS1307SquareWaveOut_1Hz	1Hz
DS1307SquareWaveOut_4kHz	4.096kHz
DS1307SquareWaveOut_8kHz	8.192kHz
DS1307SquareWaveOut_32kHz	32.768kHz

SetDateTime 함수와 GetDateTime 함수는 RtcDateTime 클래스의 객체를 매개변수와 반환값으로 갖는다. RtcDateTime 클래스에는 날짜와 시간 정보를 저장하기 위한 멤버 변수들과 그 값을 알아내기 위한 멤버 함수들이 정의되어 있으므로 날짜와 시간을 개별적으로 얻어올 수 있다.

표 51.3 RtcDateTime 클래스의 멤버 변수와 멤버 함수

멤버 변수	대응하는 멤버 함수
uint8_t _yearFrom2000	uint16_t Year()
uint8_t _month	uint8_t Month()
uint8_t _dayOfMonth	uint8_t Day()
uint8_t _hour	uint8_t Hour()
uint8_t _minute	uint8_t Minute()
uint8_t _second	uint8_t Second()

스케치 51.2는 Tiny RTC 모듈의 시간을 확인하고 시간이 바뀌었을 때, 즉 1초 이상의 시간이 지났을 때 시리얼 모니터로 현재 시간을 출력하는 예다. 스케치 51.2는 기본적으로 스케치 51.1과 같은 동작을 하며, 이는 스케치 51.2의 실행 결과인 그림 51.7과 스케치 51.1의 실행 결과인 그림 51.2가 같은 것에서도 알 수 있다.

```
#include <Wire.h>
#include <RtcDS1307.h>

RtcDS1307<TwoWire> RTC(Wire);                    // DS1307 RTC 칩 객체 생성
byte sec_previous = -1, sec_current;             // 초 단위 시간 경과 확인

void setup() {
    Serial.begin(9600);                          // 시리얼 통신 초기화
    RTC.Begin();                                 // DS1307 RTC 칩 연결 초기화

    if (!RTC.GetIsRunning()) {                   // RTC 동작 상태 검사
        Serial.println("* RTC가 정상적으로 동작하지 않아 재시작합니다.");
        RTC.SetIsRunning(true);                  // RTC 시작
    }

    // 컴파일 시간보다 RTC 모듈의 시간이 오래된 경우 시간 업데이트
    RtcDateTime compiled = RtcDateTime(__DATE__, __TIME__);
    RtcDateTime now = RTC.GetDateTime();         // 현재 시간 얻기
    if (now < compiled) {
        Serial.println("* RTC의 시간을 업데이트합니다.");
        RTC.SetDateTime(compiled);               // 시간 업데이트
    }
}

void loop() {
    RtcDateTime now = RTC.GetDateTime();         // 현재 시간 얻기
    sec_current = now.Second();

    if (sec_current != sec_previous) {           // 마지막 출력 후 1초 이상 경과
        sec_previous = sec_current;
        printDateTime(now);                      // 시간 출력
    }
}
```

스케치 51.3은 스케치 51.2와 함께 사용하는 시간 문자열 출력 함수로, 스케치 51.2와 함께 입력하거나 별도 파일로 작성해서 함께 컴파일해야 한다.

☑ 스케치 51.3 시간 문자열 출력 함수

```
String fixedWidthStr(int n, int width) {         // 정수를 지정한 길이 문자열로 변환
    String str = "";

    for (int i = 0; i < width; i++) {
        int remain = n % 10;
        n = n / 10;
        str = char(remain + '0') + str;
    }
```

```
    return str;
}

void printDateTime(const RtcDateTime dt) {
    Serial.print(fixedWidthStr(dt.Year(), 4) + "년 ");
    Serial.print(fixedWidthStr(dt.Month(), 2) + "월 ");
    Serial.print(fixedWidthStr(dt.Day(), 2) + "일, ");
    Serial.print(fixedWidthStr(dt.Hour(), 2) + "시 ");
    Serial.print(fixedWidthStr(dt.Minute(), 2) + "분 ");
    Serial.println(fixedWidthStr(dt.Second(), 2) + "초");
}
```

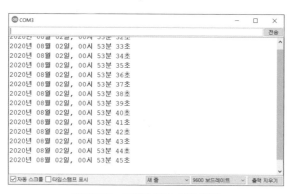

그림 51.7 스케치 51.2 실행 결과

그림 51.4의 회로도에서 Tiny RTC 모듈의 구형파 출력을 아두이노 우노의 2번 핀으로 연결했으므로 구형파에 의한 인터럽트를 사용할 수 있다. 스케치 51.4는 1Hz의 구형파 출력이 2번 핀의 외부 인터럽트를 발생시키고 이를 통해 13번 핀에 연결된 LED를 점멸하는 예다. DS1307 RTC 칩의 구형파 출력을 설정하기 위해서는 SetSquareWavePin 함수를 사용하면 되고, 구형파에 의한 외부 인터럽트 사용을 위해서는 attachInterrupt 함수를 사용하면 된다. 스케치 51.4에서는 스케치를 간단히 하기 위해 RTC가 정상적으로 동작한다고 가정하고 검사 과정은 생략했다.

</> 스케치 51.4 Tiny RTC 모듈 구형파 출력 사용

```
#include <Wire.h>
#include <RtcDS1307.h>

RtcDS1307<TwoWire> RTC(Wire);                // DS1307 RTC 칩 객체 생성

int pin_LED = 13;                           // LED 연결 핀
boolean state = false;                       // LED 상태

void blink() {                              // 외부 인터럽트 서비스 루틴
    state = !state;                         // LED 상태 반전
    digitalWrite(pin_LED, state);           // 현재 LED 상태 출력
}
```

```
void setup() {
    RTC.Begin();                                    // DS1307 RTC 칩 연결 초기화

    pinMode(pin_LED, OUTPUT);                        // LED 연결 핀을 출력으로 설정
    digitalWrite(pin_LED, state);                    // LED 초기 상태

    // 1Hz의 구형파가 출력되도록 설정
    RTC.SetSquareWavePin(DS1307SquareWaveOut_1Hz);

    // 디지털 2번 핀으로 입력되는 정현파의 상승 및 하강 에지에서(CHANGE)
    // 'blink' 함수가 호출되도록 인터럽트 처리 함수 등록
    attachInterrupt(digitalPinToInterrupt(2), blink, CHANGE);
}

void loop() {
}
```

스케치 51.2와 스케치 51.4는 Rtc by Makuna 라이브러리의 RtcDS1307 클래스를 사용하여 DS1307 RTC 칩을 사용하는 방법을 보여준다. Rtc by Makuna 라이브러리는 Wire 라이브러리를 바탕으로 만들어진 것으로, 간단하게 RTC 기능을 사용할 수 있게 해주며 이는 19장 'I2C 통신'에서 Wire 라이브러리를 사용하여 구현한 스케치와 비교해 보면 그 차이를 알 수 있다.

51.3 DS3231 RTC 모듈

DS3231 역시 I2C 통신을 사용하는 RTC 칩으로, 기본적인 기능은 DS1307 RTC 칩과 같다. 하지만 전용 발진자를 칩 내에 포함하고 있으며, 온도 센서를 통한 온도 보상이 가능해 DS1307보다 시간 오차가 적다는 점이 가장 큰 차이이자 장점이다. 이 외에도 세부적인 기능에서 몇 가지 차이가 있다.

- DS1307 RTC 칩을 사용하기 위해 꼭 필요한 부품 중 하나가 외부 크리스털이며 시간의 정확도는 연결된 크리스털의 정밀도에 영향을 받는다. 하지만 DS3231 RTC 칩에는 내부 발진자가 포함되어 있어 별도의 크리스털을 연결할 필요가 없으며, 내부 온도 센서를 통해 온도에 따른 발진 주파수의 보상이 가능하다. 이처럼 **온도 보상 발진 회로를 사용함으로써 DS3231 RTC 칩은 DS1307 RTC 칩에 비해 높은 정밀도를 얻을 수 있다.**

- 내부 온도 센서의 값은 말 그대로 칩의 내부 온도이기는 하지만 별도로 읽어와 사용할 수 있다.

- DS1307 RTC 칩은 5V 전원을 사용하지만, DS3231 RTC 칩은 2.3~5.5V 전원에서 동작하므로 다양한 환경에서 DS3231 RTC 칩을 사용할 수 있다. 3.3V를 사용하는 마이크로컨트롤러 사용이 증가하고 있으므로 3.3V에 직접 연결하여 사용할 수 있다는 것은 장점이 아닐 수 없다.

- DS3231 RTC 칩은 32.768kHz 구형파 출력을 위한 전용 핀을 갖고 있으며, DS1307 RTC 칩에서는 불가능한 1.024kHz 구형파를 출력할 수 있다.

- DS3231 RTC 칩에는 2개의 알람이 포함되어 있고, 초 단위 이상의 시간 간격을 설정할 수 있으므로 주기적인 작업 진행이나 시계 애플리케이션에 사용할 수 있다.

DS3231 RTC 칩 역시 DS1307 RTC 칩과 마찬가지로 전용 전원을 포함하는 모듈 형태를 사용하는 것이 일반적이며, 그림 51.8은 이 장에서 사용하는 DS3231 RTC 모듈을 나타낸다.

그림 51.8의 DS3231 RTC 모듈을 아두이노 우노에 연결해 보자. 사용하는 모듈의 핀 수와 핀 위치가 바뀌기는 했지만 그림 51.9의 회로도는 그림 51.4의 Tiny RTC 모듈 연결 회로도와 같다.

그림 51.8 DS3231 RTC 모듈

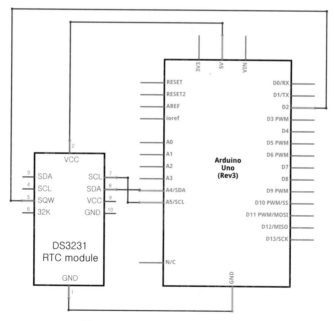

그림 51.9 DS3231 RTC 모듈 연결 회로도

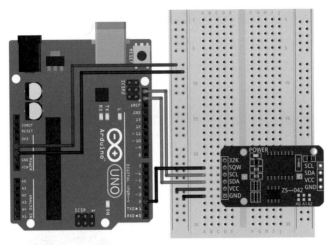

그림 51.10 DS3231 RTC 모듈 연결 회로

Tiny RTC 모듈을 사용하기 위해 설치한 Rtc by Makuna 라이브러리는 DS3231 RTC 칩 역시 지원하므로 별도로 라이브러리를 설치하지 않아도 된다. 하지만 사용하는 칩에 따라 포함하는 헤더 파일이 달라진다. DS3231 RTC 모듈을 사용하기 위해서는 RtcDS3231.h 파일과 Wire.h 파일을 포함하면 된다.

```
#include <Wire.h>
#include <RtcDS3231.h>
```

Rtc by Makuna 라이브러리는 여러 가지 RTC 칩을 지원하며 그중 하나가 DS3231 RTC 칩이다. DS3231 RTC 칩을 지원하는 클래스는 RtcDS3231이다. Rtc by Makuna 라이브러리에서는 DS3231 RTC 칩을 위한 I2C 주소 역시 내부적으로 정의하여 사용하고 있으므로 스케치를 작성할 때 I2C 주소를 지정하지 않는다. 다만 DS3231 RTC 칩은 DS1307 RTC 칩과 같은 주소를 사용하므로 두 칩을 함께 사용할 수는 없다.

```
const uint8_t DS3231_ADDRESS = 0x68;          // DS3231 RTC 칩의 I2C 주소
```

RtcDS3231 클래스에서 정의하고 있는 멤버 함수들은 많은 부분 RtcDS1307 클래스에 정의된 멤버 함수와 이름은 물론 기능 역시 같다. 따라서 여기서는 RtcDS1307 클래스와 다른 RtcDS3231 클래스의 멤버 함수들만 살펴본다.

■ **RtcDS3231**

```
RtcDS3231::RtcDS3231(T_WIRE_METHOD& wire)
 - 매개변수
    wire: DS3231 RTC 칩의 통신에 사용될 객체
 - 반환값: 없음
```

DS3231 RTC 칩을 위한 객체를 생성한다. 객체는 RtcDS1307 클래스와 마찬가지로 Wire 라이브러리에서 정의하고 있는 클래스 이름인 TwoWire와 그 유일한 객체인 Wire를 사용하여 생성한다.

```
RtcDS3231<TwoWire> RTC(Wire)
```

■ **GetTemperature**

```
RtcTemperature RtcDS3231::GetTemperature()
 - 매개변수: 없음
 - 반환값: 칩 온도
```

DS3231 RTC 칩에는 온도에 따른 발진 주파수 보정을 위해 온도 센서가 포함되어 있으므로 온도 측정이 가능하다. 반환값은 RtcTemperature 클래스의 객체로 AsFloatDegC 함수나 AsFloatDegF 함수를 사용하여 섭씨온도 또는 화씨온도를 얻을 수 있다.

■ **Enable32kHzPin**

```
void RtcDS3231::Enable32kHzPin(bool enable)
 - 매개변수
    enable: 32kHz 구형파 출력 여부
 - 반환값: 없음
```

DS3231 RTC 칩에는 32kHz 구형파를 출력하는 전용 핀이 존재한다. 따라서 다른 주파수의 구형파와 별개로 사용할 수 있다.

■ SetSquareWavePin

```
void RtcDS3231::SetSquareWavePin(DS3231SquareWavePinMode pinMode,
bool enableWhileInBatteryBackup = true)
 - 매개변수
    pinMode: 구형파 출력 핀의 출력 모드
    enableWhileInBatteryBackup: 배터리로 동작하는 경우 구형파 출력 여부
 - 반환값: 없음
```

RtcDS1307 클래스에서 같은 이름의 멤버 함수는 출력되는 구형파의 주파수를 설정하기 위해 사용되었다. 하지만 DS3231 RTC 칩에서는 구형파 이외에도 알람에 의한 인터럽트 신호 역시 같은 핀으로 출력되므로 먼저 SetSquareWavePin 함수로 출력되는 신호의 종류를 선택해야 한다. 출력되는 구형파의 주파수 설정을 위해서는 SetSquareWavePinClockFrequency 함수를 사용한다. RtcDS3231 클래스에서는 다음의 다섯 가지 모드를 정의하고 있으며, 크게 구형파를 출력하거나 인터럽트 신호를 출력하는 두 가지로 나눌 수 있다.

- DS3231SquareWavePin_ModeNone 구형파 출력을 금지한다.
- DS3231SquareWavePin_ModeClock 지정한 주파수의 구형파를 출력한다.
- DS3231SquareWavePin_ModeAlarmOne 1번 알람을 사용하여 정해진 시간에 인터럽트 신호를 출력한다.
- DS3231SquareWavePin_ModeAlarmTwo 2번 알람을 사용하여 정해진 시간에 인터럽트 신호를 출력한다.
- DS3231SquareWavePin_ModeAlarmBoth 1번과 2번 알람을 사용하여 정해진 시간에 인터럽트 신호를 출력한다.

■ SetSquareWavePinClockFrequency

```
void RtcDS3231::SetSquareWavePinClockFrequency(DS3231SquareWaveClock freq)
 - 매개변수
    freq: 구형파 출력 핀의 출력 주파수
 - 반환값: 없음
```

구형파 출력 핀의 출력 주파수를 설정한다. 출력 주파수는 다음과 같이 열거형 상수로 정의되어 있다. DS1307 RTC 칩의 경우와 달리 32.768kHz 구형파 출력 핀이 별도로 존재하므로 1.024kHz 구형파를 출력할 수 있는 기능이 추가되었다.

```
enum DS3231SquareWaveClock {
    DS3231SquareWaveClock_1Hz  = 0b00000000,
    DS3231SquareWaveClock_1kHz = 0b00001000,
    DS3231SquareWaveClock_4kHz = 0b00010000,
    DS3231SquareWaveClock_8kHz = 0b00011000,
};
```

스케치 51.5는 DS3231 RTC 모듈을 사용하여 현재 시간이 바뀔 때마다 시리얼 모니터로 현재 시간을 출력하면서 0.5초 간격으로 13번 핀에 연결된 LED를 반전시키는 예로, 스케치 51.2와 스케치 51.4의 기능을 하나로 합한 것이다. 스케치 51.5는 클래스의 이름이 RtcDS1307에서 RtcDS3231로 바뀌고 구형파 출력을 위한 설정 방법이 바뀐 점을 제외하면 스케치 51.2 및 스케치 51.4와 큰 차이는 없다. 스케치 51.5는 스케치 51.3의 시간 문자열 출력 함수를 함께 사용해야 한다. 스케치 51.5의 실행 결과는 스케치 51.2 및 스케치 51.4의 실행 결과와 같다.

</> 스케치 51.5 DS3231 RTC 모듈 사용

```
#include <Wire.h>
#include <RtcDS3231.h>

RtcDS3231<TwoWire> RTC(Wire);                    // DS1307 RTC 칩 객체 생성
byte sec_previous = -1, sec_current;             // 초 단위 시간 경과 확인

int pin_LED = 13;                                // LED 연결 핀
boolean state = false;                           // LED 상태

void blink() {                                   // 외부 인터럽트 서비스 루틴
    state = !state;                              // LED 상태 반전
    digitalWrite(pin_LED, state);                // 현재 LED 상태 출력
}

void setup() {
    Serial.begin(9600);                          // 시리얼 통신 초기화
    RTC.Begin();                                 // DS1307 RTC 칩 연결 초기화

    if (!RTC.GetIsRunning()) {                   // RTC 동작 상태 검사
        Serial.println("* RTC가 정상적으로 동작하지 않아 재시작합니다.");
        RTC.SetIsRunning(true);                  // RTC 시작
    }

    // 컴파일 시간보다 RTC 모듈의 시간이 오래된 경우 시간 업데이트
    RtcDateTime compiled = RtcDateTime(__DATE__, __TIME__);
    RtcDateTime now = RTC.GetDateTime();         // 현재 시간 얻기
    if (now < compiled) {
        Serial.println("* RTC의 시간을 업데이트합니다.");
        RTC.SetDateTime(compiled);               // 시간 업데이트
    }
```

```
    pinMode(pin_LED, OUTPUT);                      // LED 연결 핀을 출력으로 설정
    digitalWrite(pin_LED, state);                  // LED 초기 상태

    RTC.Enable32kHzPin(false);                     // 32.768kHz 구형파 생성 금지
    // 구형파 생성 설정
    RTC.SetSquareWavePin(DS3231SquareWavePin_ModeClock);
    // 구형파 주파수 설정
    RTC.SetSquareWavePinClockFrequency(DS3231SquareWaveClock_1Hz);

    // 디지털 2번 핀으로 입력되는 정현파의 상승 및 하강 에지에서
    // 'blink' 함수가 호출되도록 인터럽트 처리 함수 등록
    attachInterrupt(digitalPinToInterrupt(2), blink, CHANGE);
}

void loop() {
    RtcDateTime now = RTC.GetDateTime();           // 현재 시간 얻기
    sec_current = now.Second();

    if (sec_current != sec_previous) {             // 마지막 출력 후 1초 이상 경과
        sec_previous = sec_current;
        printDateTime(now);                        // 시간 출력
    }
}
```

DS3231 RTC 칩에는 DS1307 RTC 칩에서 제공하지 않는 알람 기능이 포함되어 있다. 알람 기능은 RTC 내의 현재 시간과 알람으로 설정한 시간이 일치할 때 인터럽트 신호를 발생시키는 기능이다. DS3231 RTC 칩에는 초 단위 설정이 가능한 1번 알람과 분 단위 설정이 가능한 2번 알람의 2개 알람을 사용할 수 있다. 알람 시간 검사는 1초에 한 번 초가 바뀔 때 이루어진다.

알람 기능을 사용하기 위해서는 먼저 알람 시간을 설정해야 한다. 알람 시간 설정을 위해서는 알람 번호에 맞는 클래스의 객체가 필요하다. Rtc by Makuna 라이브러리에는 1번 알람과 2번 알람을 위해 DS3231AlarmOne 클래스와 DS3231AlarmTwo 클래스를 별도로 정의하고 있다.

■ DS3231AlarmOne

```
DS3231AlarmOne::DS3231AlarmOne(uint8_t dayOf, uint8_t hour, uint8_t minute,
uint8_t second, DS3231AlarmOneControl controlFlags)
 - 매개변수
    dayOf: 요일 또는 일
    hour: 시
    minute: 분
    second: 초
    controlFlags: 알람 설정
 - 반환값: 없음
```

1번 알람은 일, 시, 분, 초, 요일 정보를 포함하고 있다. 다만 요일과 일은 같은 변수를 공유하고 있으므로 알람 설정에 따라 다른 정보로 해석된다. 알람 설정을 위한 플래그는 다음 값 중 하나를 지정할 수 있다.

- DS3231AlarmOneControl_OncePerSecond   1초에 한 번 알람이 발생한다.

- DS3231AlarmOneControl_SecondsMatch   초가 일치할 때 1분에 한 번 알람이 발생한다.

- DS3231AlarmOneControl_MinutesSecondsMatch   분, 초가 일치할 때 1시간에 한 번 알람이 발생한다.

- DS3231AlarmOneControl_HoursMinutesSecondsMatch   시, 분, 초가 일치할 때 1일에 한 번 알람이 발생한다.

- DS3231AlarmOneControl_HoursMinutesSecondsDayOfWeekMatch   시, 분, 초, 요일이 일치할 때 1주일에 한 번 알람이 발생한다.

- DS3231AlarmOneControl_HoursMinutesSecondsDayOfMonthMatch   일, 시, 분, 초가 일치할 때 1달에 한 번 알람이 발생한다.

■ DS3231AlarmTwo

```
DS3231AlarmTwo::DS3231AlarmTwo(uint8_t dayOf, uint8_t hour, uint8_t minute,
DS3231AlarmTwoControl controlFlags)
 - 매개변수
    dayOf: 요일 또는 일
    hour: 시
    minute: 분
    controlFlags: 알람 설정
 - 반환값: 없음
```

2번 알람에 대한 정보에는 초 정보가 포함되어 있지 않으므로 0초를 기준으로 동작한다는 점을 제외하면 1번 알람과 비슷하다. 알람 설정을 위한 플래그는 다음 값 중 하나를 지정할 수 있다.

- DS3231AlarmTwoControl_OncePerMinute   1분에 한 번 알람이 발생한다.

- DS3231AlarmTwoControl_MinutesMatch   분이 일치할 때 1시간에 한 번 알람이 발생한다.

- DS3231AlarmTwoControl_HoursMinutesMatch   시, 분이 일치할 때 1일에 한 번 알람이 발생한다.

- DS3231AlarmTwoControl_HoursMinutesDayOfWeekMatch 시, 분, 요일이 일치할 때 1주일에 한 번 알람이 발생한다.
- DS3231AlarmTwoControl_HoursMinutesDayOfMonthMatch 일, 시, 분이 일치할 때 1달에 한 번 알람이 발생한다.

■ SetAlarmOne, SetAlarmTwo

```
void RtcDS3231::SetAlarmOne(DS3231AlarmOne alarm)
void RtcDS3231::SetAlarmTwo(DS3231AlarmTwo alarm)
 - 매개변수
    alarm: 알람 정보
 - 반환값: 없음
```

설정된 알람 정보는 DS3231 RTC 칩으로 전송해야 알람이 설정되며, 알람 정보 전송을 위해서는 알람 종류에 따라 SetAlarmOne 함수나 SetAlarmTwo 함수가 사용된다.

■ LatchAlarmsTriggeredFlags

```
DS3231AlarmFlag RtcDS3231::LatchAlarmsTriggeredFlags()
 - 매개변수: 없음
 - 반환값: 알람 번호
```

알람이 설정되면 알람 발생 플래그를 클리어시켜야 한다. 플래그는 알람이 발생하면 자동으로 세트되고 클리어시키기 전에는 다시 알람이 발생하지 않는다. 플래그 클리어는 알람 설정 이후에도 해주어야 한다.

```
enum DS3231AlarmFlag {
    DS3231AlarmFlag_Alarm1    = 0x01,
    DS3231AlarmFlag_Alarm2    = 0x02,
    DS3231AlarmFlag_AlarmBoth = 0x03,
};
```

스케치 51.6은 1번 알람을 사용하여 1초에 한 번 알람이 발생하게 하는 예다. 스케치 51.6에서는 스케치를 간단히 하기 위해 RTC가 정상적으로 동작하는 것으로 가정하고 검사 과정은 생략했다. 스케치 51.6은 스케치 51.3의 시간 문자열 출력 함수를 함께 사용해야 한다.

</> 스케치 51.6 DS3231 RTC 모듈의 알람 사용

```
#include <Wire.h>
#include <RtcDS3231.h>

RtcDS3231<TwoWire> RTC(Wire);                    // DS1307 RTC 칩 객체 생성
boolean interrupted = false;                     // 인터럽트 발생 플래그

void handleAlarm() {                             // 외부 인터럽트 서비스 루틴
    interrupted = true;                          // 인터럽트 발생 표시
}

void setup() {
    Serial.begin(9600);                          // 시리얼 통신 초기화
    RTC.Begin();                                 // DS1307 RTC 칩 연결 초기화

    RTC.Enable32kHzPin(false);                   // 32.768kHz 구형파 생성 금지
    // 1번 알람을 사용하도록 설정
    RTC.SetSquareWavePin(DS3231SquareWavePin_ModeAlarmOne);
    // 1번 알람의 알람 정보 설정
    DS3231AlarmOne alarm1(0, 0, 0, 0, DS3231AlarmOneControl_OncePerSecond);
    RTC.SetAlarmOne(alarm1);                     // 알람 정보를 DS3231 RTC 칩으로 전송

    RTC.LatchAlarmsTriggeredFlags();             // 알람 발생 허용

    // 디지털 2번 핀으로 입력되는 정현파의 하강 에지에서
    // 'handleAlarm' 함수가 호출되도록 인터럽트 처리 함수 등록
    attachInterrupt(digitalPinToInterrupt(2), handleAlarm, FALLING);
}

void loop() {
    if (interrupted) {
        Serial.print("Interrupted : ");
        RtcDateTime now = RTC.GetDateTime();     // 현재 시간 얻기
        printDateTime(now);                      // 시간 출력

        RTC.LatchAlarmsTriggeredFlags();         // 알람 발생 허용
        interrupted = false;                     // 인터럽트 발생 플래그 클리어
    }
}
```

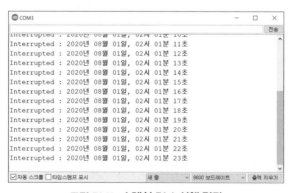

그림 51.11 스케치 51.6 실행 결과

스케치 51.6에서는 초 단위 알람 발생을 지정하고 있지만 알람 객체 생성에서 알람 정보를 변경하면 간단하게 알람 시간과 간격을 조절할 수 있다. 예를 들면, 1분에 한 번 30초가 될 때 발생하는 알람은 다음과 같이 매개변숫값을 변경하여 알람 정보 객체를 생성하면 된다.

```
// 매초 알람 발생
DS3231AlarmOne alarm1(0, 0, 0, 0, DS3231AlarmOneControl_OncePerSecond);
// 1분에 한 번, 30초가 될 때 알람 발생
DS3231AlarmOne alarm1(0, 0, 0, 30, DS3231AlarmOneControl_SecondsMatch);
```

그림 51.12는 스케치 51.6에서 1번 알람 정보를 변경하여 1분에 한 번 알람이 발생하게 한 결과에 해당한다. 그림 51.11의 결과와 비교해 보면 그 차이를 알 수 있다.

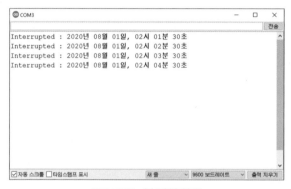

그림 51.12 분 단위 알람

51.4 맺는말

RTC는 현재 날짜와 시간을 유지하는 장치로, 전용 전원을 사용하여 메인 시스템과 무관하게 시간을 유지하는 전용 하드웨어를 가리키는 경우가 대부분이다. 하드웨어 RTC가 없다면 CPU 클록을 기준으로 시간을 유지하게 해주는 소프트웨어 RTC 역시 사용할 수 있지만, 소프트웨어 RTC는 하드웨어 RTC보다 정밀도가 낮고 실행 중 상대적인 시간만 계산할 수 있다는 한계가 있다.

아두이노에서도 시간을 유지하기 위해 RTC를 사용하는 경우를 흔히 볼 수 있으며, 하드웨어 RTC로 DS1307과 DS3231 칩이 흔히 사용된다. DS1307 RTC 칩은 별도의 크리스털이 필요하지만,

저렴한 가격과 간단한 사용법으로 널리 사용된다. 반면, DS3231 RTC 칩은 발진 회로와 온도 보상 회로까지 갖추고 있어 실온에서 사용되는 경우 하루 0.2초 이하의 오차만 발생하므로 정밀한 시간 측정을 위해 사용할 수 있다. 또한 동작 전압 범위가 넓어 다양한 장치에 적용될 수 있다는 점도 장점 중 하나다.

인터넷에 연결되어 있다면 인터넷을 통해 정확한 시간을 알아낼 수도 있지만, 항상 인터넷에 연결되어 있음을 보장하지 못하거나 다양한 원인으로 시스템이 동작하지 않을 때도 시간과 날짜를 유지할 필요가 있다면 RTC 사용을 고려해 볼 수 있다.

1 Tiny RTC 모듈을 그림 51.4와 같이 아두이노 우노에 연결하고, 시리얼 모니터에 'NOW'를 입력하면 현재 시간을 알아내어 시리얼 모니터로 출력하는 스케치를 작성해 보자. 시리얼 모니터에서는 '새 줄' 옵션을 선택하여 문자열 끝을 표시하게 하고, 현재 시간을 알아내는 명령 'now'는 대소문자를 구별하지 않고 인식할 수 있게 한다.

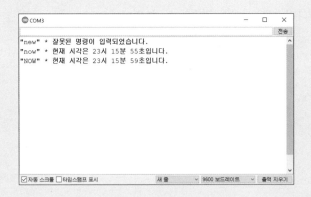

2 스케치 51.5를 참고하여 1분에 한 번 0초에서 알람이 발생하도록 DS3231 RTC 칩의 2번 알람을 사용하는 스케치를 작성해 보자. 1번 알람은 1분에 한 번 알람이 발생하도록 설정할 때에 초를 지정할 수 있지만, 2번 알람은 초를 지정할 수 없으며 0초에서 알람이 발생한다. 아래 실행 결과를 1번 알람을 사용한 그림 51.12와 비교해 보자.

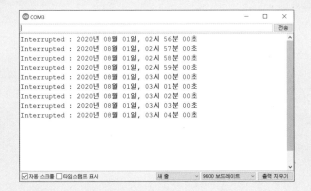

인터럽트

인터럽트는 프로그램의 순차적인 실행 과정에서 발생하는 비정상적인 사건을 가리키는 말이다. 인터럽트는 하드웨어에 의해 자동으로 검사되고, 인터럽트가 발생하면 인터럽트 서비스 루틴으로 자동으로 이동하여 비정상적인 사건을 먼저 처리한다. 아두이노에서 지원하는 인터럽트는 마이크로컨트롤러에서 제공하는 인터럽트의 극히 일부이지만, 아두이노의 함수와 라이브러리 구현에서 내부적으로 인터럽트가 많이 사용되고 있다. 이 장에서는 인터럽트의 처리 구조와 사용 방법을 알아본다.

아두이노 우노	× 1 ➡ 인터럽트 테스트	이 장에서 사용할 부품
푸시 버튼	× 1 ➡ 인터럽트 발생	
1kΩ 저항	× 1 ➡ 버튼 풀다운 저항	

폴링 방식과 인터럽트 방식

아두이노 스케치는 초기화를 위한 setup 함수와 반복적으로 실행되는 loop 함수를 기본으로 하고 있다. loop 함수는 스케치가 실행되는 동안 반복적으로 호출되는 함수로 전원이 주어져 있는 동안에는 계속해서 호출된다. 버튼이 눌리면 LED에 불을 켜는 스케치를 생각해 보자. loop 함수에서 ① 버튼 상태를 읽고, ② 버튼이 눌렸는지 검사하여, 버튼이 눌렸다면 ③ LED에 불을 켜고 그렇지 않으면 불을 끈다. 즉, loop 함수에서는 데이터의 ① 입력, ② 처리, ③ 출력 과정을 수행한다. 이처럼 (버튼이 눌렸는지 아닌지와 같은) 어떤 **특정한 사건이 발생했는지를 스케치에서 반복적으로 검사하고, 사건이 발생했을 때** (LED를 켜는 것과 같은) 지정한 동작을 수행하는 방식을 폴링polling 방식이라고 한다.

</> 스케치 52.1 폴링 방식의 loop 함수 1

```
void setup() {
    // 초기화
}

void loop() {
    // ① 버튼 상태 읽기
    // ② 버튼 상태 판단
    // ③ LED로 버튼 상태 출력
}
```

폴링 방식은 정해진 순서에 따라 명령을 처리하므로 프로그램을 작성하고 이해하기 쉽다. 스케치 52.1에 다른 기능을 추가해 보자. 2개의 LED가 연결되어 있다고 가정해 보자. 스케치 52.1과 같이 버튼 상태는 첫 번째 LED로 나타낸다. 여기에 UART 시리얼 통신으로 문자를 수신하고 'O'라는 문자가 수신되면 두 번째 LED를 켜고, 'O' 이외의 문자가 수신되면 두 번째 LED를 끄게 해보자.

</> 스케치 52.2 폴링 방식의 loop 함수 2

```
void setup() {
    // 초기화
}

void loop() {
    // ① 버튼 상태 읽기
    // ② 버튼 상태 판단
    // ③ LED 1로 버튼 상태 출력

    // ④ UART 시리얼 통신으로 문자 수신
    // ⑤ 수신 문자 비교
    // ⑥ LED 2로 상태 출력
}
```

크게 문제가 될 부분은 없어 보인다. 하지만 ⑤ 수신 문자 비교 과정이 아주 오래 걸리는 작업이라면 문제가 발생할 수 있다. loop 함수 내의 문장들은 순서대로 실행되므로 UART 시리얼 통신으로 수신한 문자를 비교하는 도중에는 ① 버튼의 상태를 읽어올 수 없다. 따라서 수신된 문자의 비교가 이루어지고 있는 중간에 버튼이 눌린다면 버튼 상태를 검사하지 못해 버튼을 눌러도 첫 번째 LED에 불이 켜지지 않을 수 있다. 이처럼 2개 이상의 작업이 진행되고 있을 때 하나의 작업이 다른 작업에 의해 실행이 늦어지거나 실행할 수 없는 경우가 생길 수 있다. 이러한 문제는 스케치 52.2에서와 같은 폴링 방식으로는 해결할 수 없으며 인터럽트interrupt를 사용하는 것이 해결책 중 하나가 될 수 있다.

52.2 인터럽트

인터럽트란 정상적인 프로그램의 실행 흐름을 방해하는 비정상적인 사건을 의미한다. '비정상적인' 사건은 가능한 한 빨리 처리해야 하므로 정상적인 실행 흐름을 잠시 멈추고 발생한 사건부터 처리한다. 즉, 비정상적인 사건은 정상적인 사건보다 우선순위가 높다. **인터럽트가 발생했을 때 비정상적인 사건을 처리하는 함수를 인터럽트 서비스 루틴**ISR: Interrupt Service Routine이라고 하며, 하드웨어에 의해 자동으로 옮겨져 처리를 시작한다. ISR이 종료되면 마이크로컨트롤러는 수행을 멈춘 곳으로 되돌아가 정상적인 작업을 계속한다.

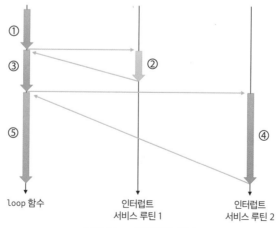

그림 52.1 **인터럽트 처리**

그림 52.1은 2개의 인터럽트가 loop 함수 실행 도중 발생하고 이를 처리하는 과정을 나타내는 그림이다. 궁금증이 생길 수 있다. loop 함수에서 ①과 ③ 사이에 ②에 해당하는 함수를 호출하고, ③과 ⑤ 사이에 ④에 해당하는 함수를 호출하도록 수정해도 loop 함수의 실행 흐름은 그림 52.1과 같다. ISR이 호출되는 경우와 함수를 호출하는 경우의 차이는 무엇일까? ISR 호출과 함수 호출을 스케치로 구현한 예가 그림 52.2다.

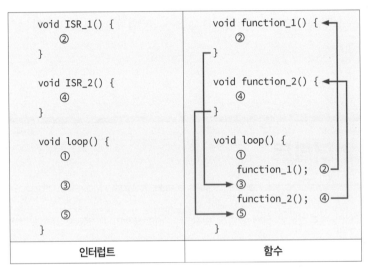

그림 52.2 인터럽트와 함수 처리 구조 비교

그림 52.2에서 알 수 있듯이 일반 함수는 loop 함수 내에서 명시적으로 호출해야 하지만, ISR은 loop 함수 처리 과정에서 호출되는 것은 분명하지만 호출하는 코드는 없다. 누가 ISR을 호출하는 것일까? **ISR은 하드웨어에 의해 호출된다.** 즉, 특정한 사건이 발생하면 loop 함수와 별개로 하드웨어가 호출하는 함수가 ISR로 일반적인 함수가 소프트웨어에 의해 호출되는 것과 차이가 있다. 따라서 함수 호출을 사용하면 코드는 항상 ① → ② → ③ → ④ → ⑤의 순서로 진행된다. 반면, 인터럽트 처리를 사용하면 사건이 발생하는 순서에 따라 실행되는 순서가 바뀔 수 있다. 예를 들어, 코드 ④의 ISR을 호출하는 인터럽트가 코드 ②의 ISR을 호출하는 인터럽트보다 먼저 발생하면 실행 순서는 ① → ④ → ③ → ② → ⑤가 된다. 좀 더 일반적으로 말하자면 인터럽트는 loop 함수가 실행 중인 어느 시점에서든 발생할 수 있다. 만약 인터럽트가 loop 함수 실행 중 항상 같은 시점에 발생한다면 함수를 써서 구현할 수 있다. 하지만 어느 시점에서 발생할지 알 수 없다면 인터럽트를 사용해야 한다. ISR은 함수의 한 종류이기는 하지만, 표 52.1과 같이 여러 가지 면에서 일반 함수와 차이가 있다.

표 52.1 ISR과 함수의 비교

	ISR	함수
매개변수	없음	0개 이상
반환값	없음	1개 이하
호출하는 주체	하드웨어(인터럽트 종류에 따라 전용 하드웨어 필요)	소프트웨어
호출 시점	스케치 실행 중 임의의 시점	정해진 시점
처리 우선순위	높음	낮음

52.3 인터럽트 관련 함수

ATmega328에는 26개의 인터럽트가 정의되어 있고 이들 사건을 감시하는 전용 하드웨어가 마이크로컨트롤러 내에 포함되어 있다. 이 중 **아두이노 우노에서 지원하는 인터럽트는 2개의 외부 인터럽트뿐이다**. 외부 인터럽트는 디지털 핀의 입력 변화를 감지하는 용도로 사용할 수 있다. 다만 인터럽트는 하드웨어 지원이 필요하므로 모든 디지털 입출력 핀으로 외부 인터럽트를 사용할 수 있는 것은 아니다. 아두이노 우노의 경우 2번과 3번 핀으로 외부 인터럽트를 사용할 수 있으며, 보드에 따라 사용할 수 있는 외부 인터럽트의 수와 사용하는 핀 번호는 차이가 있다.

■ interrupts

```
interrupts()
  - 매개변수: 없음
  - 반환값: 없음
```

```
#define interrupts() sei()
```

외부 인터럽트를 사용하기 위해서는 먼저 인터럽트 처리를 허용하도록 설정해야 하며 이를 위해 사용하는 함수가 interrupts다. **아두이노 환경에서는 디폴트로 인터럽트를 처리하도록 설정되어 있다.**

■ noInterrupts

```
noInterrupts()
 - 매개변수: 없음
 - 반환값: 없음
```

```
#define noInterrupts() cli()
```

인터럽트 처리를 금지한다.

■ attachInterrupt

```
void attachInterrupt(uint8_t interrupt, void (*function)(void), int mode)
 - 매개변수
    interrupt: 인터럽트 번호
    function: 인터럽트 서비스 루틴interrupt service routine 이름
    mode: 인터럽트 발생 시점
 - 반환값: 없음
```

인터럽트 처리가 허용된 상태에서 외부 인터럽트가 발생했을 때 이를 처리하는 ISR을 등록하기 위해 attachInterrupt 함수를 사용한다. interrupt는 인터럽트 번호로 아두이노 우노에서는 0 또는 1을 사용할 수 있다. function에는 ISR 이름을 지정한다. ISR은 매개변수와 반환값을 가질 수 없다. mode는 인터럽트 발생 시점을 나타내며, 표 52.2의 네 가지 중 하나를 사용할 수 있다.

표 52.2 mode 값에 따른 인터럽트 발생 시점

상수	인터럽트 발생 시점
LOW	입력값이 LOW일 때 인터럽트가 발생한다.
CHANGE	입력값의 상태가 변할 때 인터럽트가 발생한다 (RISING 또는 FALLING).
RISING	입력값의 상승 에지에서 인터럽트가 발생한다.
FALLING	입력값의 하강 에지에서 인터럽트가 발생한다.

■ digitalPinToInterrupt

```
digitalPinToInterrupt(pin)
 - 매개변수
    pin: 핀 번호
 - 반환값: 인터럽트 번호
```

```
#define digitalPinToInterrupt(p)
      ((p) == 2 ? 0 : ((p) == 3 ? 1 : NOT_AN_INTERRUPT))
```

attachInterrupt 함수에서 인터럽트 번호는 2번과 3번 핀을 통해 발생하는 인터럽트를 구별하기 위한 것으로 0이나 1의 값을 가질 수 있다. 인터럽트 번호를 직접 사용할 수도 있지만 이후 확장과 다양한 보드 지원을 고려하여 digitalPinToInterrupt 함수로 핀 번호를 인터럽트 번호로 변환하여 사용하는 것이 추천되고 있다.

52.4 인터럽트 발생 및 처리

인터럽트 테스트를 위해 그림 52.3과 같이 2번 핀에 풀다운 저항을 사용하여 버튼을 연결하자.

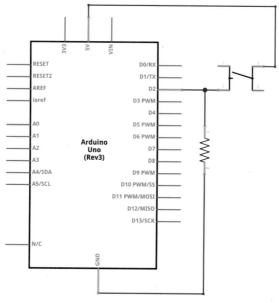

그림 52.3 버튼 연결 회로도

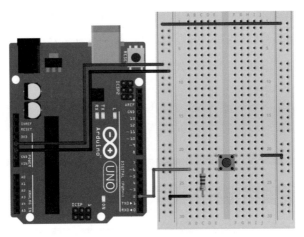

그림 52.4 버튼 연결 회로

버튼이 눌리는 시점에서, 즉 버튼 입력이 LOW에서 HIGH로 바뀌는 상승 에지에서 13번 핀에 연결된 LED의 상태를 반전시키면서 버튼이 눌린 횟수를 시리얼 모니터로 출력하는 예가 스케치 52.3이다. 스케치 52.3을 업로드하고 버튼을 눌러 LED가 반전되는 것을 확인해 보자.

</> 스케치 52.3 외부 인터럽트에 의한 LED 반전 – ISR에서 반전

```
int pinLED = 13, pinButton = 2;
boolean LED_state = false;
int count = 0;                                        // 버튼을 누른 횟수

void blink() {                                        // ISR
    LED_state = !LED_state;                           // LED 상태 반전
    digitalWrite(pinLED, LED_state);                  // LED에 표시

    count++;
    Serial.println(String("* 버튼이 ") + count + "번 눌러졌습니다.");
}

void setup() {
    pinMode(pinLED, OUTPUT);                          // LED 연결 핀을 출력으로 설정
    digitalWrite(pinLED, LED_state);                  // 초기 상태 출력

    pinMode(pinButton, INPUT);                        // 버튼 연결 핀을 입력으로 설정

    Serial.begin(9600);                               // 시리얼 통신 초기화

    // 디지털 2번 핀의 버튼이 눌릴 때 상승 에지(rising)에서
    // 'blink' 함수가 호출되도록 인터럽트 서비스 루틴 등록
    attachInterrupt(digitalPinToInterrupt(pinButton), blink, RISING);
}

void loop() {
}
```

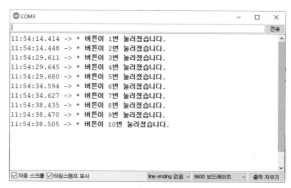

```
11:54:14.414 -> * 버튼이  1번  눌러졌습니다.
11:54:14.448 -> * 버튼이  2번  눌러졌습니다.
11:54:29.611 -> * 버튼이  3번  눌러졌습니다.
11:54:29.645 -> * 버튼이  4번  눌러졌습니다.
11:54:29.680 -> * 버튼이  5번  눌러졌습니다.
11:54:34.594 -> * 버튼이  6번  눌러졌습니다.
11:54:34.627 -> * 버튼이  7번  눌러졌습니다.
11:54:38.435 -> * 버튼이  8번  눌러졌습니다.
11:54:38.470 -> * 버튼이  9번  눌러졌습니다.
11:54:38.505 -> * 버튼이 10번  눌러졌습니다.
```

그림 52.5 스케치 52.3 실행 결과

스케치 52.3의 어디에서도 blink 함수를 호출하지 않으며, loop 함수는 아무런 내용 없이 비어 있음에도 불구하고 버튼이 눌리는 순간을 하드웨어가 감지하고 ISR을 호출하여 LED를 반전시키고 있다. 그림 52.5는 스케치 52.3의 실행 결과로, 시리얼 모니터에서 '타임스탬프 표시'를 선택하면 출력이 이루어지는 시간을 밀리초 단위까지 확인할 수 있다.

스케치 52.3의 동작에 큰 문제가 없어 보이지만 두 가지 문제가 있다. 첫 번째는 ISR 내에서 너무 많은 작업이 이루어지고 있다는 점이고, 두 번째는 채터링chattering 현상으로 버튼을 한 번 눌렀을 때 두 번 이상 눌린 것으로 인식한다는 점이다. 먼저 첫 번째 문제부터 살펴보자.

스케치의 어떤 부분을 실행하고 있더라도 인터럽트가 발생하면 하드웨어에 의해 해당 ISR이 호출된다. 그러면 ISR을 실행하고 있는 도중에 인터럽트가 발생하면 어떻게 될까? **인터럽트를 처리하고 있는 도중에 다시 인터럽트가 발생하는 것을 중첩된 인터럽트라고 한다.** 중첩된 인터럽트를 처리하기 위해서는 고려해야 할 점들이 많으므로 **아두이노에서는, 좀 더 정확하게 AVR 시리즈 마이크로컨트롤러에서는 중첩된 인터럽트를 사용하지 않는 것을 원칙으로 한다.** 따라서 ISR 실행이 시작될 때 인터럽트는 금지되고 ISR에서 반환하기 직전에 인터럽트가 다시 허용된다. 아무런 문제가 없어 보이지만 ISR에서 많은 시간을 보낸다면 발생할지도 모르는 여러 인터럽트를 정상적으로 처리하지 못한다는 문제가 발생할 수 있다. 따라서 **ISR은 가능한 한 짧고 많은 시간이 소요되지 않도록 작성해야 한다.** 많은 연산이 필요한 경우라면 연산이 필요하다는 플래그를 설정하고 실제 연산은 loop 함수에서 수행해야 한다. 스케치 52.4는 버튼이 눌린 것을 표시하는 플래그 변수를 추가하고 실제 LED를 반전하는 것은 loop 함수에서 이루어지도록 스케치 52.3을 수정한 예다. 스케치 52.4는 LED를 반전시키는 위치만 다를 뿐 스케치 52.3과 같은 동작을 하며, 실행 결과 역시 스케치 52.3과 같다.

```
int pinLED = 13, pinButton = 2;
boolean LED_state = false;
boolean trigger = false;                        // 버튼이 눌린 시점 표시
int count = 0;                                  // 버튼을 누른 횟수

void blink() {                                  // ISR
    trigger = true;                             // 버튼이 눌렸음
}

void setup() {
    pinMode(pinLED, OUTPUT);                    // LED 연결 핀을 출력으로 설정
    digitalWrite(pinLED, LED_state);

    pinMode(pinButton, INPUT);                  // 버튼 연결 핀을 입력으로 설정

    Serial.begin(9600);                         // 시리얼 통신 초기화

    // 디지털 2번 핀의 버튼이 눌릴 때 상승 에지(rising)에서
    // blink 함수가 호출되도록 인터럽트 서비스 루틴 등록
    attachInterrupt(digitalPinToInterrupt(pinButton), blink, RISING);
}

void loop() {
    if (trigger) {                              // 상승 에지 발생
        trigger = false;                        // 버튼이 눌린 표시 해제

        LED_state = !LED_state;                 // LED 상태 반전
        digitalWrite(pinLED, LED_state);

        count++;
        Serial.println(String("* 버튼이 ") + count + "번 눌러졌습니다.");
    }
}
```

버튼을 한 번 눌렀을 때 두 번 이상 눌린 것으로 인식하는 채터링은 버튼 내부 스프링의 진동으로 발생한다. 그림 52.5의 결과에서 볼 수 있듯이 채터링에 의해 버튼이 두 번 이상 눌리는 것으로 인식하는 경우 버튼이 눌린 시간 간격은 40ms 전후로 아주 짧다*. 채터링을 없애기 위해서는 약간의 시간 지연을 주는 것이 가장 간단한 방법이며 13장 '디지털 데이터 입력'에서 사용했던 방법이다. 하지만 ISR 내에서는 delay 함수를 사용할 수 없다는 문제가 있다.

아두이노의 delay 함수는 인터럽트를 사용하여 구현되어 있다. 앞서 설명한 것처럼 ISR은 인터럽트가 금지된 상태에서 실행이 시작되고 실행이 끝나면 인터럽트가 허용된 상태로 바뀌므로 **ISR**

---

* 시간 간격은 버튼 종류에 따라 달라질 수 있다.

내에서 delay 함수는 정상적으로 동작하지 않는다. 인터럽트를 사용하여 구현된 millis 함수와 micros 함수 역시 ISR 내에서는 경과 시간이 증가하지 않는다. 인터럽트를 사용하지 않는 delayMicroseconds 함수는 정상적으로 동작하지만 ISR 내에서 시간 지연 함수 사용을 피해야 하는 이유는 ISR을 가능한 한 짧고 간단하게 만들어야 하기 때문이다.

ISR에서의 채터링을 해결하는 방법 중 하나는 millis 함수를 사용하는 것이다. millis 함수가 ISR 내에서 동작하지 않는다고 했지만, 이는 **ISR 내에서 인터럽트 처리가 금지되어 millis 함수가 항상 같은 값을 반환한다는 의미다.** ISR 내에서 millis 함수는 ISR로 진입한 시간을 반환하므로 처음 버튼이 눌린 이후 짧은 시간 동안 발생하는 상승 에지를 무시함으로써 디바운싱 효과를 얻을 수 있다. 스케치 52.5를 업로드하고 버튼을 눌러보면 채터링 현상이 줄어드는 것을 확인해 보자. 그림 52.6의 실행 결과에서는 그림 52.5의 실행 결과와 달리 40ms 이내에 버튼이 두 번 이상 눌리는 경우는 발생하지 않는다.

</> 스케치 52.5 외부 인터럽트에 의한 LED 반전 – 디바운싱

```
int pinLED = 13, pinButton = 2;
boolean LED_state = false;
boolean trigger = false;                     // 버튼이 눌린 시점 표시
int count = 0;                               // 버튼을 누른 횟수

unsigned long press_previous = 0, press_current;
const int MIN_INTERVAL = 50;                 // 디바운싱 간격

void blink() {                               // ISR
  press_current = millis();

  if (press_current - press_previous >= MIN_INTERVAL) {
    press_previous = press_current;
    trigger = true;                          // 버튼이 눌렸음
  }
}

void setup() {
    pinMode(pinLED, OUTPUT);                  // LED 연결 핀을 출력으로 설정
    digitalWrite(pinLED, LED_state);

    pinMode(pinButton, INPUT);               // 버튼 연결 핀을 입력으로 설정

    Serial.begin(9600);                      // 시리얼 통신 초기화

    // 디지털 2번 핀의 버튼이 눌릴 때 상승 에지(rising)에서
    // blink 함수가 호출되도록 인터럽트 서비스 루틴 등록
    attachInterrupt(digitalPinToInterrupt(pinButton), blink, RISING);
}
```

```
void loop() {
    if (trigger) {                                 // 상승 에지 발생
        trigger = false;                           // 버튼이 눌린 표시 해제

        LED_state = !LED_state;                     // LED 상태 반전
        digitalWrite(pinLED, LED_state);

        count++;
        Serial.println(String("* 버튼이 ") + count + "번 눌러졌습니다.");
    }
}
```

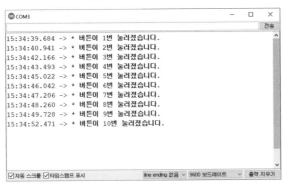

그림 52.6 스케치 52.5 실행 결과

이 외에 ISR을 사용할 때 흔히 생기는 오류 중 하나가 변숫값이 바뀌지 않는 것이다. ISR 내에서 변숫값을 바꾸었음에도 loop 함수에서 확인하면 변숫값이 바뀌지 않은 것으로 나온다. 이러한 현상은 스케치 내에서 ISR을 호출하는 코드가 없어서 발생한다. 스케치가 실행 중인 동안에 인터 럽트가 발생하고 ISR이 호출되고 ISR 내에서 변숫값이 바뀔 수 있지만 ISR은 하드웨어에 의해 호 출되므로 ISR과 나머지 스케치 사이에 연결 고리가 존재하지 않는다. 따라서 컴파일러는 최적화 과정에서 ISR과 나머지 스케치를 별개로 간주해 버리므로 ISR에서 변경한 값이 스케치의 다른 부 분에서는 반영되지 않는다. 이를 방지하기 위해 사용하는 키워드가 volatile이며, **ISR에서 값을 변경하는 변수는 volatile로 선언**하는 것이 흔히 추천되는 방법이다. 스케치 52.6은 loop 함수에 서 버튼이 눌릴 때까지 기다렸다가 버튼이 눌리면 버튼을 누른 횟수를 1 증가시켜 시리얼 모니터 로 출력하는 예다.

</> 스케치 52.6 volatile 키워드 사용

```
volatile boolean state = false;
int pinButton = 2;
int count = 0;                                      // 버튼을 누른 횟수

void blink() {
```

```
        state = true;                          // 버튼을 누른 상태로 바꿈
}

void setup() {
    Serial.begin(9600);                        // 시리얼 통신 초기화

    // 디지털 2번 핀의 버튼이 눌릴 때 상승 에지(rising)에서
    // blink 함수가 호출되도록 인터럽트 서비스 루틴 등록
    attachInterrupt(digitalPinToInterrupt(pinButton), blink, RISING);
}

void loop() {
    while (!state);                            // 버튼이 눌릴 때까지 대기

    count++;                                   // 버튼을 누른 횟수 증가
    Serial.println(String("버튼을 누른 횟수는 ") + count + "입니다.");
    state = false;                             // 버튼을 누르지 않은 상태로 바꿈

    delay(50);                                 // 디바운싱
}
```

그림 52.7 스케치 52.6 실행 결과

스케치 52.6을 업로드하고 버튼을 누르면 시리얼 모니터로 버튼을 누른 횟수가 출력된다. 하지만
첫 번째 줄의 state 변수에서 volatile 키워드를 삭제하고 업로드한 후 버튼을 눌러보면 시리얼
모니터로는 아무런 내용도 출력되지 않는다. state의 초깃값은 false로 설정되어 있고 loop 함
수 내의 while 문에서 state 값이 true로 바뀔 때까지, 즉 버튼이 눌릴 때까지 기다린다. 버튼
을 누르면 ISR인 blink 함수가 실행되고 state 값이 바뀌는 것처럼 보이지만, volatile 키워드
가 없으면 loop 함수의 while 문에서는 state가 다른 곳에서 바뀔 수 있다는 것을 알지 못한다.
즉, loop 함수가 실행될 때 state 값을 가져온 이후 while 문의 조건을 검사하는 동안은 상수처
럼 취급되므로 스케치는 조건 검사에서 정지하게 된다. 반면, volatile 키워드를 추가하면 while
문의 조건을 검사할 때마다 state 값이 다른 곳, 즉 ISR에서 바뀔 수 있다는 점을 고려해서 매번
state 값을 다시 읽어오므로 state 변숫값이 바뀐 것을 알아낼 수 있다.

volatile 키워드 사용

volatile 키워드를 사용해야 하는 예로 흔히 이야기되는 스케치 중 하나가 스케치 52.7로, ISR 내에서 값이 변경되는 변수는 volatile로 선언되어야 한다는 설명이 따라온다. 하지만 스케치 52.7에서는 volatile 키워드 없이도 버튼을 누를 때 LED 상태가 반전된다. 이는 loop 함수가 시작될 때마다 state 변숫값을 다시 읽어오기 때문이다. 스케치 52.6에서도 loop 함수가 시작될 때마다 state 변숫값을 읽어오지만, 값을 검사하는 while 루프 내에서 한 번 읽어온 변숫값을 계속 사용함으로써 변숫값이 바뀐 것이 반영되지 않기 때문에 문제가 발생하는 것으로 스케치 52.7과는 차이가 있다.

</> 스케치 52.7 volatile 키워드가 필요하지 않은 경우

```
int pinLED = 13, pinButton = 2;
boolean state = false;                          // LED 상태

void blink() {
    state = !state;                             // LED 상태 반전
}

void setup() {
    pinMode(pinLED, OUTPUT);

    // 디지털 2번 핀의 버튼이 눌릴 때 상승 에지(rising)에서
    // blink 함수가 호출되도록 인터럽트 서비스 루틴 등록
    attachInterrupt(digitalPinToInterrupt(pinButton), blink, RISING);
}

void loop() {
    digitalWrite(pinLED, state);                // LED 상태 표시
}
```

인터럽트를 사용할 때 주의할 점 중 다른 한 가지는 2바이트 이상의 크기를 갖는 변수에 값을 대입하는 경우다. ISR 내에서 int 타입 변숫값을 바꾸고 loop 함수 내에서 바뀐 변숫값을 사용하는 경우를 생각해 보자.

</> 스케치 52.8 변숫값의 대입

```
1  volatile int v1 = 0x0F00;
2
3  void some_ISR() {
4      v1 = ...                                 // 변숫값 변경
5  }
6
7  void loop() {
8      int v2 = 0;
9      v2 = v1;                                 // 변경된 변숫값 사용
10     ...
11 }
```

스케치 52.8에서 문제가 될 수 있는 부분을 찾았는가? 스케치 52.8에서의 문제는 아두이노 환경에서 int 타입 변수가 2바이트 크기를 갖기 때문에 생긴다. 아두이노 우노의 **ATmega328** 마이크로컨트롤러에는 8비트 CPU가 포함되어 있으므로 9번 줄에서 변숫값을 대입하는 과정이 한 번의 CPU 동작으로 완료될 수 없고 두 번 이상의 동작이 필요하다. 변숫값을 대입하는 중간에 인터럽트가 발생한다면 어떻게 될까?

초기 상태에서 v1은 0x0F00의 값을 갖고 있다. 대입은 상위 바이트부터 이루어진다고 가정해 보자. 9번 줄을 실행하는 도중에 인터럽트가 발생하면, 즉 v2의 상위 바이트에 v1의 상위 바이트를 대입하고 하위 바이트를 대입하기 전에 인터럽트가 발생하면 인터럽트 처리를 위해 실행은 4번 줄로 옮겨진다. 4번 줄에서 v1에 0x00F0을 대입했다고 가정하자. v1에 새로운 값이 대입된 후 실행은 9번 줄로 돌아와 인터럽트가 발생하기 이전 동작인 v2의 하위 바이트에 v1의 하위 바이트를 대입하는 동작을 실행한다. 하지만 v1 값은 0x0F00에서 0x00F0으로 바뀌었고 바뀐 값의 하위 바이트가 v2에 대입된다. 즉, 9번 줄을 실행한 후 v2에 대입된 0x0FF0은 이전 v1 값(0x0F00)도 아니고 현재 v1 값(0x00F0)도 아닌 두 값을 섞어놓은 값이 된다.

표 52.3 인터럽트에 따른 대입 오류

번호	동작	스케치 52.8 줄 번호	v1 값	v2 값
1	초기 상태	–	0x0F00	0x0000
2	지역 변수 상위 바이트 대입	9	0x0F00	0x0F--
3	인터럽트 발생 및 v1 대입	4	0x00F0	0x0F--
4	지역 변수 하위 바이트 대입	9	0x00F0	0x0FF0

이러한 문제를 해결하려면 **2바이트 이상의 크기를 갖는 변숫값의 대입 과정에서는 인터럽트가 처리되지 않게 해야 한다.** 이를 위해서는 변수 대입 전에 noInterrupts 함수를 사용하여 인터럽트 처리를 금지하고, 변수 대입이 끝난 후에 interrupts 함수를 사용하여 인터럽트 처리를 다시 허용해 주면 된다.

```
noInterrupts();
v2 = v1;                              // 변경된 변숫값 사용
interrupts();
```

또한 비슷한 이유로 **ISR** 내에서 값이 변경되는 변수를 **loop** 함수에서 여러 번 사용하는 경우에는 **지역 변수에 값을 대입한 후 사용해야 같은 값이 사용되었음을 보장할 수 있다.** 이처럼 인터럽트는 다양

한 방법으로 활용할 수 있지만, 일반적인 코드에서와는 달리 사용에 주의가 필요하다. 인터럽트를 사용할 때 주의할 점을 정리하면 다음과 같다.

- ISR은 가능한 한 짧고 빠르게 실행되도록 작성하여 다른 인터럽트 처리가 지연되지 않게 해야 한다.
- ISR 내에서는 인터럽트 처리가 금지되므로 delay, millis, micros 등 인터럽트를 사용하는 함수들은 정상적으로 동작하지 않는다.
- delayMicroseconds 함수는 정상적으로 동작하지만 ISR 내에서 시간 지연 함수를 사용하는 것은 첫 번째 주의할 점에서와 같은 이유로 추천하지 않는다.
- ISR 내에서 UART 시리얼 통신을 통한 데이터 송수신은 데이터가 손실될 수 있으므로 사용하지 않는 편이 좋다.
- ISR 내에서 값을 변경하고 메인 프로그램에서 변경된 값을 사용하는 경우에는 volatile 키워드를 사용해야 변숫값이 정상적으로 갱신된다.
- ISR 내에서 값을 변경하는 2바이트 이상의 크기를 갖는 변수를 메인 프로그램에서 다른 변수에 대입할 때는 인터럽트가 처리되지 않도록 설정한 후 대입해야 한다.
- ISR 내에서 값을 변경하는 변수를 메인 프로그램에서 사용하는 경우에는 지역 변수에 값을 대입한 후 지역 변수를 사용하는 것이 좋다.

52.5 맺는말

인터럽트는 정상적인 프로그램의 흐름에서 특별한 사건이 발생한 경우, 이를 우선 처리할 수 있도록 하드웨어를 통해 지원하는 기능이다. 반면에 폴링 방식은 프로그래머가 사건의 발생 여부를 스케치 내에서 계속해서 확인하고 처리하는 방식이다. 폴링 방식과 인터럽트 방식 중 어느 것을 택할 것인지는 프로그래머의 몫이긴 하지만, 인터럽트 방식은 하드웨어에서 지원되는 기능이므로 제공되는 기능을 충분히 활용한다면 효율적인 코드를 작성할 수가 있다.

아두이노 우노에 사용된 ATmega328 마이크로컨트롤러는 26개의 인터럽트를 제공하고 있지만, 아두이노에서 지원하는 인터럽트는 2번과 3번 핀을 통해 사용할 수 있는 외부 인터럽트 2개뿐이다. 이처럼 아두이노에서 지원하는 인터럽트는 거의 없지만, 많은 아두이노 함수와 라이브러리에서 내부적으로 인터럽트를 사용하고 있다. 대표적으로 millis와 delay 등의 시간 관련 함수들이 인터럽트를 사용하고 있으며, PWM 신호 출력과 관련된 라이브러리에서도 인터럽트를 사용하고 있다. **인터럽트가 여러 곳에서 사용되고 있다는 건 인터럽트가 유용한 기능이라는 뜻이나, 아두이노에서 지원하는 인터럽트가 거의 없는 이유는 인터럽트 사용이 쉽지 않기 때문이다.** 이 장에서는 인터럽트의 기본적인 개념과 인터럽트를 사용할 때 주의해야 할 점들을 살펴봤다. 이것만으로 인터럽트를 제대로 활용하기는 쉽지 않겠지만 인터럽트를 이해하는 시작으로는 부족하지 않을 것이다.

1 아두이노 우노에 사용된 ATmega328 마이크로컨트롤러에는 26개의 인터럽트가 정의되어 있다. 인터럽트는 마이크로컨트롤러에서 하드웨어로 지원하는 기능이므로 인터럽트의 종류를 이해하는 것은 마이크로컨트롤러에서 지원하는 기능을 이해하는 것과 다르지 않다. ATmega328 마이크로컨트롤러에서 지원하는 인터럽트의 종류를 알아보고, 이 장에서 살펴본 외부 인터럽트와 비슷한 기능을 하지만 우선순위가 낮은 핀 변화 인터럽트Pin Change Interrupt가 무엇인지, 외부 인터럽트와의 차이는 무엇인지 알아보자.

2 6번에서 13번 핀까지 8개의 LED를 연결하고 2번 핀에 풀다운 저항을 사용하여 버튼을 연결하자. LED에는 아래 표와 같이 하나의 LED가 켜지는 패턴이 1초 간격으로 반복되게 한다. LED에 패턴이 출력되고 있을 때 버튼이 눌리면 패턴의 진행 방향이 바뀌게 하는 인터럽트를 사용하는 스케치를 작성해 보자. 인터럽트를 사용하므로 loop 함수 내에서 패턴이 바뀌는 시간 간격 설정은 millis 함수뿐만 아니라 delay 함수를 사용해서도 가능하다.

패턴 ＼ 핀 번호	13	12	11	10	9	8	7	6
1								●
2							●	
3						●		
4					●			
5				●				
6			●					
7		●						
8	●							

내부 EEPROM

EEPROM은 ATmega328 마이크로컨트롤러에 포함된 세 가지 종류의 메모리 중 하나로, 세 종류의
메모리 중 사용자가 마음대로 읽고 쓸 수 있는 유일한 메모리다. 하지만 EEPROM은 쓰기 속도가
느려 잦은 쓰기에는 적합하지 않으며, 아두이노 우노의 ATmega328에 포함된 EEPROM은 크기가
작아 많은 데이터를 기록할 수는 없다. 이 장에서는 ATmega328에 포함된 EEPROM을 아두이노의
EEPROM 라이브러리와 AVR 툴체인의 EEPROM 라이브러리를 통해 사용하는 방법을 살펴본다.

아두이노 우노 × 1 ➡ 내부 EEPROM 테스트

EEPROM과 플래시 메모리

아두이노 우노에 사용된 ATmega328 마이크로컨트롤러에는 세 종류의 메모리가 포함되어 있으며, 세 가지 메모리의 특징을 요약하면 표 53.1과 같다. 표 53.1의 세 종류 메모리 중 **EEPROM은 스케치 실행 중 메모리 내용을 임의로 읽고 쓸 수 있는 유일한 메모리다.** EEPROM의 읽기 동작은 SRAM보다 조금 느리지만, 쓰기 동작은 1바이트 데이터를 기록하는 데 수 밀리초의 시간이 필요하다. 반면, 최신 SRAM에 데이터를 기록하는 데는 수 나노초 정도면 충분하다. 따라서 EEPROM은 많은 데이터를 자주 저장하는 용도로는 적합하지 않으며, 읽고 쓰기가 간편한 특성을 살려 **한 번 기록한 후 자주 참조하는 데이터를 저장하는 용도**로 주로 사용한다.

표 53.1 ATmega328의 메모리

	플래시 메모리	SRAM	EEPROM
크기(KB)	32	2	1
주 용도	프로그램 저장	데이터 저장	데이터 저장
비휘발성	○	×	○
프로그램 실행 중 변경 가능	×	○	○
속도	중간	가장 빠름	가장 느림
수명	10,000회 쓰기	반영구적	100,000회 쓰기

플래시 메모리와 EEPROM은 그 특징이 비슷하다. 플래시 메모리는 EEPROM의 변형으로 내용을 바이트 단위로 읽을 수 있다는 점은 EEPROM과 같지만, 데이터를 블록 단위로 쓸 수 있고 블록 데이터를 쓰는 시간이 EEPROM의 1바이트를 쓰는 시간과 비슷하여 대용량의 데이터를 저장하기에 적합하다. 하지만 아두이노에서 실시간으로 플래시 메모리에 데이터를 저장하는 것은 권장하지 않는다. 플래시 메모리는 메모리 구조가 간단하여 대용량 메모리를 쉽게 만들 수 있으므로 프로그램 저장을 위한 프로그램 메모리로 사용되고 있으며, EEPROM에 비해 크기가 상대적으로 크기 때문에 읽기 전용의 참조 데이터를 저장하는 용도로도 사용된다. 하지만 **플래시 메모리에 저장된 데이터는 실행 중 변경할 수 없고 스케치를 업로드할 때만 변경할 수 있다.** 마이크로컨트롤러에서 사용되는 메모리에 대한 자세한 내용은 3장 '마이크로컨트롤러를 위한 메모리'를 참고하면 된다.

EEPROM 라이브러리

아두이노에는 EEPROM을 사용하기 위한 EEPROM 라이브러리가 기본 라이브러리로 포함되어 있으므로 EEPROM을 사용하기 위해 별도로 라이브러리를 설치할 필요는 없다. EEPROM 라이브러리는 EEPROM의 데이터를 읽고 쓰기 위해 EEPROMClass 클래스를 제공하며, EEPROMClass의 객체로 EEPROM을 선언하고 있다. EEPROM 라이브러리를 사용하기 위해서는 먼저 헤더 파일을 포함해야 한다. '스케치 → 라이브러리 포함하기 → EEPROM' 메뉴 항목을 선택하거나 #include 문을 직접 입력하면 된다.

```
#include <EEPROM.h>
```

EEPROM은 바이트 단위의 데이터 입출력을 기본으로 하며 read, write, update 함수를 통해 주소를 지정하여 바이트 단위로 데이터를 읽고 쓸 수 있다.

- **read**

```
uint8_t EEPROMClass::read(int idx)
  - 매개변수
     idx: 메모리 주소
  - 반환값: 지정한 메모리 주소에 저장된 바이트값
```

지정한 메모리 주소(idx)에 저장된 1바이트값을 읽어 반환한다.

- **write**

```
void EEPROMClass::write(int idx, uint8_t val)
  - 매개변수
     idx: 메모리 주소
     val: 값
  - 반환값: 없음
```

지정한 메모리 주소(idx)에 1바이트값(val)을 쓴다.

▪ update

```
uint8_t EEPROMClass::update(int idx, uint8_t val)
 - 매개변수
    idx: 메모리 주소
    val: 값
 - 반환값: 없음
```

지정한 메모리 주소(idx)에 기록된 1바이트값을 지정한 값(val)과 비교하여 다른 경우에만 값을 쓴다. 쓰기(write)와 갱신(update)의 차이는 데이터를 기록하기 전에 기존에 저장된 값의 확인 여부에 있다. EEPROM은 비휘발성 메모리로, 읽기는 제한이 없지만 쓰기는 최대 100,000번만 가능하다. 잦은 데이터 기록은 EEPROM의 수명을 단축하는 결과를 가져오므로 가능한 한 쓰기 횟수를 줄이기 위해 갱신 함수는 현재 기록된 값과 쓰고자 하는 값이 같은 경우에는 데이터를 쓰지 않는다. 갱신 함수는 쓰기 함수보다 읽기를 한 번 더 수행하지만, 데이터를 읽는 속도는 쓰는 속도에 비해 훨씬 빨라 두 함수의 속도 차이는 거의 나지 않는다. 쓰기 함수는 이전 버전과의 호환성을 위해 남겨져 있는 함수이므로 쓰기 함수 대신 갱신 함수 사용이 추천되고 있다.

스케치 53.1은 EEPROM의 0번지부터 MAX_ADDR번지까지 메모리에 값을 기록하고 이를 읽어 시리얼 모니터로 출력하는 예다.

</> 스케치 53.1 EEPROM에 쓰기와 읽기 – 아두이노 EEPROM 라이브러리

```
#include <EEPROM.h>

const int MAX_ADDR = 5;                          // 기록할 최대 번지

void setup() {
    Serial.begin(9600);

    for (int i = 0; i <= MAX_ADDR; i++) {
        EEPROM.update(i, i * 10);                    // EEPROM에 쓰기
        Serial.println(String("EEPROM의 ") + i + "번지에 " + (i * 10) + "을 씁니다.");
    }
    Serial.println();

    for (int i = 0; i <= MAX_ADDR; i++) {
        uint8_t val = EEPROM.read(i);               // EEPROM에서 읽기
        Serial.println(String("EEPROM의 ") + i + "번지 값은 " + val + "입니다.");
    }
}

void loop() {
}
```

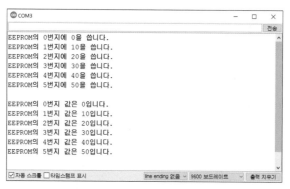

그림 53.1 스케치 53.1 실행 결과

EEPROM에는 바이트 단위 데이터만을 읽고 쓸 수 있다. 하지만 아두이노에서 사용하는 데이터 타입은 크기가 2바이트 이상인 경우가 많다. 크기가 2바이트 이상인 데이터는 바이트 단위로 나누어 읽거나 써야 한다. float 타입의 데이터를 EEPROM에서 읽고 쓰는 경우를 생각해 보자. float 타입은 크기가 4바이트이므로 네 번에 걸쳐 읽거나 써야 한다. 스케치 53.2는 공용체를 사용하여 바이트 단위로 읽거나 쓰는 예를 보여준다. 공용체는 구조체와 비슷하면서 공용체 내의 필드들이 메모리를 공유하고 있다. 따라서 한 필드의 값이 바뀌면 다른 필드의 값 역시 바뀐다. 예를 들어, 스케치 53.2에서 공용체 내의 f 값을 바꾸면 b 값 역시 바뀌며 그 반대도 마찬가지다.

</> 스케치 53.2 EEPROM에 float 타입 데이터 쓰기와 읽기 – 공용체

```
#include <EEPROM.h>

typedef union {                      // 공용체
    float f;                         // 4바이트 단위 읽고 쓰기
    uint8_t b[4];                    // 1바이트 단위 읽고 쓰기
} FLOAT;

void setup() {
    Serial.begin(9600);

    write_float_to_EEPROM(1, 3.1415);

    float f = read_float_from_EEPROM(1);

    Serial.print("* EEPROM에 저장된 값은 ");
    Serial.print(f, 4);
    Serial.println("입니다.");
}

void write_float_to_EEPROM(int addr, float no) {
    FLOAT f;
```

```
        f.f = no;                                    // f와 b 필드값이 모두 바뀜
    for (int i = 0; i < 4; i++) {
        EEPROM.write(addr + i, f.b[i]);              // 바이트 단위의 b 필드값을 나누어 기록

        Serial.print(" => ");
        Serial.print(String(addr + i) + "번지에 ");
        Serial.println(String(f.b[i]) + "을 씁니다.");
    }
    Serial.println();
}

float read_float_from_EEPROM(int addr) {
    FLOAT f;

    for (int i = 0; i < 4; i++) {
        // 바이트 단위로 읽어 b 필드에 기록하면 f 필드값 역시 바뀜
        f.b[i] = EEPROM.read(addr + i);

        Serial.print(" => ");
        Serial.print(String(addr + i) + "번지에서 ");
        Serial.println(String(f.b[i]) + "을 읽었습니다.");
    }
    Serial.println();

    return f.f;                                      // 4바이트 실수 반환
}

void loop() {
}
```

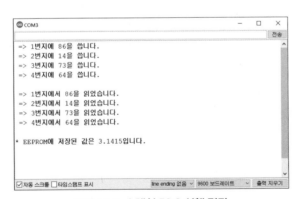

그림 53.2 스케치 53.2 실행 결과

공용체를 사용하는 방법 외에 흔히 사용하는 방법으로는 포인터 변환을 사용하는 방법이 있다.
스케치 53.3은 스케치 53.2와 같이 float 타입 데이터를 바이트 단위로 나누어 읽고 쓰는 예로,
실행 결과는 그림 53.2와 같다.

```
#include <EEPROM.h>

void setup() {
    Serial.begin(9600);

    write_float_to_EEPROM(1, 3.1415);

    float f = read_float_from_EEPROM(1);

    Serial.print("* EEPROM에 저장된 값은 ");
    Serial.print(f, 4);
    Serial.println("입니다.");
}

void write_float_to_EEPROM(int addr, float no) {
    uint8_t *p = (uint8_t*)(&no);              // 바이트 단위 포인터로 변환

    for (int i = 0; i < 4; i++) {              // 바이트 단위 쓰기
        EEPROM.write(addr + i, *(p + i));

        Serial.print(" => ");
        Serial.print(String(addr + i) + "번지에 ");
        Serial.println(String(*(p + i)) + "을 씁니다.");
    }
    Serial.println();
}

float read_float_from_EEPROM(int addr) {
    float no;
    uint8_t *p = (uint8_t*)(&no);              // 바이트 단위 포인터로 변환

    for (int i = 0; i < 4; i++) {              // 바이트 단위 읽기
        *(p + i) = EEPROM.read(addr + i);

        Serial.print(" => ");
        Serial.print(String(addr + i) + "번지에서 ");
        Serial.println(String(*(p + i)) + "을 읽었습니다.");
    }
    Serial.println();

    return no;
}

void loop() {
}
```

AVR 툴체인의 EEPROM 라이브러리

EEPROM은 아두이노 라이브러리를 통해서도 사용할 수 있지만, 아두이노와 함께 설치되는 AVR 툴체인의 EEPROM 라이브러리를 통해서도 사용할 수 있다. 아두이노의 EEPROM 라이브러리 역시 AVR 툴체인의 EEPROM 라이브러리를 사용하여 만들어졌다. AVR 툴체인의 EEPROM 라이브러리를 사용하기 위해서는 먼저 헤더 파일을 포함해야 한다.

```
#include <avr/eeprom.h>
```

헤더 파일에는 EEPROM의 데이터 읽기와 쓰기를 위한 함수들이 선언되어 있다. 함수들은 크게 읽기read, 쓰기write, 갱신update의 세 가지 그룹으로 나눌 수 있다. 각 그룹에는 데이터 타입에 따라, 즉 EEPROM에 기록할 데이터의 바이트 수에 따라 다섯 가지 함수가 정의되어 있다.

```
uint8_t eeprom_read_byte (const uint8_t *__p);
uint16_t eeprom_read_word (const uint16_t *__p);
uint32_t eeprom_read_dword (const uint32_t *__p);
float eeprom_read_float (const float *__p);
void eeprom_read_block (void *__flash, const void *__eeprom, size_t __n);

void eeprom_write_byte (uint8_t *__p, uint8_t __value);
void eeprom_write_word (uint16_t *__p, uint16_t __value);
void eeprom_write_dword (uint32_t *__p, uint32_t __value);
void eeprom_write_float (float *__p, float __value);
void eeprom_write_block (const void *__flash, void *__eeprom, size_t __n);

void eeprom_update_byte (uint8_t *__p, uint8_t __value);
void eeprom_update_word (uint16_t *__p, uint16_t __value);
void eeprom_update_dword (uint32_t *__p, uint32_t __value);
void eeprom_update_float (float *__p, float __value);
void eeprom_update_block (const void *__flash, void *__eeprom, size_t __n);
```

AVR 툴체인의 EEPROM 라이브러리를 사용하여 EEPROM에 값을 읽거나 쓸 때 EEPROM의 주소는 포인터 형식으로 전달해야 한다. EEPROM의 주소는 일반적으로 정수형으로 주어지므로 이를 매개변수 형식에 맞게 포인터로 캐스팅해서 사용하면 된다.

스케치 53.4는 AVR 툴체인의 EEPROM 라이브러리를 사용하여 EEPROM에 데이터를 쓰고 이를 다시 읽어오는 예다. 블록 단위의 데이터 읽기와 쓰기는 void 형 포인터를 사용한다는 점도 눈여겨봐야 한다. void 형 포인터는 바이트 단위의 데이터를 읽고 쓰기 위해 사용되며 데이터의 의미보다는 데이터의 크기가 중요한 경우 사용한다. 스케치 53.4에서 볼 수 있는 것처럼 AVR 툴체인의 라이브러리를 사용하면 크기가 2바이트 이상인 데이터를 쉽게 EEPROM에 쓰거나 읽을 수 있다.

</> 스케치 53.4 EEPROM에 쓰기와 읽기 – AVR 툴체인 라이브러리

```
#include <avr/eeprom.h>

void setup() {
    Serial.begin(9600);

    // EEPROM에 쓸 데이터
    uint8_t dataByte = 1;
    uint16_t dataWord = 2;
    uint32_t dataDWord = 3;
    float dataFloat = 3.14;
    char dataString[] = "ABCDE";

    // EEPROM의 주소
    int addressByte = 0, addressWord = 10, addressDWord = 20;
    int addressFloat = 30, addressString = 40;

    // 데이터 쓰기
    eeprom_update_byte ( (uint8_t *)addressByte, dataByte * 10);
    eeprom_update_word ( (uint16_t *)addressWord, dataWord * 10);
    eeprom_update_dword ( (uint32_t *)addressDWord, dataDWord * 10);
    eeprom_update_float ( (float *)addressFloat, dataFloat);
    eeprom_update_block ( (void *)dataString, (void *)addressString, 5);

    // 데이터 읽기
    dataByte = eeprom_read_byte ( (uint8_t *)addressByte );
    dataWord = eeprom_read_word ( (uint16_t *)addressWord );
    dataDWord = eeprom_read_dword ( (uint32_t *)addressDWord );
    dataFloat = eeprom_read_float ( (float *)addressFloat);
    eeprom_read_block ( (void *)dataString, (void *)addressString, 5);

    Serial.println(String("바이트 데이터\t: ") + dataByte);
    Serial.println(String("워드 데이터\t: ") + dataWord);
    Serial.println(String("더블 워드 데이터\t: ") + dataDWord);
    Serial.println(String("실수 데이터\t: ") + dataFloat);
    Serial.println(String("문자열 데이터\t: ") + dataString);
}

void loop() {
}
```

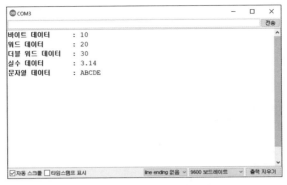

그림 53.3 스케치 53.4 실행 결과

크기가 2바이트 이상인 데이터를 EEPROM에 쓸 때는 주소 계산에 주의해야 한다. EEPROM은 바이트 단위로 주소가 할당되므로 크기가 2바이트인 uint16_t 형식의 데이터를 연속해서 쓸 때는 번지의 차이가 2만큼 나도록 지정해야 한다. 하지만 이런 불편한 점은 포인터 연산을 통해 간단히 해결할 수 있다.

uint16_t 형식의 포인터를 생각해 보자. 포인터의 데이터 타입은 포인터가 가리키는 메모리 주소에 저장된 값의 형식을 나타낸다. 즉, uint16_t *p;에서 p 값이 가리키는 메모리 번지에는 크기가 2바이트인 uint16_t 형식의 데이터가 p번지와 다음 번지에 저장되어 있음을 의미한다. 한 가지 주의할 점은 p가 100번지를 가리키고 있다고 가정했을 때 (p + 1)은 101번지가 아니라 uint16_t 형식의 값이 저장된 이후의 번지인 102번지를 가리킨다는 점이다. 만약 p가 uint8_t 타입 포인터라면 (p + 1)은 101번지를 가리킨다. 스케치 53.5는 크기가 1바이트인 uint8_t 형식과 크기가 2바이트인 uint16_t 형식의 값이 저장된 메모리에 같은 포인터 연산을 수행했을 때 데이터 타입의 크기에 따라 주소가 다르게 계산되는 예를 보여준다.

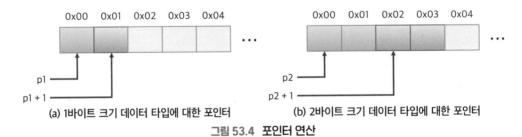

그림 53.4 포인터 연산

```
void setup() {
    Serial.begin(9600);

    uint8_t *p1 = 0;                              // 1바이트 크기 데이터 타입에 대한 포인터
    uint16_t *p2 = 0;                             // 2바이트 크기 데이터 타입에 대한 포인터

    Serial.println(String("p1\t : ") + int(p1));
    Serial.println(String("p1 + 1\t : ") + int(p1 + 1));
    Serial.println();

    Serial.println(String("p2\t : ") + int(p2));
    Serial.println(String("p2 + 1\t : ") + int(p2 + 1));
}

void loop() {
}
```

그림 53.5 스케치 53.5 실행 결과

스케치 53.5에서 보인 포인터 연산은 배열 데이터를 연속적으로 메모리에 쓰거나 읽을 때 사용할 수 있다. 스케치 53.6은 1바이트 크기의 uint8_t 타입 배열과 2바이트 크기의 uint16_t 타입 배열을 EEPROM에 읽고 쓰는 예다. 주소 계산은 같아 보이지만 데이터 타입이 달라 실제 계산 결과로 나오는 주소는 달라진다. EEPROM에 데이터를 쓰거나 읽을 때 주석 처리된 부분은 포인터 연산과 같은 동작을 하는 코드다. 하지만 주석 처리된 부분은 일반 정수 연산 후 포인터로 변환한 것이므로 포인터 연산과는 차이가 있다.

스케치 53.6 EEPROM에 배열 데이터 쓰기와 읽기

```
void setup() {
    Serial.begin(9600);

    uint8_t data1[] = { 10, 20, 30 };             // 1바이트 크기 데이터 배열
    uint16_t data2[] = { 100, 200, 300 };         // 2바이트 크기 데이터 배열
```

```
    int address1 = 0, address2 = 100;              // EEPROM 주소

    for (int i = 0; i < 3; i++) {                  // 1바이트 크기 데이터 배열 쓰기
        eeprom_update_byte ( (uint8_t *)address1 + i, data1[i]);
        // eeprom_update_byte ( (uint8_t *)(address1 + i), data1[i]);
    }

    for (int i = 0; i < 3; i++) {                  // 2바이트 크기 데이터 배열 쓰기
        eeprom_update_word ( (uint16_t *)address2 + i, data2[i]);
        // eeprom_update_word ( (uint16_t *)(address2 + i * 2), data2[i]);
    }

    uint8_t dataByte;
    uint16_t dataWord;

    for (int i = 0; i < 3; i++) {                  // 1바이트 크기 데이터 배열 읽기
        dataByte = eeprom_read_byte ( (uint8_t *)address1 + i );
        // dataByte = eeprom_read_byte ( (uint8_t *)(address1 + i) );

        Serial.print(String("uint8_t 타입 배열의 ") + i + "번째 값 : ");
        Serial.println(dataByte);
    }
    Serial.println();

    for (int i = 0; i < 3; i++) {                  // 2바이트 크기 데이터 배열 읽기
        dataWord = eeprom_read_word ( (uint16_t *)address2 + i );
        // dataWord = eeprom_read_word ( (uint16_t *)(address2 + i * 2) );
        Serial.print(String("uint16_t 타입 배열의 ") + i + "번째 값 : ");
        Serial.println(dataWord);
    }
}

void loop() {
}
```

그림 53.6 스케치 53.6 실행 결과

53.4 맺는말

EEPROM은 ATmega328을 포함하는 AVR 시리즈 마이크로컨트롤러에 포함된 세 종류의 메모리 중 하나로 그 크기가 가장 작다. EEPROM은 플래시 메모리와 함께 비휘발성 메모리의 한 종류이지만, 플래시 메모리는 블록 단위의 쓰기를 지원하는 반면, EEPROM은 바이트 단위의 쓰기만을 지원하므로 플래시 메모리보다 쓰기 속도가 느리다. 따라서 EEPROM에 대한 잦은 쓰기는 권장하지 않는다. 하지만 EEPROM은 스케치가 실행되는 동안 임의로 데이터를 기록할 수 있는 유일한 메모리이므로 한 번 데이터를 기록한 후에 잦은 읽기가 필요한 경우, 예를 들어 스케치 실행을 위한 파라미터나 옵션을 저장해야 하는 경우 등에 사용된 예를 쉽게 찾아볼 수 있다.

아두이노에서는 EEPROM을 읽고 쓸 수 있는 EEPROM 라이브러리를 기본 라이브러리 중 하나로 제공하고 있으므로 EEPROM에 간단하게 데이터를 읽고 쓸 수 있다. 하지만 아두이노의 EEPROM 라이브러리는 바이트 단위의 읽기와 쓰기만 지원한다. 반면, 아두이노 프로그램과 함께 설치되는 AVR 툴체인의 EEPROM 라이브러리는 바이트 단위 이외에도 다양한 크기의 데이터를 EEPROM에 읽고 쓸 수 있는 함수를 제공하고 있으므로 아두이노의 EEPROM 라이브러리 대신 사용할 수 있다. 다만 AVR 툴체인의 EEPROM 라이브러리에서 제공하는 함수는 주소를 포인터로 캐스팅해서 지정해야 하고, 포인터 연산에서 데이터 타입을 고려해야 하는 등 주의가 필요하다.

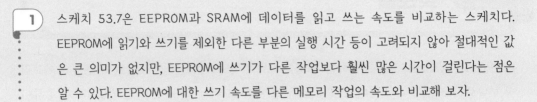
1 스케치 53.7은 EEPROM과 SRAM에 데이터를 읽고 쓰는 속도를 비교하는 스케치다. EEPROM에 읽기와 쓰기를 제외한 다른 부분의 실행 시간 등이 고려되지 않아 절대적인 값은 큰 의미가 없지만, EEPROM에 쓰기가 다른 작업보다 훨씬 많은 시간이 걸린다는 점은 알 수 있다. EEPROM에 대한 쓰기 속도를 다른 메모리 작업의 속도와 비교해 보자.

</> 스케치 53.7 **EEPROM과 SRAM의 읽기/쓰기 속도 비교**

```
#include <EEPROM.h>
#define COUNT 1000

unsigned long time_start, time_end;

void setup() {
    Serial.begin(9600);

    time_start = millis();                                  // EEPROM에 쓰기
    for (int i = 0; i < COUNT; i++) EEPROM.write(i, i);
    time_end = millis();
    Serial.println(String("EEPROM 쓰기\t(ms) : ") + (time_end - time_start));

    time_start = micros();                                  // EEPROM에서 읽기
    for (int i = 0; i < COUNT; i++) EEPROM.read(i);
    time_end = micros();
    Serial.println(String("EEPROM 읽기\t(us) : ") + (time_end - time_start));

    byte buffer[COUNT];                                     // SRAM
    time_start = micros();                                  // SRAM에 쓰기
    for (int i = 0; i < COUNT; i++) buffer[i] = i;
    time_end = micros();
    Serial.println(String("SRAM 쓰기\t(us) : ") + (time_end - time_start));

    time_start = micros();                                  // SRAM에서 읽기
    for (int i = 0; i < COUNT; i++) buffer[i];
    time_end = micros();
    Serial.println(String("SRAM 읽기\t(us ): ") + (time_end - time_start));
}

void loop() {
}
```

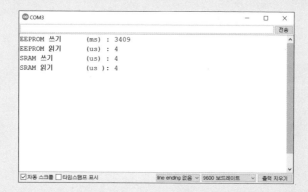

(2) eeprom_write_block 함수는 임의의 크기를 갖는 데이터 블록을 바이트 단위로 EEPROM 에 쓰는 함수다. 이 함수를 이용하면 4바이트 크기의 float 타입 데이터 역시 데이터 블록 으로 EEPROM에 쓸 수 있다. 스케치 53.2 또는 스케치 53.3의 구조를 참고하여 eeprom_write_block 함수로 float 타입 변수를 EEPROM에 쓰고 읽는 함수를 작성해 보자.

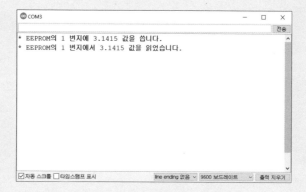

SD 라이브러리

SD 카드는 플래시 메모리를 사용하여 만든 외부 저장장치 표준의 하나로, 스마트폰, 디지털 카메라 등 휴대용 장치의 외부 저장장치로 널리 사용되고 있다. 아두이노에서도 기본 라이브러리의 하나로 SD 라이브러리를 제공하고 있다. 따라서 많은 데이터를 저장해야 하는 경우 부족한 아두이노의 메모리를 대신하여 SD 카드를 사용할 수 있다. 하지만 SD 카드는 쓰기 속도가 느리다는 점은 생각해야 한다. 이 장에서는 SD 라이브러리를 사용하여 SD 카드에 데이터를 읽고 쓰는 방법을 살펴본다.

이 장에서
사용할 부품

아두이노 우노	× 1 ➡ SD 카드 테스트
SD 카드 모듈	× 1
마이크로 SD 카드	× 1 ➡ 32GB 이하 SDSC 또는 SDHC
LM35 온도 센서	× 1

54.1 SD 카드 및 SD 카드 모듈

SD_Secure Digital_ 카드는 스마트폰, 디지털 카메라 등 휴대용 전자기기에서 데이터 저장을 위해 외부 저장장치로 흔히 사용되는 비휘발성 메모리 카드를 말한다. SD 카드는 최대 128테라바이트의 용량을 가질 수 있으며 2기가바이트 이하의 용량을 표준 SD 또는 SDSC_Standard Capacity_, 32기가 바이트 이하의 용량을 SDHC_High Capacity_, 2테라바이트 이하의 용량을 SDXC_eXtended Capacity_, 128테라바이트 이하의 용량을 SDUC_Ultra Capacity_ 등으로 구별하여 부른다. SD 카드는 그 크기에도 세 가지 종류가 있으며 각각 SD, 미니_mini_ SD, 마이크로_micro_ SD라고 부른다.

아두이노 우노에 사용된 ATmega328 마이크로컨트롤러에는 세 종류의 메모리가 포함되어 있지만, 프로그램 실행 도중 데이터를 읽거나 쓸 수 있는 메모리는 EEPROM이 유일하다. 하지만 ATmega328에 포함된 EEPROM은 1KB로 큰 용량의 데이터를 다루기는 어렵다. 따라서 데이터 로깅_logging_과 같은 응용에서는 데이터 기록을 위한 보조기억장치로 SD 카드가 흔히 사용된다.

아두이노에는 SD 카드에 데이터를 읽고 쓸 수 있는 SD 라이브러리를 기본으로 제공하고 있다. **SD 라이브러리는 FAT16과 FAT32 파일 시스템을 지원하며, 사용할 수 있는 카드의 용량은 최대 32기가바이트로 SDSC 카드와 SDHC 카드를 지원한다. 파일 이름은 8.3 형식으로 8글자까지의 파일 이름과 3글자까지의 확장자를 사용**할 수 있다. SD 라이브러리에서 작업 디렉터리는 항상 SD 카드의 루트 디렉터리이므로 하위 디렉터리에 있는 파일을 읽거나 쓰기 위해서는 파일 이름 앞에 슬래시(/)로 구분되는 경로를 함께 지정해야 한다.

SD 카드 모듈과의 통신은 읽고 쓰기 속도를 고려하여 일반적으로 SPI 통신을 사용하며, 이 장에서 사용하는 SD 카드 모듈 역시 마찬가지다. 아두이노 우노에서는 SPI 통신을 위해 전용 핀을 제공하고 있으므로 전용 핀을 통해 SD 카드 모듈을 연결해야 한다. SPI 통신을 위해 필요한 핀은 전원을 제외하고 4개로 표 54.1과 같다. 표 54.1에서 MOSI, MISO, SCK 핀은 하드웨어 지원이 필요한 핀이므로 변경할 수 없지만, SS 핀은 임의의 디지털 입출력 핀을 사용할 수 있다.

표 54.1 SPI 통신을 위한 핀

SPI 핀	아두이노 우노 핀 번호	비고	SPI 핀	아두이노 우노 핀 번호	비고
MOSI	11	슬레이브로 전송되는 데이터	SCK	13	동기화 클록
MISO	12	마스터로 전송되는 데이터	SS	10	슬레이브 선택, 변경 가능

그림 54.1은 이 장에서 사용하는 SD 카드 모듈을 나타낸다. SD 카드 모듈은 표 54.1의 SPI 통신을 위한 4개의 핀과 VCC 및 GND의 전원 핀까지 6개의 핀을 갖고 있다.

SD 카드 모듈을 그림 54.2와 같이 아두이노 우노에 연결하자.

그림 54.1 SD 카드 모듈

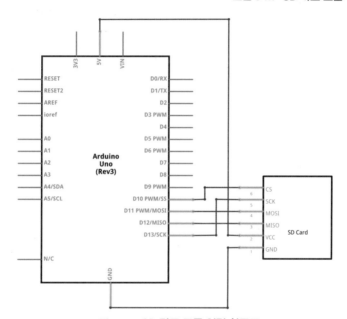

그림 54.2 SD 카드 모듈 연결 회로도

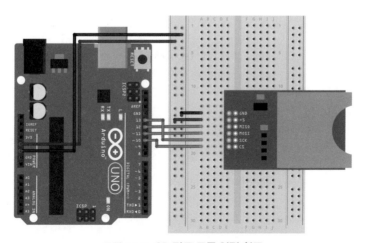

그림 54.3 SD 카드 모듈 연결 회로

SD 라이브러리에서 정의하고 있는 클래스에는 SD 카드 제어와 SD 카드 내의 파일과 디렉터리 조작을 위한 SDClass 클래스와 SD 카드 내의 파일에 데이터를 읽고 쓰기 위한 File 클래스가 있다. 이 외에도 몇 가지 클래스가 내부적으로 사용하기 위해 정의되어 있다.

54.2 SDClass 클래스

SD 카드 제어를 위한 클래스는 SDClass 클래스이며, SDClass 클래스의 유일한 객체로 SD가 SD 라이브러리에 선언되어 있다. 따라서 SD 카드를 사용하기 위해서는 객체를 생성할 필요 없이 SD 객체를 사용하면 된다. SDClass 클래스에는 SD 카드 제어를 위해 다음과 같은 멤버 함수들이 정의되어 있다.

■ begin

```
boolean SDClass::begin(uint8_t csPin)
 - 매개변수
    csPin: CS_Chip Select 핀 번호
 - 반환값: SD 카드 초기화에 성공하면 true, 실패하면 false를 반환
```

SD 라이브러리와 SD 카드를 초기화한다. 매개변수는 SD 카드 모듈을 위한 CS(또는 SS_Slave Select) 핀을 지정하며 초기화 성공 여부를 반환한다.

■ exists

```
boolean SDClass::exists(const char *filepath)
boolean SDClass::exists(const String &filepath)
 - 매개변수
    filepath: 파일 또는 디렉터리 이름
 - 반환값: 파일 또는 디렉터리가 존재하면 true, 존재하지 않으면 false를 반환
```

SD 카드에 지정한 파일 또는 디렉터리가 존재하는지 검사하여 존재 여부를 반환한다.

- **open**

```
File SDClass::open(const char *filename, uint8_t mode = FILE_READ)
File SDClass::open(const String &filename, uint8_t mode = FILE_READ)
 - 매개변수
    filename: 파일 이름
    mode: 파일의 접근 모드로 읽기(FILE_READ) 또는 쓰기(FILE_WRITE) 중 하나
 - 반환값: 파일 객체 또는 false
```

SD 카드에 있는 파일을 연다. 쓰기 모드로 여는 경우 해당 파일이 존재하지 않으면 새로 만들어주지만, 디렉터리까지 만들어주지는 않는다. mode는 파일의 접근 모드를 나타내며 읽기(FILE_READ) 또는 쓰기(FILE_WRITE) 중 하나를 지정할 수 있다. 디폴트값은 읽기 모드다. 반환되는 값은 열린 파일을 가리키는 객체이며, 열기에 실패한 경우에는 false를 반환한다. 반환되는 객체를 통해 파일을 읽거나 쓸 수 있으며, close 함수를 사용하여 파일을 닫을 수 있다. 이때 close 함수는 SD 클래스의 멤버 함수가 아니라 File 클래스의 멤버 함수라는 점에 주의해야 한다.

- **mkdir**

```
boolean SDClass::mkdir(const char *filepath)
boolean SDClass::mkdir(const String &filepath)
 - 매개변수
    filepath: 생성할 디렉터리 경로
 - 반환값: 디렉터리 생성 성공 여부
```

SD 카드에 디렉터리를 생성한다. 이때 생성할 디렉터리 경로에 포함되어 있으면서 존재하지 않는 디렉터리가 있다면 함께 만들어진다. 예를 들어 빈 SD 카드에 SD.mkdir("a/b/c") 명령을 실행하면 'a', 'a/b', 'a/b/c'라는 3개의 디렉터리가 만들어진다.

- **remove**

```
boolean SDClass::remove(const char *filepath)
boolean SDClass::remove(const String &filepath)
 - 매개변수
    filepath: 삭제할 파일 이름
 - 반환값: 파일 삭제 성공 여부
```

SD 카드에서 지정한 파일을 삭제하고 삭제 성공 여부를 반환한다.

■ **rmdir**

```
boolean SDClass::rmdir(const char *filepath)
boolean SDClass::rmdir(const String &filepath)
 - 매개변수
    filepath: 삭제할 디렉터리 경로
 - 반환값: 디렉터리 삭제 성공 여부
```

SD 카드에서 지정한 디렉터리를 삭제하며 디렉터리 구조 전체를 삭제할 수도 있다. 이때 지정한 디렉터리는 비어 있어야 한다.

54.3 File 클래스

File 클래스는 SD 카드에 있는 개별 파일에 대한 읽기와 쓰기를 지원하는 클래스로 다음과 같은 멤버 함수들이 정의되어 있다.

■ **name**

```
char *File::name()
 - 매개변수: 없음
 - 반환값: 파일 이름
```

File 객체와 연결되어 있는 파일의 이름을 반환한다.

■ **available**

```
int File::available()
 - 매개변수: 없음
 - 반환값: 파일에서 읽을 수 있는 데이터 바이트 수
```

파일에서 읽을 수 있는 데이터의 바이트 수를 반환한다. 파일에서 읽을 수 있는 데이터는 파일 내 현재 읽기 위치에 따라 달라지므로 파일의 크기보다 작거나 같다.

■ close

```
void File::close()
  - 매개변수: 없음
  - 반환값: 없음
```

읽거나 쓰기 위해 열려 있는 파일을 닫는다. 파일을 닫을 때는 파일로 쓴 데이터가 실제로 SD 카드에 기록되었음을 보장한다.

■ flush

```
void File::flush()
  - 매개변수: 없음
  - 반환값: 없음
```

파일로 쓴 데이터가 실제로 SD 카드에 기록되게 한다. 파일을 닫는 close 함수를 호출한 경우에도 자동으로 flush 함수가 실행되어 SD 카드에 데이터가 기록되었음을 보장한다.

■ peek

```
int File::peek()
  - 매개변수: 없음
  - 반환값: 파일 내 바이트 데이터 또는 −1
```

파일에서 한 바이트 데이터를 읽어온다. 이때 파일 내에서 읽고 쓰는 위치는 변하지 않으므로 peek 함수를 연속적으로 호출하면 계속 같은 값을 얻어온다. 읽어올 값이 없는 경우에는 −1을 반환한다.

■ position

```
uint32_t File::position()
  - 매개변수: 없음
  - 반환값: 파일 내 현재 위치
```

파일 내에서 현재 위치를 반환한다. 현재 위치는 다음 바이트 단위 데이터를 읽거나 쓸 위치를 말한다.

▪ print, println

SD 카드의 파일로 데이터를 출력한다. println 함수는 데이터 출력 이후에 추가로 개행문자를 출력하는 것을 제외하면 print 함수와 같다. print 함수는 문자열뿐만 아니라 정수나 실수를 문자열로 변환하여 출력할 수 있다. print와 println 함수의 동작은 Serial 클래스에서와 같다.

▪ seek

```
boolean File::seek(uint32_t pos)
 - 매개변수
     pos: 이동할 파일 내 위치
 - 반환값: 지정한 위치로 이동 성공 여부
```

파일 내 지정한 위치로 이동한다. 이동할 위치는 0과 파일 크기 사이의 값이어야 한다.

▪ size

```
uint32_t File::size()
 - 매개변수: 없음
 - 반환값: 바이트 단위 파일 크기
```

파일의 크기를 바이트 단위로 반환한다.

▪ read

```
int File::read()
int File::read(uint8_t *buf, size_t size)
 - 매개변수
     buf: 읽어 들인 데이터를 저장할 버퍼
     size: 버퍼의 바이트 단위 크기
 - 반환값: 읽어 들인 1바이트 데이터, 읽어 들인 데이터의 바이트 수 또는 −1
```

매개변수가 없는 read 함수는 파일의 현재 위치에서 첫 번째 바이트 데이터를 읽어 반환한다. 매개변수가 있는 read 함수는 최대 size 바이트의 데이터를 읽어 buf에 저장하고 읽어 들인 데이터의 바이트 수를 반환한다. 읽어 들일 데이터가 존재하지 않을 때는 −1을 반환한다.

■ write

```
size_t File::write(uint8_t data)
size_t File::write(const uint8_t *buf, size_t size)
 - 매개변수
    data: 1바이트 크기의 데이터
    buf: 바이트 배열 데이터
    size: buf 내 데이터 크기
 반환값: 기록한 바이트 수
```

SD 카드의 파일에 데이터를 기록하고 기록한 데이터의 바이트 수를 반환한다. 기록할 데이터는
1바이트 크기의 값이나 바이트 배열로 지정할 수 있다. 바이트 배열을 지정하는 경우 기록할 데이
터의 크기도 함께 지정해야 한다.

■ isDirectory

```
boolean File::isDirectory()
 - 매개변수: 없음
 - 반환값: 디렉터리 여부
```

디렉터리는 특별한 종류의 파일로 처리되며 디렉터리를 위한 별도의 클래스는 없다. isDirectory
함수는 File 클래스의 객체가 디렉터리인지 여부를 반환한다.

■ openNextFile

```
File File::openNextFile(uint8_t mode = O_RDONLY)
 - 매개변수
    mode: 파일 열기 모드
 - 반환값: 디렉터리 내 파일이나 하위 디렉터리 객체
```

디렉터리 내의 다음 파일이나 하위 디렉터리를 나타내는 객체를 반환한다. 디렉터리 내에 더는 파
일이나 하위 디렉터리가 존재하지 않으면 false를 반환한다. 반환되는 File 객체의 openNextFile
함수를 계속해서 호출함으로써 디렉터리 내 모든 파일과 하위 디렉터리를 알아낼 수 있다.

- **rewindDirectory**

디렉터리 내의 첫 번째 파일을 가리키게 한다. openNextFile 함수와 함께 사용되어 디렉터리 내의 파일과 하위 디렉터리를 나열하기 위해 사용될 수 있다.

SD 라이브러리를 사용하기 위해서는 먼저 헤더 파일을 포함해야 한다. '스케치 → 라이브러리 포함하기 → SD' 메뉴 항목을 선택하거나 #include 문을 직접 입력하면 된다.

```
#include <SD.h>
```

스케치 54.1은 루트 디렉터리에서부터 시작하여 재귀적으로 디렉터리 내의 파일을 보여주는 예로, 파일 이름과 크기를 시리얼 모니터로 출력한다. 루트 디렉터리('/')를 연 후 File 객체의 openNextFile 함수를 호출하면 디렉터리 내의 파일과 하위 디렉터리 목록을 얻을 수 있고, 하위 디렉터리가 발견되면 printDirectory 함수를 재귀 호출하여 하위 디렉터리 내의 파일 목록을 출력할 수 있다.

</> 스케치 54.1 재귀적 디렉터리 리스팅

```
#include <SD.h>
#define SD_CS 10                               // SD 카드 Chip/Slave Select

File root;

void setup() {
    Serial.begin(9600);

    Serial.println("* SD 카드를 초기화합니다.");
    if (!SD.begin(SD_CS)) {                     // SD 카드 초기화
        Serial.println("** 초기화 과정에서 오류가 발생했습니다.");
        while(1);
    }
    Serial.println("* 초기화를 완료했습니다.");
    Serial.println("* 디렉터리 리스팅을 시작합니다.\n");

    root = SD.open("/");                        // 루트 파일/디렉터리 열기
    printDirectory(root, 0);                    // 재귀적 디렉터리 리스팅
    root.close();

    Serial.println("\n* 디렉터리 리스팅을 끝냈습니다.");
}
```

```
void printDirectory(File dir, int level) {
    while (true) {
        File entry = dir.openNextFile();              // 다음 파일 열기
        if (!entry) {                                 // 현재 디렉터리 내 파일 리스팅 끝
            break;
        }

        // 디렉터리 수준(level)에 따라 탭 수를 늘려 맞춤
        for (uint8_t i = 0; i < level; i++) {
            Serial.print(" ");                        // 한 수준당 탭 하나 추가
        }

        Serial.print(entry.name());                   // 파일 이름 출력

        if (entry.isDirectory()) {                    // 디렉터리인 경우
            Serial.println("/");                      // 디렉터리 표시로 '/' 출력
            printDirectory(entry, level + 1);         // 하위 디렉터리에 대한 재귀 호출
        }
        else {
            Serial.print("\t\t");
            Serial.println(entry.size(), DEC);        // 파일 크기 출력
        }
        entry.close();                                // 리스팅이 끝난 파일 닫기
    }
}

void loop() {
}
```

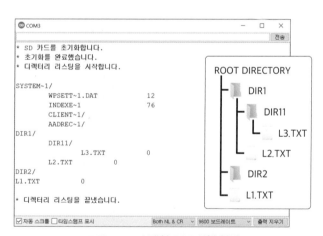

그림 54.4 스케치 54.1 실행 결과

그림 54.4는 스케치 54.1의 실행 결과를 보여준다. SD 카드 내에는 3개의 디렉터리와 3개의 파일
이 만들어져 있으므로 시리얼 모니터로 출력된 결과와 비교해 보기 바란다. 그림 54.4에서 출력되
는 'SYSTEM~1' 디렉터리는 'System Volume Information' 디렉터리로, 윈도우 운영체제에서 사용
하는 시스템 디렉터리다. 틸드 문자(~)가 포함된 디렉터리 이름이 출력되는 이유는 SD 라이브러리
가 8.3 형식의 파일 이름만 지원하기 때문이다.

SD 카드 정보 읽기

SD 카드의 정보를 읽어 시리얼 모니터로 출력해 보자. 스케치 54.2는 SD 카드 정보를 읽어 출력하는 예로, 앞에서 설명하지 않은 여러 클래스를 사용하고 있다. 이 클래스들은 SDClass 클래스와 File 클래스에서 내부적으로 사용하는 클래스들로 SDClass 클래스의 정의를 살펴보면 Sd2Card, SdVolume, SdFile 클래스의 객체들이 멤버 변수로 포함된 것을 확인할 수 있다. 각 클래스의 정의는 SD 라이브러리가 설치된 디렉터리 아래에 'utility' 디렉터리에서 확인할 수 있다. SD 라이브러리에서는 이들 클래스를 사용하여 쉽게 SD 카드에 데이터를 읽고 쓰는 방법을 제공하고 있지만, 이들 클래스의 모든 기능을 사용할 수 있게 해주지는 않는다. 스케치 54.2에서 사용한 클래스와 멤버 함수를 별도로 설명하지는 않지만, 함수의 이름에서 그 기능을 유추할 수 있다.

</> 스케치 54.2 SD 카드 정보 표시

```cpp
#include <SD.h>

#define SD_CS 10                              // SD 카드 Chip/Slave Select

Sd2Card card;
SdVolume volume;
SdFile root;

void setup() {
    Serial.begin(9600);

    Serial.println("* SD 카드를 초기화합니다.");
    SD.begin(SD_CS);

    // 유틸리티 클래스를 이용한 SD 카드 초기화
    if (!card.init(SPI_HALF_SPEED, SD_CS)) {
        Serial.println("** 초기화 과정에서 오류가 발생했습니다.");
        while(1);
    }
    else {
        Serial.println("* 초기화를 완료했습니다.");
    }

    Serial.print("* 카드 종류 : ");              // SD 카드 타입
    switch (card.type()) {
    case SD_CARD_TYPE_SD1:                        // SDSC V1
        Serial.println("SD1");
        break;
    case SD_CARD_TYPE_SD2:                        // SDSC V2
        Serial.println("SD2");
        break;
    case SD_CARD_TYPE_SDHC:                       // SDHC
```

```
            Serial.println("SDHC");
            break;
    default:
        Serial.println("알 수 없는 SD 카드");
    }

    // 볼륨 및 파티션 정보. FAT16이나 FAT32만 지원
    if (!volume.init(card)) {
        Serial.println("* FAT16이나 FAT32 형식의 파일 시스템이 아닙니다.");
        while(1);
    }
    else {                                      // FAT16 또는 FAT32인 경우
        Serial.print("* 파일 시스템 : FAT");
        Serial.println(volume.fatType());
    }

    float volumeSize;                           // SD 카드 크기

    volumeSize = volume.blocksPerCluster();
    volumeSize *= volume.clusterCount();
    volumeSize /= 2;                            // 블록 크기는 512바이트로 2개가 1KB

    volumeSize /= 1024;
    Serial.print("* SD 카드 크기 (MB) : ");
    Serial.println(volumeSize, 2);
    volumeSize /= 1024;
    Serial.print("* SD 카드 크기 (GB) : ");
    Serial.println(volumeSize, 2);

    Serial.println();
    root.openRoot(volume);                      // 루트 파일 열기
    // 카드 내 파일과 디렉터리 목록 출력
    // 재귀적 리스팅(LS_R), 마지막 수정 날짜(LS_DATE), 파일 크기(LS_SIZE) 표시
    root.ls(LS_R | LS_DATE | LS_SIZE, 3);
    root.close();
}

void loop() {
}
```

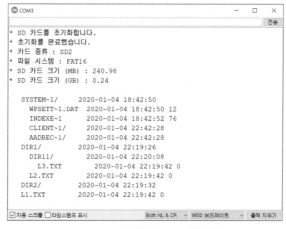

그림 54.5 스케치 54.2 실행 결과

그림 54.5는 FAT16 형식으로 포맷된 256 MB 크기의 SD 카드에 대한 정보를 출력한 것이다. 그림 54.5에서 240.98MB로 출력되는 이유는 SD 카드의 용량 표기는 10^6바이트를 MB로 나타내는 경우가 많지만 스케치 54.2에서는 2^{20}바이트를 MB로 계산하기 때문이다.

54.5 파일 쓰기와 읽기

SD 카드에 텍스트 파일을 생성하고 데이터를 기록한 후 이를 다시 읽어보자. 파일을 쓰기 모드 (FILE_WRITE)로 열면 파일이 없는 경우 자동으로 생성되고, 파일이 있다면 파일 끝에 내용을 추가하는 상태가 된다. 파일이 계속 커지지 않도록 스케치 54.3에서는 먼저 기존 파일을 삭제했다. 텍스트 파일에 데이터를 쓸 때는 Serial 클래스를 사용하는 경우와 같이 print, println, write 등의 함수를 사용하면 되고, 읽을 때는 available, read 등의 함수를 사용하면 된다.

</> 스케치 54.3 파일 쓰기와 읽기

```
#include <SD.h>

#define SD_CS 10                                    // SD 카드 Chip/Slave Select
const char fileName[] = "test.txt";

void setup() {
    Serial.begin(9600);

    Serial.println("* SD 카드를 초기화합니다.");
    if (!SD.begin(SD_CS)) {                          // SD 카드 초기화
        Serial.println("** 초기화 과정에서 오류가 발생했습니다.");
        while(1);
    }
    Serial.println("* 초기화를 완료했습니다.");

    if (SD.exists(fileName)) {
        Serial.println("* 기존 파일을 삭제합니다.");
        SD.remove(fileName);
    }

    // 텍스트 파일을 쓰기 모드로 열기
    File myFile = SD.open(fileName, FILE_WRITE);

    if (myFile) {
        Serial.println("* 텍스트 파일로 쓰기를 시작합니다.");

        int count = 0;
```

```
        for (int i = 1; i <= 5; i++) {          // 5번 쓰기
            myFile.print("Count : ");
            myFile.println(i);
        }
        myFile.close();                          // 파일 닫기
        Serial.println("* 텍스트 파일로 쓰기를 끝냈습니다.");
    }

    myFile = SD.open(fileName);                  // 디폴트 모드인 읽기 모드로 열기
    if (myFile) {
        Serial.println("* 텍스트 파일 내용을 읽기 시작합니다.");
        Serial.println();

        while (myFile.available()) {             // 텍스트 파일에서 읽기
            Serial.write(myFile.read());         // 시리얼 모니터로 출력
        }
        myFile.close();                          // 텍스트 파일 닫기

        Serial.println();
        Serial.println("* 텍스트 파일 내용 읽기를 끝냈습니다.");
    }
    else {                                       // 텍스트 파일 열기 실패
        Serial.println("* 텍스트 파일을 여는 과정에서 오류가 발생했습니다.");
    }
}

void loop() {
}
```

스케치 54.3에서는 텍스트 파일로 데이터를 쓴 후 파일을 닫고 읽기 모드로 다시 연다. 쓰기 모드로 파일을 열면 읽기 역시 가능하지만, 내용을 모두 쓴 후 현재 위치는 파일 끝에 있으므로 기록한 내용을 바로 읽을 수는 없다. 현재 위치를 옮기기 위해서는 seek 함수를 사용하면 되고, 파일의 처음으로 옮기기 위해서는 매개변수로 0을 지정하면 된다. 이처럼 seek 함수를 사용하면 파일을 닫고 다시 열지 않아도 같은 결과를 얻을 수 있다. SD 카드를 컴퓨터에 연결하여 확인해 보면 시리얼 모니터에 출력된 내용이 test.txt 파일에 저장된 것을 확인할 수 있을 것이다.

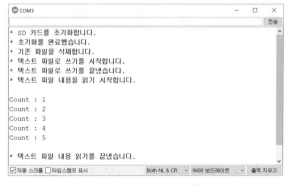

그림 54.6 스케치 54.3 실행 결과

SD 카드가 가장 많이 사용되는 경우는 데이터를 로깅logging하는 경우다. 온도 정보를 로깅하기 위해 LM35 온도 센서와 SD 카드 모듈을 그림 54.7과 같이 아두이노 우노에 연결하자.

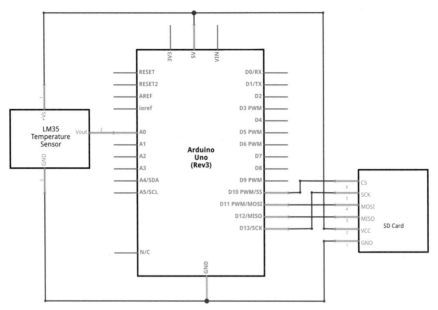

그림 54.7 LM35 온도 센서와 SD 카드 모듈 연결 회로도

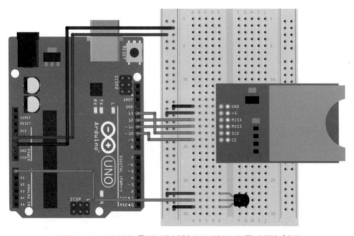

그림 54.8 LM35 온도 센서와 SD 카드 모듈 연결 회로

지정한 시간 간격(WRITE_INTERVAL)마다 온도 센서로부터 온도를 읽어 SD 카드의 sensor.txt 파일로 온도 정보를 저장하는 스케치를 작성해 보자. 온도는 실수로 계산되고 소수점 이하 두 자리까지만 저장한다. 스케치 54.4는 LM35 온도 센서로 온도를 측정하는 함수로, 온도에 비례하는 아날로그값을 읽어 온도로 변환한다. 자세한 내용은 29장 '센서 사용하기'를 참고하면 된다.

```
float readTemperature() {
    int reading = analogRead(A0);

    float voltage = reading * 5.0 / 1023.0;      // 전압으로 변환
    float temperature = voltage * 100;           // '전압 * 100'으로 온도 계산

    return temperature;
}
```

스케치 54.5는 지정한 시간 간격으로 온도를 읽어 SD 카드에 저장함과 동시에 컴퓨터로 전송하는 예다. USING_PLOTTER 상수는 온도 변화 추이를 시리얼 플로터에서 그래프로 확인하기 위해 사용하는 상수다. USING_PLOTTER 상수를 정의하면 텍스트 메시지는 출력하지 않고 온도 데이터만을 출력하므로 시리얼 플로터에서 그래프로 확인할 수 있다.

스케치 54.5 온도 데이터 로깅

```
#include <SD.h>

#define USING_PLOTTER                            // 텍스트 메시지 출력 금지

#define SD_CS 10                                 // SD 카드 Chip/Slave Select
#define WRITE_INTERVAL 1000                      // 30초 간격으로 측정해서 기록

const char fileName[] = "sensor.txt";
unsigned long time_previous, time_current;

void setup() {
    Serial.begin(9600);

    serialMessage("* SD 카드를 초기화합니다.");
    if (!SD.begin(SD_CS)) {                       // SD 카드 초기화
        serialMessage("** 초기화 과정에서 오류가 발생했습니다.");
        while(1);
    }
    serialMessage("* 초기화를 완료했습니다.");
    serialMessage("* 온도 데이터 로깅을 시작합니다.");

    time_previous = millis();
}

void serialMessage(char *message) {
#ifndef USING_PLOTTER                             // 시리얼 플로터를 사용하는 경우
    Serial.println(message);                      // 텍스트 메시지 출력 금지
#endif
}

float readTemperature() {
    int reading = analogRead(A0);

    float voltage = reading * 5.0 / 1023.0;      // 전압으로 변환
    float temperature = voltage * 100;           // '전압 * 100'으로 온도 계산
```

```
        return temperature;
}

void loop() {
    time_current = millis();

    if (time_current - time_previous >= WRITE_INTERVAL) {
        time_previous = time_current;

        float temperature = readTemperature();

        // 텍스트 파일을 쓰기 모드로 열기
        File myFile = SD.open(fileName, FILE_WRITE);
        if (myFile) {
            myFile.println(temperature, 2);        // SD 카드에 저장
            Serial.println(temperature, 2);        // 시리얼 모니터, 시리얼 플로터 공통

            myFile.close();                        // 텍스트 파일 닫기
        }
    }
}
```

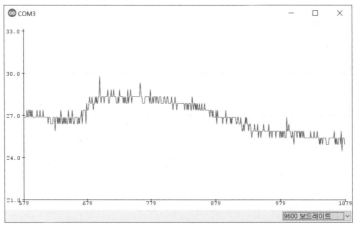

그림 54.9 스케치 54.5 실행 결과 – 시리얼 플로터

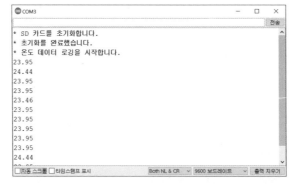

그림 54.10 스케치 54.5 실행 결과 – 시리얼 모니터

맺는말

아두이노 우노에 사용된 ATmega328 마이크로컨트롤러에는 세 종류의 메모리가 포함되어 있지만, 사용자가 마음대로 읽고 쓸 수 있는 메모리는 EEPROM이 유일하다. 따라서 EEPROM은 스케치 실행에 필요한 정보를 기록하는 용도로 흔히 사용된다. 하지만 EEPROM의 크기는 1KB에 지나지 않으므로 많은 데이터를 기록할 수는 없다. 클라우드에 데이터를 저장하는 방법도 대안이 될 수 있지만, 인터넷이 연결된 경우에만 사용할 수 있다는 한계가 있다. 따라서 많은 데이터를 기록하기 위해서는 SD 카드가 흔히 사용된다.

SD 카드는 플래시 메모리를 사용하여 만든 외부 저장장치 표준 중 하나로, 플래시 메모리와 마찬가지로 블록 단위의 쓰기를 지원하므로 EEPROM에 비해 많은 데이터를 빨리 쓸 수 있다는 장점이 있다. 아두이노의 SD 라이브러리는 32기가바이트까지의 용량을 지원하므로 아두이노에서 사용하기는 부족하지 않을 것이다.

아두이노에서 기본 라이브러리의 하나로 제공하는 SD 라이브러리는 SdFat 라이브러리*의 기능 중 일부를 쉽게 사용할 수 있도록 만들어놓은 것이다. 하지만 아두이노의 SD 라이브러리는 이전 버전의 SdFat 라이브러리를 사용하고 있으며, SdFat 라이브러리는 업데이트를 통해 여러 기능이 추가되거나 개선되었다. 아두이노에서 SD 카드를 사용하는 경우 파일 읽기와 쓰기 등의 기본 기능을 주로 사용하므로 많은 기능이 필요하지 않은 것이 사실이지만, 관심이 있는 독자는 SdFat 라이브러리를 살펴보면 도움이 될 것이다.

---

* https://github.com/greiman/SdFat

 스케치 54.1을 참조하여 SD 카드에 있는 모든 파일과 디렉터리를 삭제하는 스케치를 작성해
보자. 디렉터리를 삭제하는 함수는 SD.rmdir()이고 파일을 삭제하는 함수는 SD.remove()
다. 두 함수 모두 매개변수로 경로를 지정해야 하므로 작성하는 함수의 매개변수에는 삭제할
파일이나 디렉터리 이름과 경로를 전달해야 한다.

```
void deleteDirectory(File dir, String path);
```

2 SD 카드에 센서값을 로깅할 때 텍스트 파일로 저장하기도 하지만 엑셀 등에서 쉽게 읽을
수 있는 CSV 형식으로 저장하기도 한다. CSV는 'Comma Separated Values'의 약어로, 여
러 개의 값을 콤마로 구분하여 저장하는 텍스트 파일의 한 종류다. CSV 파일은 읽고 쓰기
가 간단하지만, 콤마가 포함된 값을 저장하기는 어려운 문제점이 있어 값의 구분자로 콤마
가 아닌 다른 문자를 사용하는 파일 형식이 사용되기도 한다. CSV 형식을 포함하여 센서값
을 저장하기 위해 사용할 수 있는 파일 형식을 알아보자.

아두이노 우노로
USB 장치 만들기

아두이노 우노에 사용된 메인 마이크로컨트롤러인 ATmega328은 USB 연결을 지원하지 않지만, 아두이노 우노에서 USB-UART 변환을 담당하는 마이크로컨트롤러인 ATmega16u2는 USB 연결을 지원한다. 따라서 ATmega16u2 마이크로컨트롤러의 펌웨어를 수정하면 아두이노 레오나르도와 마찬가지로 아두이노 우노 역시 USB 장치를 만드는 데 사용할 수 있다. 이 장에서는 ATmega16u2 마이크로컨트롤러의 펌웨어를 교체하여 아두이노 우노를 USB 키보드나 마우스로 동작하도록 만드는 방법을 살펴본다.

> 이 장에서
> 사용할 부품

> 아두이노 우노 × 1 ➡ USB 장치 만들기 테스트
> ISP 방식 프로그래머 × 1 ➡ USBISP

간단한 유선 마우스의 경우 전용 칩을 사용하기도 하지만, USB를 사용하는 많은 컴퓨터 주변 장치에는 마이크로컨트롤러가 포함되어 있다. 컴퓨터 주변장치를 만드는 데 마이크로컨트롤러를 사용할 수 있다면 아두이노 역시 사용할 수 있다는 뜻이다. 아두이노의 여러 보드 중 USB 장치를 만드는 데 사용할 수 있는 대표적인 보드는 아두이노 레오나르도다. 아두이노 레오나르도에 사용된 마이크로컨트롤러인 ATmega32u4는 마이크로컨트롤러 자체에서 USB 연결을 지원하므로 아두이노 우노나 아두이노 메가2560과 달리 USB-UART 변환을 담당하는 ATmega16u2와 같은 마이크로컨트롤러가 필요하지 않다. 따라서 **아두이노 우노나 아두이노 메가2560에는 2개의 마이크로컨트롤러가 포함되어 있지만, 아두이노 레오나르도에는 하나의 마이크로컨트롤러만 포함되어 있다.** 즉, ATmega32u4는 메인 컨트롤러의 기능과 USB-UART 변환 기능을 함께 담당하고 있으며 **'ATmega328 + ATmega16u2 ≈ ATmega32u4'**의 관계가 성립한다.

ATmega32u4 마이크로컨트롤러가 USB-UART 변환 기능을 담당하고 있어 USB 장치를 만드는 데 사용할 수 있다면, 아두이노 우노에서 USB-UART 변환을 담당하는 ATmega16u2 역시 USB 장치를 만드는 데 사용할 수 있지 않을까? ATmega16u2 마이크로컨트롤러의 펌웨어를 교체하면 ATmega32u4 마이크로컨트롤러와 마찬가지로 USB 장치를 만드는 데 사용할 수 있다. 이 장에서는 ATmega16u2의 펌웨어를 교체하여 컴퓨터와의 시리얼 통신을 중개하는 역할이 아닌 USB 통신을 중개하는 역할을 하게 하여 마우스나 키보드로 동작시키는 방법을 살펴본다. 한 가지 주의할 점은 시중에 아두이노 우노와 호환되는 많은 보드가 판매되고 있으며, 호환 보드 중에는 USB-UART 변환을 위해 ATmega16u2 마이크로컨트롤러가 아닌 다른 전용 칩을 사용하는 보드도 있다는 점이다. ATmega16u2가 사용되지 않은 아두이노 우노 호환 보드는 이 장에서 소개하는 방법으로 USB 장치로 만들 수는 없다.

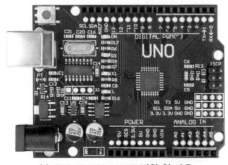
(a) CH340 USB-UART 변환 칩 사용

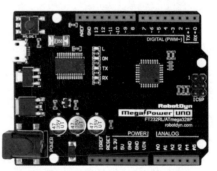
(b) FT232 USB-UART 변환 칩 사용

그림 55.1 아두이노 우노 호환 보드

아두이노 우노의 ATmega16u2 마이크로컨트롤러의 펌웨어를 교체하기 위해서는 업로드할 펌웨어와 펌웨어 업로드를 위한 도구가 필요하다. 펌웨어는 아두이노 우노를 마우스, 키보드, 조이스틱 등으로 인식할 수 있게 해주는 Arduino-USB 프로젝트*의 펌웨어를 사용한다. 프로젝트 페이지에서 파일을 내려받아 압축을 해제한다(여기서는 'D:\'에 압축을 해제한 것으로 가정한다). 펌웨어 업로드를 위한 도구는 마이크로칩에서 제공하는 FLIP 프로그램**을 사용한다. FLIP 프로그램은 RS-232C, USB 등의 시리얼 통신으로 별도의 장치 없이 펌웨어 업로드를 가능하게 해주는 프로그램으로, DFUDevice Firmware Update 프로토콜을 사용한다. FLIP 프로그램은 마이크로칩 홈페이지에서 파일을 내려받아 설치하면 된다.

펌웨어와 펌웨어 업로드를 위한 도구가 준비되었으면 마지막으로 한 가지 더 준비할 것이 있는데, 바로 ISP 방식 프로그래머다. 아두이노 우노의 ATmega16u2 마이크로컨트롤러는 USB-UART 변환 기능을 한다. **아두이노 우노에서 USB-UART 변환 기능이 사용되는 경우는 크게 두 가지로, 컴퓨터와 UART 통신을 하는 경우와 스케치를 업로드하는 경우다.** 이 장에서 하고자 하는 것은 ATmega16u2 마이크로컨트롤러의 펌웨어를 기존 펌웨어가 아닌 다른 펌웨어로 교체하는 것으로, 펌웨어를 교체하면 이전 ATmega16u2의 기능은 사용할 수 없다. 즉, 스케치를 업로드할 수 없으며 UART 통신을 통해 시리얼 모니터로 데이터를 출력할 수 없다. 따라서 메인 마이크로컨트롤러인 ATmega328에 스케치를 업로드할 방법이 필요하다. 아두이노 우노에 스케치를 업로드하는 방법은 시리얼 방식과 ISP 방식의 두 가지가 있다. 시리얼 방식을 사용할 수 없다면 ISP 방식을 사용해야 하며, 따라서 스케치를 업로드하기 위해 ISP 방식 프로그래머가 준비되어 있어야 한다***. 그림 55.2는 이 장에서 사용하는 ISP 방식 프로그래머를 나타낸다.

그림 55.2 **USBISP – ISP 방식 프로그래머**

---

*   https://github.com/harlequin-tech/arduino-usb

** https://www.microchip.com/developmenttools/ProductDetails/flip

*** ISP 방식 프로그래머가 없어도 이 장의 내용을 테스트할 수는 있다. 하지만 매번 ATmega16u2의 펌웨어를 바꾸면서 ATmega328에 스케치를 업로드하는 것은 번거로운 작업이므로 ISP 방식 프로그래머 사용을 추천한다.

아두이노 우노에는 2개의 6핀 ICSP 핀 헤더가 준비되어 있으며 하나는 ATmega328을 위해, 다른 하나는 ATmega16u2를 위해 사용된다. ISP 방식 프로그래머는 ATmega328을 위한 ICSP 핀 헤더에 연결하면 된다.

그림 55.3 **아두이노 우노의 ICSP 핀 헤더**

아두이노 우노를 USB 케이블로 컴퓨터와 연결하면 그림 55.4와 같이 포트 부분에 나타난다. 정확하게 이야기하면 **ATmega16u2 마이크로컨트롤러가 기존에 설치된 펌웨어로 인해 컴퓨터에서 포트로 인식된다.**

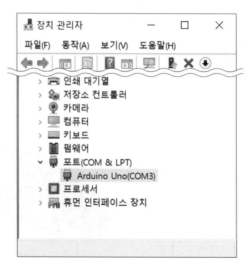

그림 55.4 **아두이노 우노의 인식**

이 상태에서 ATmega16u2 마이크로컨트롤러를 위한 ICSP 핀 헤더의 GND와 RESET 핀을 단락 short시키면 DFU 모드로 진입하며, DFU 모드에 진입한 이후 USB를 통해 ATmega16u2를 위한 펌웨어를 업로드할 수 있다. 이때 컴퓨터에서 사용되는 프로그램이 FLIP으로 별도의 하드웨어 없이 소프트웨어만으로 펌웨어를 업로드할 수 있다. DFU는 USB를 지원하는 마이크로컨트롤러에서 사용할 수 있으며 아두이노 레오나르도에 사용된 ATmega32u4, 아두이노 우노와 메가2560에 USB-UART 변환 기능을 제공하는 ATmega16u2 등이 대표적인 USB 지원 마이크로컨트롤러에 속한다.

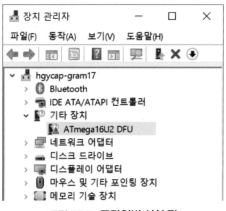

그림 55.5 드라이버 설치 전

처음 DFU 모드로 진입했을 때는 ATmega16u2를 위한 드라이버가 설치되지 않아 그림 55.5와 같이 장치 관리자에서 '기타 장치'에 'ATmega16U2 DFU'로 나타낸다. 'ATmega16U2 DFU' 항목에서 마우스 오른쪽 버튼을 누르고 '드라이브 업데이트'를 선택하여 드라이브 업데이트 다이얼로그를 실행한다.

드라이브 업데이트 다이얼로그에서 '내 컴퓨터에서 드라이버 찾아보기'를 선택한다.

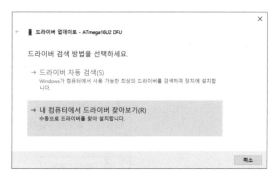

그림 55.6 드라이버 업데이트 다이얼로그

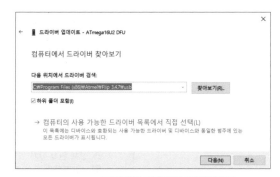

그림 55.7 드라이버 업데이트 다이얼로그

ATmega16u2를 위한 드라이버는 FLIP 프로그램이 설치된 디렉터리 아래 'usb' 디렉터리에서 찾을 수 있다. 디폴트 디렉터리에 설치했다면 드라이버 검색 위치를 'C:\Program Files (x86)\Atmel\Flip 3.4.7\usb'로 지정하고 '하위 폴더 포함' 옵션 역시 선택한다. 보안 경고가 나타난 후 '설치'를 선택하면 드라이브 설치가 완료된다.

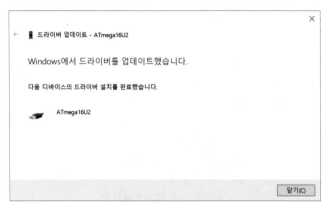

그림 55.8 ATmega16U2 DFU 드라이버 설치 완료

ATmega16u2에 대한 드라이버가 성공적으로 설치되면 장치 관리자에서 '알 수 없는 장치'가 'ATmega16u2'로 바뀐 것을 확인할 수 있다.

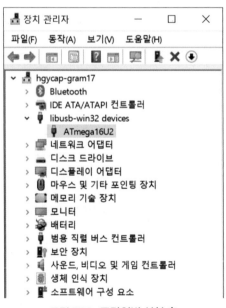

그림 55.9 드라이버 설치 후

드라이버 설치가 완료되면 장치 관리자에서 ATmega16u2로 인식되지만, USB 케이블을 뺐다가 다시 연결하면 DFU 모드에서 빠져나가 다시 포트로 인식된다. DFU 모드로 들어가기 위해서는 그림 55.3의 GND와 RESET 핀을 다시 단락시켜야 한다.

55.2 USB 키보드 만들기

아두이노 우노를 USB 장치로 만들기 위한 준비를 마쳤으므로 먼저 아두이노 우노를 USB 키보드로 동작하도록 만들어보자. 다른 장들과는 달리 컴퓨터와 2개의 연결이 필요하다는 점을 기억해야 한다. 하나는 ISP 방식 프로그래머를 ATmega328에 연결한 것이고, 다른 하나는 USB 케이블을 ATmega16u2에 연결한 것이다. 아래 내용이 준비되었는지 다시 한번 확인해 보자.

- FLIP 프로그램을 내려받아 설치했는가? FLIP 프로그램은 마이크로칩 홈페이지에서 무료로 내려받을 수 있다.
- 컴퓨터에 ATmega16u2 마이크로컨트롤러를 위한 드라이버를 설치했는가? 드라이버는 FLIP 프로그램이 설치된 디렉터리 아래에서 찾을 수 있다.
- ISP 방식 프로그래머가 준비되었는가? 시리얼 방식으로 ATmega328 마이크로컨트롤러에 스케치를 설치할 수 없으므로 ISP 방식 프로그래머를 사용해야 한다.

아두이노 우노의 ATmega16u2에는 디폴트로 USB-UART 변환을 위한 펌웨어가 설치되어 있다. 따라서 아두이노 우노를 컴퓨터에 연결하면 포트로 인식된다. **ATmega16u2에 설치된 펌웨어를 USB 장치로 동작하도록 하는 펌웨어로 바꾸면 펌웨어의 종류에 따라 키보드, 마우스, 조이스틱 등의 USB 장치로 인식된다.**

먼저 아두이노의 ATmega328 마이크로컨트롤러에 키보드 입력 데이터를 UART 통신으로 ATmega16u2 마이크로컨트롤러로 전달하는 스케치를 작성해 보자. **아두이노 우노가 키보드로 동작할 때도 ATmega328과 ATmega16u2 마이크로컨트롤러는 UART 시리얼 통신으로 연결되어 있다는** 점에 주의해야 한다. 스케치 55.1은 1초 간격으로 키보드로 'hello' 문자열과 엔터 키를 입력하는 예다.

```
uint8_t buffer[8] = { 0, };                    // 문자 정보 전달 버퍼

void setup() {
    Serial.begin(9600);                        // UART 시리얼 통신 초기화
}

void key_press(uint8_t ch){
    buffer[2] = ch;                            // 키 누름 정보
    // ATmega328에서 ATmega16u2로 UART 시리얼 통신 사용
    Serial.write(buffer, 8);
    delay(10);                                 // 키 누름 지연
}

void key_release() {
    buffer[0] = 0;                             // 키 뗌 정보
    buffer[2] = 0;
    Serial.write(buffer, 8);
}

void loop() {
    key_press(11);                             // 'h'
    key_release();
    key_press(8);                              // 'e'
    key_release();
    key_press(15);                             // 'l'
    key_release();
    key_press(15);                             // 'l'
    key_release();
    key_press(18);                             // 'o'
    key_release();
    key_press(40);                             // ENTER
    key_release();

    delay(1000);
}
```

스케치 55.1에서 알 수 있듯이 아두이노 우노에서 사용된 ATmega328 마이크로컨트롤러는 UART 시리얼 통신을 통해 출력하고자 하는 데이터를 전달한다. 이는 시리얼 모니터로 데이터를 출력하는 경우와 차이가 없다. 차이는 ATmega16u2 마이크로컨트롤러의 동작에 있다. 아두이노 우노에서 UART 시리얼 통신을 통해 내보낸 데이터는 ATmega16u2를 거쳐 컴퓨터로 전달된다. 이때 디폴트 펌웨어가 설치되어 있으면 컴퓨터의 시리얼 포트를 통해 전달할 것이고, USB 키보드 펌웨어가 설치되어 있으면 키보드 입력으로 컴퓨터에 전달된다. 그림 55.10은 디폴트 펌웨어가 설치된 경우와 키보드 펌웨어가 설치된 경우 아두이노 우노의 동작을 비교한 것으로 큰 차이가 없음을 확인할 수 있다.

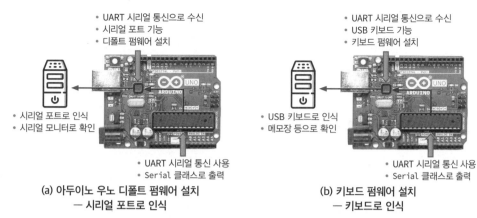

- UART 시리얼 통신으로 수신
- 시리얼 포트 기능
- 디폴트 펌웨어 설치

- 시리얼 포트로 인식
- 시리얼 모니터로 확인

- UART 시리얼 통신 사용
- Serial 클래스로 출력

(a) 아두이노 우노 디폴트 펌웨어 설치
— 시리얼 포트로 인식

- UART 시리얼 통신으로 수신
- USB 키보드 기능
- 키보드 펌웨어 설치

- USB 키보드로 인식
- 메모장 등으로 확인

- UART 시리얼 통신 사용
- Serial 클래스로 출력

(b) 키보드 펌웨어 설치
— 키보드로 인식

그림 55.10 ATmega16u2에 설치된 펌웨어에 따른 동작

그림 55.11은 ATmega16u2에 디폴트 펌웨어가 설치된 상태에서 스케치 55.1을 업로드하고 시리얼
모니터로 출력 결과를 확인한 것으로, 알 수 없는 문자들이 출력되고 있다. 디폴트 펌웨어가 설치
된 상태이므로 ATmega16u2는 ATmega328이 보낸 데이터를 그대로 컴퓨터로 전달하기만 한다.
하지만 시리얼 포트를 통해 데이터를 전달할 때와 USB 키보드를 통해 데이터를 전달할 때의 데이
터 형식에 차이가 있으므로 데이터가 정상적으로 출력되지 않고 이해할 수 없는 문자가 출력된다.

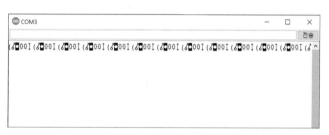

그림 55.11 스케치 55.1 실행 결과 – 시리얼 모니터로 확인

시리얼 모니터로 'h'를 출력하고 싶다면 Serial.write('h')
와 같이 출력하고 싶은 문자에 대한 아스키 코드값을 전송
하면 된다. 하지만 스케치 55.1에서 알 수 있듯이 USB 키보
드에서 키 입력 데이터는 아스키 코드가 아니라 스캔 코드
scan code로 전달된다. **스캔 코드에서 키 입력은 8바이트의 키
누름 정보와 8바이트의 키 뗌 정보로 이루어진다.** 키 입력 데
이터는 표 55.1과 같이 구성된다.

표 55.1 키 정보 데이터 구성

바이트 번호	설명	비고
0	특수키	표 55.2 참조
1	–	사용하지 않음
2	키값	
3	키값	
4	키값	6개 키까지 동시에 키 누름 허용
5	키값	
6	키값	
7	키값	

키 입력 데이터에서 첫 번째 바이트는 특수키_{modifier key} 정보이며, 두 번째 바이트는 사용하지 않는 바이트다. 나머지 바이트는 키값으로, 6개까지 키가 동시에 눌린 것을 처리할 수 있다. 특수키 정보는 표 55.2와 같이 비트 단위로 특수키의 누름 여부를 나타낸다.

표 55.2 비트와 특수키 대응

비트	7	6	5	4	3	2	1	0
키	오른쪽 GUI	오른쪽 ALT	오른쪽 SHIFT	오른쪽 CTRL	왼쪽 GUI	왼쪽 ALT	왼쪽 SHIFT	왼쪽 CTRL

키 입력 데이터에서 키값은 아스키 코드값이 아닌 스캔 코드값으로 HID_{Human Interface Device}의 표준을 따른다. 즉, 'h' 키에 대한 값은 아스키 코드 104가 아닌 11을 전송해야 한다. 만약 대문자 'H'를 전달하고 싶다면 11은 그대로 전송하면서 키 입력 데이터의 첫 번째 바이트값에서 시프트 키가 눌린 것을 0x20(오른쪽) 또는 0x02(왼쪽)로 지정해야 한다. 또한 키 뗌 정보를 0의 키값을 사용하여 별도로 전달해야 한다는 점도 기억해야 한다.

아두이노 우노를 키보드로 사용하기 위해서는 전달해야 하는 데이터가 다르다는 점을 알았다. 이제 완전한 키보드로 동작하도록 만들기 위해서는 ATmega16u2의 펌웨어를 교체해야 한다. 펌웨어 교체를 위해서는 앞에서 설치한 FLIP 프로그램을 사용한다.

펌웨어를 교체하기 전에 먼저 ATmega16u2의 GND와 RESET 핀을 단락시켜 DFU 모드로 진입해야 한다. DFU 모드로 진입하면 ATmega16u2는 포트가 아니라 'ATmega16u2'로 인식된다. FLIP 프로그램을 실행하고 'Device → Select...' 메뉴 항목을 선택하거나 'Ctrl+S' 단축키 또는 툴바의 'Select a Target Device' 버튼(●)을 눌러 'Device Selection' 다이얼로그를 실행하고 마이크로컨트롤러의 종류로 'ATmega16u2'를 선택한다.

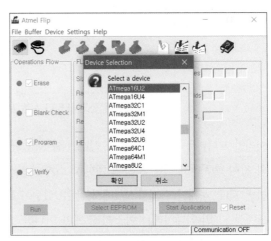

그림 55.12 마이크로컨트롤러 선택

다음은 'Settings → Communication → USB' 메뉴 항목을 선택하거나 `Ctrl`+`U` 단축키 또는 툴바의 'Select a Communication Medium' 버튼(🐌)을 누른 후 'USB'를 선택하여 'USB Port Connection' 다이얼로그를 실행하고 'Open'을 선택하여 FLIP 프로그램과 ATmega16u2를 연결한다.

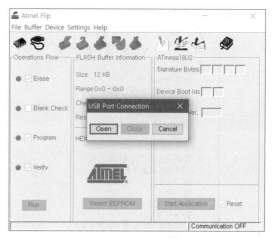

그림 55.13 **USB 연결**

마지막으로 'File → Load HEX File...' 메뉴 항목을 선택하거나 '`Ctrl`+`L`' 단축키 또는 툴바의 'Load HEX File' 버튼(📖)을 눌러 파일 선택 다이얼로그를 실행한 후 키보드 펌웨어를 선택한다. 키보드 펌웨어는 'D:\arduino-usb-master\firmwares' 디렉터리의 Arduino-keyboard.hex 파일을 사용하면 된다.

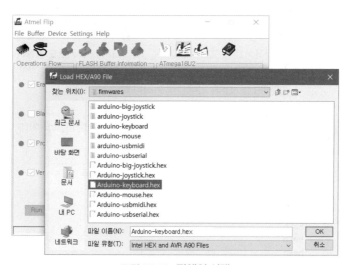

그림 55.14 **펌웨어 선택**

설정이 완료되면 왼쪽 아래의 'Run' 버튼을 눌러 펌웨어를 업로드한다. 펌웨어가 업로드된 후 USB 케이블을 뺐다가 다시 연결하면 아두이노 우노는, 정확하게 이야기하자면 아두이노 우노의 ATmega16u2 마이크로컨트롤러는 키보드로 인식되어 장치 관리자에서 키보드가 추가된 것을 확인할 수 있다.

(a) 기존 USB-UART 펌웨어 + DFU 모드
— ATmega16u2로 인식

(b) USB 키보드 펌웨어
— HID 키보드로 인식

그림 55.15 USB 키보드로 인식된 ATmega16u2

메모장을 실행하면 'hello' 문자열이 1초 간격으로 입력되는 것을 확인할 수 있다.

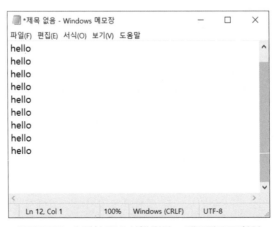

그림 55.16 스케치 55.1 실행 결과 – 메모장으로 확인

아두이노를 원 상태로 돌리고 싶으면 USB-UART 펌웨어를 다시 설치하면 된다. USB-UART 펌웨어를 설치하는 방법은 키보드 펌웨어를 설치하는 방법과 같다. GND와 RESET 핀을 단락시킨 후 FLIP 프로그램에서 'D:\arduino-usb-master\firmwares' 디렉터리에 있는 Arduino-usbserial. hex 파일을 선택하여 업로드하면 된다. 키보드로 동작시키는 과정을 정리하면 표 55.3과 같다.

표 55.3 USB 키보드 만들기 및 원 상태로 되돌리기

순서	동작	결과
1	USB 케이블 연결	'시리얼 포트'로 인식
2	스케치 55.1 업로드	아두이노 우노는 키보드 동작을 에뮬레이션하는 상태로 바뀜
3	ATmega16u2의 GND와 RESET 핀을 단락	DFU 모드로 진입하여 'ATmega16u2'로 인식
4	FLIP 프로그램으로 키보드 펌웨어 업로드 후 전원을 껐다 다시 켬	'HID 키보드 장치'로 인식되고 'hello' 문자열을 1초 간격으로 입력하는 키보드로 동작
5	ATmega16u2의 GND와 RESET 핀을 단락	DFU 모드로 진입하여 'ATmega16u2'로 인식
6	FLIP 프로그램으로 USB-UART 펌웨어 업로드 후 전원을 껐다 다시 켬	'시리얼 포트'로 인식
7	아두이노 우노의 부트로더 굽기	시리얼 방식 업로드 사용 가능

표 55.3에서 마지막 부트로더 굽기는 ATmega16u2에 키보드 펌웨어가 업로드된 상태에서 ATmega328에 스케치 55.1을 수정하여 업로드한 경우에만 해당한다. 이 경우 USB-UART 변환 장치를 사용할 수 없으므로 시리얼 방식이 아닌 ISP 방식으로 스케치를 업로드해야 하고, 따라서 부트로더가 지워진다.

최신 USB-UART 펌웨어 설치하기

아두이노 우노를 원래 상태로 되돌리기 위해서는 ATmega16u2에 디폴트 펌웨어인 USB-UART 펌웨어를 업로드해야 한다. 위에서는 Arduino-USB 프로젝트 파일에 있는 펌웨어를 사용했지만, 이는 최신 버전이 아닐 수 있다. USB-UART 펌웨어의 최신 버전은 아두이노 프로그램이 설치된 디렉터리 아래 'hardware\arduino\avr\firmwares\atmegaxxu2' 디렉터리에서 찾을 수 있다. 여러 가지 펌웨어가 있지만, 아두이노 우노에 설치되는 펌웨어는 UNO-dfu_and_usbserial_combined.hex다. 하지만 이 파일을 FLIP 프로그램에서 선택하면 주소가 범위를 벗어났다는 오류가 발생한다. 이는 FLIP 프로그램에서 ATmega16u2의 플래시 메모리 크기를 부트로더 영역을 뺀 값으로 계산하기 때문이다. ATmega16u2의 플래시 메모리 크기는 16KB이지만 FLIP 프로그램에서는 12KB로 나타난다. 부트로더 영역은 최소 0.5KB에서 4KB 크기를 가질 수 있으며 디폴트값은 4KB(2,048 워드 크기) 크기다. 따라서 FLIP 프로그램에서는 16KB에서 4KB를 뺀 12KB만 플래시 메모리 크기로 나타난다. Arduino-COMBINED-dfu-usbserial-atmega16u2-Uno-Rev3.hex 파일을 열어보면 마지막 시작 주소가 0x3D2A로, 실제 펌웨어의 크기는 16KB 크기를 넘지 않음을 확인할 수 있다.

16KB 이내의 펌웨어를 업로드하기 위해서는 'Buffer → Options...' 메뉴 항목을 선택하거나 'Ctrl+O'
단축키를 눌러 'FLASH Buffer Options' 다이얼로그를 실행한 후 'Address Programming Range' 항목
을 'Whole Buffer'로 선택하면 된다.

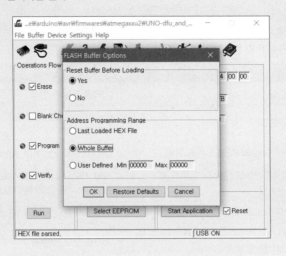

55.3 키보드 입력 쉽게 하기

ATmega16u2의 펌웨어를 교체함으로써 아두이노 우노를 키보드로 동작하게 할 수 있고, 디폴트
펌웨어를 설치하면 다시 아두이노 우노로 되돌릴 수 있다. 키보드로 동작하는 경우 가장 불편한
점은 HID 키보드 장치에서 사용하는 입력값이 아스키 코드값이 아니라 스캔 코드값이므로 매번
입력하고자 하는 문자열에 맞는 스캔 코드값을 찾아야 한다는 점이다. 이처럼 스캔 코드값을 매번
찾아야 하는 불편함을 줄이는 방법 중 하나가 HID 키보드 장치를 위한 라이브러리를 사용하는
것으로, USBKeyboard 라이브러리가 그중 하나다. 먼저 라이브러리 페이지*에서 라이브러리를 내
려받는다. '스케치 → 라이브러리 포함하기 → .ZIP 라이브러리 추가' 메뉴 항목을 선택하여 라이브
러리 추가 다이얼로그를 실행하고 내려받은 압축 파일을 선택하면 라이브러리 설치가 완료된다.

---

* https://github.com/coopermaa/USBKeyboard

USBKeyboard 라이브러리는 문자열을 간편하게 입력할 수 있게 해주는 USBKeyboard 클래스를 정의하고 있다. 하지만 USBKeyboard 라이브러리가 특수키 입력을 모두 지원하지는 않으므로 특수키 입력이 필요한 경우에는 스케치 55.1과 같은 방법으로 직접 구현해야 할 수 있다.

USBKeyboard 라이브러리를 사용하기 위해서는 먼저 헤더 파일을 포함해야 한다. '스케치 → 라이브러리 포함하기 → USBKeyboard-master' 메뉴 항목을 선택하거나 #include 문을 직접 입력하면 된다. hid_keys.h 파일은 USBKeyboard.h 파일에서 포함하고 있으므로 입력하지 않아도 된다.

```
#include <hid_keys.h>
#include <USBKeyboard.h>
```

hid_keys.h 파일은 스캔 코드 키값을 정의한 파일이며, USBKeyboard.h 파일은 USBKeyboard 클래스를 정의한 파일이다. 하지만 USBKeyboard 라이브러리의 업데이트가 정지된 이후 아두이노 프로그램이 업데이트됨에 따라 현재 상태로는 USBKeyboard 라이브러리를 사용할 수 없으며 일부 라이브러리의 수정이 필요하다. 수정해야 할 부분은 USBKeyboard.h 파일의 sendKeyStroke 함수로, 스케치 55.2와 같이 수정하면 된다.

</> 스케치 55.2 USBKeyboard.h – 원본 코드

```
void sendKeyStroke(byte keyStroke, byte modifiers) {
    uint8_t keyNone[8] = { 0, 0, 0, 0, 0, 0, 0, 0 };

    Serial.write(modifiers);                    // Modifier Keys
    Serial.write(0, 1);                         // Reserved
    Serial.write(keyStroke);                    // Keycode 1
    Serial.write(0, 1);                         // Keycode 2
    Serial.write(0, 1);                         // Keycode 3
    Serial.write(0, 1);                         // Keycode 4
    Serial.write(0, 1);                         // Keycode 5
    Serial.write(0, 1);                         // Keycode 6

    Serial.write(keyNone, 8);                   // Release Key
}
```

</> USBKeyboard.h – 수정 코드

```
void sendKeyStroke(byte keyStroke, byte modifiers) {
    uint8_t key[8] = { 0, 0, 0, 0, 0, 0, 0, 0 };

    key[0] = modifiers;
    key[2] = keyStroke;
    Serial.write(key, 8);                       // Press Key
```

```
    key[0] = 0;
    key[2] = 0;
    Serial.write(key, 8);                          // Release Key
}
```

USBKeyboard 클래스에는 키보드 입력을 지원하기 위해 다음과 같은 멤버 함수들이 정의되어 있다.

■ init

```
void USBKeyboard::init()
  - 매개변수: 없음
  - 반환값: 없음
```

ATmega16u2 마이크로컨트롤러와의 UART 시리얼 통신을 9,600보율로 초기화한다. 따라서 스케치 내에서는 별도로 UART 통신을 초기화하지 않아도 된다.

■ sendKeyStroke

```
void USBKeyboard::sendKeyStroke(byte keyStroke, byte modifiers)
  - 매개변수
    keyStroke: 스캔 코드값
    modifiers: 특수키 누름 정보
  - 반환값: 없음
```

스캔 코드값과 특수키 상태를 사용하여 8바이트의 키 누름 또는 뗌 정보를 ATmega16u2 마이크로컨트롤러로 전송한다.

■ print

```
void USBKeyboard::print(char *chp)
  - 매개변수
    chp: 전송할 문자열에 대한 포인터
  - 반환값: 없음
```

문자열 단위로 키 누름 정보와 뗌 정보를 ATmega16u2 마이크로컨트롤러로 전송한다.

스케치 55.3은 스케치 55.1과 비슷하게 1초 간격으로 'Hello USB Keyboard'를 입력하는 스케치를 USBKeyboard 라이브러리를 사용하여 구현한 예다. USBKeyboard 라이브러리에는 유일한 객체로

Keyboard를 선언하고 있으므로 별도로 객체를 생성하지 않고 사용할 수 있다. 스케치 55.3을 스케치 55.1과 비교해 보면, 스케치 55.1에서는 키 입력을 위해 키 누름과 키 뗌을 문자 단위로 지정해야 했다면, 스케치 55.3에서는 print 함수를 사용하여 문자열 단위로 지정할 수 있어 간단하게 사용할 수 있음을 알 수 있다.

</> 스케치 55.3 USBKeyboard 라이브러리 사용

```
#include <USBKeyboard.h>

void setup() {
    Keyboard.init();                         // 키보드 초기화
}

void loop() {
    Keyboard.print("Hello USB Keyboard");    // 키보드 입력
    Keyboard.sendKeyStroke(KEY_ENTER);

    delay(1000);
}
```

ATmega16u2에 키보드 펌웨어가 설치된 상태에서 스케치 55.2를 아두이노 우노(ATmega328)에 업로드하면 메모장에 'Hello USB Keyboard' 문자열이 1초 간격으로 입력되는 것을 확인할 수 있다.

그림 55.17 스케치 55.3 실행 결과 – 메모장으로 확인

USB 마우스 만들기

아두이노 우노를 USB 마우스로 동작하도록 하는 방법은 USB 키보드로 동작하게 하는 방법과 다르지 않다. 표 55.4는 아두이노 우노를 USB 마우스로 동작하도록 하기 위한 순서를 나타낸 것으로, 표 55.3과 비교하면 2번(ATmega16u2 마이크로컨트롤러에 업로드할 펌웨어 종류)과 4번(ATmega328에 업로드할 스케치) 항목에서만 차이가 있다.

표 55.4 USB 마우스 만들기 및 원 상태로 되돌리기

순서	동작	결과
1	USB 케이블 연결	'시리얼 포트'로 인식
2	스케치 55.4 업로드	아두이노 우노는 마우스 동작을 에뮬레이션하는 상태로 바뀜
3	ATmega16u2의 GND와 RESET 핀을 단락	DFU 모드로 진입하여 'ATmega16u2'로 인식
4	FLIP 프로그램으로 마우스 펌웨어 업로드 후 전원을 껐다 다시 켬	'HID 규격 마우스'로 인식되고 그림판에 사각형을 그리는 마우스로 동작
5	ATmega16u2의 GND와 RESET 핀을 단락	DFU 모드로 진입하여 'ATmega16u2'로 인식
6	FLIP 프로그램으로 USB-UART 펌웨어 업로드 후 전원을 껐다 다시 켬	'시리얼 포트'로 인식
7	아두이노 우노의 부트로더 굽기	시리얼 방식 업로드 사용 가능

마우스로 동작하는 경우 주의할 점은 ATmega16u2를 통해 컴퓨터로 전달하는 데이터가 달라진다는 점이다. 키보드의 경우 8바이트의 데이터를 키보드를 누를 때와 뗄 때 전달해야 하지만 마우스는 4바이트 데이터를 전달해야 한다. 4바이트 중 첫 번째 데이터는 버튼이 눌린 상태를 나타내는 데이터로, 표 55.5와 같이 각 버튼 상태를 비트로 나타낸다. 기본적으로 3개의 버튼만 지원하므로 하위 3비트만 사용한다.

표 55.5 비트와 마우스 버튼 대응

비트	7	6	5	4	3	2	1	0
버튼	-	-	-	-	-	오른쪽	가운데	왼쪽

마우스가 움직인 위치를 나타내는 x와 y는 현재 위치에서의 상대적인 위치라는 점도 주의해야 한다. 스케치 55.4는 그림판에 위치를 옮기면서 사각형을 그리는 예다. 그림판에서는 그리기 도구로 '연필'이 선택된 것으로 가정한다.

```
struct {
    uint8_t buttons;
    int8_t x;
    int8_t y;
    int8_t wheel;
} mouseReport;

int8_t OFFSET = 50, SPACE = 10;
int INTERVAL = 1000;

void setup() {
    Serial.begin(9600);

    mouseReport.buttons = 0;
    mouseReport.x = 0;
    mouseReport.y = 0;
    mouseReport.wheel = 0;
}

void loop() {
    delay(INTERVAL * 5);

    mouseReport.buttons = 0x01;
    mouseReport.x = 0;
    mouseReport.y = 0;
    Serial.write((uint8_t *)&mouseReport, 4);     // 버튼 누름

    mouseReport.x = OFFSET;
    mouseReport.y = 0;
    Serial.write((uint8_t *)&mouseReport, 4);     // 위쪽
    delay(INTERVAL);

    mouseReport.x = 0;
    mouseReport.y = OFFSET;
    Serial.write((uint8_t *)&mouseReport, 4);     // 오른쪽
    delay(INTERVAL);

    mouseReport.x = -OFFSET;
    mouseReport.y = 0;
    Serial.write((uint8_t *)&mouseReport, 4);     // 아래쪽
    delay(INTERVAL);

    mouseReport.x = 0;
    mouseReport.y = -OFFSET;
    Serial.write((uint8_t *)&mouseReport, 4);     // 왼쪽

    mouseReport.buttons = 0x00;
    mouseReport.x = 0;
    mouseReport.y = 0;
    Serial.write((uint8_t *)&mouseReport, 4);     // 마우스 버튼 뗌
```

```
    mouseReport.x = SPACE;
    mouseReport.y = SPACE;
    Serial.write((uint8_t *)&mouseReport, 4);       // 그릴 위치 옮김
}
```

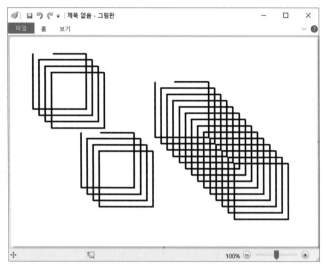

그림 55.18 스케치 55.4 실행 결과

55.5 맺는말

USB 사용의 증가에 따라 AVR 시리즈 마이크로컨트롤러에도 USB 연결을 지원하는 마이크로컨트롤러가 포함되기 시작했고, 아두이노 레오나르도에 사용된 ATmega32u4가 대표적인 예라 할 수 있다. 마이크로컨트롤러에서 USB 연결을 지원하면 마이크로컨트롤러를 USB 장치로 인식시킬 수 있으며, 따라서 USB 방식 키보드나 마우스로 동작하게 만들 수 있다. 아두이노에서는 아두이노 레오나르도를 위한 키보드와 마우스 라이브러리를 제공하고 있으므로 아두이노 레오나르도를 사용하면 간단하게 키보드나 마우스를 만들어볼 수 있다.

아두이노 우노에 사용된 ATmega328은 USB 연결을 지원하지 않으므로 키보드나 마우스로 동작하게 만들 수는 없다. 하지만 아두이노 우노에는 USB-UART 변환 기능을 위해 ATmega16u2 마이크로컨트롤러가 포함되어 있으며, 마이크로컨트롤러의 이름에서도 알 수 있듯이 아두이노 레

오나르도에 사용된 ATmega32u4와 기본적으로 같은 기능을 가진 마이크로컨트롤러다. 따라서 아두이노 레오나르도만큼 간단하지는 않지만, ATmega16u2 마이크로컨트롤러의 펌웨어를 교체함으로써 어렵지 않게 아두이노 우노를 USB 방식 키보드나 마우스로 동작하게 만들 수 있다. 이때 ATmega328 마이크로컨트롤러에도 키보드나 마우스 데이터를 컴퓨터로 전달할 수 있는 스케치가 설치되어 있어야 하며, ATmega16u2는 ATmega328과 컴퓨터 사이의 중개 역할을 한다는 점은 아두이노 우노의 기본적인 동작 방식과 같다는 점도 기억해야 한다.

USB 장치가 필요하다면 아두이노 레오나르도를 선택하는 것이 아두이노 우노에 포함된 2개의 마이크로컨트롤러를 사용하는 것보다 자연스러운 선택인 것이 사실이다. 하지만 아두이노 우노의 동작 방식을 이해하고 아두이노 우노의 활용 폭을 넓힐 수 있다는 점에서 아두이노 우노를 키보드나 마우스로 만들어보는 것도 나쁘지 않을 것이다.

연 / 습 / 문 / 제

1 이 장에서 사용한 Arduino-USB 프로젝트의 펌웨어는 LUFA Lightweight USB Framework for AVRs를 기반으로 한다. LUFA는 USB를 지원하는 AVR 시리즈 마이크로컨트롤러를 위한 USB 스택을 구현한 것으로, AVR 시리즈 마이크로컨트롤러에서 USB 기능이 필요한 경우 흔히 사용되는 프레임워크다. LUFA에서 지원하는 USB 장치의 종류를 알아보고, LUFA의 활용 방안을 생각해 보자.

2 아두이노 우노에 사용된 ATmega16u2와 아두이노 레오나르도에 사용된 ATmega32u4는 USB 기능을 지원하는 AVR 시리즈 마이크로컨트롤러로, 기본적으로 같은 기능을 가진 마이크로컨트롤러다. 두 마이크로컨트롤러의 공통점과 차이점을 찾아보고, ATmega32u4가 아두이노 레오나르도의 메인 마이크로컨트롤러로 사용되는 반면, ATmega16u2는 아두이노 우노에서 USB-UART 변환 기능을 위해 사용되는 이유를 생각해 보자.

플래시 메모리 활용

ATmega328 마이크로컨트롤러에는 2KB 크기의 SRAM이 포함되어 있다. SRAM에는 실행 중 변숫값이나 함수의 반환 정보 등이 저장되므로 복잡한 알고리즘을 구현하는 경우에는 2KB를 금세 소비하게 된다. SRAM이 부족한 경우 사용할 수 있는 방법 중 하나가 변경할 필요가 없는 변수의 값을 상대적으로 크기가 큰 플래시 메모리에서 SRAM을 거치지 않고 바로 읽어 사용하는 것이다. 이 장에서는 플래시 메모리에 변숫값을 저장하고 읽어오는 방법을 살펴본다.

이 장에서
사용할 부품

아두이노 우노	× 1 ➡ 플래시 메모리 사용 테스트
텍스트 LCD	× 1 ➡ 16×2 크기
I2C 변환보드	× 1 ➡ 텍스트 LCD 인터페이스 변환

ATmega328의 메모리

아두이노 우노에 사용된 ATmega328에는 세 종류의 메모리가 포함되어 있으며, 세 가지 메모리의 특징을 요약하면 표 56.1과 같다.

표 56.1 ATmega328의 메모리

	플래시 메모리	SRAM	EEPROM
크기(KB)	32	2	1
용도	프로그램 저장	데이터 저장	데이터 저장
휘발성	×	○	×
프로그램 실행 중 변경 가능	×	○	○
사용자 임의로 변경 가능	×	×	○
속도	중간	가장 빠름	가장 느림
수명	10,000회 쓰기	반영구적	100,000회 쓰기
주소 할당 단위	2바이트	1바이트	1바이트

EEPROM은 저장된 내용을 바이트 단위로 읽거나 쓸 수 있다는 점에서 SRAM과 비슷하다. 읽기 동작은 SRAM보다 조금 느리지만, 쓰기 동작은 1바이트 데이터를 기록할 때마다 수 밀리초의 지연 시간이 발생하므로 많은 데이터를 실시간으로 저장하기 위한 용도로는 적합하지 않다. 따라서 EEPROM은 작은 크기의 데이터를 기록하고 기록된 데이터를 자주 참조하는 경우 주로 사용된다.

플래시 메모리는 EEPROM의 변형으로, 데이터를 바이트 단위로 읽을 수 있다는 점은 EEPROM과 같지만 쓰기는 블록 단위로만 가능하다. 플래시 메모리는 EEPROM과 비교했을 때 구조가 간단하고 블록 단위의 쓰기 시간이 EEPROM에 바이트 단위 데이터를 쓰는 시간과 비슷해 큰 용량의 데이터를 기록할 때는 EEPROM보다 빠르다는 장점이 있다. 따라서 플래시 메모리는 프로그램 저장을 위한 프로그램 메모리로 사용되고 있다.

프로그램 저장 이외에 플래시 메모리는 읽기만 가능한 데이터를 저장하는 용도로 사용할 수 있다. ATmega328에 포함된 SRAM은 2KB 크기로 이보다 큰 배열을 정의할 수 없다. 2KB 크기의 메모리는 1,024 크기의 정수형 배열이나 512 크기의 실수형 배열을 정의할 수 있는 크기다. 하지만 ATmega328에는 상대적으로 큰 32KB 크기의 플래시 메모리가 포함되어 있으며, 프로그램 저장에 사용되지 않는 공간은 읽기만 가능한 데이터, 즉 리터럴literal이나 상수 변수 저장에 사용할 수 있다. 리터럴과 상수 변수는 같은 의미로 사용되기도 하지만 **리터럴은 F 매크로로 함수를 통해, 상수는 PROGMEM 키워드를 통해 사용**해야 하므로 이 장에서는 구분할 필요가 있다. **리터럴은 값 자체를 의미하며 상수 변수는 값이 변하지 않는 변수를 의미한다.** 다음과 같은 대입 문장을 생각해 보자.

```
const char ch = 'a';
```

대입 문장에서 a는 값 자체로 리터럴이라고 하고, 변수 ch는 const로 선언되어 있어 대입 후 값을 변경할 수 없으므로 상수 변수라고 이야기한다. 리터럴과 상수 변수는 모두 실행 중 값을 변경할 수 없다. 플래시 메모리를 활용할 수 있는 값에는 안내 메시지와 같은 리터럴, 폰트 데이터나 참조 테이블 등의 상수 변수 등이 대표적이다.

56.2 플래시 메모리 활용

ATmega328에 포함된 플래시 메모리는 32KB 크기로 프로그램 저장이 첫 번째 목적이므로 프로그램 메모리라고 불린다. 32KB가 크지는 않지만, 아두이노에서 실행되는 프로그램을 저장하기에 크게 부족하지 않다. 하지만 SRAM은 다르다. SRAM은 프로그램 실행에 필요한 변수나 함수에서 귀환하기 위한 정보 등이 저장되는 메모리로, 프로그램의 크기가 커지고 알고리즘이 복잡해지면 곧 2KB를 모두 소비하게 된다. 사용할 수 있는 SRAM을 모두 사용하면 알 수 없는 값이 나오거나 실행 중 멈추는 등의 증상이 발생할 수 있다. 따라서 스케치를 컴파일할 때 SRAM 사용량은 70%를 넘지 않도록 하는 것이 바람직하다. 상대적으로 큰 플래시 메모리를 변숫값 저장에 사용할 수 있다면 SRAM 사용량을 줄일 수 있을 것이며, 바로 이 문제가 이 장에서 다루는 문제다. 하지만 **플래시 메모리에 쓰기는 스케치를 업로드할 때만 가능하므로 리터럴이나 상수 변수만 플래시 메모리를 활용할 수 있다.** 먼저 스케치 56.1을 컴파일해서 메모리 사용량을 살펴보자. 스케치 56.1은 플래시 메모리를 활용하는 방법을 적용하지 않은 경우다.

</> 스케치 56.1 SRAM에 저장되는 데이터

```
void setup() {
    Serial.begin(9600);

    Serial.println("플래시 메모리 사용을 테스트하고 있습니다.");
}

void loop() {
}
```

스케치 56.1을 컴파일하면 플래시 메모리와 SRAM 사용량을 확인할 수 있다.

그림 56.1 스케치 56.1 컴파일 결과

스케치 56.1에서는 시리얼 모니터로 문자열을 출력한다. 이 중 출력하는 문자열이 차지하는 동적 메모리, 즉 SRAM은 50바이트를 넘는다. 이는 한글의 경우, 한 글자를 3바이트의 UTF-8 형식으로 저장하기 때문이다. 시리얼 모니터로 출력하는 문자열은 실행 중 내용이 바뀌지 않으며 변수에 저장되어 있지도 않은 리터럴이다. 리터럴은 컴파일 과정에서 명령과 함께 실행 파일로 만들어지고 플래시 메모리에 저장된다. 하지만 출력 과정은 이보다 복잡하다. 프로그램이 시작될 때 플래시 메모리에 저장된 명령은 SRAM으로 옮겨지며, 이때 리터럴 역시 SRAM으로 옮겨진 후 시리얼 모니터에 출력된다. 따라서 리터럴 역시 SRAM을 소비한다. 리터럴이 SRAM을 소비하지 않게 하는 방법 중 하나가 F 매크로 함수를 사용하는 것이다. 스케치 56.1을 F 매크로 함수를 사용하여 스케치 56.2와 같이 수정한 후 스케치를 컴파일해 보자.

</> 스케치 56.2 플래시 메모리에 저장되는 데이터 – F 매크로

```
void setup() {
    Serial.begin(9600);

    Serial.println(F("플래시 메모리 사용을 테스트하고 있습니다."));
}

void loop() {
}
```

그림 56.2 스케치 56.2 컴파일 결과

리터럴에 F 매크로 함수를 사용한 스케치 56.2의 경우 SRAM 사용량은 248바이트에서 188바이트로 60바이트 줄어들었음을 확인할 수 있다. 즉, F 매크로 함수를 사용하면 플래시 메모리에서 SRAM으로 데이터를 옮긴 후 출력하는 것이 아니라, 플래시 메모리에서 읽은 데이터를 SRAM을 거치지 않고 바로 출력한다. 하지만 SRAM과 플래시 메모리는 주소 체계가 서로 달라서 주소 변환을 위해 프로그램의 크기가 1,534바이트에서 1,544바이트로 약간 증가한 것도 확인할 수 있다. F 매크로 함수의 정의*는 다음과 같다.

```
class __FlashStringHelper;
#define F(string_literal)
        (reinterpret_cast<const __FlashStringHelper *>(PSTR(string_literal)))
```

F 매크로 함수는 SRAM과 다른 주소 체계를 사용하는 플래시 메모리의 내용을 읽어올 수 있게 해주는 역할을 하며 리터럴에 대해서만 사용할 수 있다. F 매크로 함수의 정의를 모두 이해할 필요는 없지만 한 가지 기억해야 할 것이 __FlashStringHelper 클래스를 사용하고 있다는 점으로, **__FlashStringHelper 클래스는 플래시 메모리에 저장된 문자열을 읽어 출력할 때 주소 체계를 변환하는 역할을 한다.** 다른 한 가지는 F 매크로 함수가 PSTR 매크로 함수를 사용하고 있다는 점이다. PSTR 매크로 함수는 AVR Libc에 정의된 매크로 함수로, 플래시 메모리에 저장된 문자열에 대한 정적 포인터를 선언하기 위해 사용한다.

```
#define PSTR(s)      ((const PROGMEM char *)(s))
```

스케치 56.2를 스케치 56.3과 같이 PSTR 매크로 함수로 바꾸어 컴파일해 보자.

---

* F 매크로 함수 정의는 아두이노가 설치된 디렉터리 아래 'hardware\arduino\avr\cores\arduino' 디렉터리의 WString.h 파일에서 찾을 수 있다.

```
void setup() {
    Serial.begin(9600);

    Serial.println(PSTR("플래시 메모리 사용을 테스트하고 있습니다."));
}

void loop() {
}
```

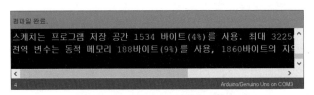

그림 56.3 스케치 56.3 컴파일 결과

표 56.2는 매크로 함수 사용에 따른 메모리 사용량의 변화를 비교한 것이다.

표 56.2 매크로 함수 사용에 따른 메모리 사용량

	스케치	플래시 메모리(바이트)	SRAM(바이트)
매크로 함수 사용 안 함	스케치 56.1	1534	248
F 매크로 함수 사용	스케치 56.2	1544	188
PSTR 매크로 함수 사용	스케치 56.3	1534	188

매크로 함수를 사용하지 않으면 SRAM 사용량이 증가하므로 SRAM이 부족하다면 매크로 함수를 사용하는 것이 좋다. 플래시 메모리 사용량의 경우 F 매크로 함수는 주소 변환을 지원하기 위해 __FlashStringHelper 클래스가 사용되므로 10바이트가 증가했지만, PSTR 매크로 함수의 경우는 플래시 메모리 사용량이 증가하지 않고 SRAM 사용량만 줄어든다. 세 가지 경우 모두 컴파일에 문제가 없으므로 PSTR 매크로 함수를 사용하는 것이 가장 좋아 보일 수 있지만, 스케치 실행 결과를 보면 PSTR 매크로 함수에 문제가 있음을 알 수 있다. 그림 56.4는 스케치 56.2와 스케치 56.3의 실행 결과를 비교한 것이다.

그림 56.4의 실행 결과에서 볼 수 있듯이 F 매크로 함수를 사용하면 문자열이 정확하게 출력되지만, PSTR 매크로 함수를 사용하면 문자열이 깨져서 나타난다. 그 이유는 F 매크로 함수 정의에 사용된 __FlashStringHelper 클래스에 있다. 플래시 메모리와 SRAM은 서로 다른 주소 체계를 사용한다. 즉, 같은 번지를 사용하더라도 플래시 메모리에서 읽어오는 내용과 SRAM에서 읽어오는 내용은 다를 수밖에 없다.

그림 56.4 스케치 56.2와 스케치 56.3 실행 결과

F 매크로 함수의 경우 __FlashStringHelper 클래스의 도움으로 내부적으로 주소 체계에 대한 고려가 이루어지고 있지만, PSTR 매크로 함수는 주소 체계에 대한 변환이 이루어지지 않으므로 정확한 데이터의 위치를 찾아낼 수 없다. **PSTR 매크로를 사용하기 위해서는 명시적으로 플래시 메모리에 있는 문자열임을 지정해야 한다.** 스케치 56.4를 업로드해서 실행해 보자. 시리얼 모니터로 문자열이 정확하게 출력될 것이다.

</> 스케치 56.4 플래시 메모리에 저장되는 데이터 – PSTR 매크로와 pgm_read_byte 함수

```
void setup() {
    Serial.begin(9600);

    printOut(PSTR("플래시 메모리 사용을 테스트하고 있습니다.\r\n"));
}

void loop() {
}

void printOut(const char *str){
    char ch = pgm_read_byte(str);
    while (ch){
        Serial.write(ch);
        str++;
        ch = pgm_read_byte(str);
    }
}
```

스케치 56.4에서 사용한 **pgm_read_byte** 함수는 명시적으로 플래시 메모리에 있는 값임을 지정하여 데이터를 읽기 위해 사용하는 매크로 함수다. 스케치 56.4는 컴파일과 실행에 아무런 문제가 없다. 스케치 56.4를 스케치 56.2와 비교해 보면 스케치 56.2가 문자열을 읽어오는 위치를 생각하지 않아도 되므로 스케치 56.4보다 간편하게 사용할 수 있다.

또 한 가지 기억해야 하는 것은 플래시 메모리에 저장된 값을 출력하기 위해서는 Serial 클래스 역시 F 매크로 함수와 호환되도록 만들어져 있어야 한다는 점이다. 아두이노의 Serial, SoftwareSerial 등의 클래스는 F 매크로 함수를 사용한 리터럴을 처리할 수 있게 만들어져 있지만, 다른 라이브러리에서 사용하는 출력 함수는 F 매크로 함수를 지원하지 않을 수도 있다는 점을 기억해야 한다.

F 매크로 함수를 사용하면 플래시 메모리의 내용을 직접 참조할 수 있지만, F 매크로 함수에는 상수 변수를 사용할 수 없다. 따라서 같은 문자열을 두 번 출력하려면 플래시 메모리 내에 같은 문자열을 두 번 저장해야 한다. 먼저 스케치 56.5를 컴파일해서 같은 문자열이 두 번 출력되는 것을 확인해 보자.

</> 스케치 56.5 같은 문자열 출력 – F 매크로

```
void setup() {
    Serial.begin(9600);

    Serial.println(F("같은 문자열을 출력하고 있습니다."));
    Serial.println(F("같은 문자열을 출력하고 있습니다."));
}

void loop() {
}
```

컴파일 완료.
스케치는 프로그램 저장 공간 1624 바이트(5%) 를 사용. 최대 3225
전역 변수는 동적 메모리 188바이트(9%) 를 사용, 1860바이트의 지역

10   Arduino/Genuino Uno on COM3

그림 56.5 스케치 56.5 컴파일 결과

같은 문자열을 두 번 출력하기 위해서는 문자열을 상수 변수에 저장한 후 변숫값을 두 번 불러오면 되지만 F 매크로 함수는 상수 변수를 지원하지 않는다. **변숫값을 플래시 메모리에 저장하여 사용하기 위해서는 PROGMEM 키워드를 사용해야 한다.** 플래시 메모리에 저장된 값은 변경할 수 없으므로 상수 변수임을 나타내기 위해 const 키워드 역시 함께 사용해야 한다. 변수를 저장하기 위해 PROGMEM 키워드를 사용했다면 변숫값을 읽기 위해서는 어떻게 해야 할까? Serial 클래스에서는 F 매크로 함수를 사용하여 저장된 리터럴의 출력은 지원하지만 PROGMEM 키워드가 사용된 변숫

값의 출력을 지원하지 않는다. 따라서 F 매크로로 함수에 사용된 __FlashStringHelper 클래스나 pgm_read_byte 함수를 사용해야 한다. 스케치 56.6은 PROGMEM 키워드를 사용하여 플래시 메모리에 변숫값을 저장하고 __FlashStringHelper 클래스를 사용하여 플래시 메모리에서 값을 읽어와 시리얼 모니터로 직접 출력하는 예다.

</> 스케치 56.6 같은 문자열 출력 – PROGMEM 키워드

```
const char str[] PROGMEM = "같은 문자열을 출력하고 있습니다.";

void setup() {
    Serial.begin(9600);

    Serial.println((const __FlashStringHelper *)str);
    Serial.println((const __FlashStringHelper *)str);
}

void loop() {
}
```

그림 56.6 스케치 56.6 컴파일 결과

스케치 56.6의 컴파일 결과를 보면, SRAM의 사용량은 변화가 없지만 플래시 메모리 사용량은 문자열 하나를 저장할 정도가 줄어들었음을 확인할 수 있다. 스케치 56.7은 __FlashStringHelper 클래스가 아닌 pgm_read_byte 함수를 사용한 예다.

</> 스케치 56.7 같은 문자열 출력 – PROGMEM 키워드와 pgm_read_byte 함수

```
const char str[] PROGMEM = "같은 문자열을 출력하고 있습니다.\r\n";

void setup() {
    Serial.begin(9600);

    printOut(str);
    printOut(str);
}

void loop() {
}

void printOut(const char *str) {
    char ch = pgm_read_byte(str);
```

```
    while (ch) {
        Serial.write(ch);
        str++;
        ch = pgm_read_byte(str);
    }
}
```

그림 56.7 스케치 56.7 컴파일 결과

스케치 56.7의 컴파일 결과를 다른 스케치의 컴파일 결과와 비교해 보면 가장 적은 플래시 메모리와 가장 적은 SRAM을 사용하고 있음을 알 수 있다. 하지만 스케치 56.7은 스케치 56.5나 스케치 56.6과 비교했을 때 가장 길고 복잡하다는 점도 생각해야 한다.

표 56.3 문자열 저장 방식에 따른 메모리 사용량

	스케치	플래시 메모리(바이트)	SRAM(바이트)
F 매크로 함수 사용	스케치 56.5	1624	188
PROGMEM 키워드와 __FlashStringHelper 사용	스케치 56.6	1568	188
PROGMEM 키워드와 pgm_read_byte 함수 사용	스케치 56.7	1534	184

pgm_read_byte 함수 사용이 복잡하여 꺼려질 수 있지만 바이트의 정수배 단위로 플래시 메모리에서 데이터를 읽어오기 위해서는 아래의 매크로 함수를 사용하는 것이 편리하다. 이들 매크로 함수는 정수나 실수 등을 읽어오기 위해 흔히 사용한다.

```
#define    pgm_read_byte(address)          // 1바이트
#define    pgm_read_word(address)          // 2바이트
#define    pgm_read_float(address)         // 4바이트
```

2차원 바이트 배열의 플래시 메모리 저장

텍스트 LCD는 아스키 코드에 정의된 문자들을 출력할 수 있으며, 사용자 정의 문자를 8개까지 정의하여 사용할 수 있다. 40장 '텍스트 LCD'에서 I2C 방식 텍스트 LCD 사용 방법과 사용자 정의 문자 출력 방법을 살펴봤다. 여기서는 I2C 방식 텍스트 LCD에서 사용자 정의 문자 데이터를 플래시 메모리에 저장하고 이를 출력하는 방법을 살펴본다. I2C 방식 텍스트 LCD를 그림 56.8과 같이 아두이노 우노의 I2C 통신 전용 핀에 연결하자.

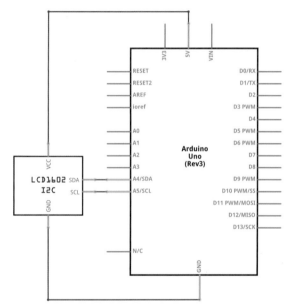

그림 56.8   I2C 방식 텍스트 LCD 연결 회로도

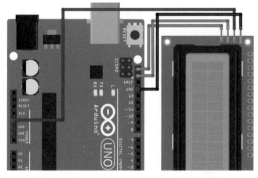

그림 56.9   I2C 방식 텍스트 LCD 연결 회로

텍스트 LCD에 표시할 사용자 정의 문자는 그림 56.10과 같이 정의한다. 텍스트 LCD에 표시되는 문자는 폭이 5픽셀이므로 하위 5비트만 사용한다.

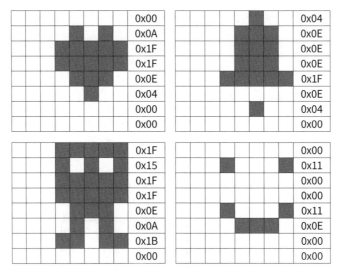

그림 56.10 **사용자 정의 문자**

사용자 정의 문자 데이터를 텍스트 LCD 모듈에 저장하기 위해 사용하는 함수는 createChar 함수다. 하지만 createChar 함수는 플래시 메모리에 저장된 데이터로 문자를 생성할 수는 없으므로 여기서는 LiquidCrystal_I2C 라이브러리의 createChar 함수를 바탕으로 create CharFromFlash 함수를 스케치 56.8과 같이 정의하여 사용한다. 플래시 메모리에서 문자 데이터를 읽어오기 위해서는 pgm_read_byte 함수를 사용하며, 라이브러리를 수정하지 않도록 LiquidCrystal_I2C 클래스의 멤버 함수가 아닌 일반 함수로 정의했으므로 객체를 통해 사용할 수는 없다는 점은 기억해야 한다.

</> 스케치 56.8 사용자 정의 문자 생성

```
// SRAM 사용
void LiquidCrystal_I2C::createChar(uint8_t location, uint8_t charmap[]) {
    location &= 0x7;                              // 하위 3비트로 0에서 7까지 구분
    command(LCD_SETCGRAMADDR | (location << 3));
    for (int i = 0; i < 8; i++) {
        // SRAM에 있는 문자 데이터로 사용자 정의 문자 생성
        write(charmap[i]);
    }
}


// 플래시 메모리 사용
void createCharFromFlash(uint8_t location, const uint8_t charmap[]) {
```

```
        location &= 0x7;                                    // 하위 3비트로 0에서 7까지 구분
        lcd.command(LCD_SETCGRAMADDR | (location << 3));
        for (int i = 0; i < 8; i++) {
            // 플래시 메모리에 있는 문자 데이터로 사용자 정의 문자 생성
            lcd.write(pgm_read_byte(charmap + i));
        }
    }
```

스케치 56.9는 createCharFromFlash 함수로 사용자 정의 문자를 생성하고 이를 텍스트 LCD에 표시하는 스케치다. 텍스트 LCD에 대한 자세한 내용은 40장 '텍스트 LCD'를 참고하면 된다.

</> 스케치 56.9 텍스트 LCD에 사용자 정의 문자 표시

```
#include <LiquidCrystal_I2C.h>

LiquidCrystal_I2C lcd(0x27, 16, 2);                        // (주소, 열, 행)

const byte PROGMEM custom_character[4][8] = {
    {0x00, 0x0A, 0x1F, 0x1F, 0x0E, 0x04, 0x00, 0x00},      // heart
    {0x04, 0x0E, 0x0E, 0x0E, 0x1F, 0x00, 0x04, 0x00},      // bell
    {0x1F, 0x15, 0x1F, 0x1F, 0x0E, 0x0A, 0x1B, 0x00},      // alien
    {0x00, 0x11, 0x00, 0x00, 0x11, 0x0E, 0x00, 0x00} };    // smile

void setup() {
    lcd.init();                                            // LCD 초기화

    // 플래시 메모리 데이터로 사용자 정의 문자 생성
    for (int i = 0; i < 4; i++) {
        createCharFromFlash(i, custom_character[i]);
    }

    lcd.clear();                                           // 화면 지우기
    lcd.backlight();                                       // 백라이트 켜기

    lcd.print("Custom Character");
    for (int i = 0; i < 4; i++) {
        lcd.setCursor(i * 4, 1);
        lcd.write(i);                                      // 사용자 정의 문자 표시
    }
}

void loop() {
}
```

그림 56.11 스케치 56.9 실행 결과

문자열 배열의 플래시 메모리 저장

플래시 메모리에 저장해서 직접 읽어와 사용하는 값 중 하나가 문자열로, F 매크로 함수를 통해 간단하게 사용할 수 있다. 하지만 문자열 배열을 플래시 메모리에 저장해 사용할 때는 주의가 필요하다. 스케치 56.10은 문자열 배열을 선언하고 사용하는 일반적인 방법을 보여준다. 배열 내 문자열의 길이가 모두 같다면 2차원 배열로 선언하여 사용할 수 있지만, 문자열마다 길이에 차이가 있다면 포인터의 배열로 선언해야 메모리 낭비를 줄일 수 있다.

</> 스케치 56.10 문자열 배열 사용 1

```
#define NUM_OF_STR 3

char *messages[] = {
    "첫 번째 메시지입니다.",
    "두 번째 메시지는 조금 깁니다.",
    "마지막 메시지입니다."
};

void setup() {
    Serial.begin(9600);

    for (int i = 0; i < NUM_OF_STR; i++) {
        Serial.print(i + String("번 메시지 : "));
        Serial.println(messages[i]);
    }
}

void loop() {
}
```

그림 56.12 스케치 56.10 컴파일 결과

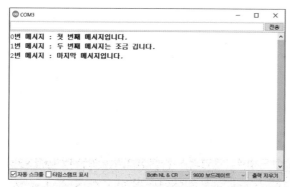

그림 56.13　스케치 56.10 실행 결과

스케치 56.11은 포인터 배열을 플래시 메모리에서 직접 읽어오기 위해 수정한 스케치다. 먼저 컴파일 결과를 살펴보면 스케치 56.10에서 사용한 SRAM 크기와 비교해서 6바이트가 줄어들었음을 알 수 있다. 줄어든 6바이트는 바로 문자열을 가리키는 char 타입 포인터 3개에 해당한다. 즉, 스케치 56.11은 문자열 자체를 플래시 메모리에서 직접 읽어오는 것이 아니라 문자열에 대한 포인터만을 플래시 메모리에서 직접 읽어오는 방식이다. 스케치 56.11에서 한 가지 더 주의해서 살펴봐야 할 곳은 pgm_read_word 함수다. char 타입 포인터가 플래시 메모리에 저장되어 있고 char 타입 포인터는 2바이트 크기를 가지므로* pgm_read_byte 함수가 아니라 pgm_read_word 함수로 값을 읽어와야 한다. 읽어온 2바이트값은 SRAM에 저장된 문자열을 가리키는 SRAM 주소이므로 별도의 변환 없이 print 함수로 문자열을 출력할 수 있다.

</> 스케치 56.11　문자열 배열 사용 2

```
#define NUM_OF_STR 3

// 문자열에 대한 포인터를 플래시 메모리에서 직접 읽음
char *const messages[NUM_OF_STR] PROGMEM = {
    "첫 번째 메시지입니다.",
    "두 번째 메시지는 조금 깁니다.",
    "마지막 메시지입니다."
};

void setup() {
    Serial.begin(9600);

    for (int i = 0; i < NUM_OF_STR; i++) {
        Serial.print(i + String("번 메시지 : "));
        // 플래시 메모리에 저장된 문자열에 대한 포인터 읽기
        char *ptr = (char *)pgm_read_word(&messages[i]);
```

---

*　아두이노 우노에 사용된 ATmega328에서 모든 포인터의 크기는 2바이트다.

```
        // SRAM에 저장된 문자열 출력
        Serial.println(ptr);
    }
}

void loop() {
}
```

그림 56.14 스케치 56.11 컴파일 결과

스케치 56.11은 문자열 자체를 플래시 메모리에서 직접 읽어오지 않는다. 플래시 메모리에서 문자열을 직접 읽어오게 하려면 두 단계에 걸쳐 플래시 메모리를 사용하도록 설정해야 한다. 먼저 문자열을 하나씩 플래시 메모리에서 읽어오도록 설정한 후, 문자열에 대한 포인터를 모아서 포인터 배열을 만들고 이 역시 플래시 메모리에서 읽어오도록 설정하는 과정이 필요하다. 스케치 56.12는 두 단계에 걸쳐 문자열 자체와 문자열에 대한 포인터를 플래시 메모리에서 직접 읽어오도록 설정한 예다.

스케치 56.12에서 문자열에 대한 포인터를 읽어올 때 pgm_read_word 함수를 사용하는 것은 스케치 56.11과 같다. 하지만 읽어온 포인터는 SRAM이 아니라 플래시 메모리의 주소를 가리키므로 문자열을 출력할 때는 플래시 메모리에서 문자열을 읽어오도록 __FlashStringHelper 클래스의 포인터로 캐스팅해야 한다는 점도 기억해야 한다. 또는 pgm_read_byte 함수를 사용하여 직접 출력 함수를 작성해도 된다.

</> 스케치 56.12 문자열 배열 사용 3

```
#define NUM_OF_STR 3

// 문자열을 플래시 메모리에서 직접 읽음
const char message1[] PROGMEM = "첫 번째 메시지입니다.";
const char message2[] PROGMEM = "두 번째 메시지는 조금 깁니다.";
const char message3[] PROGMEM = "마지막 메시지입니다.";

// 문자열에 대한 포인터를 플래시 메모리에서 직접 읽음
char *const messages[NUM_OF_STR] PROGMEM = {
    message1, message2, message3
};
```

```
void setup() {
    Serial.begin(9600);

    for (int i = 0; i < NUM_OF_STR; i++) {
        Serial.print(i + String("번 메시지 : "));
        // 플래시 메모리에 저장된 문자열에 대한 포인터 읽기
        char *ptr = (char *)pgm_read_word(&messages[i]);
        // 플래시 메모리에 저장된 문자열 출력
        Serial.println((const __FlashStringHelper *)ptr);
    }
}

void loop() {
}
```

그림 56.15 스케치 56.12 컴파일 결과

표 56.4 문자열 배열 저장 방식에 따른 메모리 사용량

	스케치	플래시 메모리(바이트)	SRAM(바이트)
PROGMEM 키워드 사용 안 함	스케치 56.10	3272	324
포인터에만 PROGMEM 사용	스케치 56.11	3264	318
포인터와 문자열에 PROGMEM 사용	스케치 56.12	3262	214

스케치 56.12의 경우 길이가 일정하지 않은 문자열 배열을 다루기 위해 두 단계로 플래시 메모리에서 직접 읽어오도록 설정하는 과정이 필요했다. 만약 문자열의 길이가 일정한 것으로 볼 수 있다면 char 타입의 2차원 배열로 변수를 선언할 수 있고, 한 단계만으로 플래시 메모리에서 직접 문자열을 읽어오도록 설정할 수 있다. 이는 텍스트 LCD를 위한 사용자 정의 문자 데이터를 2차원 배열로 저장한 것과 같다. 스케치 56.13은 2차원 배열로 문자열을 저장하는 방법을 보여준다. 문자열의 길이가 서로 달라 배열에서 사용하지 않는 공간이 있을 수 있지만, 스케치 56.12와 비교하면 간편하게 문자열을 처리할 수 있음을 알 수 있다. 선택은 사용자의 몫이다.

```
#define NUM_OF_STR 3

// 2차원 배열을 플래시 메모리에서 직접 읽음
const char messages[NUM_OF_STR][45] PROGMEM = {
    "첫 번째 메시지입니다.",
    "두 번째 메시지는 조금 깁니다.",
    "마지막 메시지입니다."
};

void setup() {
    Serial.begin(9600);

    for (int i = 0; i < NUM_OF_STR; i++) {
        Serial.print(i + String("번 메시지 : "));
        // 플래시 메모리에 저장된 문자열 출력
        Serial.println((const __FlashStringHelper *)messages[i]);
    }
}

void loop() {
}
```

56.5 맺는말

ATmega328 마이크로컨트롤러에 포함된 세 종류의 메모리 중 SRAM은 가장 빠르고 반영구적으로 사용할 수 있는 메모리다. SRAM에는 변수와 함수의 매개변수 등의 변숫값과 함수에서 반환하기 위한 정보 등이 저장된다. SRAM의 사용은 스케치 실행 중 변하므로 정확한 사용량을 알기는 어렵지만, 아두이노 프로그램에서 스케치를 컴파일할 때 보여주는 사용량을 참고할 수 있다. SRAM 사용량이 많아지면 아두이노 프로그램에서 SRAM이 부족하다는 경고를 내보내지만, 컴파일 과정에서 결정되는 SRAM 사용량은 실제 사용량보다 적다는 점을 명심해야 한다. **컴파일 과정에서 출력되는 SRAM 사용량이 70%를 넘지 않도록 스케치를 작성하는 것을 추천한다.** 하지만 2KB의 SRAM은 큰 크기의 배열을 사용하기에도 부족한 것이 사실이다. 또한 많은 함수를 사용한다면 SRAM 사용량은 빠른 속도로 증가해 사용 가능한 SRAM이 금세 바닥날 수 있다. SRAM이 부족할 때 SRAM 사용량을 줄이는 간단한 방법은 변수를 줄이는 것이다. 하지만 변수를 줄이는 데는 한계가 있으므로 실행 상황을 알려주는 문자열이나 참조 테이블 등 프로그램 실행 중 변하지 않는 값들을 상대적으로 크기가 큰 플래시 메모리를 활용하게 함으로써 SRAM 사용량을 줄이는 방법이 흔히 사용된다. 플래시 메모리에 저장된 값은 SRAM으로 옮겨지고 다시 CPU로 옮겨 사용하는 것이 원칙이지만, 이 과정에서 플래시 메모리에 저장된 값과 같은 값이 SRAM에 저장되고 이는 SRAM을 소비하게 된다. 따라서 CPU에서 직접 플래시 메모리의 값을 읽게 하는 것이 SRAM의 사용량을 줄이는 핵심이라 할 수 있다. 다만 플래시 메모리는 실행 중 값을 변경할 수 없으므로 플래시 메모리에서 직접 읽어올 수 있는 값은 리터럴이나 상수 변수로 한정된다.

아두이노 우노를 사용하고 있다면 SRAM이 부족한 현상을 곧 만날지도 모른다. SRAM이 부족하면 더 많은 SRAM을 사용할 수 있는 아두이노 메가2560이나 Cortex-M 기반의 아두이노 보드를 사용하는 것이 쉬운 선택일 수 있지만, 보드를 교체할 수 없다면 플래시 메모리를 활용하는 방법이 SRAM 사용량을 줄일 수 있는 유일한 방법이 될 것이다.

 플래시 메모리에 저장된 1바이트값을 읽어오는 함수는 pgm_read_byte다. 비슷하게 4바이트 크기의 float 타입 값을 읽어오기 위해서는 pgm_read_float 함수를 사용하면 된다. 다음과 같이 4개의 float 값이 플래시 메모리에 배열로 저장되어 있다고 가정했을 때 이를 읽어 시리얼 모니터로 출력하는 스케치를 작성해 보자.

```
const float value[] PROGMEM = {
    1.23, 2.34, 3.45, 4.56
};
```

2 이 장에서 다룬 내용은 플래시 메모리에서 SRAM을 거치지 않고 직접 처리하는 방법이다. 하지만 가끔은 플래시 메모리의 내용을 SRAM에 저장하고 싶을 때가 있다. 값을 하나씩 읽어 저장할 수도 있지만, 문자열의 경우 문자열 복사 함수인 strcpy_{string copy} 함수의 변형인 strcpy_P 함수를 사용하여 플래시 메모리 내의 문자열을 SRAM으로 복사할 수 있다. 스케치 56.12는 플래시 메모리 내의 문자열을 직접 시리얼 모니터로 출력하는 스케치다. 이를 수정하여 SRAM으로 문자열을 복사한 후 출력하는 스케치를 작성해 보자.

```
char *strcpy_P(char *destInSRAM, const char *srcInFlash)
```

와치독 타이머

와치독 타이머는 여러 이유로 아두이노가 정지하거나 무한 루프에 빠졌을 때 아두이노를 리셋하기 위해 사용할 수 있는 타이머다. 와치독 타이머에 의해 리셋되는 것을 방지하기 위해서는 스케치에서 일정한 시간 간격으로 스케치가 정상적으로 동작하고 있음을 알려주어야 한다. 이 외에도 와치독 타이머는 슬립 모드에서 깨어나게 하는 소스로 흔히 사용된다. 이 장에서는 와치독 타이머를 사용하여 아두이노를 자동으로 리셋하는 방법과 와치독 타이머를 사용하여 슬립 모드에서 깨어나도록 하는 방법을 알아본다.

아두이노 우노 × 1 ➡ 와치독 타이머 테스트

이 장에서
사용할 부품

와치독 타이머

아두이노를 사용한 시스템은 다른 시스템과 마찬가지로 동작하는 동안 여러 이유로 동작을 멈추거나 예상하지 못한 동작을 수행하는 등 오작동을 보일 수 있다. 이런 경우 설치된 시스템에 쉽게 접근할 수 있다면 시스템을 재시작하면 되겠지만, 접근이 쉽지 않다면 시스템은 오동작 상태로 방치될 수밖에 없다. 시스템이 잘못된 동작을 보일 때 자동으로 시스템을 다시 시작하는 방법이 없을까?

와치독 타이머WDT: watchdog timer는 시스템의 오작동 상황을 감시하기 위해 사용할 수 있는 도구 중하나다. **와치독 타이머는 시스템이 정상적인 동작을 수행하지 못할 때 시스템을 리셋하여 시스템을 다시 시작하기 위해 주로 사용한다.**

와치독은 경비견을 가리키는 단어로, 아두이노에서 스케치가 정상적으로 동작하고 있는지를 감시한다. 타이머는 시간을 측정하는 도구로 시스템이 정상적으로 동작하고 있음을 와치독에 알려주기까지 남은 시간을 계산한다. 만약 남은 시간 이내에 와치독에게 스케치가 정상적으로 동작하고 있음을 알려주지 못하면 시스템을 감시하고 있던 경비견에 의해 아두이노가 자동으로 리셋된다.

와치독 타이머를 동작 상태에 놓고 5초의 시간을 설정했다고 생각해 보자. 아무런 동작도 하지 않고 그대로 두면 타이머의 시간이 점점 감소하게 되고, 타이머의 시간이 0이 되면 아두이노가 리셋된다. 타이머가 0이 되는 것을 '타이머가 만료되었다'고 하고, **와치독 타이머가 만료되어 아두이노가 리셋되는 것을 '와치독 리셋'이라고 한다. 타이머 만료로 아두이노가 리셋되는 것을 막기 위해 설정한 시간이 지나기 전에 타이머를 다시 설정하는 것을 '와치독 타이머 리셋'이라고 한다.** 리셋이라는 단어가 각기 다른 동작을 위해 쓰이고 있으므로 혼동하지 않도록 주의해야 한다. 스케치에서 와치독 타이머를 사용하는 일반적인 구조는 **setup 함수에서 와치독 타이머를 설정하고, loop 함수에서 와치독 타이머 리셋**을 실행하는 것이다.

</> 스케치 57.1 와치독 타이머 사용 구조

```
void setup() {
    // 와치독 타이머 설정
    // 와치독 타이머가 만료되는 시간을 설정한다.
    setup_watchdog_timer();

    ...
}
```

```
void loop() {
    // 와치독 타이머 리셋
    // 와치독 타이머 시간을 영으로 되돌린다.
    reset_watchdog_timer();

    ...
}
```

스케치 57.1의 실행 과정에서 loop 함수 내의 다른 문장을 실행하는 데 오랜 시간이 걸려 설정한 타이머 만료 시간을 초과하게 된다면 아두이노는 와치독에 의해 리셋(와치독 리셋)된다. 아두이노 우노에 사용된 ATmega328 마이크로컨트롤러의 경우 와치독 타이머는 128kHz의 내부 오실레이터에 의해 동작하며, 타이머가 만료되는 경우 인터럽트가 발생하거나 아두이노를 리셋하는 두 가지 동작을 수행할 수 있다. 이러한 동작을 각각 인터럽트 모드와 리셋 모드라고 하며, 이 중 리셋 모드가 흔히 사용된다.

57.2 와치독 타이머 사용하기

와치독 타이머를 잘못 사용하면 의도하지 않게 와치독 타이머 설정이 바뀌고, 이에 따라 의도하지 않은 와치독 리셋에 의해 시스템 리셋이 발생할 수 있다. 따라서 와치독 타이머 설정은 정해진 순서와 시간 간격을 반드시 따라야 하므로 사용하기가 까다롭다. 아두이노 프로그램과 함께 설치되는 AVR 툴체인에서는 인터럽트 기능을 지원하지 않고 시스템 리셋만 지원하지만 정해진 순서와 시간 간격에 맞게 와치독 타이머 기능을 사용할 수 있도록 미리 정의된 함수를 제공하고 있다. AVR 툴체인에서 제공하는 와치독 타이머 함수를 사용하기 위해서는 wdt.h 파일을 포함해야 한다.

```
#include <avr/wdt.h>
```

wdt.h 파일에는 와치독 타이머를 사용하기 위한 3개의 매크로 함수가 정의되어 있다.

■ **wdt_enable**

```
#define wdt_enable(timeout)
 - 매개변수
    timeout: 와치독 타이머 만료 시간
```

와치독 타이머를 사용할 수 있도록 설정한다. 매개변수는 와치독 타이머 만료 시간으로 표 57.1에 미리 정의된 상수 중 하나를 사용하면 된다. 표 57.1에서 주의할 점은 상수의 이름에 나타나는 시간과 실제 ATmega328에서의 시간에 약간의 차이가 있을 수 있다는 점이다. 또한 마이크로컨트롤러에 공급되는 전압에 따라 실제 만료 시간은 달라질 수 있으므로 와치독 타이머 리셋 주기는 와치독 타이머가 만료되는 시간보다 짧게 설정하는 경우가 대부분이다.

표 57.1 와치독 타이머 만료 시간 상수

상수	VCC = 5.0V에서의 만료 시간	상수	VCC = 5.0V에서의 만료 시간
WDTO_15MS	16ms	WDTO_500MS	0.5s
WDTO_30MS	32ms	WDTO_1S	1.0s
WDTO_60MS	64ms	WDTO_2S	2.0s
WDTO_120MS	0.125s	WDTO_4S	4.0s
WDTO_250MS	0.25s	WDTO_8S	8.0s

■ wdt_reset

```
#define wdt_reset()
 - 매개변수: 없음
```

와치독 타이머를 리셋한다. 스케치 내에서 와치독 타이머가 만료되기 전에 호출해야 와치독 타이머 만료에 의한 시스템이 리셋이 발생하지 않는다. 즉, **와치독 타이머 만료 이전에 와치독 타이머 리셋을 실행해야 와치독 리셋이 발생하지 않는다.**

■ wdt_disable

```
#define wdt_disable()
 - 매개변수: 없음
```

와치독 타이머를 사용하지 않는 것으로 설정한다.

스케치 57.2는 4초 후에 만료되는 와치독 타이머를 설정하고 와치독 타이머를 리셋하지 않아 4초 후에 시스템이 리셋되는 것을 보여주는 예다. 와치독 타이머는 스케치가 시작된 후 가장 먼저 설정하는 것이 추천되고 있으므로, 스케치 57.2에서도 setup 함수에서 가장 먼저 와치독 타이머의 만료 시간을 설정하고 있다.

</> 스케치 57.2 와치독 타이머 사용 – AVR 툴체인 라이브러리

```
#include <avr/wdt.h>

int count = 0;

void setup() {
    // 와치독 타이머 설정, 와치독 타이머 만료 시간을 4초로 설정
    wdt_enable(WDTO_4S);

    Serial.begin(9600);
    Serial.println("* 스케치를 시작합니다.");
}

void loop() {
    delay(1000);
    count++;
    Serial.println(String(" => ") + count + "초가 경과했습니다.");

    // 와치독 타이머 리셋, 와치독 타이머 시간을 0으로 되돌림
    // wdt_reset();
}
```

그림 57.1 스케치 57.2 실행 결과 – 와치독 타이머 리셋 실행하지 않음

스케치 57.2에서 아두이노가 리셋되는 것을 막기 위해
서는 loop 함수에서 와치독 타이머 리셋 부분의 주석
처리를 없애면 된다. 주석 처리를 없애면 와치독 타이
머 리셋이 loop 함수 내에서 실행되어 타이머가 만료
되지 않으므로 와치독 리셋이 발생하지 않는다.

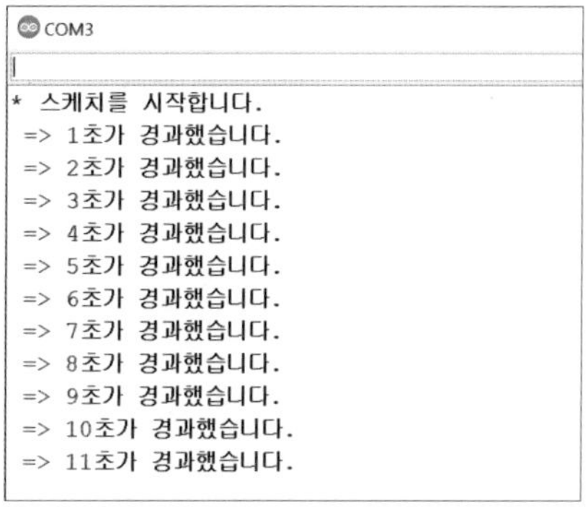

그림 57.2 스케치 57.2 실행 결과
– 와치독 타이머 리셋 실행함

와치독 타이머 라이브러리

와치독 타이머는 사용 방법이 복잡하지 않으므로 AVR 툴체인의 라이브러리로도 간단하게 사용할 수 있다. 하지만 이 장에서 별도의 라이브러리를 사용하는 이유는 와치독 타이머의 감시 기능에 더해 슬립 모드에서 깨어나기 위한 용도로 와치독 타이머를 사용하기 위해서다. 여러 가지 라이브러리가 공개되어 있지만 이 장에서는 SleepyDog 라이브러리를 사용한다. 먼저 라이브러리 매니저에서 SleepyDog 라이브러리를 검색하여 설치하자.

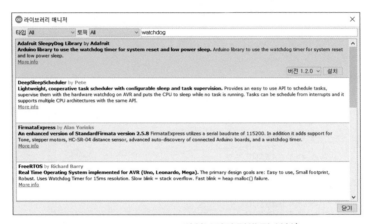

그림 57.3 **SleepyDog 라이브러리 검색 및 설치**[*]

SleepyDog 라이브러리에서는 와치독 타이머 지원을 위해 마이크로컨트롤러 종류에 따라 서로 다른 클래스를 정의하고 있으며 아두이노 우노의 경우에는 WatchdogAVR 클래스를 사용한다.

SleepyDog 라이브러리를 사용하기 위해서는 먼저 헤더 파일을 포함해야 한다. '스케치 → 라이브러리 포함하기 → Adafruit SleepyDog Library' 메뉴 항목을 선택하거나 #include 문을 직접 입력하면 된다.

```
#include <Adafruit_SleepyDog.h>
```

---

[*] https://github.com/adafruit/Adafruit_SleepyDog

아두이노 우노에서 와치독 타이머는 하나만 사용할 수 있다. SleepyDog 라이브러리에서는 WatchdogAVR 클래스의 유일한 객체로 Watchdog을 선언하고 있으므로 별도로 객체를 생성할 필요가 없다. 생성된 객체의 사용 방법은 AVR 툴체인 라이브러리를 사용하는 경우와 비슷하다.

■ **enable**

```
int WatchdogAVR::enable(int maxPeriodMS = 0)
 - 매개변수
    maxPeriodMS: 희망 타이머 만료 시간
 - 반환값: 실제 타이머 만료 시간
```

와치독 타이머를 사용할 수 있도록 설정한다. 매개변수에 타이머 만료 시간을 지정하면, 표 57.1의 시간 중 지정한 시간과 같거나 짧은 시간 중 가장 긴 시간으로 타이머 만료 시간을 설정하고 그 시간을 반환한다. AVR 툴체인 라이브러리에서는 와치독 타이머를 설정할 때 와치독 타이머의 만료 시간을 정확하게 지정해야 한다면, SleepyDog 라이브러리에서는 대략적인 시간을 지정할 수 있다는 장점이 있다. 하지만 실제 설정되는 만료 시간은 표 57.1의 값 중 하나라는 점도 기억해야 한다. 설정할 수 있는 최대 만료 시간은 8초이며, 매개변수를 지정하지 않으면 디폴트값으로 최대 만료 시간이 선택된다.

■ **reset**

```
void WatchdogAVR::reset()
 - 매개변수: 없음
 - 반환값: 없음
```

와치독 타이머를 리셋한다.

■ **disable**

```
void WatchdogAVR::disable()
 - 매개변수: 없음
 - 반환값: 없음
```

와치독 타이머를 사용하지 않는 것으로 설정한다.

스케치 57.3은 스케치 57.2와 같은 동작을 SleepyDog 라이브러리를 사용하여 구현한 예다.

```cpp
#include <Adafruit_SleepyDog.h>

int count = 0;

void setup() {
    // 와치독 타이머를 설정한다. 와치독 타이머 만료 시간은 표 57.1에서
    // 지정한 시간과 같거나 짧은 시간 중 가장 긴 시간이 선택된다.
    int expire_time = Watchdog.enable(4500);

    Serial.begin(9600);
    Serial.print("* 와치독 타이머 만료 시간은 ");
    Serial.println(String(expire_time) + "ms입니다.");
}

void loop() {
    delay(1000);
    count++;
    Serial.println(String(" => ") + count + "초가 경과했습니다.");

    // 와치독 타이머 리셋, 와치독 타이머 시간을 0으로 되돌림
    // Watchdog.reset();
}
```

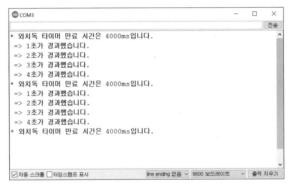

그림 57.4 스케치 57.3 실행 결과

SleepyDog 라이브러리는 와치독 타이머 만료에 의한 시스템 리셋 기능 이외에, 지정한 시간 동안 슬립 모드에 있다 깨어나게 하는 기능을 지원한다. 아두이노 우노에 사용된 ATmega328 마이크로컨트롤러에서는 여러 가지 슬립 모드를 사용할 수 있으며, SleepyDog 라이브러리는 파워 다운 power down 모드를 지원한다. 파워 다운 모드는 ATmega328에서 사용할 수 있는 여섯 가지 슬립 모드 중 가장 전력을 적게 소모하는 모드다. 파워 다운 모드에서 깨어나는 방법은 여러 가지가 있으며, 와치독 타이머가 만료되었을 때 발생하는 인터럽트가 그중 하나다. SleepyDog 라이브러리에서는 와치독 타이머를 인터럽트 모드로 설정하고 파워 다운 모드에서 깨어나기 위해 와치독

타이머를 사용한다. 슬립 모드에 있는 시간은 표 57.1에 주어진 와치독 타이머 만료 시간 중 하나를 사용할 수 있다.

■ **sleep**

```
int WatchdogAVR::sleep(int maxPeriodMS = 0)
 - 매개변수
    maxPeriodMS: 희망 슬립 모드 지속 시간
 - 반환값: 실제 슬립 모드 지속 시간
```

마이크로컨트롤러를 파워 다운 모드로 설정한다. 매개변수에 희망하는 슬립 모드 지속 시간을 지정하면, 표 57.1의 시간 중 지정한 시간과 같거나 짧은 시간 중 가장 긴 시간으로 슬립 모드 지속 시간을 설정하고 그 시간을 반환한다. 설정할 수 있는 최대 지속 시간은 8초이며, 매개변수를 지정하지 않으면 디폴트값으로 최대 지속 시간이 선택된다.

스케치 57.4는 4초 동안 슬립 모드에 있다 깨어나 시리얼 모니터로 메시지를 출력하는 예다.

</> 스케치 57.4 슬립 모드 사용 – SleepyDog 라이브러리

```
#include <Adafruit_SleepyDog.h>

int count = 0;

void setup() {
    Serial.begin(115200);

    Serial.println("* 슬립 모드 데모를 시작합니다.");
    Serial.println();
}

void loop() {
    Serial.println("* 4초 동안 슬립 모드로 들어갑니다.");
    delay(50);

    // 슬립 모드 지속 시간 동안 슬립 모드로 전환한다. 슬립 모드 지속 시간은
    // 표 57.1에서 지정한 시간과 같거나 짧은 시간 중 가장 긴 시간이 선택된다.
    int actual_sleep_time = Watchdog.sleep(4500);

    // 와치독 타이머가 만료되면 여기서부터 다시 시작한다.
    delay(50);
    Serial.print(String("* ") + actual_sleep_time);
    Serial.println("ms 동안 슬립 모드에 있었습니다.");
    Serial.println();
}
```

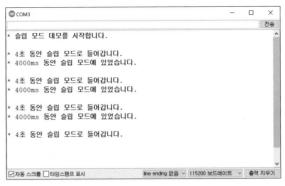

그림 57.5 스케치 57.4 실행 결과

맺는말

와치독 타이머는 아두이노가 스케치 실행 중에 무한 루프에 빠지거나 정지하는 등 비정상적인 동작을 보일 때 자동으로 아두이노를 리셋하여 시스템을 다시 시작할 수 있게 해주는 타이머다. 와치독 타이머의 사용 방법은 간단하다. 스케치에서 와치독 타이머가 만료되기 전에 와치독 타이머를 다시 시작하게 하는 '와치독 타이머 리셋'을 수행하지 못하면 와치독 타이머가 만료되고 '와치독 리셋'에 의해 아두이노가 리셋된다. 따라서 스케치 내에서 와치독 타이머 리셋을 위한 코드를 loop 함수에 추가하는 것이 일반적이다. 와치독 타이머를 잘못 사용하면 시스템이 무한 리셋에 빠질 수 있으며, 잘못된 시스템 리셋은 시스템의 신뢰성을 떨어트리는 등 문제가 발생할 수 있으므로 와치독 타이머를 사용하는 경우에는 각별한 주의가 필요하다.

시스템을 리셋하는 기능 이외에 와치독 타이머의 만료는 슬립 모드에서 깨어나게 하는 용도로도 사용할 수 있다. ATmega328에서 사용할 수 있는 슬립 모드는 여섯 가지가 있으며, 와치독 타이머는 모든 슬립 모드에서 깨어나게 하는 소스로 사용할 수 있다. AVR 툴체인의 와치독 라이브러리는 와치독 타이머를 이용하여 슬립 모드에서 깨어나게 하는 함수를 제공하지 않으므로, SleepyDog 라이브러리 같은 별도의 확장 라이브러리를 통해 사용할 수 있다.

1 아두이노 우노에 사용된 ATmega328 마이크로컨트롤러가 리셋되는 경우는 네 가지로 리셋 핀에 의한 리셋, 전원 인가에 의한 리셋, 브라운 아웃에 의한 리셋, 와치독 타이머에 의한 리셋이 이에 해당한다. 이 네 가지 리셋 중 와치독 타이머에 의한 리셋만 소프트웨어적인 이유로 발생하는 리셋이고, 나머지 세 가지는 하드웨어적인 이유로 발생하는 리셋이다. 이를 포함하여 리셋이 발생하는 이유를 비교해 보고 이들의 공통점과 차이점을 알아보자.

2 와치독 리셋은 소프트웨어적으로 마이크로컨트롤러를 리셋하기 위한 용도로 사용될 수 있다. 2번 핀에 풀다운 저항을 사용하여 버튼을 연결하고 버튼이 눌렸을 때 와치독 타이머를 이용하여 아두이노를 리셋하는 예를 보인 것이 스케치 57.5다. 스케치 57.5를 업로드하고 버튼을 눌러 소프트웨어에 의한 리셋을 확인해 보자.

</> **스케치 57.5 소프트웨어에 의한 리셋 – 와치독 타이머**

```
#include <avr/wdt.h>

int count = 0;
unsigned long time_previous, time_current;

void setup() {
    Serial.begin(9600);
    pinMode(2, INPUT);
    time_previous = millis();
}

void loop() {
    time_current = millis();
    if (time_current - time_previous >= 1000) {
        count++;
        Serial.println(String("* 현재 카운터값 : ") + count);
        time_previous = time_current;
    }

    if (digitalRead(2)) {                          // 버튼을 누른 경우
        Serial.println("** 버튼을 눌렀으므로 아두이노를 리셋합니다.");
        wdt_enable(WDTO_1S);                        // 1초 후 리셋
        while(1);                                  // 리셋될 때까지 대기
    }
}
```

```
COM3                                                    —    □    ×
                                                              전송
* 현재 카운터값 : 1
* 현재 카운터값 : 2
** 버튼을 눌렀으므로 아두이노를 리셋합니다.
* 현재 카운터값 : 1
* 현재 카운터값 : 2
* 현재 카운터값 : 3
* 현재 카운터값 : 4
* 현재 카운터값 : 5
** 버튼을 눌렀으므로 아두이노를 리셋합니다.
* 현재 카운터값 : 1
** 버튼을 눌렀으므로 아두이노를 리셋합니다.
* 현재 카운터값 : 1
* 현재 카운터값 : 2
* 현재 카운터값 : 3
* 현재 카운터값 : 4
☐ 자동 스크롤 ☐ 타임스탬프 표시      line ending 없음 ∨  9600 보드레이트 ∨   출력 지우기
```

태스크 스케줄러

아두이노에서 여러 가지 작업을 동시에 진행하기 위해서는 millis 함수가 흔히 사용된다. 하지만 진행해야 하는 작업이 늘어나면 코드가 복잡해져 이해하기 어려운 코드가 되기 쉽다. 이런 경우 여러 가지 작업의 진행을 관리하기 위해 사용할 수 있는 방법 중 하나가 스케줄러를 사용하는 것이다. 이 장에서는 스케줄러 라이브러리를 사용하여 여러 가지 작업을 동시에 진행하는 방법과 작업 사이에 데이터를 교환하는 방법 등 아두이노에서 여러 가지 작업을 동시에 진행할 때 필요한 기법들을 알아본다.

아두이노 우노	× 1 ➡ 스케줄러 테스트	**이 장에서 사용할 부품**
LED	× 2	
220Ω 저항	× 2	

58.1 태스크와 스케줄러

아두이노로 여러 가지 작업을 동시에 진행하기는 쉽지 않다. 이는 아두이노 우노에 사용된 마이크로컨트롤러가 낮은 성능의 8비트 CPU를 포함하고 있다는 점도 이유 중 하나이며, CPU에서는 한 번에 하나의 작업만을 처리할 수 있다는 점 역시 또 다른 이유가 된다. **제한적이지만 아두이노에서 여러 가지 작업을 동시에 진행하기 위해서는 주로 millis 함수를 사용한다.** millis 함수는 프로그램이 시작된 이후의 실행 시간을 반환하는 함수로, 특정 작업을 수행하는 시점을 결정하기 위해 사용할 수 있다. millis 함수를 사용하면 여러 가지 작업을 동시에 진행할 수 있지만, 동시에 진행해야 하는 작업의 수가 늘어나거나 작업 사이의 상호 작용이 필요한 경우라면 작성한 코드가 점점 복잡해져 이해하기 어려워진다. **millis 함수로 여러 가지 작업을 동시에 진행하게 하는 코드란, 여러 가지 경우를 고려한 중복된 if-else 문과 크게 다르지 않다.** millis 함수를 사용하여 코드를 작성하는 것보다 간단하고 이해하기 쉬운 코드를 작성하는 방법은 없을까? 이를 가능하게 해주는 방법 중 하나가 운영체제OS: Operating System를 사용하는 것이다. 윈도우라는 운영체제가 어떤 일을 하는지 생각해 본 적이 있는가? 운영체제는 여러 가지 일을 하지만 그중 한 가지가 여러 가지 작업이 동시에 진행되게 하는 것, 즉 멀티 태스킹multi-tasking을 지원하는 것이다. 한 번에 하나의 작업만 처리할 수 있는 CPU에서 여러 가지 작업이 동시에 진행될 수 있게 해주는 비밀은 각각의 작업이 번갈아 CPU를 사용하게 하는 것으로, 이 작업을 담당하는 것이 바로 스케줄러scheduler다. **스케줄러는 CPU의 시간을 잘게 쪼개고, 쪼개진 시간**time slice**을 각 작업에 나누어주는 역할을 한다. 각 작업은 스케줄러에서 할당한 시간에 CPU를 사용하여 필요한 작업을 수행하며, 이들 작업을 태스크**task**라고 한다.** 이 외에도 사용자 인터페이스 제공, 장치 드라이브 관리 등 운영체제는 사용 편이를 위해 많은 기능을 제공하고 있다. 하지만 운영체제 자체만도 아두이노에 설치하기에는 프로그램의 크기가 너무 크기 때문에 마이크로컨트롤러에서는 운영체제의 핵심적인 기능만을 포함하는 RTOSReal-Time Operating System가 사용된다. **RTOS는 임베디드 시스템에서 실시간 처리를 위해 사용하는 작고 가벼운 운영체제라고 이야기할 수 있다.** RTOS의 핵심적인 기능 중 하나가 멀티 태스킹을 지원하는 것으로 이를 위해 스케줄러가 사용된다. 이 외에도 RTOS에는 여러 가지 기능이 포함되지만, 아두이노에서 RTOS는 대부분 멀티 태스킹을 위해 사용한다. 즉, **아두이노에서 사용되는 RTOS와 스케줄러는 그 목적이 비슷하다.** 아두이노에서 사용되는 스케줄러는 RTOS의 여러 가지 복잡한 부분을 단순화하고 멀티 태스킹을 지원하는 것을 위주로 하므로 RTOS보다 간단하고 사용하기 쉬운 것이 사실이며, 이 장에서도 간단하고 쉽게 사용할 수 있는 스케줄러를 사용한다.

아두이노에서 사용할 수 있는 스케줄러 역시 여러 가지가 있다. 스케줄러의 역할은 여러 가지 태스크가 동시에 진행될 수 있게 하는 것이므로, 시간 관리 기능을 구현하는 것이 핵심이다. 마이크로컨트롤러에서 별도의 하드웨어 없이 시간을 관리하기 위해서는 타이머/카운터를 사용할 수 있으며, 타이머/카운터를 사용하는 대표적인 예가 시간 관련 인터럽트다. 또한 시간 관련 인터럽트를 사용하는 아두이노 함수 중 하나가 millis 함수다. 따라서 **스케줄러를 구현하기 위해서는 인터럽트나 millis 함수를 사용할 수 있다.** 인터럽트를 사용하는 경우의 문제점은 인터럽트가 하드웨어와 밀접한 관련이 있다는 점이다. 인터럽트를 사용하면 태스크의 실행 시간을 정확하게 제어할 수 있다는 장점이 있다. 하지만 여러 종류의 마이크로컨트롤러를 지원하는 스케줄러를 인터럽트를 사용하여 구현하는 것은 다양한 하드웨어를 고려해야 하므로 쉬운 일은 아니다. 반면, millis 함수는 이미 하드웨어 관련 내용을 추상화하고 있으므로 스케줄러를 구현하는 것이 상대적으로 쉬울 수 있지만, 인터럽트 기능을 간접적으로 사용하므로 정확한 시간 제어에서는 인터럽트를 사용하는 경우보다는 정확성이 떨어질 수 있다. 또 한 가지 차이는 **인터럽트를 사용하는 스케줄러의 경우 스케치의 loop 함수에서 스케줄러 관련 함수를 호출하지 않는다면, millis 함수를 사용하는 스케줄러는 폴링 방식으로 동작하므로 loop 함수 내에서 스케줄러 관련 함수를 호출해야 한다.** 이 장에서는 millis 함수를 바탕으로 만들어진 스케줄러를 사용한다.

58.2 스케줄러 라이브러리

스케줄러 테스트를 위해 이 장에서는 LED를 점멸하는 태스크를 사용한다. 그림 58.1과 같이 2번과 3번 핀에 LED를 연결하자.

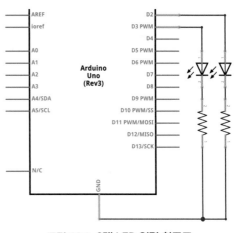

그림 58.1 **2개 LED 연결 회로도**

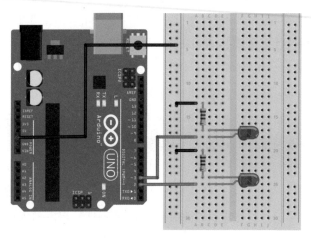

그림 58.2 **2개 LED 연결 회로**

아두이노에서 사용할 수 있는 스케줄러 라이브러리는 여러 종류가 있지만, 이 장에서는 Task Scheduler 라이브러리를 사용한다. 라이브러리 매니저에서 'Scheduler'를 검색하여 TaskScheduler 라이브러리를 설치하자.

그림 58.3 **TaskScheduler 라이브러리 검색 및 설치**[*]

TaskScheduler 라이브러리에서는 태스크를 나타내는 Task 클래스와 스케줄링을 담당하는 Scheduler 클래스가 기본적이면서도 가장 중요한 클래스다. TaskScheduler 라이브러리를 사용하기 위해서는 먼저 헤더 파일을 포함해야 한다. '스케치 → 라이브러리 포함하기 → TaskScheduler' 메뉴 항목을 선택하면 여러 개의 헤더 파일을 포함하지만, 꼭 포함해야 하는 헤더는 TaskScheduler.h 파일뿐이므로 #include 문을 직접 입력해도 된다.

```
#include <TaskScheduler.h>
```

---

* https://github.com/arkhipenko/TaskScheduler

Scheduler 클래스의 객체를 생성하는 것은 매개변수를 지정하지 않아도 되지만, Task 클래스의 객체를 생성할 때는 여러 가지 옵션을 지정할 수 있다.

■ **Task**

```
Task::Task(unsigned long aInterval = 0, long aIterations = -1,
TaskCallback aCallback = NULL, Scheduler* aScheduler = NULL, bool aEnable = false,
TaskOnEnable aOnEnable = NULL, TaskOnDisable aOnDisable = NULL)
 - 매개변수
     aInterval: 태스크를 실행할 밀리초 단위의 시간 간격, 0은 즉시 실행
     aIterations: 태스크를 실행할 횟수, −1은 계속 실행
     aCallback: 태스크 콜백 함수
     aScheduler: 스케줄러 객체 포인터
     aEnable: 태스크 활성화 여부
     aOnEnable: 태스크가 활성화될 때 호출되는 콜백 함수
     aOnDisable: 태스크가 비활성화될 때 호출되는 콜백 함수
 - 반환값: 없음
```

태스크 객체를 생성한다. 기본적으로 태스크는 지정한 시간 간격으로 지정한 횟수만큼 지정한 함수를 통해 필요한 작업을 수행한다. 이 외에 태스크를 관리할 스케줄러 객체, 태스크의 활성화 상태, 태스크가 활성화 및 비활성화될 때 처리할 작업을 위한 콜백 함수 등을 매개변수로 지정할 수 있다.

■ **execute**

```
bool Scheduler::execute()
 - 매개변수: 없음
 - 반환값: 실행 목록에 있는 태스크의 유휴 상태 여부
```

스케줄러는 하나 이상의 태스크를 실행 목록을 통해 관리하며 실행 목록에 있는 태스크는 실행 중 변경될 수 있다. execute 함수는 실행 목록에 있는 각 태스크의 실행 조건을 검사하고 조건을 만족하는 태스크를 실행한다. TaskScheduler 라이브러리는 폴링 방식으로 동작하므로 loop 함수 내에서 execute 함수를 호출하면 된다.

스케치 58.1은 점멸 간격이 다른 2개의 LED를 블링크 태스크를 통해 제어하는 예다. 스케줄러에서 태스크를 실행하기 위해서는 태스크가 생성된 후 활성화 상태에 있어야 하고 스케줄러의 실행 목록에 등록되어 있어야 한다. 스케줄러는 실행 목록에 있는 태스크 중 활성화 상태에 있고 실행

조건을 만족하는 태스크만을 실행한다. 태스크를 스케줄러의 실행 목록에 등록하고 태스크를 활성화하는 작업은 태스크 객체를 생성할 때 가능하다. 기본적인 실행 조건 역시 태스크를 생성할 때 지정할 수 있으므로 스케치에서는 loop 함수에서 스케줄러의 execute 함수를 호출하기만 하면 된다. execute 함수는 실행 시간을 확인하고 실행 시간이 된 태스크의 콜백 함수를 호출하여 실행한다. 스케치 58.1에서 태스크 1은 1초 간격으로, 태스크 2는 2초 간격으로 LED를 점멸하므로 점멸 속도가 다른 것을 확인해 보자.

</> 스케치 58.1 2개의 블링크 태스크

```
#include <TaskScheduler.h>

void blink1Callback();                          // 콜백 함수 선언
void blink2Callback();

Scheduler runner;                               // 스케줄러 객체 생성

// 태스크 객체 생성(시간, 횟수, 콜백, 스케줄러, 활성화)
Task blink1(1000, TASK_FOREVER, &blink1Callback, &runner, true);
Task blink2(2000, TASK_FOREVER, &blink2Callback, &runner, true);

int LED1 = 2, LED2 = 3;
boolean state1 = false, state2 = false;

void blink1Callback() {                         // 태스크 1의 콜백 함수
    state1 = !state1;
    digitalWrite(LED1, state1);

    Serial.print(String("** 핀 ") + LED1 + "의 LED가 ");
    Serial.println(state1 ? "켜졌습니다." : "꺼졌습니다.");
}

void blink2Callback() {                         // 태스크 2의 콜백 함수
    state2 = !state2;
    digitalWrite(LED2, state2);

    Serial.print(String("* 핀 ") + LED2 + "의 LED가 ");
    Serial.println(state2 ? "켜졌습니다." : "꺼졌습니다.");
}

void setup() {
    Serial.begin(9600);

    pinMode(LED1, OUTPUT);
    pinMode(LED2, OUTPUT);
    digitalWrite(LED1, state1);
    digitalWrite(LED2, state2);
}

void loop() {
    runner.execute();                           // 스케줄러 실행
}
```

그림 58.4 스케치 58.1 실행 결과

태스크는 스케줄러에 등록되고 활성화 상태인 경우에만 실행될 수 있으며, 스케줄러 등록과 활성화 상태 설정은 태스크를 생성할 때 지정할 수 있다. 하지만 필요한 경우, 스케줄러가 실행 중인 동안에도 태스크의 활성화 상태는 물론 실행 목록을 변경할 수 있다. 특히 TaskScheduler 라이브러리는 인터럽트 방식이 아닌 폴링 방식으로 동작하므로 RTOS에서 흔히 발생하는 공유 자원 문제가 없어 쉽게 태스크 상태를 변경할 수 있다.

■ **enable**

```
void Task::enable()
  - 매개변수: 없음
  - 반환값: 없음
```

태스크를 활성화한다. 활성화하고자 하는 태스크는 스케줄러에 등록된 상태여야 하므로 먼저 Scheduler 객체가 관리할 태스크로 등록한 후 활성화해야 한다. Scheduler 객체에 태스크를 등록하는 데는 addTask 함수를 사용하면 된다.

■ **disable**

```
bool Task::disable()
  - 매개변수: 없음
  - 반환값: 태스크의 이전 상태
```

태스크를 비활성화한다. 태스크가 비활성화되더라도 스케줄러의 실행 목록에는 남아 있다. 반환되는 값은 disable 함수를 호출하기 이전 태스크의 활성 또는 비활성 상태를 나타낸다.

■ setInterval

```
void Task::setInterval(unsigned long aInterval)
 - 매개변수
   aInterval: 밀리초 단위의 태스크 실행 간격
 - 반환값: 없음
```

태스크의 실행 간격을 설정한다.

■ setIterations

```
void Task::setIterations(long aIterations)
 - 매개변수
   aIterations: 태스크 실행 횟수
 - 반환값: 없음
```

태스크의 실행 횟수를 설정한다. 지정한 횟수만큼 태스크가 실행된 후 비활성화 상태로 바뀌면 실행 횟수는 0이 되므로 태스크를 다시 실행하기 이전에 실행 횟수를 설정해야 한다. 실행 횟수로 −1을 지정하면 횟수 제한 없이 계속 실행한다.

■ isFirstIteration

```
bool Task::isFirstIteration()
 - 매개변수: 없음
 - 반환값: 태스크의 첫 번째 실행 여부
```

태스크의 첫 번째 실행 여부를 반환한다.

■ isLastIteration

```
bool Scheduler::isLastIteration()
 - 매개변수: 없음
 - 반환값: 태스크의 마지막 실행 여부
```

태스크의 마지막 실행 여부를 반환한다. 태스크의 실행 횟수가 −1이 아닌 경우, 즉 유한한 횟수만 실행하도록 설정된 경우에만 사용할 수 있다. 태스크 실행 횟수가 −1로 설정된 경우에도 disable 함수로 태스크 실행을 정지할 수 있다.

- **addTask**

스케줄러가 관리하는 태스크 목록에 지정한 태스크를 추가한다. 태스크 목록은 연결 리스트_{linked} list로 관리되며, 추가되는 태스크는 연결 리스트의 제일 뒤에 추가된다. 스케줄러에서 태스크를 실행할 때는 연결 리스트에 추가된 순서대로 실행한다.

- **deleteTask**

스케줄러의 실행 목록에서 지정한 태스크를 제거한다.

스케치 58.2는 2개의 블링크 태스크가 반복해서 실행되는 예다. 먼저 태스크 1이 0.5초 간격으로 10번 LED를 점멸한 후에 태스크 2를 스케줄러에 등록하여 실행하며, 이때 태스크 1은 스케줄러 실행 목록에서 제거된다. 태스크 2는 0.5초 간격으로 10번 LED를 점멸한 후에 태스크 1을 스케줄러에 등록하여 실행하며, 이때 태스크 2는 실행 목록에서 제거된다.

스케치 58.2 태스크 제어

```
#include <TaskScheduler.h>

void blink1Callback();                          // 콜백 함수 선언
void blink2Callback();

Scheduler runner;                               // 스케줄러 객체 생성

// 태스크 객체 생성(시간, 횟수, 콜백, 스케줄러, 활성화)
Task blink1(500, 10, &blink1Callback, &runner, true);
Task blink2(500, 10, &blink2Callback);

int LED1 = 2, LED2 = 3;
boolean state1 = false, state2 = false;
```

```
void blink1Callback() {                          // 태스크 1의 콜백 함수
    state1 = !state1;
    digitalWrite(LED1, state1);

    if (blink1.isFirstIteration()) {             // 첫 번째 실행
        Serial.println();
        Serial.println("** 태스크 1번의 실행이 시작되었습니다.");
    }
    else if (blink1.isLastIteration()) {         // 마지막 실행
        Serial.println("** 태스크 1번의 실행이 끝났습니다.");

        runner.addTask(blink2);                  // 태스크 추가
        blink2.enable();                         // 태스크 활성화
        blink2.setInterval(500);                 // 실행 간격 설정
        blink2.setIterations(10);                // 실행 횟수 설정

        blink1.disable();                        // 태스크 비활성화
        runner.deleteTask(blink1);               // 태스크 삭제

        Serial.println("** 태스크 2번을 스케줄러에 추가하였습니다.");
    }
}

void blink2Callback() {                          // 태스크 2의 콜백 함수
    state2 = !state2;
    digitalWrite(LED2, state2);

    if (blink2.isFirstIteration()) {
        Serial.println();
        Serial.println("=> 태스크 2번의 실행이 시작되었습니다.");
    }
    else if (blink2.isLastIteration()) {
        Serial.println("=> 태스크 2번의 실행이 끝났습니다.");

        runner.addTask(blink1);
        blink1.enable();
        blink1.setInterval(500);
        blink1.setIterations(10);

        blink2.disable();
        runner.deleteTask(blink2);

        Serial.println("=> 태스크 1번을 스케줄러에 추가하였습니다.");
    }
}

void setup() {
    pinMode(LED1, OUTPUT);
    pinMode(LED2, OUTPUT);
    digitalWrite(LED1, state1);
    digitalWrite(LED2, state2);
```

```
    Serial.begin(9600);
}

void loop() {
    runner.execute();                              // 스케줄러 실행
}
```

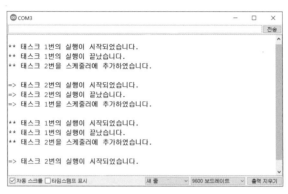

그림 58.5 스케치 58.2 실행 결과

2개 이상의 태스크가 서로 연관성을 가지면서 실행될 경우 태스크 사이에서는 메시지를 전달할 수 있다. 메시지는 StatusRequest 클래스의 객체를 사용하여 전달한다. TaskScheduler 라이브러리는 라이브러리를 사용함으로써 추가되는 메모리 사용을 줄이기 위해 여러 가지 기능을 모듈별로 분리하고 필요에 따라 포함하여 사용하게 하고 있다. StatusRequest 클래스 사용 역시 그중 하나로, **태스크 사이의 메시지 전달을 위해서는 TaskScheduler.h 파일을 포함하기 이전에 _TASK_STATUS_REQUEST 상수를 정의해야 한다.**

StatusRequest 객체를 생성한 후 태스크는 waitFor 함수를 사용하여 StatusRequest 객체를 등록하고 상태가 0이 되기를 기다린다. 상태는 StatusRequest 객체의 카운터값으로 나타내며, 카운터값이 0이 되면(즉, 상태가 0이 되면) waitFor 함수로 해당 StatusRequest 객체를 등록한 태스크의 콜백 함수가 호출된다. StatusRequest 객체는 setWaiting 함수로 카운터를 설정한 후, signal 함수로 카운터값을 1 감소시키거나 signalComplete 함수로 카운터값을 0으로 만들 수 있다. StatusRequest 객체의 상태가 0이 되어 대기하고 있는 태스크의 콜백 함수가 한 번호출되면 태스크가 더는 메시지를 받을 수 없으므로 필요한 경우 waitFor 함수를 사용하여 다시 StatusRequest 객체의 상태가 0이 되기를 기다릴 수 있다. 하나의 StatusRequest 객체는 하나의 태스크와 연결되므로 여러 태스크로 메시지를 전달하고 싶다면 여러 개의 StatusRequest 객체를 사용해야 한다.

■ setWaiting

```
void StatusRequest::setWaiting(unsigned int aCount = 1)
  - 매개변수
     aCount: 카운터값
  - 반환값: 없음
```

카운터값을 설정한다. 카운터값은 사건이 발생할 때마다 1 감소하고(즉, 상태가 변하고), 카운터값이 0이 되면 StatusRequest 객체를 waitFor 함수로 등록한 태스크의 콜백 함수가 호출된다. 카운터값은 디폴트로 1로 설정된다.

■ signal

```
bool StatusRequest::signal(int aStatus)
  - 매개변수
     aStatus: 반환 코드
  - 반환값: 카운터값이 0인지 여부
```

StatusRequest 객체의 카운터값을 1 감소시킨다. 매개변수는 반환 코드로 카운터값이 0이 될 때 태스크의 콜백 함수에서 확인하는 용도로 사용할 수 있다.

■ signalComplete

```
void StatusRequest::signalComplete(int aStatus)
  - 매개변수
     aStatus: 반환 코드
  - 반환값: 없음
```

StatusRequest 객체의 카운터값을 0으로 설정한다. 매개변수는 반환 코드로 카운터값이 0이 될 때 태스크의 콜백 함수에서 확인하는 용도로 사용할 수 있다.

■ waitFor

```
void Task::waitFor(StatusRequest* aStatusRequest)
  - 매개변수
     aStatusRequest: 특정 사건 발생을 알려줄 StatusRequest 객체 포인터
  - 반환값: 없음
```

StatusRequest 객체를 등록하고 StatusRequest 객체의 카운터값이 0이 될 때까지 대기한다.

스케치 58.3은 태스크 1에서 태스크 2로 메시지를 전달하는 예다. 태스크 1에서는 카운터값을 2로 설정하고(setWaiting(2)), 카운터값을 1씩 감소시킨다(signal()). 카운터값이 0이 되면 해당 객체의 카운터값이 0이 되기를 기다리는(waitFor(request)) 태스크 2의 콜백 함수가 호출된다. 따라서 태스크 1은 1초 간격으로 LED를 점멸하지만, 태스크 2는 2개의 사건이 발생하는 2초 간격으로 LED를 점멸한다. 만약 태스크 1에서 signal 함수가 아닌 signalComplete 함수를 사용하면 카운터값이 바로 0이 되므로 태스크 1과 태스트 2의 LED 점멸 간격은 같아진다.

</> 스케치 58.3 요청 신호 대기

```
#define _TASK_STATUS_REQUEST               // StatusRequest 클래스 사용
#include <TaskScheduler.h>

void blink1Callback();
void blink2Callback();

StatusRequest request;
Scheduler runner;

// 태스크 객체 생성(시간, 횟수, 콜백, 스케줄러, 활성화)
Task blink1(1000, TASK_FOREVER, &blink1Callback, &runner, true);
// StatusRequest 객체에 의해 한 번만 실행되므로 콜백과 스케줄러만 지정
Task blink2(&blink2Callback, &runner);

int LED1 = 2, LED2 = 3;
boolean state1 = false, state2 = true;

void setup() {
    Serial.begin(9600);

    pinMode(LED1, OUTPUT);
    pinMode(LED2, OUTPUT);
    digitalWrite(LED1, state1);
    digitalWrite(LED2, state2);

    request.setWaiting(2);                 // StatusRequest 객체의 카운터값을 2로 설정
    blink2.waitFor(&request);              // 태스크 2를 대기 상태로 설정
}

void blink1Callback() {
    Serial.println("* Blink 1 태스크의 콜백 함수...");

    state1 = !state1;
    digitalWrite(LED1, state1);

    request.signal();                      // 카운터값 1 감소
}
```

```
void blink2Callback() {                          // StatusRequest 객체의 카운터값이 0일 때 호출
    Serial.println("* Blink 2 태스크의 콜백 함수...");
    state2 = !state2;
    digitalWrite(LED2, state2);

    request.setWaiting(2);                       // StatusRequest 객체의 카운터값을 2로 설정
    blink2.waitFor(&request);                    // 태스크 2를 대기 상태로 설정
}

void loop() {
    runner.execute();
}
```

그림 58.6 스케치 58.3 실행 결과

StatusRequest 객체의 카운터값이 0이 되면 대기하고 있는 태스크의 콜백 함수가 호출되지만, 이는 콜백 함수가 호출되는 시간을 결정할 뿐이다. 콜백 함수로 값을 전달하기 위해서는 signal 또는 signalComplete 함수에 int 타입의 상태 코드를 지정하면 되고, 해당 StatusRequest 객체의 상태 코드는 getStatus 함수로 알아낼 수 있다.

- **getStatus**

int StatusRequest::getStatus()
  - 매개변수: 없음
  - 반환값: 객체의 상태

StatusRequest 객체의 상태 코드를 반환한다. 카운터값과는 다른 값이라는 점에 주의해야 한다.

스케치 58.4는 StatusRequest 객체를 통해 상태 코드를 전달하는 예로, 태스크 2로 1과 2의 상태 코드를 번갈아 전달하고 있다. 스케치 58.3에서는 카운터값을 2로 설정하여 태스크 2의 콜백 함수가 2초에 한 번 호출되었다. 반면, 스케치 58.4에서는 카운터값을 1로 설정하여 태스크 2의 콜백

함수가 1초에 한 번 호출되지만, 상태 코드가 1인 경우에만 LED를 점멸하므로 2초에 한 번 LED 를 점멸하는 것은 스케치 58.3과 같다.

스케치 58.4 요청 상태 전달

```
#define _TASK_STATUS_REQUEST                         // StatusRequest 클래스 사용
#include <TaskScheduler.h>

void blink1Callback();
void blink2Callback();

StatusRequest request;
Scheduler runner;

// 태스크 객체 생성(시간, 횟수, 콜백, 스케줄러, 활성화)
Task blink1(1000, TASK_FOREVER, &blink1Callback, &runner, true);
Task blink2(&blink2Callback, &runner);

int LED1 = 2, LED2 = 3;
boolean state1 = false, state2 = true;
byte requestCode = 0;

void setup() {
    Serial.begin(9600);

    pinMode(LED1, OUTPUT);
    pinMode(LED2, OUTPUT);
    digitalWrite(LED1, state1);
    digitalWrite(LED2, state2);

    request.setWaiting();                       // StatusRequest 객체의 카운터값을 1로 설정
    blink2.waitFor(&request);                   // 태스크 2를 대기 상태로 설정
}

void blink1Callback() {
    Serial.println("* Blink 1 태스크의 콜백 함수...");

    state1 = !state1;
    digitalWrite(LED1, state1);

    requestCode = (requestCode + 1) % 2;
    // StatusRequest 객체의 카운터값을 0으로 설정하고 1 또는 2 상태 코드 전달
    request.signalComplete(requestCode + 1);
}

void blink2Callback() {                         // StatusRequest 객체의 카운터값이 0일 때 호출
    // StatusRequest 객체의 상태 코드 확인
    int requestState = request.getStatus();

    Serial.print("* Blink 2 태스크의 콜백 함수 : ");
    Serial.println(requestState);
```

```
    if (requestState == 1) {                          // 상태 코드가 1인 경우에만 LED 점멸
        state2 = !state2;
        digitalWrite(LED2, state2);
    }

    request.setWaiting();                             // StatusRequest 객체의 카운터값을 1로 설정
    blink2.waitFor(&request);                         // 태스크 2를 대기 상태로 설정
}

void loop() {
    runner.execute();
}
```

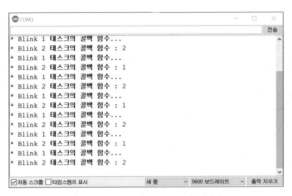

그림 58.7 스케치 58.4 실행 결과

태스크를 실행할 때 유용한 기능 중 한 가지는 일정한 시간 동안만 태스크를 실행하고 정지하게
하는 것으로, setTimeout 함수를 통해 실행 시간을 지정할 수 있다. 메시지 전달의 경우와 마찬
가지로 **타임아웃 기능을 사용하기 위해서는 TaskScheduler.h 파일을 포함하기 이전에 _TASK_TIMEOUT
상수를 정의해야 한다.**

■ setTimeout

void Task::setTimeout(unsigned long aTimeout)
  – 매개변수
     aTimeout: 타임아웃 시간
  – 반환값: 없음

태스크의 타임아웃 시간을 설정한다.

■ isEnabled

태스크의 활성 상태를 반환한다.

■ restart

태스크를 활성 상태로 변경한다. restart 함수를 사용할 때는 실행 횟수를 지정하지 않아도 이전에 실행한 횟수만큼 실행된다.

스케치 58.5에서 블링크 태스크는 10초 동안 실행한 후 멈춘다. 즉, 비활성화 상태로 바뀐다. loop 함수에서는 태스크의 활성 상태를 검사하여 비활성화 상태이면 restart 함수를 사용하여 태스크를 다시 시작하게 했다.

</> 스케치 58.5 **태스크 타임아웃**

```
#define _TASK_TIMEOUT
#include <TaskScheduler.h>

void blinkCallback();                       // 1초 간격으로 호출
void blinkDisabled();                       // 태스크가 비활성화 상태로 바뀔 때 호출

Scheduler runner;

// 태스크 객체 생성(시간, 횟수, 콜백, 스케줄러, 활성화, 활성화 콜백, 비활성화 콜백)
Task blink(1000, TASK_FOREVER, &blinkCallback, &runner, true,
          NULL, &blinkDisabled);

int LED = 2;
boolean state = false;
int count = 0;

unsigned long time1, time2;

void blinkDisabled() {
    time2 = millis();
```

```
    Serial.println("* Blink 태스크가 타임아웃으로 종료되었습니다.");
    Serial.print(" => ");
    Serial.print(time2 - time1);
    Serial.println("밀리초가 경과했습니다.");
}

void blinkCallback() {
    if (blink.isFirstIteration()) {          // 처음 실행될 때 시간 저장
        time1 = millis();
    }

    Serial.print("* Blink 태스크의 콜백 함수... ");
    Serial.println(count++);

    state = !state;
    digitalWrite(LED, state);
}

void setup() {
    Serial.begin(9600);

    pinMode(LED, OUTPUT);
    digitalWrite(LED, state);

    blink.setTimeout(10 * TASK_SECOND);      // 타임아웃 시간 설정
}

void loop() {
    runner.execute();

    if (!blink.isEnabled()) {                // 비활성 상태인 경우
        count = 0;
        blink.restart();                     // 태스크 다시 시작
    }
}
```

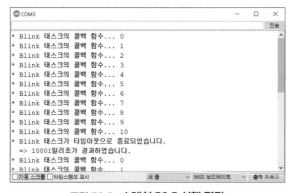

그림 58.8 스케치 58.5 실행 결과

58.3 맺는말

마이크로컨트롤러는 간단한 작업을 위해 사용되는 경우가 대부분이지만, 시간이 오래 걸리는 복잡한 계산을 하는 경우가 많지 않다는 것이지 하나의 작업만을 한다는 뜻은 아니다. 아두이노를 사용하여 구현하는 시스템은 대부분 입력 장치로부터 입력을 받아, 간단한 계산을 수행한 후, 출력 장치로 출력을 내는 일을 한다. 이때 입력, 계산, 출력 등은 순차적으로 이루어질 수도 있지만 동시에 진행되면서 서로 영향을 줄 수 있다. 계산이 진행 중인 동안 새로운 입력이 발생하면 계산을 다시 시작해야 하는 것이 그러한 예의 하나다. 이처럼 여러 개의 작업이 동시에 진행되는 것을 멀티 태스킹이라고 이야기하며, 아두이노에서는 멀티 태스킹을 위해 millis 함수를 사용하는 방법이 주로 사용된다. 하지만 체계적이고 확장이 쉬운 방법을 찾는다면 이 장에서 다룬 스케줄러를 고려해 볼 수 있다.

스케줄러는 운영체제의 핵심적인 기능 중 하나로, 여러 개의 작업이 동시에 진행될 수 있도록 CPU 시간을 관리하는 역할을 한다. 아두이노에서 사용할 수 있는 운영체제로는 FreeRTOS*가 대표적이다. 하지만 FreeRTOS는 임베디드 시스템에서 사용되고 있던 FreeRTOS의 기능을 줄여 아두이노에서 실행될 수 있게 만들어놓은 것으로, 아두이노에서는 스케줄러만으로도 원하는 기능을 대부분 구현할 수 있다. 이 장에서도 운영체제가 아니라 스케줄러 라이브러리를 사용했다. 물론 **스케줄러 라이브러리를 사용하는 많은 경우 역시 millis 함수를 사용하여 여러 개의 작업을 직접 제어하는 것이 가능하다.** 아두이노에서 사용할 수 있는 RTOS를 사용할 것인지, RTOS를 단순화한 스케줄러를 사용할 것인지 또는 millis 함수로 직접 여러 작업을 조율할 것인지, 선택은 사용자의 몫이다. 라이브러리를 사용하는 경우 스케치 작성은 간단해지고 구조적인 코드를 작성할 수 있는 것은 사실이지만, 메모리가 한정된 마이크로컨트롤러에서는 부담이 될 수 있다는 점도 생각해야 한다.

---

*   https://github.com/feilipu/Arduino_FreeRTOS_Library

1 다중 작업을 처리하기 위한 스케줄러를 이야기할 때 흔히 언급되는 것이 선점형preemptive 과 비선점형non-preemptive이다. 선점형과 비선점형의 차이는 여러 가지가 있지만, 실행 중인 작업을 강제로 중지하고 다른 작업이 진행되게 할 수 있으면 선점형, 그렇지 않으면 비선점 형이라고 한다. 이 장에서 사용한 TaskScheduler 라이브러리는 비선점형에 속한다. 이 외에 선점형과 비선점형의 차이를 알아보고 각각의 장단점을 비교해 보자.

2 PWM 출력이 가능한 3번 핀에 LED를 연결하고 A0 핀에 가변저항을 연결하자. 가변저항값 은 20ms에 한 번 읽고 가변저항의 값이 이전 값과 일정한 값(THRESHOLD) 이상 차이가 나 는 경우에만 LED의 밝기가 변하도록 PWM 신호를 출력하는 스케치를 작성해 보자. 여러 방법으로 스케치를 작성할 수 있지만, 가변저항을 읽는 태스크와 PWM 신호를 출력하는 태 스크를 생성하고 가변저항값의 변화에 따라 PWM 태스크로 메시지를 전달하는 방법을 사 용해 보자. 메시지의 상태 코드는 int 타입의 값을 지정할 수 있어 가변저항값(10비트)을 할 당할 수 있지만, PWM 신호의 듀티 사이클은 byte 타입 값(8비트)이므로 비트 이동 연산을 사용해야 한다는 점에 주의해야 한다. 상태 코드를 전달하는 방법은 스케치 58.4를 참고하 면 된다.

ISP 방식 스케치 업로드 장치

아두이노에 스케치를 업로드하는 방법에는 별도의 하드웨어 없이 USB 연결을 사용하는 시리얼 방식과 전용 하드웨어를 ICSP 핀 헤더에 연결하여 사용하는 ISP 방식의 두 가지가 있다. ISP 방식을 사용하는 경우에는 전용 하드웨어를 사용해야 하며, 아두이노 보드를 포함하여 여러 가지 ISP 방식 프로그래머를 사용할 수 있다. 이 장에서는 ISP 방식 스케치 업로드에 흔히 사용되는 프로그래머의 종류와 사용 방법을 알아본다.

아두이노 우노	× 2 ➡	스케치 업로드 테스트
ISP 방식 프로그래머	× 1 ➡	USBISP
USBasp	× 1	
USBtinyISP	× 1	
AVRISP mkII	× 1 ➡	호환 제품

이 장에서 사용할 부품

스케치 업로드

아두이노 우노에 **스케치를 업로드하는 방법은 UART 통신을 사용하는 시리얼 방식**과 SPI 통신을 사용하는 ISP 방식의 두 가지가 있다. 이 중 아두이노에서는 별도의 하드웨어가 필요 없는 시리얼 방식이 주로 사용된다. 하지만 정확하게 이야기하자면 추가 하드웨어가 필요하지 않다는 것이지 전용 하드웨어가 필요하지 않다는 뜻은 아니다. 아두이노 우노에는 시리얼 방식 업로드를 위한 하드웨어로 또 하나의 마이크로컨트롤러인 ATmega16u2가 보드 내에 이미 포함되어 있으므로 추가 하드웨어가 필요하지 않은 것이다. 표 59.1은 시리얼 방식과 ISP 방식의 업로드를 비교한 것으로, 자세한 내용은 7장 '부트로더와 스케치 업로드'를 참고하면 된다.

표 59.1 시리얼 방식과 ISP 방식

	시리얼 방식	ISP 방식
스케치 업로드	가능	가능
주요 용도	스케치 업로드	부트로더 굽기
부트로더 사용	○	×
부트로더 굽기	×	○
사용 하드웨어	USB–UART 변환 장치	ISP 방식 프로그래머
통신 방식	UART	SPI
기타	• 아두이노에서 기본적으로 사용하는 스케치 업로드 방식 • 컴퓨터와의 UART 시리얼 통신에도 사용	• ISP 방식으로 스케치를 업로드하면 부트로더는 지워짐

ISP 방식의 경우 다양한 전용 하드웨어를 사용할 수 있으며, 아두이노에서 기본적으로 지원하는 장치만도 10여 종이 넘는다. 아두이노에서 기본적으로 지원하는 ISP 방식 업로드 장치는 '툴 → 프로그래머' 메뉴에서 확인할 수 있으며, 흔히 'ISP 방식 프로그래머' 또는 '프로그래머'라고 이야기한다. 그림 59.1에서 마지막 USBISP는 이 책에서 주로 사용하는 ISP 방식 프로그래머로, 아두이노 프로그램에서 지원하지는 않지만 흔히 사용되는 프로그래머 중 하나다. STK500 v.1을 사용하는 AVR ISP와 비교했을 때 USBISP는 STK500 v.2를 사용한다는 점을 제외하면 거의 같은 방법이므로 AVR ISP의 업그레이드 버전으로 생각할 수 있다.

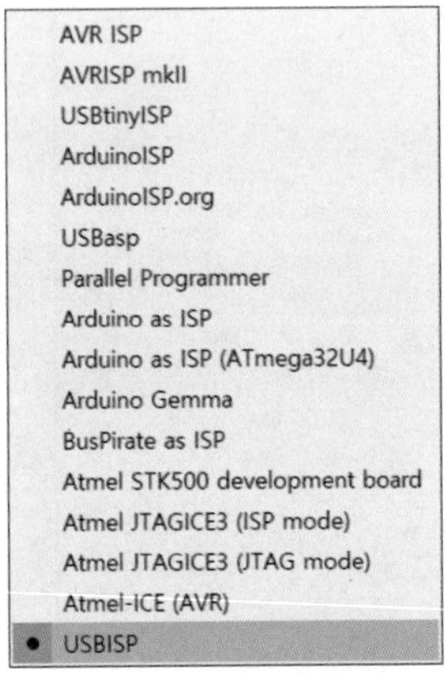

```
AVR ISP
AVRISP mkII
USBtinyISP
ArduinoISP
ArduinoISP.org
USBasp
Parallel Programmer
Arduino as ISP
Arduino as ISP (ATmega32U4)
Arduino Gemma
BusPirate as ISP
Atmel STK500 development board
Atmel JTAGICE3 (ISP mode)
Atmel JTAGICE3 (JTAG mode)
Atmel-ICE (AVR)
● USBISP
```

그림 59.1 아두이노에서 지원하는 ISP 방식 업로드 장치

이 장에서는 흔히 사용하는 ISP 방식 프로그래머의 종류와 사용 방법을 살펴본다. 또한 전용 장치가 없는 경우, 아두이노 보드를 ISP 방식 프로그래머로 사용하는 방법 역시 살펴본다.

59.2 USBISP

USBISP는 ISP 방식 프로그래머 중에서 가장 많이 사용되는 장치 중 하나다. 그림 59.2는 이 책에서 주로 사용하는 USBISP로, STK500 v.2를 사용한다.

그림 59.2 USBISP

USBISP를 컴퓨터에 연결하면 USBISP를 위한 드라이버가 자동으로 설치되고, **USBISP는 장치 관리자에 포트로 나타난다.**

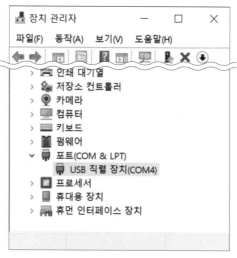

그림 59.3 USBISP 연결

ISP 방식 프로그래머는 아두이노 보드의 ICSP 핀 헤더에 연결한다. 아두이노 우노에는 2개의 ICSP 핀 헤더가 존재하며 하나는 메인 마이크로컨트롤러인 ATmega328을 위해, 다른 하나는 USB-UART 변환용으로 사용하는 ATmega16u2 마이크로컨트롤러를 위해 사용된다. ISP 방식 프로그래머는 ATmega328을 위한 ICSP 핀 헤더에 연결하여 사용한다.

그림 59.4 **아두이노 우노의 ICSP 핀 헤더**

ICSP 핀 헤더는 6핀 또는 10핀의 표준 핀 배열이 존재하며 아두이노 우노에 사용된 배열 역시 표준 6핀 배열이다. 아두이노 우노 보드의 ICSP 핀 헤더를 자세히 살펴보면 1번 핀의 위치에 점이 표시되어 있다. 이 책에서 사용하는 그림 59.2의 USBISP를 포함하여 표준 핀 배열을 따르지 않는 경우도 흔히 볼 수 있으므로 아두이노 보드에 연결할 때 주의가 필요하다.

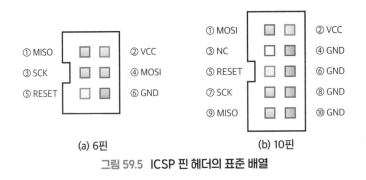

그림 59.5 **ICSP 핀 헤더의 표준 배열**

USBISP를 ICSP 핀 헤더에 연결하고 부트로더를 구워보자. 하지만 부트로더를 굽기 전에 아두이노 프로그램에 한 가지 설정이 필요하다. **아두이노에서 기본적으로 지원하는 ISP 방식 프로그래머에 AVR ISP는 포함되어 있지만 USBISP는 포함되어 있지 않다.** 따라서 먼저 USBISP를 아두이노 프로그램에 등록해야 한다. 아두이노 프로그램이 설치된 디렉터리 아래 'hardware\arduino\avr' 디렉터리에 있는 programmers.txt 파일을 열어보자. programmers.txt 파일에는 아두이노에서 사용할

수 있는 ISP 방식 프로그래머의 정보가 등록되어 있다. 파일의 가장 아래쪽에 USBISP의 정보를
다음과 같이 추가하면 아두이노 프로그램에 USBISP가 등록된다.

```
USBISP.name=USBISP
USBISP.communication=serial
USBISP.protocol=stk500v2
USBISP.program.protocol=stk500v2
USBISP.program.tool=avrdude
USBISP.program.extra_params=-P{serial.port}
```

아두이노 프로그램을 다시 실행하고 '툴 → 프로그래머 → USBISP' 항목이 나타나면 USBISP가
정상적으로 등록된 것이다. USBISP를 선택하자.

그림 59.6 USBISP 선택

'툴 → 보드' 메뉴에서는 사용할 아두이노 보드로 'Arduino/Genuino Uno'를 선택하고, 마지막으
로 '툴 → 포트' 메뉴에서 USBISP에 할당된 포트 번호를 선택한다.

표 59.2 부트로더 굽기를 위한 설정 – USBISP

메뉴 항목	선택	비고
툴 → 보드	Arduino/Genuino Uno	
툴 → 포트	COM4*	
툴 → 프로그래머	USBISP	그림 59.6

모든 준비는 끝났다. '툴 → 부트로더 굽기' 메뉴를 선택하여 부트로더를 구워보자. 약간의 시간이 흐르면 부트로더 굽기가 성공적으로 끝났다는 메시지가 나타날 것이다. 부트로더가 구워지면 시리얼 방식으로 스케치를 업로드할 수 있다.

ISP 방식 프로그래머는 스케치 업로드에도 사용할 수 있다. USBISP를 사용해서 스케치를 업로드해 보자. 스케치를 업로드하는 경우의 설정은 부트로더를 굽는 경우와 같다. '파일 → 예제 → 01.Basics → Blink' 메뉴 항목을 선택하여 블링크 스케치를 열고 '스케치 → 프로그래머를 이용해 업로드' 메뉴 항목, 단축키 `Ctrl`+`Shift`+`U`, 또는 '`Shift`+툴바 업로드 버튼'으로 스케치를 업로드하면 된다. 업로드 명령이 시리얼 방식에서와는 다르다는 점은 기억해야 한다. 업로드가 완료되고 내장 LED가 1초 간격으로 깜빡거리는지 확인해 보자. USBISP를 사용하여 ISP 방식으로 스케치를 업로드한 후에는 부트로더가 지워지므로 시리얼 방식 업로드를 사용할 수 없다는 점도 주의해야 한다. 시리얼 방식의 스케치 업로드를 사용하려면 부트로더를 다시 구우면 된다.

59.3 USBasp

USBasp**USB AVR Serial Programmer는 토머스 피슐Thomas Fischl이 설계한 오픈 소스 프로그래머로, ATmega88 또는 ATmega8 마이크로컨트롤러를 기반으로 만들어진 ISP 방식 프로그래머의 하나다. USBasp의 장점은 마이크로컨트롤러 이외에 많은 부품이 필요하지 않다는 점으로, USB 연결 역시 펌웨어를 통해 해결하고 있다. 반면, 속도는 최대 5KB/s로 느린 편이다.

그림 59.7 USBasp

★ 포트 번호는 사용하는 컴퓨터에 따라 달라질 수 있다.

★★ https://www.fischl.de/usbasp/

그림 59.2의 USBISP가 장치 관리자에서 포트로 인식된 것을 기억할 것이다. 하지만 **USBasp는 USBISP와 달리 포트로 인식되지 않는다.** USBasp를 컴퓨터에 연결해 보자. 처음 USBasp를 컴퓨터에 연결하면 드라이버가 설치되지 않아 '기타 장치'로 인식된다. USBasp의 드라이버는 자동으로 설치되지 않으므로 직접 드라이버를 설치해야 한다. 드라이버를 간편하게 설치하기 위해서는 Zadig[*] 프로그램을 사용할 수 있다. Zadig 프로그램은 USB 장치에 맞는 드라이버를 설치할 수 있게 해주는 오픈 소스 프로그램이다. USBasp가 연결된 상태에서 Zadig 프로그램을 내려받아 실행해 보자.

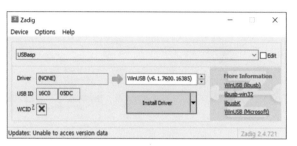

그림 59.8 USBasp 드라이버 설치

그림 59.8에서 볼 수 있듯이 USBasp의 USB ID에 맞는 드라이버가 설치되어 있지 않음을 알 수 있다. 'WinUSB'를 선택하고 'Install Driver' 버튼을 눌러 드라이버를 설치하면 '기타 장치'에 있던 USBasp가 '범용 직렬 버스 장치'로 바뀐다.

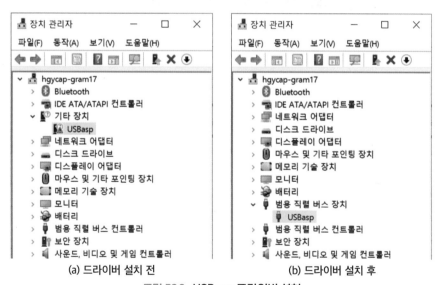

(a) 드라이버 설치 전   (b) 드라이버 설치 후

그림 59.9 USBasp 드라이버 설치

---

[*] https://zadig.akeo.ie/

USBasp는 아두이노 프로그램에서 기본적으로 지원하는 장치 중 하나이므로 '툴 → 프로그래머 → USBasp' 메뉴 항목을 선택한다.

그림 59.10 USBasp 선택

'툴 → 보드' 메뉴에서는 사용할 아두이노 보드로 'Arduino/Genuino Uno'를 선택한다. USBasp 는 그림 59.9에서도 볼 수 있듯이 포트로 인식되지 않으므로 '툴 → 포트' 메뉴는 선택하지 않아 도 된다.

표 59.3 부트로더 굽기를 위한 설정 – USBasp

메뉴 항목	선택	비고
툴 → 보드	Arduino/Genuino Uno	
툴 → 프로그래머	USBasp	그림 59.10

USBasp는 USBISP와 마찬가지로 아두이노 우노의 ICSP 핀 헤더에 연결하면 된다. 그림 59.7의 USBasp는 그림 59.5의 표준 10핀 배열을 따르고 있다. 모든 준비가 끝났으므로 '툴 → 부트로더 굽기' 메뉴를 선택하여 부트로더를 구워보자. 약간의 시간이 흐르면 부트로더 굽기가 성공적으로 끝났다는 메시지가 나타날 것이다. USBasp로 스케치를 업로드하는 방법 역시 USBISP의 경우와

같다. 표 59.3과 같이 설정된 상태에서 '파일 → 예제 → 01.Basics → Blink' 메뉴 항목을 선택하여 블링크 스케치를 열고, '스케치 → 프로그래머를 이용해 업로드' 메뉴 항목, 단축키 '[Ctrl]+[Shift]+[U]', 또는 '[Shift]+툴바 업로드 버튼'으로 스케치를 업로드해서 내장 LED가 1초 간격으로 깜빡이는지 확인해 보자.

장치 드라이버 삭제

장치에 맞는 드라이버를 선택하기 위해 드라이버를 설치하고 지우기를 반복하다 보면 드라이버를 설치했음에도 불구하고 장치가 정상적으로 동작하지 않는 경우가 있다. 이런 경우에는 설치된 드라이버 파일을 완전히 삭제하고 다시 설치하면 도움이 된다. 장치 관리자에서 장치를 선택하고 마우스 오른쪽 버튼을 눌러 '디바이스 제거'를 선택하면 디바이스 제거 다이얼로그가 나타난다. 이때 다이얼로그의 아래쪽에 '이 장치의 드라이버 소프트웨어를 삭제합니다.' 옵션을 선택하고 '제거' 버튼을 누르면 설치된 드라이버 파일을 삭제할 수 있다. 하지만 모든 경우에 완벽하게 드라이버가 삭제되는 것은 아니라는 점도 기억해야 한다.

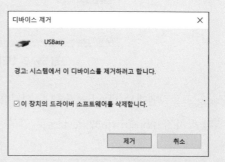

그림 59.11 **디바이스 드라이버 제거**

USBtinyISP 역시 AVR 마이크로컨트롤러를 위한 ISP 방식 오픈 소스 프로그래머 중 하나다. USBtinyISP는 저가형 AVR 마이크로컨트롤러인 ATtiny를 사용하여 USB 인터페이스를 제작하기 위한 USBTiny 프로젝트*를 기반으로 ISP 인터페이스를 구현한 것이다.

그림 59.12 **USBtinyISP**

---

* https://dicks.home.xs4all.nl/avr/usbtiny/

그림 59.12의 **USBtinyISP를 컴퓨터에 연결하면 USBasp와 마찬가지로 포트로 인식되는 것이 아니라 '기타 장치'로 인식된다.** 드라이버 설치는 USBasp를 위해 사용했던 Zadig 프로그램을 사용하면 된다.

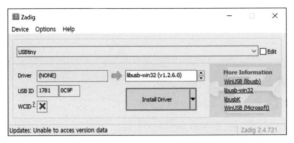

그림 59.13 USBtinyISP 드라이버 설치

Zadig 프로그램에서 'libusb-win32'를 선택하고 'Install Driver' 버튼을 눌러 드라이버를 설치하면 '기타 장치'가 'libusb-win32 devices'로 인식된다*.

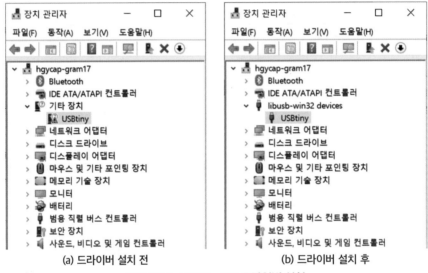

(a) 드라이버 설치 전   (b) 드라이버 설치 후

그림 59.14 USBtinyISP 드라이버 설치

USBtinyISP의 드라이버가 설치된 이후 사용 방법은 USBasp와 같다. USBtinyISP 역시 아두이노 프로그램에서 기본적으로 지원하는 장치 중 하나이므로 '툴 → 프로그래머 → USBtinyISP' 메뉴 항목을 선택하면 된다.

★   드라이버 설치 후 '장치 설명자 요청 실패' 오류가 발생하는 경우, USB 연결선을 뺐다가 다시 연결하면 정상적으로 인식된다.

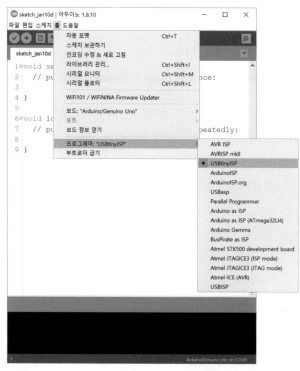

그림 59.15 **USBtinyISP 선택**

'툴 → 보드' 메뉴에서 사용할 아두이노 보드로 'Arduino/Genuino Uno'를 선택하고, USBtinyISP
는 포트로 인식되지 않으므로 '툴 → 포트' 메뉴는 선택하지 않아도 된다.

표 59.4 **부트로더 굽기를 위한 설정 − USBtinyISP**

메뉴 항목	선택	비고
툴 → 보드	Arduino/Genuino Uno	
툴 → 프로그래머	USBtinyISP	그림 59.15

USBtinyISP 역시 아두이노 우노의 ICSP 핀 헤더에 연결하면 된다. 그림 59.12의 USBtinyISP는
그림 59.5의 표준 6핀 배열과 10핀 배열을 모두 지원하고 있으므로 필요에 따라 선택하여 연결하
면 된다. 설정이 끝났으므로 '툴 → 부트로더 굽기' 메뉴를 선택하여 부트로더를 구워보자. 부트
로더 굽기에 성공하면 '파일 → 예제 → 01.Basics → Blink' 메뉴 항목을 선택하여 블링크 스케치
를 열고, '스케치 → 프로그래머를 이용해 업로드' 메뉴 항목, 단축키 'Ctrl + Shift + U', 또는
'Shift + 툴바 업로드 버튼'으로 스케치를 업로드해서 내장 LED가 1초 간격으로 깜빡이는 것을
확인해 보자.

AVRISP mkII

AVRISP mkII는 AVR 마이크로컨트롤러를 판매하는 마이크로칩사에서 제작한 ISP 방식 프로그래머 중 하나다. AVRISP mkII는 제조사에서 제공하는 프로그래머인 만큼 다양한 기능을 제공하고 마이크로칩 스튜디오_{Microchip Studio}와의 호환성이 좋다는 등의 장점이 있지만, 다른 프로그래머에 비해 가격이 비싸다는 단점이 있다. 따라서 여러 회사에서 아두이노에서 사용할 수 있는 AVRISP mkII 호환 제품을 판매하고 있으며 사용되는 프로그래머 대부분이 호환 제품이다. AVRISP mkII는 공식적으로 단종되었지만 호환 제품은 지금도 판매되고 있다. 이 장에서도 호환 제품을 사용하며 이후 설명 역시 호환 제품을 기준으로 한다.

(a) 마이크로칩사 제품　　　　　　　　　　　　(b) 호환 제품

그림 59.16　AVRISP mkII

AVRISP mkII를 컴퓨터에 연결하면 USBasp나 USBtinyISP와 마찬가지로 '기타 장치'로 인식된다. Zadig 프로그램을 실행하여 USBtinyISP와 마찬가지로 'libusb-win32' 드라이버를 설치하면 AVRISP mkII는 'libusb-win32 devices'로 인식된다.

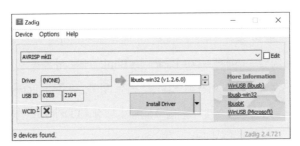

그림 59.17　AVRISP mkII 드라이버 설치

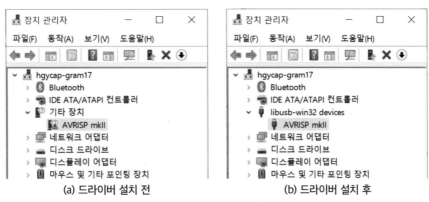

(a) 드라이버 설치 전　　　　(b) 드라이버 설치 후

그림 59.18　AVRISP mkII 드라이버 설치

AVRISP mkII는 아두이노 프로그램에서 기본적으로 지원하는 장치 중 하나이므로 '툴 → 프로그래머 → AVRISP mkII' 메뉴 항목을 선택하면 된다.

그림 59.19　AVRISP mkII 선택

'툴 → 보드' 메뉴에서 'Arduino/Genuino Uno'를 선택하고, AVRISP mkII는 포트로 인식되지 않으므로 '툴 → 포트' 메뉴는 선택하지 않아도 된다.

표 59.5　부트로더 굽기를 위한 설정 – AVRISP mkII

메뉴 항목	선택	비고
툴 → 보드	Arduino/Genuino Uno	
툴 → 프로그래머	AVRISP mkII	그림 59.19

AVRISP mkII 역시 아두이노 우노의 ICSP 핀 헤더에 연결하면 된다. 그림 59.16(b)의 AVRISP mkII는 그림 59.5의 표준 10핀 배열을 따르고 있다. 설정이 끝났으므로 '툴 → 부트로더 굽기' 메뉴를 선택하여 부트로더를 구워보고, '파일 → 예제 → 01.Basics → Blink' 메뉴 항목을 선택하여 블링크

스케치를 열고 '스케치 → 프로그래머를 이용해 업로드' 메뉴 항목, 단축키 `Ctrl`+`Shift`+`U`, 또는 '`Shift`+툴바 업로드 버튼'으로 스케치를 업로드해서 내장 LED가 1초 간격으로 깜빡이는 것을 확인해 보자.

부트로더를 굽고 스케치를 업로드할 때 주의할 점은 AVRISP mkII의 경우 아두이노 보드에 전원을 공급하지 않는다는 점이다. 따라서 AVRISP mkII는 USB 연결이나 어댑터를 통해 아두이노 보드에 전원이 공급된 상태에서만 사용할 수 있다.

59.6 아두이노 보드를 이용한 스케치 업로드

아두이노 호환 보드를 직접 제작하는 경우라면 먼저 부트로더를 구워야 하며 이를 위해서는 ISP 방식 프로그래머가 필요하다. 아두이노에서 사용할 수 있는 ISP 방식 프로그래머는 위에서 언급한 것들 이외에도 여러 가지가 있다. 하지만 주변에 ISP 방식 프로그래머가 없다면 어떻게 할까? 이런 경우 아두이노 보드를 ISP 방식 프로그래머로 사용할 수 있다.

아두이노 보드 2개를 준비하자. 하나는 ISP 방식 프로그래머 역할로 사용하고, 다른 하나는 부트로더를 굽고 스케치를 업로드하는 대상으로 사용할 것이다. 2개의 아두이노는 그림 59.20과 같이 연결한다. ISP 방식 업로드에서는 VCC, GND 이외에 MOSI, MISO, SCK, RESET 등 6개의 핀이 사용되므로 2개의 아두이노를 6개의 선으로 연결한다. 이 중 데이터 전송에 사용되는 MOSI, MISO, SCK는 각각 디지털 11번, 12번, 13번 핀을 사용하며 이들 핀은 아두이노 우노에서 SPI 통신을 위해 사용하는 핀들이다.

표 59.6 아두이노-아두이노 연결 핀

ISP로 사용할 아두이노		부트로더 굽기와 스케치를 업로드할 아두이노	
설명	핀	핀	설명
MOSI	11	11	MOSI
MISO	12	12	MISO
SCK	13	13	SCK
SS	10	RESET	–
–	VCC	VCC	–
–	GND	GND	–

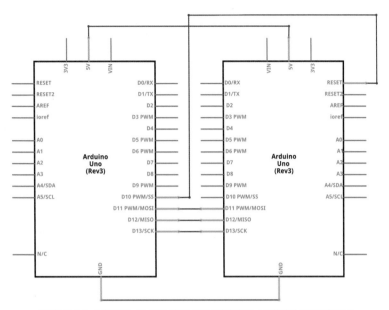

그림 59.20 아두이노를 ISP 방식 프로그래머로 사용하기 위한 회로도

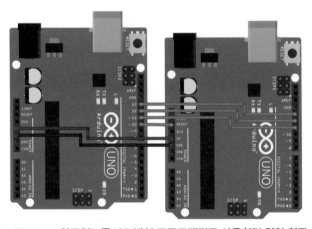

그림 59.21 아두이노를 ISP 방식 프로그래머로 사용하기 위한 회로

그림 59.20에서 왼쪽에 있는 아두이노가 ISP 방식 프로그래머로 사용될 아두이노(아두이노 1)이고, 오른쪽에 있는 아두이노가 프로그램될 아두이노(아두이노 2)다. 컴퓨터와는 아두이노 1만 USB 케이블로 연결하고 아두이노 2는 컴퓨터와 연결하지 않는다.

먼저 아두이노 1이 ISP 방식 프로그래머로 동작할 수 있도록 스케치를 업로드한다. 아두이노 프로그램에는 아두이노를 ISP 방식 프로그래머로 사용할 수 있게 해주는 예제를 제공하고 있다. '파일 → 예제 → 11.ArduinoISP → ArduinoISP' 메뉴 항목을 선택하여 예제 스케치를 연다. '툴 → 보드' 메뉴에서 아두이노 1에 해당하는 보드(Arduino/Genuino Uno)를 선택하고 '툴 →

포트' 메뉴에서 아두이노 1에 해당하는 포트를 선택한다. 이제 '스케치 → 업로드' 메뉴 항목,
'Ctrl+U' 단축키, 또는 툴바의 '업로드' 버튼을 선택하여 아두이노 1에 ArduinoISP 스케치를 업
로드한다. ArduinoISP 스케치를 업로드하면 아두이노 1은 ISP 방식 프로그래머로 동작할 준비가
끝난다.

그림 59.20과 같이 아두이노 2가 아두이노 1에 연결된 상태에서 먼저 부트로더를 구워보자. '툴 →
포트' 메뉴에서 아두이노 1에 해당하는 포트를 선택한다. '툴 → 보드' 메뉴에서는 아두이노 1에 해
당하는 보드가 아니라 아두이노 2에 해당하는 보드를 선택해야 한다는 점에 주의해야 한다. 그
림 59.20의 경우 두 보드가 모두 아두이노 우노이므로 변경하지 않아도 되지만 아두이노 2로 다른
보드를 사용한다면 보드에 맞는 메뉴 항목을 선택해야 한다. 다음은 '툴 → 프로그래머' 메뉴에서
'Arduino as ISP'*를 선택한다.

그림 59.22 Arduino as ISP 선택

모든 설정이 끝났으므로 '툴 → 부트로더 굽기' 메뉴 항목을 선택하여 아두이노 2에 부트로더를
구워보자. 시간이 지나고 '부트로더 굽기 완료' 메시지를 확인할 수 있다면 아두이노 1을 ISP 방식
프로그래머로 사용하여 아두이노 2에 부트로더 굽기에 성공한 것이다.

★ '툴 → 프로그래머' 메뉴에는 'Arduino as ISP' 이외에 'ArduinoISP'가 존재한다. ArduinoISP는 아두이노에서 제작하여 판매한 ISP 방식
   프로그래머로 현재는 판매되고 있지 않다.

표 59.7 아두이노를 ISP 방식 프로그래머로 사용한 부트로더 굽기 순서

	아두이노 1(ISP 방식 프로그래머로 동작)
ISP 방식 프로그래머 준비	① 아두이노 1에 아두이노 2 연결(그림 59.20)
	② '툴 → 보드' 메뉴에서 아두이노 1 보드 선택
	③ '툴 → 포트' 메뉴에서 아두이노 1이 연결된 포트 선택
	④ '파일 → 예제 → 11.ArduinoISP → ArduinoISP' 열기
	⑤ 아두이노 1에 ArduinoISP 업로드
	아두이노 2(프로그램될 아두이노 보드)
부트로더 굽기	⑥ '툴 → 보드' 메뉴에서 아두이노 2 보드 선택
	⑦ '툴 → 포트' 메뉴에서 아두이노 1이 연결된 포트 선택
	⑧ '툴 → 프로그래머 → Arduino as ISP' 선택
	⑨ '툴 → 부트로더 굽기'를 선택하여 아두이노 2에 부트로더 굽기

아두이노를 ISP 방식 프로그래머로 사용하여 부트로더를 구울 수 있다는 것은 아두이노를 ISP 방식 프로그래머로 이용하여 스케치를 업로드할 수도 있다는 뜻이다. 2개의 아두이노를 연결하고 ISP 방식 프로그래머로 사용할 아두이노(아두이노 1)에 설치하는 스케치는 부트로더를 굽는 경우와 같다. 블링크 스케치를 아두이노 2에 ISP 방식으로 업로드해 보자. '파일 → 예제 → 01.Basics → Blink' 메뉴 항목을 선택하여 블링크 스케치를 연다. '툴 → 포트' 메뉴에서 아두이노 1에 해당하는 포트를 선택하고, '툴 → 보드' 메뉴에서는 아두이노 2에 해당하는 보드를 선택해야 한다는 점 역시 부트로더를 굽는 경우와 같다. 설정이 끝났으므로 '스케치 → 프로그래머를 이용해 업로드' 메뉴 항목, '⎡Shift⎤+⎡Ctrl⎤+⎡U⎤' 단축키, 또는 '⎡Shift⎤+툴바 업로드 버튼'으로 아두이노 2에 블링크 스케치를 업로드해 보자. 업로드가 정상적으로 끝나고 아두이노 2의 LED가 1초 간격으로 깜빡이는가?

표 59.8 아두이노를 ISP 방식 프로그래머로 사용한 스케치 업로드 순서

	아두이노 1(ISP 방식 프로그래머로 동작)
ISP 방식 프로그래머 준비	① 아두이노 1에 아두이노 2 연결(그림 59.20)
	② '툴 → 보드' 메뉴에서 아두이노 1 보드 선택
	③ '툴 → 포트' 메뉴에서 아두이노 1이 연결된 포트 선택
	④ '파일 → 예제 → 11.ArduinoISP → ArduinoISP' 열기
	⑤ 아두이노 1에 ArduinoISP 업로드
	아두이노 2(프로그램될 아두이노 보드)
ISP 방식 스케치 업로드	⑥ '툴 → 보드' 메뉴에서 아두이노 2 보드 선택
	⑦ '툴 → 포트' 메뉴에서 아두이노 1이 연결된 포트 선택
	⑧ '툴 → 프로그래머 → Arduino as ISP' 선택
	⑨ '파일 → 예제 → 01.Basics → Blink' 열기(또는 업로드할 다른 스케치 열기)
	⑩ '스케치 → 프로그래머를 이용해 업로드' 메뉴 항목, '⎡Shift⎤+⎡Ctrl⎤+⎡U⎤' 단축키, 또는 '⎡Shift⎤+툴바 업로드 버튼'을 선택하여 아두이노 2에 ISP 방식으로 스케치 업로드

표 59.7과 표 59.8을 비교해 보면 ①~⑧까지의 과정은 같고 ⑨번 항목에서 업로드할 대상(부트로더와 스케치)이 다르고, ⑩번 항목에서 선택하는 동작(부트로더 굽기와 프로그래머를 이용해 업로드)만 다르다는 것을 알 수 있다.

59.7 맺는말

아두이노에 스케치를 업로드하는 방법은 시리얼 방식과 ISP 방식의 두 가지가 있지만, 아두이노를 처음 시작한 후 한동안은 ISP 방식을 사용할 일이 거의 없다. 하지만 아두이노의 기능을 알아가고 아두이노에 익숙해지기 시작하면서 여러 가지를 시도하다 보면 예기치 않게 아두이노가 동작하지 않아 부트로더를 다시 구워야 하는 경우가 생길 수 있다. 또는 아두이노 보드의 거추장스러운 부품들을 걷어내고 나만의 아두이노를 만들어보고 싶다면 ISP 방식 프로그래머는 반드시 갖춰야 할 도구 중 하나다.

ISP 방식 프로그래머는 다양한 종류가 있으며 아두이노에서 지원하는 프로그래머만도 10여 가지를 넘는다. 또한 필요하다면 아두이노 프로그램에 새로운 프로그래머를 등록해 사용하는 것도 어렵지 않다. 이 장에서 살펴본 ISP 방식 프로그래머들은 쉽게 찾아볼 수 있는 것들로 그 특징을 요약하면 표 59.9와 같다. 표 59.9의 모든 ISP 방식 프로그래머는 컴퓨터 쪽에는 USB에, 아두이노 쪽에는 ICSP 핀 헤더에 연결하면 된다.

표 59.9 ISP 방식 프로그래머 비교

ISP 방식 프로그래머	USBISP	USBasp	USBtinyISP	AVRISP mkII
드라이버	자동 설치	수동 설치 (Zadig, WinUSB)	수동 설치 (Zadig, libusb-win32)	수동 설치 (Zadig, libusb-win32)
아두이노 지원	× (programmer.txt 등록 필요)	○	○	○
장치 유형	시리얼 포트	범용 직렬 버스 장치	libusb-win32 devices	libusb-win32 devices
컴퓨터 쪽 연결	USB			
아두이노 쪽 연결	ICSP 핀 헤더			
기타	시리얼 포트로 인식되는 프로그래머	ATmega88 또는 ATmega8을 사용한 오픈 소스 프로그래머	ATtiny를 사용한 오픈 소스 프로그래머	제조사의 공식 프로그래머 중 하나

USBISP는 아두이노 프로그램에서 기본적으로 지원하지는 않지만, AVR ISP에 업데이트된 프로토콜을 사용하는 버전으로 생각할 수 있다. USBISP는 드라이버가 자동으로 설치되고 아두이노뿐만이 아니라 AVR 프로그래밍에서도 호환성이 좋아 흔히 사용되는 프로그래머 중 하나다. 이 책에서도 ISP 방식 프로그래머로 USBISP를 주로 사용하고 있다. 하지만 USBISP는 컴퓨터와는 USB로 연결되고 마이크로컨트롤러와는 ISP 인터페이스로 연결되는 프로그래머를 가리키는 일반적인 단어로도 사용되며 'USBISP', 'USB ISP', 'USB-ISP' 등의 용어가 함께 사용되고 있으므로 주의해야 한다.

오픈 소스 프로그래머 중에서는 USBasp를 흔히 볼 수 있으며, 특히 가격이 저렴해서 많이 사용된다. AVRISP mkII는 제조사의 공식 프로그래머 중 하나이지만 단종되어 호환 제품만 판매되고 있다. 마이크로칩에서 AVR용으로 판매하고 있는 프로그래머는 AVRISP mkII 이후 출시된 ATMEL-ICE가 있다.

1 ISP 방식 프로그래머 중에서는 USBISP와 USBasp를 가장 쉽게 찾아볼 수 있다. AVRISP mkII 호환 제품 역시 많이 사용되지만, 제조사의 지원을 확신할 수 없는 만큼 논외로 한다. USBISP와 USBasp는 컴퓨터에서 인식되는 방법부터 차이가 있으며, 따라서 이후 사용 방법 역시 차이가 있다. 두 프로그래머의 특징과 장단점을 비교해 보자.

2 ATmega328에 펌웨어를 업로드하는 방법에는 부트로더를 이용하는 시리얼 방식과 SPI 통신을 이용하는 ISP 방식 이외에도 HVPP_{High Voltage Parallel Programming}(고전압 병렬 프로그래밍) 방식이 있다. HVPP에서는 12V 전압을 사용하고 8비트 데이터를 병렬로 전송한다. HVPP를 사용하기 위해서는 마이크로컨트롤러를 분리해서 전용 프로그래머에 연결해야 하는 등의 작업이 필요하지만, 시리얼 방식이나 ISP 방식으로 해결할 수 없는 칩 초기화와 같은 작업이 가능하므로 여전히 사용되고 있다. 시리얼 방식이나 ISP 방식과 비교했을 때 HVPP 방식의 특별한 기능에는 어떤 것들이 있는지 알아보자.

퓨즈, 락, 시그너처 바이트

ATmega328 마이크로컨트롤러에는 플래시 메모리, SRAM, EEPROM 등 세 종류의 메모리가 포함되어 있지만, 이 외에도 마이크로컨트롤러의 동작 환경을 설정하기 위한 메모리가 숨겨져 있으며, 퓨즈 바이트, 락 바이트, 시그너처 바이트 등이 이에 해당한다. 이 장에서는 이들 메모리를 통해 ATmega328 마이크로컨트롤러의 기본적인 동작 환경을 설정하는 방법을 살펴본다.

| 아두이노 우노 | × 1 | ➡ | 퓨즈, 락, 시그너처 바이트 테스트 |
| ISP 방식 프로그래머 | × 1 | ➡ | USBISP |

이 장에서
사용할 부품

ATmega328 마이크로컨트롤러에는 플래시 메모리, SRAM, EEPROM의 세 종류 메모리가 포함되어 있다. 여기에 더해 ATmega328에는 마이크로컨트롤러의 기본 동작을 결정하는 3바이트의 퓨즈fuse 바이트, 펌웨어 보안을 위한 1바이트의 락lock 바이트, 마이크로컨트롤러 구별을 위한 3바이트의 시그너처signature 바이트 등의 메모리가 포함되어 있다. 이들 메모리는 자주 사용되는 것은 아니지만, ATmega328의 기본적인 동작 환경을 결정하는 것이므로 중요하다고 할 수 있다. 특히 아두이노 보드를 직접 만들 때 반드시 부트로더를 먼저 구워야 하는 이유는 퓨즈 바이트 설정이 부트로더를 굽는 중에 이루어지기 때문이다. 락 바이트는 상업용 제품을 생산하는 경우 펌웨어의 복사 방지를 위해 주로 사용되므로 아두이노에서 사용되는 경우는 흔치 않다. 시그너처 바이트는 마이크로컨트롤러의 고유번호에 해당하므로 마이크로컨트롤러를 구별하는 용도로 사용한다. 먼저 퓨즈 바이트부터 알아보자.

60.1 퓨즈 바이트

ATmega328은 **마이크로컨트롤러의 기본 동작을 설정하기 위해 3바이트의 비휘발성 메모리인 퓨즈 바이트를 사용한다.** 3바이트의 퓨즈 바이트는 각각 로우 퓨즈low fuse, 하이 퓨즈high fuse, 확장 퓨즈extended fuse라고 한다. 퓨즈 바이트는 마이크로컨트롤러 프로그래밍에서 중요한 부분이지만 한 번 설정한 후에는 변경하는 경우가 거의 없어 퓨즈 바이트를 다루는 경우는 흔치 않다. 하지만 퓨즈 바이트를 잘못 설정하면 마이크로컨트롤러가 동작하지 않을 수도 있으므로 퓨즈 바이트를 설정할 때는 그 의미를 정확히 이해하고 있어야 한다. **아두이노의 경우 부트로더를 굽는 과정에 퓨즈 바이트를 설정하는 과정이 포함되어 있으므로 아두이노 환경에서 ATmega328을 사용하고자 한다면 부트로더를 굽는 것 이외에 별도로 퓨즈 바이트를 설정하는 과정이 필요하지 않다.** 하지만 아두이노 환경과는 다른 환경에서 ATmega328을 사용하고자 한다면 퓨즈 바이트를 설정해야 할 수 있으며, 이때 마이크로칩 스튜디오를 사용하면 간단하게 퓨즈 바이트를 변경할 수 있다. 퓨즈 바이트 설정에서 주의할 점은 **'0'의 값을 갖는 퓨즈 비트는 설정된 비트이며, '1'의 값을 갖는 퓨즈 비트는 설정되지 않은 비트를 나타낸다**는 점이다.

표 60.1은 ATmega328의 공장 출하 시 디폴트 퓨즈 바이트 설정값과 아두이노 우노의 퓨즈 바이트 설정값을 비교한 것으로, 디폴트 상태와는 차이가 있다. 따라서 아두이노 환경에서 사용하기 위해서는 한 번은 퓨즈 바이트를 설정해야 한다. 아두이노 우노의 퓨즈 바이트 설정값은 아두이

노가 설치된 디렉터리 아래 'hardware\arduino\avr' 디렉터리에 있는 board.txt 파일에서 확인할 수 있으며, 디폴트 설정값은 ATmega328 데이터시트에서 확인할 수 있다.

표 60.1 퓨즈 바이트값 비교

	아두이노 우노에 사용되는 ATmega328	디폴트 상태의 ATmega328
EXTENDED	0xFD	0xFF
HIGH	0xDE	0xD9
LOW	0xFF	0x62

60.1.1 하이 퓨즈 바이트

먼저 하이 퓨즈 바이트를 살펴보자. 표 60.2는 ATmega328의 하이 퓨즈 바이트를 나타낸 것으로 디폴트값과 아두이노 우노에서 설정된 값을 함께 나타내었다.

표 60.2 하이 퓨즈 바이트

비트 이름	비트 번호	설명	디폴트값	Arduino UNO 설정값
RSTDISBL	7	외부 리셋 금지	1 (외부 리셋 가능)	1
DWEN	6	디버그 와이어 활성화	1 (디버그 와이어 비활성화)	1
SPIEN	5	시리얼 방식 프로그래밍 가능	0 (시리얼 방식 프로그래밍 가능)	0
WDTON	4	와치독 타이머 항상 켜기	1 (와치독 타이머 끔)	1
EESAVE	3	칩 내용을 지울 때 EEPROM 내용 보존	1 (EEPROM 내용도 지움)	1
BOOTSZ1	2	부트로더 크기	00 (4KB)	11 (0.5KB)
BOOTSZ0	1			
BOOTRST	0	리셋 시 시작 시점	1 (0번지부터 시작)	0 (부트로더부터 시작)

- **RSTDISBL(Reset Disable)**

외부 리셋을 금지한다. 외부 리셋은 ATmega328의 1번 핀에 의한 리셋을 가리키며, 1번 핀을 리셋으로 사용하지 않을 때는 PORT C의 6번(PC6) 범용 입출력 핀으로 사용할 수 있다. 하지만 리셋 핀은 ISP 방식 프로그래머나 USB-UART 변환 장치를 사용하여 스케치를 업로드할 때도 사용하므로 외부 리셋이 금지되면 스케치를 업로드할 수 없다. 리셋 핀에 의한 리셋을 사용할 수 없는 경우에도 전원이 켜질 때의 리셋power-on reset과 브라운 아웃에 의한 리셋brown out reset 등은 사용할 수 있다.

■ DWEN(Debug Wire Enable)

디버그 와이어 기능을 활성화한다. 디버그 와이어 기능이 활성화되면 칩 내 디버깅on-chip debugging 기능을 사용할 수 있다. 디버깅은 디버그 와이어 인터페이스debug wire interface를 통해 이루어지며 전용 장비가 필요하다. 디버그 와이어 기능은 디버깅을 시작할 때 활성화하고 디버깅이 끝날 때 비활성화하는 것이 일반적이다.

■ SPIEN(SPI Serial Programming Enable)

SPI를 사용한 시리얼 프로그래밍이 가능하도록 설정한다. 시리얼 프로그래밍이 금지되면 ISP 방식으로 스케치를 업로드할 수 없다. 시리얼 프로그래밍이 금지되어도 병렬 프로그래밍은 가능하지만, 병렬 프로그래밍은 일반적으로 칩을 시스템에서 제거한 후 실행해야 하는 등 간단하지 않으므로 실수로 시리얼 프로그래밍이 금지되지 않도록 주의해야 한다. 이는 RSTDISBL 비트의 경우도 마찬가지다.

■ WDTON(Watchdog Timer Always On)

시스템 리셋 기능을 하도록 와치독 타이머를 설정한다. 와치독 타이머는 시스템의 자동 리셋을 위해 흔히 사용되는 타이머다. 와치독 타이머에 타임아웃 시간을 설정하고 지정한 시간이 지나기 전에 와치독 타이머를 리셋해야 와치독 타이머에 의해 시스템이 리셋되지 않는다. 시스템의 처리 지연 등 비정상적인 동작으로 인해 와치독 타이머 리셋이 이루어지지 않으면 시스템이 자동으로 리셋된다. 와치독 타이머는 시스템 리셋 이외에도 인터럽트를 발생시키는 기능이 있다.

■ EESAVE(EEPROM Save)

마이크로컨트롤러의 플래시 메모리에 프로그램을 업로드할 때 EEPROM 내용의 보존 여부를 설정한다. EESAVE 비트가 설정되어 있으면 플래시 메모리에 프로그램을 업로드할 때 EEPROM의 내용은 지우지 않고 그대로 보존한다. 디폴트값은 EEPROM의 내용도 지우도록 설정되어 있으므로 플래시 메모리와 함께 EEPROM의 내용도 모두 지운다.

■ BOOTSZn(n = 0, 1)(Bootloader Size)

부트로더의 크기를 지정한다. 부트로더는 플래시 메모리의 가장 뒷부분에 위치하며 부트로더의 크기는 최소 256 워드에서 최대 2,048 워드까지 4단계로 설정할 수 있다. 그림 60.1은 플래시 메모리에서 애플리케이션 영역과 부트로더 영역을 나타낸 것으로, 부트로더 영역은 플래시 메모리의 제일 뒤쪽에 있다. 비트 설정에 따른 부트로더의 크기는 표 60.3과 같다.

그림 60.1 ATmega328의
플래시 메모리 구조

표 60.3 BOOTSZn(n = 0, 1) 비트 설정에 따른 부트로더 크기

BOOTSZ 퓨즈 비트	부트 영역 크기(워드)	프로그램 저장 영역 주소	부트 영역 주소
11	256	0x0000~0x3EFF	0x3F00~0x3FFF
10	512	0x0000~0x3DFF	0x3E00~0x3FFF
01	1024	0x0000~0x3BFF	0x3C00~0x3FFF
00	2048	0x0000~0x37FF	0x3800~0x3FFF

■ BOOTRST(Select Reset Vector)

마이크로컨트롤러가 리셋될 때 프로그램의 시작 위치를 설정한다. 시작 위치는 부트로더나 플래시 메모리의 0번지 중 선택할 수 있다. 디폴트값은 부트로더를 사용하지 않고 플래시 메모리의 0번지부터 프로그램을 시작하는 것이지만, 아두이노의 경우 부트로더를 사용하므로 BOOTRST 비트는 0으로 설정되고 부트로더부터 시작된다.

60.1.2 로우 퓨즈 바이트

표 60.4는 ATmega328의 로우 퓨즈 바이트를 나타낸 것으로, 디폴트값과 아두이노 우노에서 설정된 값을 함께 나타내었다.

표 60.4 로우 퓨즈 바이트

비트 이름	비트 번호	설명	디폴트값	Arduino UNO 설정값
CKDIV8	7	클록을 8로 나눔	0 (클록을 8로 나눔)	1 (클록을 8로 나누지 않음)
CKOUT	6	클록을 포트 B의 0번 핀으로 출력	1 (클록 출력 없음)	1
SUT1	5	초기 구동 시간	1	1
SUT0	4		0	1
CKSEL3	3	클록 소스	0	1
CKSEL2	2		0	1
CKSEL1	1		1	1
CKSEL0	0		0	1

■ CKDIV8(Divide Clock by 8)

클록을 8로 나눌 것인지 설정한다. 디폴트값으로 클록을 8로 나누어 클록을 낮추어 사용하도록 설정되어 있다. 클록을 8로 나누면 8 클록에 한 번 동작하므로 동작 속도가 1/8로 낮아진다.

■ CKOUT(Clock Output)

ATmega328에서 사용하는 클록의 외부 출력 여부를 나타낸다. ATmega328과 동기화가 필요한 외부 회로에 클록을 공급하거나 클록의 정상 공급 여부를 확인하는 용도로 사용할 수 있다. 클록 출력이 설정되면 클록이 출력되는 핀(PB0)은 범용 입출력 핀으로 사용할 수 없다.

■ SUTn(n = 0, 1)(Select Start-Up Time)

저전력 모드에서 깨어나거나 리셋 이후의 초기 구동 시간을 선택한다. 초기 구동 시간은 전원이 가해진 후 클록 소스가 안정화될 때까지의 시간을 나타내며 사용하는 클록에 따라 달라진다. 8MHz로 조정된 내부 RC 오실레이터가 사용되는 경우 초기 구동 시간은 표 60.5와 같다.

표 60.5 조정된 내부 RC 오실레이터가 사용되는 경우의 초기 구동 시간

SUT1...0	파워 다운 모드나 파워 절약(save) 모드에서 구동 시간	리셋 이후 추가 지연 시간 (VCC = 5V)	전원 상황
00	6CK	14CK	BOD 활성화
01	6CK	14CK + 4.1ms	빠르게 상승하는 전력
10	6CK	14CK + 65ms	느리게 상승하는 전력
11	-	-	-

16MHz의 저전력 크리스털 오실레이터가 사용되는 경우의 초기 구동 시간은 표 60.6과 같다.

표 60.6 저전력 크리스털 오실레이터가 사용되는 경우의 초기 구동 시간

SUT1...0	파워 다운 모드나 파워 절약 모드에서 구동 시간	리셋 이후 추가 지연 시간 (VCC = 5V)	전원 상황
00	-	-	-
01	16K CK	14CK	BOD 활성화
10	16K CK	14CK + 4.1ms	빠르게 상승하는 전력
11	16K CK	14CK + 65ms	느리게 상승하는 전력

초기 구동 시간은 8MHz 내부 오실레이터를 사용하는 디폴트 상태의 경우 10_2으로, 16MHz 외부 크리스털을 사용하는 아두이노 우노는 11_2로 리셋 후 가장 긴 초기 구동 시간이 설정되어 있다. 빠르게 상승하는 전력fast rising power과 느리게 상승하는 전력slowly rising power은 전원부에서 ATmega328의 동작에 충분한 전력을 공급하기까지의 시간을 말하며, 안정적인 동작을 위해 느리게 상승하는 전력 옵션이 흔히 선택된다. 브라운 아웃 감지BOD: Brown Out Detection 회로는 마이크로컨트롤러에 공급되는 전원을 검사하여 지정한 전압보다 낮아지면 마이크로컨트롤러를 리셋하는

역할을 한다. 브라운 아웃에 의한 리셋은 일정 수준 이상의 전압에서 시작하므로 초기 구동 시간이 가장 짧다.

■ **CKSELn(n = 0, ... , 3)(Select Clock Source)**

클록 소스를 선택한다. CKSELn 비트 설정에 따른 클록 소스는 표 60.7과 같다.

표 60.7 클록 소스

클록 소스	CKSEL3...0
저전력 크리스털 오실레이터	1111~1000
풀 스윙(full swing) 크리스털 오실레이터	0111~0110
저주파 크리스털 오실레이터	0101~0100
내부 128kHz RC 오실레이터	0011
조정된(calibrated) 내부 RC 오실레이터	0010
외부 클록	0000
예약됨(reserved)	0001

표 60.7에서 알 수 있듯이 ATmega328과 함께 사용할 수 있는 클록의 종류는 다양하다. **ATmega328의 디폴트 설정은 0010_2으로, 8MHz로 조정된 내부 RC 오실레이터를 사용한다.** 데이터시트에 의하면 ATmega328은 최대 20MHz 클록을 사용할 수 있지만, 일반적으로 16MHz 이하의 클록을 사용하며 아두이노 우노도 16MHz 클록을 사용한다. 아두이노 우노의 클록 선택 설정값은 1111_2로 저전력 크리스털 오실레이터를 사용하도록 설정되어 있다. 풀스윙 크리스털 오실레이터는 저전력 크리스털 오실레이터에 비해 전력 소모가 많지만 좀 더 정확한 클록을 생성할 수 있다. 저주파 크리스털 오실레이터는 kHz 단위의 클록을 사용할 경우 선택하는 옵션으로, 8MHz 또는 16MHz 클록을 사용하는 경우에는 사용되지 않는다. 외부 클록은 ATmega328의 도움 없이 자체적으로 클록을 만들어내는 전자 부품으로, PB6(XTAL1) 핀 하나만 연결하여 사용하면 된다. 외부 클록을 사용하면 PB7(XTAL2) 핀은 범용 입출력 핀으로 사용할 수 있다. 아두이노는 저전력 크리스털 오실레이터를 사용하므로 XTAL1과 XTAL2에 크리스털을 연결하여 사용하므로 XTAL2(PB7) 핀을 범용 입출력 핀으로 사용할 수 없다.

크리스털, 레조네이터, 오실레이터

수정(크리스털)을 얇게 자르고 전기적 신호를 가하면 수정편의 두께와 잘린 각도 등에 의해 일정한 주파수로 진동을 하게 되며 진동 주파수는 전압, 온도, 습도 등의 외부 환경에 대한 영향을 적게 받으므로 안정적인 클록 생성이 가능하다. 수정을 사용하여 클록을 만드는 전자 부품인 크리스털(crystal, X-tal)은 2개의 핀을 가진 소자로 마이크로컨트롤러에서 XTAL1, XTAL2(또는 Xin, Xout) 핀에 연결하여 사용한다. 하지만 크리스털에는 극성이 없으므로 연결 순서와 무관하게 동작한다. 크리스털은 자체적으로 클록을 만들지 못하며 마이크로컨트롤러의 내부 회로와 함께 동작하여 클록을 만들어낸다. 안정도는 $10^{-6} \sim 10^{-8}$ 정도로 10MHz 발진의 경우 최대 10Hz 정도의 오차가 발생한다.

레조네이터(resonator)는 발진자로 크리스털을 포함하여 세라믹 발진자, SAW 필터에 의한 발진, 음차 발진 등 다양한 종류의 발진자를 포함하지만, **레조네이터는 일반적으로 세라믹 발진자를 가리킨다.** 세라믹 발진자는 압전성을 가진 세라믹 소재의 기계적인 공진을 이용하여 클록을 만들어낸다. 레조네이터는 일반적으로 $10^{-3} \sim 10^{-4}$ 정도의 안정도를 가져 크리스털보다 안정도가 낮다.

발진자(크리스털이나 세라믹 레조네이터 등)를 사용하는 경우 클록 생성을 위해서는 발진을 위한 회로를 추가로 구성해야 한다. 이러한 번거로움을 없애기 위해 발진 회로와 발진자를 하나로 만든 것을 오실레이터라고 한다. 오실레이터는 일반적으로 4개의 핀을 가지며 그중 2개는 VCC와 GND에 해당한다. 나머지 2개의 핀 중 하나는 NC(Not Connected)로 사용하지 않는 핀이며, 나머지 하나로 클록 신호가 나온다. 마이크로컨트롤러에 오실레이터를 연결하는 경우에는 일반적으로 Xin 또는 XTAL1 핀에 연결하여 사용한다.

(a) 크리스털   (b) 오실레이터

그림 60.2 크리스털과 오실레이터

60.1.3 확장 퓨즈 바이트

표 60.8은 ATmega328의 확장 퓨즈 바이트를 나타낸 것으로, 디폴트값과 아두이노 우노에서 설정된 값을 함께 나타내었다.

표 60.8 확장 퓨즈 바이트

비트 이름	비트 번호	설명	디폴트값	Arduino UNO 설정값
–	7	–	1	1
–	6	–	1	1
–	5	–	1	1
–	4	–	1	1
–	3	–	1	1
BODLEVEL2	2	브라운 아웃 감지 레벨	1	1
BODLEVEL1	1		1	0
BODLEVEL0	0		1	1

확장 퓨즈 바이트에는 브라운 아웃 감지 레벨을 설정하는 3개의 비트만 사용되고 나머지 5개 비트는 사용하지 않는다. 마이크로컨트롤러에 공급되는 전압이 브라운 아웃 감지 레벨 이하로 떨어지면 마이크로컨트롤러가 리셋된다. 비트 설정에 따른 브라운 아웃 감지 레벨은 표 60.9와 같다.

디폴트 상태에서 ATmega328은 BOD를 사용하지 않지만, 아두이노 우노는 2.7V 이하로 전압이 떨어지면 마이크로컨트롤러가 리셋되도록 설정되어 있다. 일반적으로 부트로더를 사용하거나 프로그램에서 EEPROM을 사용하는 경우 BOD 사용이 추천된다.

표 60.9 브라운 아웃 트리거 전압

BODLEVEL 2...0	V_{BOT}
111	BOD 금지
110	1.8
101	2.7
100	4.3
011	
010	
001	-
000	

60.2 퓨즈 프로그래밍

아두이노 보드에 사용할 마이크로컨트롤러의 퓨즈 바이트는 부트로더를 구우면 자동으로 설정된다. 하지만 아두이노에서 제공하는 값 이외의 값으로 퓨즈를 설정하고 싶다면 퓨즈 바이트값을 변경해야 하며, 이 경우 마이크로칩 스튜디오Microchip Studio를 사용할 수 있다. 마이크로칩 스튜디오 이외에도 여러 가지 프로그램을 통해 퓨즈 바이트를 설정할 수 있지만, 마이크로칩 스튜디오는 ATmega328의 제조사에서 제공하는 통합개발환경으로 퓨즈 바이트 설정 이외에도 아두이노 프로그램에서 제공하지 않는 많은 기능을 제공하고 있으므로 사용해 보기를 추천한다. 마이크로칩 스튜디오는 마이크로칩사에서 무료로 제공하고 있으므로 다운로드 페이지*에서 내려받아 설치하면 된다.

퓨즈 바이트값을 변경하기 위해서는 먼저 ISP 방식 프로그래머를 등록해야 한다. ISP 방식 프로그래머는 마이크로칩 스튜디오에서 프로그램을 업로드하기 위해서도 사용한다. 이 책에서는 ISP 방식 프로그래머로 STK500 v.2를 사용하는 그림 60.3의 USBISP를 사용한다.

그림 60.3 USBISP

---

* https://www.microchip.com/en-us/development-tools-tools-and-software/microchip-studio-for-avr-and-sam-devices

마이크로칩 스튜디오를 실행한 후 'Tools → Add target...' 메뉴 항목을 선택하면 프로그래머를 등록할 수 있는 다이얼로그가 나타난다. 다이얼로그에서 'STK500'과 프로그래머가 연결된 포트 번호를 선택하면 등록이 완료된다.

그림 60.4 마이크로칩 스튜디오에 USBISP 등록

프로그래머가 등록되면 'Tools → Device Programming' 메뉴 항목, Ctrl + Shift + P 단축 키 또는 툴바의 'Device Programming 버튼(🖼)'을 선택하여 장치 프로그래밍device programming 다 이얼로그를 실행한다. 장치 프로그래밍 다이얼로그에서 'Tool'은 그림 60.4에서 선택한 'STK500 COM4'를, 'Device'는 'ATmega328P'를, 'Interface'는 'ISP'를 선택한 후 'Apply' 버튼을 누르면 선택 한 마이크로컨트롤러와 연결된다.

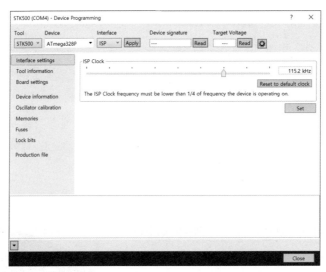

그림 60.5 장치 프로그래밍 다이얼로그

장치 프로그래밍 다이얼로그 왼쪽의 'Fuses' 탭을 선택하면 현재 퓨즈 바이트를 읽어 표시해 주며, 비트 또는 바이트 단위로 설정할 수 있다.

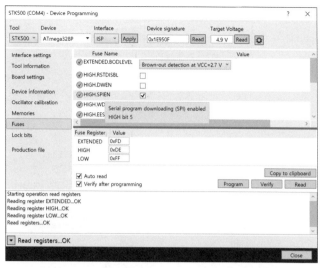

그림 60.6　장치 프로그래밍 다이얼로그의 Fuses 탭

퓨즈 바이트 설정을 변경한 후에는 'Program' 버튼을 눌러 변경된 설정을 저장하면 된다. 퓨즈 비트 이름 위에 마우스 커서를 올려놓으면 퓨즈에 대한 간단한 설명도 볼 수 있으므로 퓨즈의 의미를 파악하는 데 도움이 될 것이다.

퓨즈 바이트값은 스케치에서도 간단하게 읽어올 수 있다. 퓨즈 바이트를 읽기 위해서는 boot.h 파일에 정의된 매크로 함수인 boot_lock_fuse_bits_get 함수를 사용하면 된다.

```
#define boot_lock_fuse_bits_get ( address )
```

함수의 매개변수는 퓨즈의 종류를 지정하면 되고 락 비트 역시 읽어올 수 있다.

```
#define GET_LOW_FUSE_BITS            (0x0000)
#define GET_LOCK_BITS                (0x0001)
#define GET_EXTENDED_FUSE_BITS       (0x0002)
#define GET_HIGH_FUSE_BITS           (0x0003)
```

스케치 60.1은 아두이노 우노의 ATmega328에서 퓨즈 바이트와 락 바이트*의 값을 읽어 시리얼 모니터로 출력하는 예다.

---

* 　락 바이트는 뒤에서 설명하지만, 퓨즈 바이트를 읽는 함수와 같은 함수로 읽어올 수 있으므로 스케치 60.1에 포함했다.

```
#include <avr/boot.h>

void printIn2HexString(uint8_t val, boolean newLine = true);

void setup() {
    Serial.begin(9600);

    cli();                                                          // 인터럽트 금지
    uint8_t lowByte = boot_lock_fuse_bits_get(GET_LOW_FUSE_BITS);
    uint8_t highByte= boot_lock_fuse_bits_get(GET_HIGH_FUSE_BITS);
    uint8_t extendedByte= boot_lock_fuse_bits_get(GET_EXTENDED_FUSE_BITS);
    uint8_t lockByte= boot_lock_fuse_bits_get(GET_LOCK_BITS);
    sei();                                                          // 인터럽트 허용

    Serial.print("Low Fuse\t: 0x");
    printIn2HexString(lowByte);
    Serial.print("High Fuse\t: 0x");
    printIn2HexString(highByte);
    Serial.print("Extended Fuse\t: 0x");
    printIn2HexString(extendedByte);
    Serial.println();
    Serial.print("Lock Byte\t: 0x");
    printIn2HexString(lockByte);
}

// 16진수 두 자리로 출력, newLine으로 줄바꿈 여부를 지정하며 디폴트값으로 줄바꿈
void printIn2HexString(uint8_t val, boolean newLine) {
    Serial.print(val / 16, HEX);
    Serial.print(val % 16, HEX);
    if (newLine) {
        Serial.println();
    }
}

void loop() {
}
```

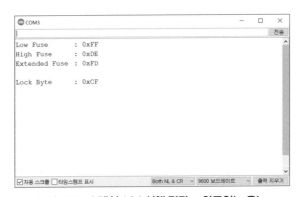

그림 60.7 스케치 60.1 실행 결과 – 아두이노 우노

락 바이트

락lock 바이트는 마이크로컨트롤러의 메모리 내용을 보호하기 위한 설정을 저장하는 바이트다. 락 비트 역시 퓨즈 비트와 마찬가지로 0이 설정된 값이며 1이 설정되지 않은 값이다. 표 60.10은 ATmega328의 락 바이트를 나타낸 것으로, 디폴트값과 아두이노 우노에서 설정된 값을 함께 나타내었다.

표 60.10 락 바이트

비트 이름	비트 번호	설명	디폴트값	Arduino UNO 설정값
-	7		1	1
-	6		1	1
BLB12	5	부트 락 비트	1	0
BLB11	4	부트 락 비트	1	0
BLB02	3	부트 락 비트	1	1
BLB01	2	부트 락 비트	1	1
LB2	1	락 비트	1	1
LB1	0	락 비트	1	1

디폴트 상태에서 메모리에 대한 락이 설정되어 있지 않으므로 자유롭게 메모리의 내용을 읽고 쓸 수 있다. 락 바이트는 설정에 따라 퓨즈 바이트 역시 변경할 수 없도록 만들 수 있으므로 락 비트는 퓨즈 바이트를 설정한 이후 마지막으로 설정해야 한다. 락 바이트값을 잘못 설정하여 아두이노가 정상적으로 동작하지 않는다면 장치 프로그래밍 다이얼로그의 'Memories' 탭에서 '칩 지우기erase chip' 명령으로 락 바이트를 디폴트 상태로 되돌리면 된다. 칩 지우기 명령은 플래시 메모리, EEPROM 그리고 락 바이트를 지우지만 퓨즈 바이트는 변경하지 않는다. 하이 퓨즈의 EESAVE가 설정되어 있다면 EEPROM의 내용 역시 보존된다.

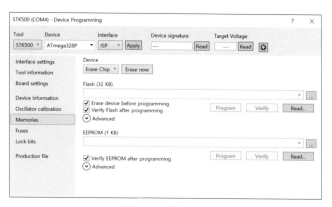

그림 60.8 칩 지우기

락 바이트가 잘못 설정되었을 때 디폴트값으로 되돌리는 방법은 칩 지우기이지만 일반적으로 ISP 방식 업로드의 첫 번째 단계 역시 칩 지우기 명령을 실행하는 것이다. 따라서 쓰기를 금지하는 락이 설정되어 있어도 ISP 방식으로 스케치를 업로드할 수 있다. 아두이노의 시리얼 방식 업로드도 마찬가지다. 시리얼 방식 업로드에서는 스케치를 업로드한 후 업로드한 스케치를 확인하기 위해 플래시 메모리에 기록된 내용을 다시 읽는 과정을 거친다. 이를 위해 시리얼 방식 업로드에서도 락 바이트를 변경한다. 메모리에 쓰고 읽을 수 없도록 락을 설정한 상태에서도 락을 변경하여 스케치를 업로드하고(쓰기) 업로드한 스케치를 확인할(읽기) 수 있다는 것이 이상하게 보일 수도 있지만, 기본적으로 스케치 전체를 다시 업로드할 때는 칩 지우기가 포함되어 있으므로 플래시 메모리의 읽고 쓰기가 가능하다. 그렇다면 락 바이트는 왜 존재하는 것일까? **락 바이트는 마이크로컨트롤러에 업로드한 스케치를 복사하지 못하게 하는 데 사용한다.**

표 60.10의 락 바이트는 3개의 그룹으로 나뉜다. LB는 '메모리 락'이라고 이야기하며 외부 프로그래밍 장치를 통한 메모리의 읽기와 쓰기를 제한하는 용도로 사용한다. BLB는 '부트 락'이라고 이야기하며 다시 두 부분으로 나뉜다. BLB0은 애플리케이션 영역의 읽기와 쓰기를 제한하는 용도로 사용하고, BLB1은 부트로더 영역의 읽기와 쓰기를 제한하는 용도로 사용한다. 먼저 표 60.11은 메모리 락의 설정에 따른 보호 모드를 나타낸 것으로, 외부 프로그래밍 장치를 통한 메모리의 읽기와 쓰기를 제한하는 모드를 갖고 있다.

표 60.11 메모리 락의 보호 모드

모드	락 비트		설명
	LB2	LB1	
1	1	1	메모리 락 기능을 사용하지 않는다.
2	1	0	병렬 및 직렬 프로그래밍 모드에서 플래시 메모리와 EEPROM에 대한 쓰기가 금지된다. 병렬 및 직렬 프로그래밍 모드에서 퓨즈 바이트의 변경 역시 금지된다.
3	0	0	병렬 및 직렬 프로그래밍 모드에서 플래시 메모리와 EEPROM에 대한 쓰기와 읽기가 금지된다. 병렬 및 직렬 프로그래밍 모드에서 퓨즈 바이트의 변경 역시 금지된다.

표 60.12는 BLB0 락 비트에 의한 보호 모드를 나타낸 것으로, 애플리케이션 영역의 쓰기와 부트로더에 의한 애플리케이션 영역 읽기를 제한하는 모드를 갖고 있다.

표 60.12 애플리케이션 영역에 대한 부트 락의 보호 모드

모드	락 비트		설명
	BLB02	BLB01	
1	1	1	SPM이나 LPM 명령으로 애플리케이션 영역에 접근하는 데 제한이 없다.
2	1	0	애플리케이션 영역에 SPM 명령을 사용한 쓰기가 금지된다.
3	0	0	애플리케이션 영역에 SPM 명령을 사용한 쓰기가 금지되고, 부트로더 영역에서 실행되는 LPM 명령을 통한 애플리케이션 영역의 읽기 역시 금지된다. 인터럽트 벡터가 부트로더 영역에 위치한 경우 애플리케이션 영역에서 프로그램을 실행하는 동안 인터럽트는 금지된다.
4	0	1	부트로더 영역에서 실행되는 LPM 명령을 통한 애플리케이션 영역의 읽기가 금지된다. 인터럽트 벡터가 부트로더 영역에 위치한 경우 애플리케이션 영역에서 프로그램을 실행하는 동안 인터럽트는 금지된다.

표 60.13은 BLB1 락 비트에 의한 보호 모드를 나타낸 것으로, 부트로더 영역의 쓰기와 애플리케이션에 의한 부트로더 영역 읽기를 제한하는 모드를 갖고 있다. 아두이노에서 다른 락은 사용하지 않지만, **부트로더 영역에 대한 쓰기와 애플리케이션에 의한 부트로더 영역 읽기를 제한하여 부트로더가 손상되는 것을 방지하고 있다.** 부트로더 영역에 대한 쓰기가 금지되면 부트로더가 스스로를 업데이트하는 것도 금지된다.

표 60.13 부트로더 영역에 대한 부트 락의 보호 모드

모드	락 비트		설명
	BLB12	BLB11	
1	1	1	SPM이나 LPM 명령으로 부트로더 영역에 접근하는 데 제한이 없다.
2	1	0	부트로더 영역에 SPM 명령을 사용한 쓰기가 금지된다.
3	0	0	부트로더 영역에 SPM 명령을 사용한 쓰기가 금지되고, 애플리케이션 영역에서 실행되는 LPM 명령을 통한 부트로더 영역의 읽기 역시 금지된다. 인터럽트 벡터가 애플리케이션 영역에 위치한 경우 부트로더 영역에서 프로그램을 실행하는 동안 인터럽트는 금지된다.
4	0	1	애플리케이션 영역에서 실행되는 LPM 명령을 통한 부트로더 영역의 읽기가 금지된다. 인터럽트 벡터가 애플리케이션 영역에 위치한 경우 부트로더 영역에서 프로그램을 실행하는 동안 인터럽트는 금지된다.

메모리 락이 하드웨어에 의한 읽기와 쓰기를 제한한다면, 부트 락은 소프트웨어에 의한 읽기와 쓰기를 제한한다는 차이가 있다. 부트 락에서는 메모리의 읽기와 쓰기 명령인 LPM과 SPM을 차단함으로써 보안 기능을 제공한다. LPM_{Load Program Memory} 명령은 플래시 메모리에 설치된 프로그램을 읽기 위해 사용하는 명령이고, SPM_{Store Program Memory} 명령은 플래시 메모리에 프로그램을 저장하기 위해 사용하는 명령이다. 다만 SPM 명령은 애플리케이션 영역에서는 사용할 수 없고 부트로더 영역에서만 사용할 수 있다.

락 기능을 사용하여 아두이노에 설치된 스케치를 읽을 수 없도록 만들어보자. 먼저 '파일 →
예제 → 01.Basics → Blink' 메뉴 항목을 선택하여 블링크 스케치를 연 후, 스케치를 업로드한다. 업
로드가 완료되면 마이크로칩 스튜디오를 실행하고 장치 프로그래밍 다이얼로그의 Memories 탭에서
'Read...' 버튼을 눌러 현재 마이크로컨트롤러에 업로드된 스케치를 다운로드하여 파일로 저장한다.

그림 60.9 업로드된 스케치 다운로드하기

아두이노 우노에 업로드된 스케치를 다운로드했으면 장치 프로그래밍 다이얼로그에서 'Lock bits'
탭을 선택하자. 아두이노 우노의 디폴트 상태에서 메모리 락은 설정되어 있지 않다. 이를 모드
2 쓰기 금지 상태로 설정하고 'Program' 버튼을 눌러 락 비트의 변경 내용을 저장한다. 저장이 완
료되면 'Memories' 탭에서 다시 펌웨어를 파일로 저장한다. 같은 과정을 모드 3 쓰기와 읽기 금지
상태에 대해서도 반복한다.

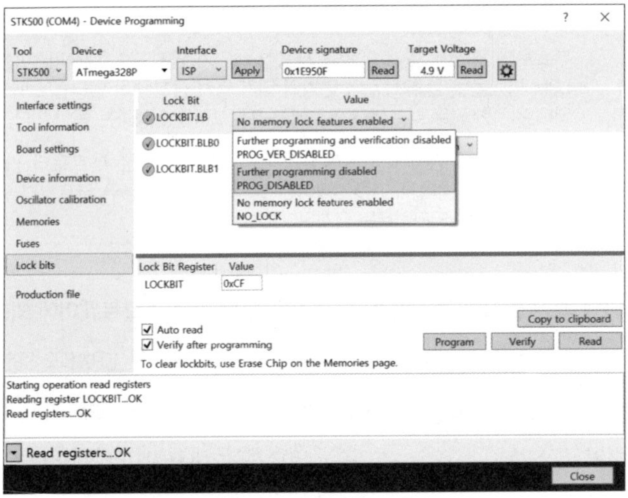

![STK500 (COM4) - Device Programming 다이얼로그의 Lock bits 탭 화면]

그림 60.10 메모리 락 비트 변경

서로 다른 메모리 락 모드로 설정된 상태에서 다운로드한 스케치를 비교한 것이 표 60.14다.

표 60.14 메모리 락 모드에 따라 다운로드한 스케치 차이

모드	HEX 파일 내용
1	:100000000C945C000C946E000C946E000C946E00CA :100010000C946E000C946E000C946E000C946E00A8 :100020000C946E000C946E000C946E000C946E0098
2 (쓰기 금지)	:100000000C945C000C946E000C946E000C946E00CA :100010000C946E000C946E000C946E000C946E00A8 :100020000C946E000C946E000C946E000C946E0098
3 (쓰기와 읽기 금지)	:10000000FFFFFFFFFFFFFFFFFFFFFFFFFFFFFFFF00 :10001000FFFFFFFFFFFFFFFFFFFFFFFFFFFFFFFFF0 :10002000FFFFFFFFFFFFFFFFFFFFFFFFFFFFFFFFE0

표 60.14에서 알 수 있듯이 쓰기만 금지된 상태에서는 펌웨어를 읽어 저장할 수 있다. 하지만 읽기까지 금지되면 마이크로컨트롤러에서는 0xFF만 읽을 수 있으므로 업로드한 스케치를 복사하는 것은 불가능하다. 물론 앞에서도 이야기한 것처럼 **업로드한 스케치를 읽을 수 없는 상태에서도 아두이노 프로그램에서 시리얼 방식이나 ISP 방식으로 스케치를 다시 업로드하는 것은 가능하다.**

60.4 시그너처 바이트

모든 AVR 마이크로컨트롤러는 마이크로컨트롤러의 종류를 나타내는 3바이트 크기의 시그너처 코드를 갖고 있으므로 소프트웨어에서는 마이크로컨트롤러를 구별하기 위해 이 값을 사용한다. 시그너처 바이트를 사용할 때 한 가지 주의할 점은 ATmega328과 ATmega328P가 서로 다른 시그너처값을 갖고 있다는 점이다. 이 외에 비슷한 시그너처 바이트를 갖고 있는 마이크로컨트롤러의 시그너처값은 표 60.15와 같다.

표 60.15 시그너처 바이트

마이크로컨트롤러	시그너처 바이트			마이크로컨트롤러	시그너처 바이트		
	1	2	3		1	2	3
ATmega48A	0x1E	0x92	0x05	ATmega168A	0x1E	0x94	0x06
ATmega48PA	0x1E	0x92	0x0A	ATmega168PA	0x1E	0x94	0x0B
ATmega88A	0x1E	0x93	0x0A	ATmega328	0x1E	0x95	0x14
ATmega88PA	0x1E	0x93	0x0F	ATmega328P	0x1E	0x95	0x0F

마이크로칩 스튜디오의 장치 프로그래밍 다이얼로그에서도 'Device signature'에서 시그너처 바이트값을 확인할 수 있다. 스케치에서 시그너처 바이트를 읽기 위해서는 스케치 60.1과 비슷하게 boot.h파일에 정의된 boot_signature_byte_get 매크로 함수를 사용하면 된다. 이때 시그너처 바이트가 저장된 주소는 ATmega328P의 경우 연속된 번지가 아니라 0, 2, 4번지임에 주의해야 한다.

```
#define boot_signature_byte_get ( addr )
```

스케치 60.2는 아두이노 보드에 사용된 마이크로컨트롤러의 시그너처 바이트를 읽어 출력하는 예다.

</> 스케치 60.2 시그너처 바이트 읽기

```
#include <avr/boot.h>

void printIn2HexString(uint8_t val, boolean newLine = true);

void setup() {
    Serial.begin(9600);

    cli();                                                  // 인터럽트 금지
    uint8_t sigByte1 = boot_signature_byte_get(0x000);
    uint8_t sigByte2 = boot_signature_byte_get(0x002);
    uint8_t sigByte3 = boot_signature_byte_get(0x004);

    sei();                                                  // 인터럽트 허용

    Serial.print("Signature Byte : 0x");
    printIn2HexString(sigByte1, false);
    printIn2HexString(sigByte2, false);
    printIn2HexString(sigByte3);
}

// 16진수 두 자리로 출력, newLine으로 줄바꿈 여부를 지정하며 디폴트값으로 줄바꿈
void printIn2HexString(uint8_t val, boolean newLine) {
    Serial.print(val / 16, HEX);
    Serial.print(val % 16, HEX);
    if (newLine) {
        Serial.println();
    }
}

void loop() {
}
```

그림 60.11　스케치 60.2 실행 결과

60.5　맺는말

ATmega328에는 프로그램과 데이터를 저장하기 위한 세 종류의 메모리 이외에도 마이크로컨트롤러의 동작 환경을 설정하기 위한 메모리가 존재하며 퓨즈 바이트, 락 바이트, 시그너처 바이트 등이 여기에 포함된다. 이들 메모리는 한 번 설정하면 바꾸는 경우가 거의 없으며, 아두이노 환경에서는 부트로더를 굽는 과정에서 퓨즈 바이트와 락 바이트가 자동으로 설정되므로 걱정하지 않아도 된다. 시그너처 바이트는 읽기 전용이다.

이들 메모리 중 퓨즈 바이트는 나만의 아두이노를 만들고자 하는 경우 필요할 수 있다. 특히 **ATmega328은 디폴트값으로 8MHz의 내부 RC 오실레이터를 사용하고 클록을 8로 나누어 사용하도록 설정되어 있어 1MHz의 동작 주파수를 가지므로 클록 설정은 반드시 필요하다.** 락 바이트의 경우 업로드한 스케치를 복사할 수 없게 하는 목적으로 사용되며, 스케치 업로드와 퓨즈 바이트 설정이 모두 끝난 후 마지막으로 해주어야 한다. 시그너처 바이트의 경우 일종의 고유번호에 해당하는 값으로, 아두이노 프로그램을 비롯하여 많은 소프트웨어에서 마이크로컨트롤러의 종류를 구별하기 위해 사용하고 있다.

퓨즈 바이트나 락 바이트의 값을 변경하는 경우가 흔하지는 않지만 여러 이유로 변경할 필요가 있다면 마이크로칩 스튜디오 같은 프로그램에서 변경하면 된다. 하지만 그 의미를 정확하게 이해하지 못하고 변경하면 마이크로컨트롤러가 정상적으로 동작하지 않을 수도 있으므로 주의해야 한다.

1 퓨즈 바이트는 마이크로컨트롤러에서 사용하는 클록의 종류를 변경하기 위해 흔히 사용된다. ATmega328의 디폴트 클록은 내부 8MHz 클록을 8로 나누어 1MHz로 동작하도록 설정되어 있다. 아두이노 우노에서는 외부 저전력 크리스털을 사용하여 16MHz로 동작하는 것이 일반적이지만, 크리스털을 없애고 크기를 줄이기 위해 내부 8MHz로 동작하는 아두이노도 흔히 볼 수 있다. 8MHz로 동작하는 아두이노 우노를 위해 필요한 퓨즈 바이트값을 계산해 보자.

2 퓨즈는 3바이트의 작은 크기이지만 사용 빈도가 높지 않아 매번 찾아봐야 하며, 마이크로칩 스튜디오의 장치 프로그래밍 다이얼로그에서 제공하는 도움말 역시 너무 간단하다. 이런 경우 퓨즈 바이트값을 간단하게 계산할 수 있게 도와주는 도구로 온라인 퓨즈 계산기fuse calculator가 있다. 온라인 퓨즈 계산기는 여러 사이트에서 제공하고 있으며, 다양한 AVR 마이크로컨트롤러의 퓨즈를 계산할 수 있도록 지원한다. 온라인 퓨즈 계산기*를 검색하여 아두이노 우노를 위한 ATmega328 마이크로컨트롤러의 퓨즈값을 계산해 보자.

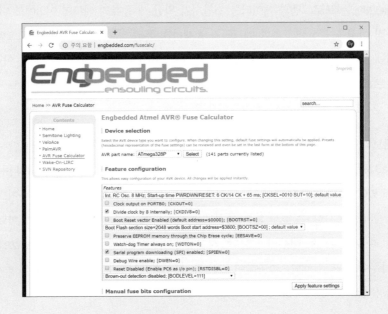

＊　https://www.engbedded.com/fusecalc

전원 관리와 슬립 모드

아두이노를 이용한 시스템 구현이 끝나면 설치 장소에 따른 전력 공급 방법을 생각해야 하며, 이동이 필요한 시스템이라면 배터리를 사용하여 시스템을 동작시키는 방법을 고려해야 한다. 배터리를 사용하는 경우 시스템의 전력 소비가 중요한 문제가 되므로 가능한 한 적은 전력을 소비하는 것이 바람직하다. 이 장에서는 가능한 한 적은 전력을 소비하도록 아두이노 호환 보드를 구성하는 방법과 시스템이 동작하지 않을 때 최소한의 전력을 소비하면서 슬립 모드에 있게 함으로써 소비 전력을 줄이는 방법에 대해 알아본다.

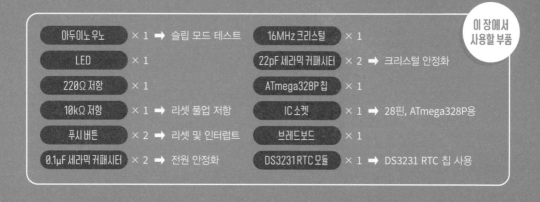

이 장에서 사용할 부품

아두이노 우노	× 1 ➡ 슬립 모드 테스트	16MHz 크리스털	× 1
LED	× 1	22pF 세라믹 커패시터	× 2 ➡ 크리스털 안정화
220Ω 저항	× 1	ATmega328P 칩	× 1
10kΩ 저항	× 1 ➡ 리셋 풀업 저항	IC 소켓	× 1 ➡ 28핀, ATmega328P용
푸시 버튼	× 2 ➡ 리셋 및 인터럽트	브레드보드	× 1
0.1µF 세라믹 커패시터	× 2 ➡ 전원 안정화	DS3231 RTC 모듈	× 1 ➡ DS3231 RTC 칩 사용

아두이노를 사용하여 간단한 제어 장치를 만드는 것은 그리 어렵지 않다. 아두이노와 함께 사용할 수 있는 다양한 주변장치를 쉽게 구할 수 있을 뿐만 아니라 주변장치를 제어할 수 있는 많은 라이브러리가 공개되어 있으므로 하드웨어 구성과 이를 동작시키기 위한 스케치 작성은 아두이노 이전에 비해 쉽고 간단해졌다. 하지만 만들고자 했던 제어 장치가 원하는 방식으로 동작한다고 해서 모든 일이 끝난 것은 아니다. 원하는 동작을 확인했다면 이제부터는 제어 장치를 실제로 설치하고 사용하는 데 필요한 것들을 점검해야 하며 그중 한 가지가 소비 전력이다. 아두이노 우노는 아무런 동작도 하지 않는 상태에서도 전원을 연결하면 수십 mA의 전류를 소비한다. **부트로더만 굽고 5V 전원을 아두이노 우노의 5V 핀에 연결한 상태에서 아두이노 우노는 약 48.7mA의 전류를 소비한다***. 데이터시트에서 5V 8MHz의 일반 모드에서 최대 9mA의 전류를 소비한다고 설명하고 있는 것과 비교하면 16MHz 속도임을 감안해도 많은 소비 전류에 해당한다. 이는 아두이노 우노에 ATmega328 마이크로컨트롤러 이외에도 USB-UART 변환을 위한 ATmega16u2 마이크로컨트롤러, 3.3V 레귤레이터, 전원 LED 등 여러 가지 부품이 전류를 소비하고 있기 때문이다. 배럴 잭으로 전원을 공급하는 경우라면 5V 레귤레이터로 인해 더 많은 전류가 필요하다.

아두이노 우노를 건전지로 동작시키는 경우를 생각해 보자. 알카라인 건전지는 약 2850mAh의 전력을 공급할 수 있으므로 아두이노 우노가 아무런 동작도 하지 않고 전원만 연결되어 있어도 약 59시간 후에는 건전지를 교체해야 한다. 하지만 알카라인 건전지는 사용 시간이 길어지면 전압 역시 감소하므로 59시간 동안 사용하기 어렵고, 건전지의 용량 역시 25mA를 소비하는 경우를 기준으로 한 것이다. 또한 스케치를 업로드하면 소비 전류는 더 늘어난다. 여러 가지 요인을 종합해서 생각해 보면 건전지로 아두이노 우노를 동작시키는 경우에는 하루나 이틀에 한 번은 건전지를 교체해야 한다. 하루나 이틀마다 건전지를 교체해야 한다면 건전지로 아두이노를 동작시키는 것은 좋은 선택이 아니다. 건전지로 아두이노 우노를 동작시킬 수는 없는 것일까?

---

*   전류 소모량은 여러 가지 상황에 따라 차이가 있을 수 있다.

회로 구성에 따른 소비 전류 감소

아두이노 우노를 사용한다면 소비 전류를 줄이는 데 한계가 있다. 아두이노 우노는 저전력 시스템에는 적당하지 않은 테스트 보드로 프로토타입 구현에는 사용할 수 있지만, 실제 시스템에서는 아두이노 우노가 아닌 아두이노 우노에 포함된 ATmega328 칩을 사용해야 한다.

아두이노 우노에는 메인 컨트롤러인 ATmega328 이외에도 스케치 업로드와 컴퓨터와의 UART 시리얼 통신을 위한 ATmega16u2 마이크로컨트롤러가 포함되어 있으며 이 역시 전류를 소비한다. 따라서 USB–UART 변환 장치가 없는 아두이노 우노 호환 보드는 아두이노 우노보다 소비 전류가 적다. 아두이노 보드를 시스템에 사용하는 것을 추천하지는 않지만, 아두이노 우노를 사용하여 프로토타입 구현이 끝난 후에는 **USB–UART 변환 장치가 포함되지 않은 아두이노 보드를 사용하는 것은 소비 전류를 줄이는 데 도움이 된다.** 아두이노 미니, 아두이노 프로 미니 등이 아두이노 우노와 같은 ATmega328 마이크로컨트롤러를 사용하고 USB–UART 변환 장치가 포함되지 않은 아두이노 보드들이다. 아두이노 미니 시리즈는 지금은 단종되었지만, 비슷한 구성의 호환 보드가 여러 종류 판매되고 있으므로 쉽게 구할 수 있다.

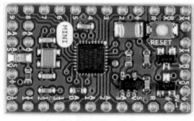 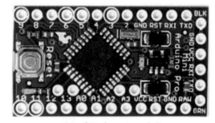

(a) 아두이노 미니   (b) 아두이노 프로 미니

그림 61.1 USB–UART 변환 장치가 포함되지 않은 ATmega328 기반 아두이노 보드*

아두이노 우노에서 많은 전류를 소비하는 부품 중 하나가 레귤레이터다. 아두이노 우노에 사용된 레귤레이터는 선형linear 레귤레이터로, 5V 전압과 3.3V 전압을 만들기 위해 2개의 선형 레귤레이터가 사용되고 있다. 선형 레귤레이터는 가격이 싸고 간단하게 사용 가능하다는 장점은 있지만, 효율이 떨어진다는 단점이 있다. 5V 전압에서 3.3V 전압을 만들 때 전압 차이는 열로 발산되므로 아두이노 우노를 오랜 시간 동안 동작시키면 레귤레이터는 점점 뜨거워진다. 선형 레귤레이터의

---

*   아두이노 미니와 아두이노 프로 미니는 공식적으로 판매가 중단되었지만 온라인에서 구입할 수 있으며, 호환 보드 역시 쉽게 찾아볼 수 있다.

효율은 최대 70% 정도이며 전류량에 반비례하여 효율은 떨어진다. 이는 5V 레귤레이터 역시 마찬가지다. 따라서 실제 시스템에서 **레귤레이터는 가능한 한 사용하지 않는 것이 소비 전류를 줄이는 데 도움이 되며, 일정한 전압 공급을 위해 레귤레이터를 사용해야 한다면 선형 레귤레이터보다 효율이 좋은 스위칭**switching **레귤레이터를 사용하는 것이 좋다.** 스위칭 레귤레이터는 사용 환경에 따라 90% 이상의 효율을 얻을 수 있다.

소비 전류를 줄일 수 있는 또 다른 방법은 마이크로컨트롤러의 동작 전압을 낮추는 것이다. ATmega328의 경우 3.3V 전원에서도 동작한다. 하지만 동작 전압이 낮아지면 동작 주파수 역시 낮아진다. 동작 전압을 낮추지 않고 동작 주파수만을 낮추어도 소비 전류는 줄어든다. 8MHz 내부 오실레이터를 사용하여 ATmega328을 동작시키는 경우 외부 크리스털이 필요하지 않으므로 시스템을 간단히 하기 위해 흔히 사용되며, 외부 크리스털을 제거하면 소비 전류도 줄어든다.

아두이노 우노로는 소비 전류를 줄이는 데 한계가 있다는 점은 최소한의 부품만 사용하여 만든 아두이노 우노 호환 보드인 DEUino-mini를 통해 확인할 수 있다. DEUino-mini는 DEUino에서 전원 공급부와 시리얼 방식 업로드를 위한 커패시터를 제거한 보드로 16MHz 크리스털, 전원 및 크리스털 안정화를 위한 커패시터, 풀업된 리셋 버튼, 13번 핀의 LED 등으로 구성된다. DEUino-mini의 회로도는 그림 61.2와 같으며, 자세한 내용은 75장 'DIY 아두이노'를 참고하면 된다.

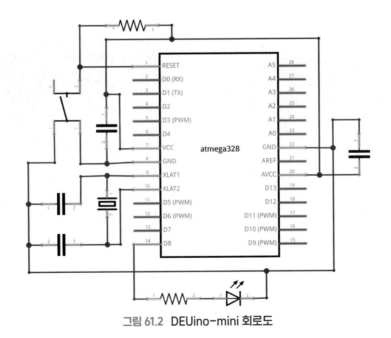

그림 61.2 DEUino-mini 회로도

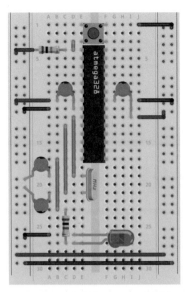

그림 61.3 DEUino-mini 회로

아두이노 우노와 DEUino-mini를 사용하여 소비 전류를 측정한 결과는 표 61.1과 같다. 동작 전압은 모두 5V로 5V 전원을 5V 핀에 연결하여 사용했다. 표 61.1의 결과를 살펴보면 USB-UART 변환 장치와 레귤레이터가 없는 DEUino-mini의 경우 아두이노 우노와 비교했을 때 소비 전류가 약 35mA 줄어든다는 점, 그리고 외부 16MHz 크리스털을 제거하고 내부 8MHz 클록을 사용함으로써 3~5mA 정도의 소비 전류를 더 줄일 수 있다는 점을 확인할 수 있다.

표 61.1 소비 전류 측정

클록	플래시 메모리	소비 전류(mA)	
		아두이노 우노	DEUino-mini
외부 16MHz	부트로더를 구운 상태	48.7	13.5
	빈 스케치를 업로드한 상태	52.1	16.3
내부 8MHz	부트로더를 구운 상태	45.7	10.5
	빈 스케치를 업로드한 상태	47.3	12.2

소비 전력을 줄이기 위해 하드웨어 측면에서 생각해야 할 점들을 정리하면 다음과 같다.

- USB-UART 변환 장치를 시스템에 포함시키지 않는다.
- 레귤레이터는 사용하지 않는 것이 좋으며, 필요하다면 선형 레귤레이터가 아닌 스위칭 레귤레이터를 사용한다.
- 마이크로컨트롤러는 가능한 한 낮은 전압에서 낮은 속도로 동작하게 한다.

- 동작 확인 등을 위해 사용하는 LED 등은 최소한으로 사용한다.
- 아두이노 보드를 사용해서는 소비 전력을 줄이는 데 한계가 있으므로, 최소한의 회로로 구성된 호환 보드를 사용한다.

61.2 슬립 모드 사용

최소한의 부품으로 아두이노 호환 보드를 구성함으로써 소비 전류를 10mA 정도까지 줄일 수 있으며, 이는 데이터시트에서 설명하는 전류보다 조금 많은 정도다. 아두이노 호환 보드가 10mA 전류를 사용한다면 아두이노 우노보다 5배 정도 긴 시간 동작할 수 있지만, 열흘에 한 번 배터리를 교체하는 것 역시 충분히 긴 시간은 아니다. DEUino-mini는 마이크로컨트롤러가 동작하는 데 필요한 최소한의 부품만 포함하고 있으므로 사용하는 부품을 더 줄여 소비 전류를 줄이기는 어려우며, 10mA는 대부분 ATmega328 마이크로컨트롤러 자체에서 소비하는 전류에 해당한다. 소비 전류를 더 줄이려면 어떻게 해야 할까? 슬립 모드를 사용하는 것이 해결책이다.

마이크로컨트롤러는 CPU를 포함하여 USART, I2C, SPI 등의 통신 모듈, 타이머/카운터 모듈, 아날로그-디지털 변환 모듈 등으로 이루어져 있으며, 이들 모듈 중 사용하지 않는 모듈의 전원을 차단함으로써 사용 전력을 줄이는 것이 슬립 모드다. ATmega328에서는 여섯 가지의 슬립 모드를 지원하고 있으며, 필요에 따라 적절한 슬립 모드를 선택하여 사용할 수 있다. 슬립 모드는 SMCR_Sleep Mode Control Register_ 레지스터의 SM_Sleep Mode_ 비트에 의해 결정된다. SMCR 레지스터의 구조는 그림 61.4와 같다.

비트	7	6	5	4	3	2	1	0
	-	-	-	-	SM2	SM1	SM0	SE
읽기/쓰기	R	R	R	R	R/W	R/W	R/W	R/W
초깃값	0	0	0	0	0	0	0	0

그림 61.4 SMCR 레지스터의 구조

SMCR 레지스터의 SMn(n = 0, 1, 2) 비트 설정에 따른 슬립 모드는 표 61.2와 같다.

표 61.2 SMn(n = 0, 1, 2) 비트 설정에 따른 슬립 모드

SM2	SM1	SM0	슬립 모드
0	0	0	유휴(idle)
0	0	1	ADC 잡음 감소(ADC noise reduction)
0	1	0	파워 다운(power down)
0	1	1	파워 세이브(power save)
1	0	0	-
1	0	1	-
1	1	0	스탠바이(standby)
1	1	1	확장 스탠바이(extended standby)

0번 비트인 SE_Sleep Enable 비트는 슬립 모드로 진입하게 하는 어셈블리어 명령인 SLEEP 명령이 실행되기 전에 1로 설정되어 있어야 한다. 따라서 SE 비트는 슬립 모드에 진입하기 직전에 1로 설정하고, 슬립 모드에서 깨어난_wake-up 직후 0으로 클리어하는 것이 일반적이다.

여섯 가지 슬립 모드는 슬립 모드에서 정지시키는 마이크로컨트롤러의 모듈에서 차이가 있다. 슬립 모드 중 가장 적은 수의 모듈을 정지시키고, 따라서 **소비 전류가 가장 많은 슬립 모드는 유휴 모드**다. 반면, 가장 많은 수의 모듈을 정지시키고, 따라서 **소비 전류가 가장 적은 슬립 모드는 파워 다운 모드**다. 슬립 모드는 전력 소모를 줄이기 위해 사용되는 방법인 만큼 파워 다운 모드가 주로 사용되며, 이 장에서도 파워 다운 모드를 사용하는 방법을 살펴본다.

파워 다운 모드를 사용하는 방법은 크게 두 가지다. 첫 번째는 특정 사건이 발생할 때까지 슬립 모드에 있게 하는 것으로, 아두이노 우노에서 **슬립 모드에서 깨어나게 하는 특정 사건은 외부 인터럽트가 주로 사용된다.** 이때 인터럽트는 슬립 모드에서 깨어날 수 있는 충분한 시간을 보장하기 위해 LOW 입력에 의한 인터럽트만 사용할 수 있고 입력이 변할 때, 즉 입력의 상승이나 하강 에지에서 발생하는 인터럽트는 사용할 수 없다. 두 번째는 일정한 시간 간격으로 슬립 모드에서 깨어나 특정한 동작을 수행하는 방법이다. 파워 다운 모드에서는 대부분의 클록 역시 정지하므로 깨어나는 시간을 정하기 위해 시스템 클록을 사용하는 타이머/카운터를 사용할 수 없다. 따라서 **일정한 시간 간격으로 슬립 모드에서 깨어나기 위해 별도의 클록으로 동작하는 와치독 타이머를 사용한다.**

파워 다운 모드에 진입하는 방법과 이때의 소비 전류를 측정해 보자. 파워 다운 모드에서 깨어나기 위해서는 외부 인터럽트를 사용할 것이며, 외부 인터럽트를 사용하기 위해 그림 61.5와 같이 2번 핀에 내부 풀업 저항을 사용하여 버튼을 연결한다.

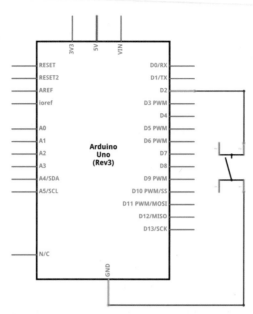

그림 61.5 외부 인터럽트 사용을 위한 버튼 연결 회로도

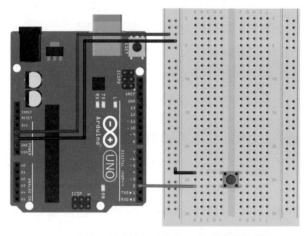

그림 61.6 외부 인터럽트 사용을 위한 버튼 연결 회로

슬립 모드를 사용하기 위해서는 레지스터를 직접 제어할 수도 있지만 AVR 툴체인의 Sleep 라이브 러리를 사용할 수 있다. Sleep 라이브러리를 사용하기 위해서는 먼저 헤더 파일을 포함해야 한다.

```
#include <avr/sleep.h>
```

Sleep 라이브러리에는 슬립 모드 설정을 위해 다음과 같은 함수들이 정의되어 있다.

- **sleep_enable**

```
void sleep_enable()
  - 매개변수: 없음
  - 반환값: 없음
```

SMCR 레지스터의 SE 비트를 1로 세트한다.

- **set_sleep_mode**

```
void set_sleep_mode(byte mode)
  - 매개변수
    mode: 슬립 모드의 종류
  - 반환값: 없음
```

SMCR 레지스터의 SMn(n = 0, 1, 2) 비트를 설정하여 슬립 모드의 종류를 지정한다. 슬립 모드의 종류에 따라 여섯 가지 상수가 정의되어 있다.

```
#define SLEEP_MODE_IDLE          (0x00<<1)
#define SLEEP_MODE_ADC           (0x01<<1)
#define SLEEP_MODE_PWR_DOWN      (0x02<<1)
#define SLEEP_MODE_PWR_SAVE      (0x03<<1)
#define SLEEP_MODE_STANDBY       (0x06<<1)
#define SLEEP_MODE_EXT_STANDBY   (0x07<<1)
```

- **sleep_cpu**

```
void sleep_cpu()
  - 매개변수: 없음
  - 반환값: 없음
```

SLEEP 명령으로 마이크로컨트롤러가 슬립 모드에 진입하게 한다. 슬립 모드에 진입하기 전에 SMCR 레지스터의 SE 비트는 1로 세트하고, 슬립 모드에서 깨어난 후 SE 비트는 0으로 클리어해야 한다.

- **sleep_mode**

```
void sleep_mode()
  - 매개변수: 없음
  - 반환값: 없음
```

마이크로컨트롤러가 슬립 모드에 진입하게 한다. sleep_cpu 함수와 달리 SMCR 레지스터의 SE 비트 설정 과정이 포함되어 있으므로 sleep_enable, sleep_cpu, sleep_disable의 3개 함수를 호출하는 것과 같은 기능을 한다.

■ sleep_disable

void sleep_disable()
 - 매개변수: 없음
 - 반환값: 없음

SMCR 레지스터의 SE 비트를 0으로 클리어한다.

스케치 61.1은 5초 동안 일반 모드_{normal mode}에서 동작한 후 슬립 모드에 진입하고, 버튼을 누르면 외부 인터럽트에 의해 슬립 모드에서 깨어나기를 반복하는 예다.

</> 스케치 61.1 파워 다운 모드

```
#include <avr/sleep.h>
#define interruptPin 2

void setup() {
    Serial.begin(9600);

    pinMode(interruptPin, INPUT_PULLUP);                        // 내부 풀업 저항 사용
}

void loop() {
    Serial.println("* 5초 후에 슬립 모드에 들어갑니다.");
    for (byte i = 0; i < 5; i++) {
        delay(1000);
        Serial.print(" => 슬립 모드 진입 ");
        Serial.print(4 - i);
        Serial.println(" 초 전...");
    }
    Serial.println("* 슬립 모드에 들어갑니다.");
    Serial.println(" => 버튼을 누르면 슬립 모드에서 깨어납니다.");
    delay(100);                                                 // 시리얼 출력 완료 대기

    goToSleep();                                                // 슬립 모드 시작
}

void goToSleep() {
    // 슬립 모드에서 깨어날 수 있도록 인터럽트 설정
    attachInterrupt(digitalPinToInterrupt(interruptPin), wakeUp, LOW);

    // ① 파워 다운 모드 설정
    set_sleep_mode(SLEEP_MODE_PWR_DOWN);
```

```
    sleep_enable();                                              // ② 슬립 모드 활성화
    sleep_cpu();                                                 // ③ 슬립 모드 진입

    // 슬립 모드에서 깨어나면 여기서부터 실행되지만
    // 인터럽트에 의해 깨어나므로 ISR이 먼저 실행된다.
    Serial.println(" => 슬립 모드에서 깨어났습니다.");
    Serial.println();
}


void wakeUp() {
    sleep_disable();                                             // ④ 슬립 모드 비활성화
    Serial.println("* 인터럽트가 발생해서 슬립 모드에서 깨어납니다.");
    detachInterrupt(digitalPinToInterrupt(interruptPin));        // 인터럽트 제거
}
```

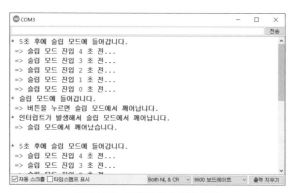

그림 61.7 스케치 61.1 실행 결과

아두이노 우노에서 파워 다운 모드에 진입하기 전 전류 소모량은 52.4mA였지만, 파워 다운 모드에 진입한 후에는 35.1mA로 줄어들었다. 파워 다운 모드가 마이크로컨트롤러의 모듈 대부분을 끄는 것에 비해 소비 전류가 많은 이유는 아두이노 보드에 전류를 소모하는 다른 부품이 많기 때문이다. DEUino-mini에 스케치 61.1을 업로드하고 소비 전류를 측정했을 때 일반 모드에서 16.9mA의 소비 전류가 파워 다운 모드에서는 0.13mA로 줄어들었다. 두 경우 모두 줄어든 소비 전류는 17mA 전후로 비슷하므로 줄어든 전류가 ATmega328에서 소비하고 있던 전류임을 알 수 있다. 파워 다운 모드에서 아두이노 우노가 소비하는 35mA 정도의 전류는 ATmega328 이외의 부품들이 소비하는 전류에 해당한다.

표 61.3 소비 전류 측정

모드	소비 전류(mA)	
	아두이노 우노	DEUino-mini
일반 모드	52.4	16.9
파워 다운 모드	35.1	0.13

스케치 61.1에서 단순히 파워 다운 모드에 진입하는 것만으로 소비 전류를 17mA 정도 줄일 수 있음을 확인할 수 있었다. 파워 다운 모드에서도 여전히 동작하거나 동작 대기 상태에 있는 모듈은 존재하며, 이들 모듈을 차단하면 소비 전류를 더 줄일 수 있다. 하지만 모듈을 차단하기 위해서는 레지스터를 조작해야 하며 조작 과정이 간단하지는 않으므로 여기서는 슬립 모드를 지원하는 라이브러리를 사용한다. AVR 시리즈 마이크로컨트롤러의 슬립 모드를 지원하는 여러 종류의 라이브러리가 공개되어 있지만, 이 장에서는 여섯 종류의 슬립 모드를 모두 지원하는 Low-Power 라이브러리를 사용한다. 라이브러리 매니저에서 'low power'를 검색하여 Rocket Stream Electronics의 Low-Power 라이브러리를 설치하자.

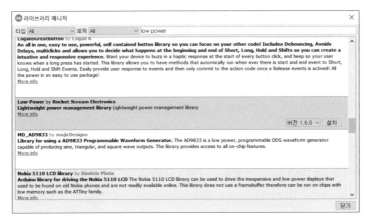

그림 61.8 Low-Power 라이브러리 검색 및 설치*

Low-Power 라이브러리는 슬립 모드 지원을 위해 LowPowerClass 클래스를 제공하고 있으며, 유일한 객체로 LowPower를 선언하고 있으므로 별도로 객체를 생성하지 않고 사용할 수 있다. Low-Power 라이브러리를 사용하기 위해서는 먼저 헤더 파일을 포함해야 한다. '스케치 → 라이브러리 포함하기 → Low-Power' 메뉴 항목을 선택하거나 #include 문을 직접 입력하면 된다.

```
#include <LowPower.h>
```

---

*   https://github.com/rocketscream/Low-Power

LowPowerClass 클래스에서는 파워 다운 모드 진입을 위해 powerDown 함수를 제공하고 있다. 표 61.2의 다른 슬립 모드 진입을 위한 함수 역시 제공하고 있지만, 이 장에서는 사용하지 않는다.

■ **powerDown**

> void LowPowerClass::powerDown(period_t period, adc_t adc, bod_t bod)
> - 매개변수
>   period: 슬립 모드에 머무를 시간
>   adc: 아날로그-디지털 변환기 차단 여부
>   bod: 브라운 아웃 검출기 차단 여부
> - 반환값: 없음

마이크로컨트롤러가 파워 다운 모드에 진입하게 한다. 이때 period는 파워 다운 모드에 머무를 시간을 나타낸다. 파워 다운 모드에서 일정 시간 후 깨어나기 위해서는 와치독 타이머를 사용해야 하므로 period에 지정할 수 있는 시간 간격은 와치독 타이머에서 사용할 수 있는 시간 간격과 같다. period_t 타입은 열거형으로 정의되어 있으며, 마지막 SLEEP_FOREVER는 외부 인터럽트를 사용하여 슬립 모드에서 깨어나는 경우 사용할 수 있다.

```
enum period_t {
    SLEEP_15MS,              SLEEP_30MS,
    SLEEP_60MS,              SLEEP_120MS,
    SLEEP_250MS,             SLEEP_500MS,
    SLEEP_1S,                SLEEP_2S,
    SLEEP_4S,                SLEEP_8S,
    SLEEP_FOREVER
};
```

adc와 bod는 아날로그-디지털 변환기와 브라운 아웃 검출기의 차단 여부를 지정하기 위해 사용한다. 아날로그-디지털 변환기와 브라운 아웃 검출기를 차단하면 소비 전류를 더 줄일 수 있다. adc_t와 bod_t 타입 역시 열거형으로 정의되어 있다.

```
enum adc_t {                 enum bod_t {
    ADC_OFF,                     BOD_OFF,
    ADC_ON                       BOD_ON
};                           };
```

스케치 61.2는 Low-Power 라이브러리를 사용하여 일정 시간 동안 파워 다운 모드에 머무르게 하는 예로, 8초 동안 파워 다운 모드에 있다가 깨어나 10초 동안 일반 모드에서 동작하기를 반복한다.

스케치 61.2 **파워 다운 모드의 ADC와 BOD 설정**

```cpp
#include <LowPower.h>

int count = 0;

void setup() {
    Serial.begin(9600);
}

void loop() {
    // 8초 동안 파워 다운 모드에 진입
    // LowPower.powerDown(SLEEP_8S, ADC_ON, BOD_ON);
    // LowPower.powerDown(SLEEP_8S, ADC_ON, BOD_OFF);
    // LowPower.powerDown(SLEEP_8S, ADC_OFF, BOD_ON);
    LowPower.powerDown(SLEEP_8S, ADC_OFF, BOD_OFF);

    count++;
    Serial.print("* 카운터값 : ");
    Serial.print(count);

    Serial.print("  ");
    for (byte i = 0; i < 10; i++) {             // 10초 동안 일반 모드 동작
        Serial.print('.');
        delay(1000);
    }
    Serial.println();
    delay(100);                                 // 시리얼 출력 완료 대기
}
```

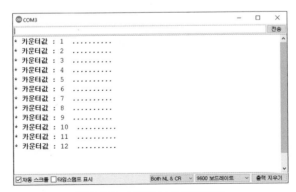

그림 61.9 **스케치 61.2 실행 결과**

표 61.4는 스케치 61.2에서 아날로그-디지털 변환기와 브라운 아웃 검출기의 차단 여부에 따른 소비 전류를 비교한 것이다. 브라운 아웃 검출기를 차단하면 0.01mA 정도의 전류 소비가 줄고 아날로그-디지털 변환기를 차단하면 0.12mA 정도의 전류 소비가 준다. 아두이노 우노에서는 ATmega328 이외에도 많은 전류를 소비하는 부품이 여럿 있어 큰 차이는 없어 보일 수 있지만, DEUino-mini에서 측정한 결과를 보면 아날로그-디지털 변환기를 차단할 경우 거의 전류를 소비하지 않음을 알 수 있다.

표 61.4 소비 전류 측정

모드		소비 전류(mA)	
		아두이노 우노	DEUino-mini
일반 모드		52.40	16.87
파워 다운 모드	ADC_ON, BOD_ON	35.16	0.13
	ADC_ON, BOD_OFF	35.15	0.12
	ADC_OFF, BOD_ON	35.03	0.00*
	ADC_OFF, BOD_OFF	35.01	

스케치 61.2와 같이 일정한 시간 간격으로 슬립 모드에서 깨어나게 하는 경우 8초는 너무 짧은 시간일 수 있다. 하지만 와치독 타이머를 사용하는 경우 이보다 긴 시간 간격을 지정할 수 없다. 더 긴 시간 간격을 사용하기 위해서는 일정한 시간 간격으로 인터럽트를 발생시키는 방법을 사용해야 하며, 일정한 시간 간격으로 인터럽트를 발생시키기 위해서는 RTC_{Real Time Clock}를 사용할 수 있다. RTC는 자체적으로 시간을 유지하기 위해 별도의 전용 배터리를 사용하지만, RTC 칩은 적은 전력만을 사용하므로 코인 배터리로 최대 수년 동안 동작할 수 있다. 이 장에서는 DS3231 RTC 모듈의 알람 기능을 사용하여 특정 시간에 인터럽트를 발생시키고, 이를 통해 슬립 모드에서 깨어나게 해본다. DS3231 RTC 모듈은 초당 1회, 분당 1회, 시간당 1회, 하루 1회, 1주일 1회, 1달 1회 등 다양한 시간 간격으로 인터럽트를 발생시킬 수 있다. DS3231 RTC 모듈을 그림 61.10과 같이 아두이노 우노에 연결하자.

---

* 소비 전류 0.00mA는 측정 장치의 정밀도 한계로 인한 것이지 실제 소비 전류가 0.00mA인 것은 아니다.

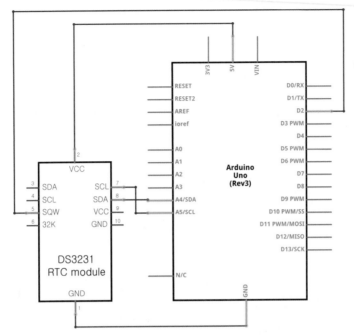

그림 61.10 DS3231 RTC 모듈 연결 회로도

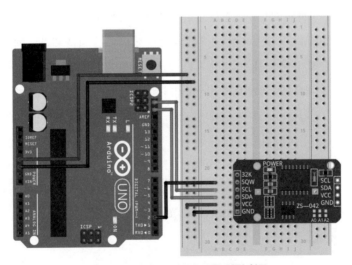

그림 61.11 DS3231 RTC 모듈 연결 회로

스케치 61.3은 DS3231 RTC 모듈에서 1분에 1번 30초가 될 때 알람이 발생하도록 설정하고, 알람을 통해 파워 다운 모드에서 깨어나게 하는 예다. DS3231 RTC에 대한 자세한 내용은 51장 'RTC: 날짜와 시간'을 참고하면 된다.

```
#include <Wire.h>
#include <RtcDS3231.h>
#include <LowPower.h>

#define interruptPin 2                              // RTC의 알람에 의한 인터럽트 발생 핀

RtcDS3231<TwoWire> RTC(Wire);                        // DS1307 RTC 칩 객체 생성

void wakeUp() {
    Serial.println("* 인터럽트가 발생해서 슬립 모드에서 깨어납니다.");
    detachInterrupt(digitalPinToInterrupt(interruptPin));
}

void setup () {
    Serial.begin(9600);
    RTC.Begin();                                    // DS1307 RTC 칩 연결 초기화

    RTC.Enable32kHzPin(false);                      // 32.768kHz 구형파 생성 금지
    // 1번 알람을 사용하도록 설정
    RTC.SetSquareWavePin(DS3231SquareWavePin_ModeAlarmOne);
    // 1분에 한 번, 30초가 될 때 알람 발생
    DS3231AlarmOne alarm1(0, 0, 0, 30, DS3231AlarmOneControl_SecondsMatch);
    RTC.SetAlarmOne(alarm1);                        // 알람 정보를 DS3231 RTC 칩으로 전송
}

void loop () {
    Serial.println("* 5초 후에 슬립 모드에 들어갑니다.");
    Serial.print(" => ");
    for (byte i = 0; i < 5; i++) {
        delay(1000);
        Serial.print('.');
    }
    Serial.println("\n* 슬립 모드에 들어갑니다.");
    Serial.println(" => RTC에 의해 매 30초에 깨어납니다.");
    delay(100);                                     // 시리얼 출력 완료 대기
    RTC.LatchAlarmsTriggeredFlags();                // 알람 발생 허용

    goToSleep();                                    // 슬립 모드 시작
}

void goToSleep() {
    attachInterrupt(digitalPinToInterrupt(interruptPin), wakeUp, LOW);
    LowPower.powerDown(SLEEP_FOREVER, ADC_OFF, BOD_OFF);

    Serial.println(" => 슬립 모드에서 깨어났습니다.");
    Serial.print(" => 현재 시간 : ");
    RtcDateTime now = RTC.GetDateTime();            // 현재 시간 얻기
    printDateTime(now);                             // 시간 출력
    Serial.println();
}
```

```
void printDateTime(const RtcDateTime dt) {
    Serial.print(fixedWidthStr(dt.Year(), 4) + "년 ");
    Serial.print(fixedWidthStr(dt.Month(), 2) + "월 ");
    Serial.print(fixedWidthStr(dt.Day(), 2) + "일, ");
    Serial.print(fixedWidthStr(dt.Hour(), 2) + "시 ");
    Serial.print(fixedWidthStr(dt.Minute(), 2) + "분 ");
    Serial.println(fixedWidthStr(dt.Second(), 2) + "초");
}

String fixedWidthStr(int n, int width) {     // 정수를 지정한 길이의 문자열로 변환
    String str = "";

    for (int i = 0; i < width; i++) {
        int remain = n % 10;
        n = n / 10;
        str = char(remain + '0') + str;
    }

    return str;
}
```

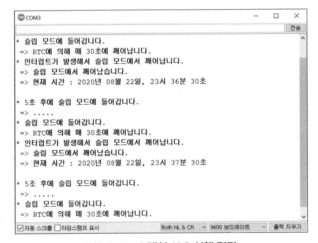

그림 61.12 스케치 61.3 실행 결과

맺는말

사물인터넷의 보급에 따라 정보 수집 또는 정보 제공을 위해 배터리로 동작하는 간단한 시스템을 설치하는 경우를 흔히 볼 수 있으며, 코인 배터리로 수개월 또는 1년 이상 동작할 수 있다는 광고 역시 쉽게 접할 수 있다. 아두이노 우노로도 배터리로 1년간 동작하는 시스템을 구현할 수 있을까? 아쉽지만 아두이노 우노로는 어렵다. 아두이노 우노는 학습용 또는 프로토타입용 보드이므로 구현하는 시스템의 동작과는 무관한 부품이 많이 포함되어 있고, 이들 부품이 적지 않은 전력을 소비한다. 따라서 구현하는 시스템에서 이들 부품을 제거하지 않으면 배터리로 오랜 시간 동작하는 것은 불가능하다. 시스템 동작에 꼭 필요한 부품만 남겨놓으면 아두이노 우노는 ATmega328 칩과 크게 다르지 않으며, 이 상태에서는 아두이노 우노의 30% 이하의 전력만 사용한다. 하지만 이 역시도 적은 전력은 아니다. 사용하는 부품을 줄이는 것이 하드웨어 측면에서 소비 전력을 줄이는 방법이라면, 소프트웨어 측면에서 소비 전력을 줄이는 방법이 바로 슬립 모드를 사용하는 것이다.

마이크로컨트롤러는 CPU를 포함하여 여러 개의 모듈로 구성되어 있으며, 모든 모듈이 항상 동작할 필요는 없으므로 선택적으로 모듈에 공급되는 전력을 차단함으로써 소비 전력을 줄이는 것이 슬립 모드다. ATmega328에서는 6개의 슬립 모드를 사용할 수 있으며, 슬립 모드 중에서도 가장 적은 전력을 소비하는 모드는 파워 다운 모드다. 파워 다운 모드에서 아날로그-디지털 변환 모듈과 브라운 아웃 감지 모듈을 함께 차단하면 불과 몇 μA의 전류만을 사용하면서 다음 동작을 기다릴 수 있다. 따라서 ATmega328 하드웨어와 슬립 모드 소프트웨어를 결합하면 배터리로 수개월에서 1년간 동작하는 시스템을 구현할 수 있다. 물론 시스템의 동작 시간은 ATmega328이 슬립 모드에 있지 않고 실제 동작하는 시간에 의해 결정되므로 한 시간에 한 번 센서 데이터를 수집하고 전달하는 시스템이라면 배터리로 1년간 동작할 수 있겠지만, 초당 수십 번 데이터를 수집하고 계산하는 시스템이라면 배터리로 동작하기는 어려울 수 있다.

1 스케치 61.1은 5초 동안 일반 모드에서 동작한 후 슬립 모드에 진입하고, 버튼을 눌러 외부 인터럽트가 발생하면 슬립 모드에서 깨어나는 예로, avr-gcc에서 제공하는 함수를 사용하여 구현한 것이다. avr-gcc에서 제공하는 함수는 레지스터 조작 과정을 함수로 추상화한 것이므로 레지스터를 직접 조작하는 것보다는 간단하지만, 여전히 사용 방법이 직관적이지는 않다. 슬립 모드를 더욱 간단하게 사용할 수 있게 해주는 라이브러리 중 하나가 이 장에서 사용한 Low-Power 라이브러리다. Low-Power 라이브러리를 사용하여 스케치 61.1과 같은 동작을 하는 스케치를 작성해 보자.

2 이 장에서는 슬립 모드 중에서도 가장 소비 전류가 적은 파워 다운 모드를 중심으로 슬립 모드 사용 방법을 살펴봤다. 파워 다운 모드에서는 대부분의 마이크로컨트롤러 모듈이 동작을 멈춘다. 비슷하게 일반 모드에서도 마이크로컨트롤러의 일부 모듈을 정지시킬 수 있으며, PRRPower Reduction Register 레지스터로 정지시킬 모듈과 동작 상태를 제어할 수 있다. PRR 레지스터로 일반 모드에서 정지시킬 수 있는 모듈의 종류와 각 모듈의 동작을 정지시키는 레지스터 조작 과정을 추상화한 avr-gcc 함수를 찾아보자. 전원 관련 내용은 avr/power.h 파일에서 찾을 수 있다.

아두이노와 AVR

아두이노가 마이크로컨트롤러와 관련된 많은 복잡한 내용을 숨겨 비전공자들이 쉽게 아두이노에 접근할 수 있었던 것은 사실이지만, 숨겨진 사실들로 인해 오해를 불러오는 것도 사실이다. 아두이노 우노는 ATmega328 마이크로컨트롤러를 사용하여 만들어진 보드를 가리키는 이름 이상도 이하도 아니며, 스케치 역시 아두이노 보드를 위해 C/C++ 언어를 사용하여 만든 프로그램을 가리키는 이름 이상도 이하도 아니다. 아두이노를 특별하게 만드는 것은 스케치 작성을 지원하는 함수와 라이브러리에서 찾아야 한다. 이 장에서는 아두이노를 위한 스케치 프로그래밍과 AVR 시리즈 마이크로컨트롤러를 위한 전형적인 AVR 프로그래밍의 차이를 살펴보고, 이들을 함께 사용함으로써 아두이노를 좀 더 정확하게 이해하고 다양하게 활용하는 방법을 알아본다.

이 장에서
사용할 부품

| 아두이노 우노 | × 1 ➡ C 스타일과 아두이노 스타일 코드 테스트 |
| ISP 방식 프로그래머 | × 1 ➡ USBISP |

아두이노 프로그래밍과 AVR 프로그래밍

이 책은 AVR 시리즈 마이크로컨트롤러를 사용한 아두이노 보드를 위한 스케치 작성 방법, 즉 아두이노 프로그래밍을 다루고 있다. 먼저 명확히 해야 할 점은 ATmega328은 아두이노 우노에 포함된 마이크로컨트롤러라는 것이다. 당연한 이야기이면서도 흔히 저지르는 실수가 ATmega328과 아두이노 우노를 비교하는 것이다. **ATmega328과 아두이노 우노는 비교 대상이 아니다.** 이는 자동차 엔진(ATmega328)과 자동차(아두이노 우노)가 비교 대상이 아닌 것과 같다. 자동차에는 엔진 이외에도 많은 장치가 포함되어 있으며, 이들이 유기적으로 함께 동작함으로써 자동차로 기능할 수 있다. 아두이노 우노 역시 핵심이라 할 수 있는 ATmega328 이외에 많은 것이 포함되어 있으며, 이들이 유기적으로 함께 동작함으로써 아두이노 우노는 마이크로컨트롤러 보드로서 제 역할을 할 수 있다.

아두이노 우노를 자동차에 비유했지만, 아두이노 우노가 자동차와 다른 점 중 한 가지는 프로그램의 역할이 크다는 점이다. 아두이노 우노는 범용 컴퓨터로 어떤 프로그램을 설치하여 사용하느냐에 따라 전혀 다른 목적으로 사용될 수 있다. 아두이노에서 작성하는 프로그램은 '스케치'라고 불리며, 아두이노 우노의 ATmega328 마이크로컨트롤러에 설치되어 아두이노 우노가 특별한 목적을 가진 컴퓨터로 동작하게 해준다.

마이크로컨트롤러를 위한 프로그램은 대부분 C/C++ 언어를 사용하여 만들어진다. 그렇다면 스케치는 어떤 언어를 사용할까? 흔한 오해 중 하나는 스케치가 아두이노를 위한 프로그래밍 언어라고 생각하거나 스케치를 위한 특별한 프로그래밍 언어가 존재한다고 생각하는 것이다. **아두이노를 위한 특별한 프로그래밍 언어는 존재하지 않으며, 스케치 역시 C/C++ 언어를 사용하여 만들어진다.** 스케치는 C/C++ 언어로 작성한 프로그램에 붙인 이름일 뿐 그 이상도 이하도 아니며, 이는 아두이노 우노가 ATmega328을 사용하여 만든 마이크로컨트롤러 보드에 붙인 이름일 뿐이라는 점과 같다. 이처럼 **아두이노 보드와 아두이노 보드를 위한 스케치는 딱딱하고 복잡해 보이는 마이크로컨트롤러 보드와 C/C++ 언어를 사용하여 만든 코드를 부드럽고 친숙하게 보이도록 해주는 이름일 뿐이다.**

아두이노 우노에는 ATmega328 이외에 많은 것이 포함되어 있으며 다른 마이크로컨트롤러 보드에서는 찾아보기 힘든 기능 역시 포함되어 있지만, 대부분이 사용의 편의를 위한 것으로 꼭 필요한 것은 아니다. 마이크로컨트롤러는 다른 시스템의 일부로 포함되는, 즉 임베디드되는 경우가 많지만, 아두이노 우노는 단독으로 사용하는 경우 필요한 것들 역시 포함되어 있다. 아두이노 우노에서 스케치를 실행하는 데 꼭 필요한 것들만 모아보면 ATmega328 이외에는 남은 것이 그리 많지 않으며, 남은 것들은 흔히 이야기하는 AVR 프로그래밍을 위해 필요한 것과 같다. AVR 프로그래밍이란 ATmega328에서 실행되는 프로그램을 작성하는 전통적인 방법을 말한다. 첫머리에서 이야기한 내용과 비슷하지 않은가? 아두이노 프로그래밍이란 아두이노 우노에서, 정확히는 아두이노 우노에 포함된 ATmega328에서 실행되는 스케치를 작성하는 것을 말한다. 즉, **아두이노 프로그래밍과 AVR 프로그래밍은 아두이노 우노라는 같은 하드웨어를 사용할 수 있으며, 궁극적으로는 아두이노 우노에 포함된 ATmega328을 대상으로 하고 있다.** 또한 아두이노 프로그래밍과 AVR 프로그래밍은 마이크로컨트롤러라는 범용 컴퓨터로 특정 동작을 수행하는 시스템을 구현한다는 같은 목적을 갖고 있다. 같은 목적을 위해 같은 하드웨어를 사용하는 두 가지 프로그래밍이 존재하는 이유는 무엇일까? 두 가지 프로그래밍의 차이는 무엇일까? 두 가지 프로그래밍의 차이는 마이크로컨트롤러를 얼마나 가까이에서 보느냐의 차이다. 즉, 마이크로컨트롤러라는 엔진을 동작시키기 위해 시동 버튼을 누르는 것이 아두이노 프로그래밍이라면, 점화 플러그에 전기를 가하여 실린더에 있는 연료를 폭발시켜 엔진을 움직이게 하는 것이 AVR 프로그래밍이라고 할 수 있다. 하지만 같은 하드웨어를 사용하고 달성하려는 목적 역시 같으며, 같은 C/C++ 언어를 사용하는 AVR 프로그래밍과 아두이노 프로그래밍은 결국에는 같은 것일 수밖에 없다. 먼저 대표적인 AVR 프로그래밍 방법으로 마이크로칩 스튜디오를 사용하여 ATmega328을 위한 프로그램을 작성하는 과정을 살펴보자.

62.2 마이크로칩 스튜디오를 이용한 ATmega328 프로그래밍

마이크로칩 스튜디오는 마이크로칩사에서 제공하는 마이크로컨트롤러를 위한 통합개발환경으로, 아두이노 보드에 사용된 마이크로컨트롤러 대부분은 마이크로칩 스튜디오에서 프로그램을 작성하고 업로드할 수 있다. 마이크로칩 스튜디오는 마이크로칩사 홈페이지에서 무료로 내려받아 사용할 수 있다. 아직 마이크로칩 스튜디오를 설치하지 않았다면 내려받아 설치하자.

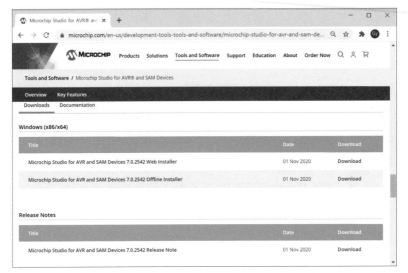

그림 62.1 마이크로칩 스튜디오 다운로드 페이지*

설치 과정에서는 디폴트 옵션을 그대로 사용하면 되므로 설치가 어렵지는 않지만, 설치 프로그램이 커 시간이 오래 걸릴 뿐이다. 설치가 끝나면 마이크로칩 스튜디오를 실행해 보자. 마이크로칩 스튜디오는 마이크로소프트 비주얼 스튜디오의 사용자 인터페이스를 사용하므로 비주얼 스튜디오를 사용해 본 적이 있다면 어렵지 않게 마이크로칩 스튜디오를 사용할 수 있다.

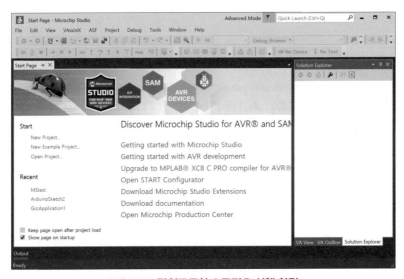

그림 62.2 마이크로칩 스튜디오 실행 화면

---

* https://www.microchip.com/en-us/development-tools-tools-and-software/microchip-studio-for-avr-and-sam-devices

마이크로칩 스튜디오에서 작성하는 프로그램은 기본적으로 ISP 방식을 사용하여 프로그램을 업로드하므로 아두이노 우노의 ICSP 핀 헤더에 ISP 방식 프로그래머가 연결된 상태여야 한다. ISP 방식 프로그래머에 대한 자세한 내용은 7장 '부트로더와 스케치 업로드'와 59장 'ISP 방식 스케치 업로드 장치'를 참고하면 된다.

그림 62.3 아두이노 우노에 ISP 방식 프로그래머 연결

마이크로칩 스튜디오 설치와 ISP 방식 프로그래머 연결이 끝났으면 첫 번째 프로그램을 작성해 보자. 마이크로칩 스튜디오를 실행하고 'File → New → Project...' 메뉴 항목을 선택하여 새로운 프로젝트를 생성한다.

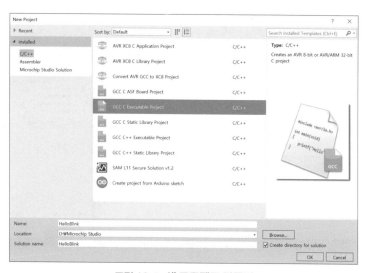

그림 62.4 새 프로젝트 만들기

새 프로젝트 다이얼로그에서 'GCC C Executable Project'를 선택하고, 프로젝트의 이름과 솔루션의 이름 그리고 솔루션이 저장될 위치를 지정한다. 'OK' 버튼을 누르면 마이크로컨트롤러를 선택하는 창이 나타난다. 사용할 마이크로컨트롤러는 아두이노 우노에 사용된 ATmega328P를 선택한다.

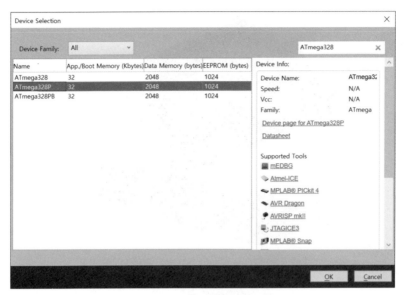

그림 62.5 마이크로컨트롤러 선택

'OK' 버튼을 누르면 솔루션과 프로젝트가 생성되고 main.c 파일이 코드 창에 나타난다.

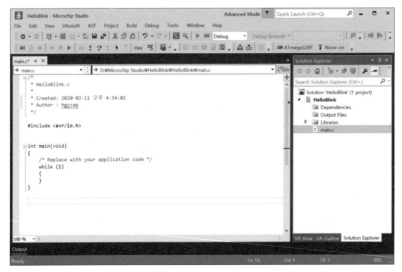

그림 62.6 프로젝트 생성 초기 화면

코드 창에 나타나는 기본 코드(이후 'C 스타일' 코드라고 지칭한다.)는 아두이노 프로그램에 나타나는 setup과 loop 함수로 이루어진 기본 코드(이후 '아두이노 스타일' 코드라고 지칭한다.)와 같은 동작을 하는 코드다. 그림 62.7은 그림 62.6의 코드와 아두이노의 스케치 구조를 비교한 것이다. 두 코드 모두 전처리, 초기화, 데이터 처리라는 3개의 기본 블록으로 구성된다는 점에서는 같지만, 기본 블록들이 배치되는 위치에서 차이가 있다. 스케치는 C/C++ 언어로 만들어지므로 main 함수가 꼭 필요하다. 다만 프로그램의 흐름을 직관적으로 나타내기 위해 setup과 loop 함수를 사용하고 main 함수는 숨겨두고 있다. **스케치는 C/C++ 언어로 만든 아두이노를 위한 프로그램을 가리키는 별명일 뿐임을 잊지 말자.**

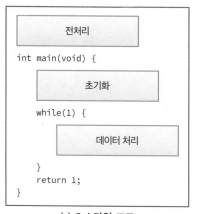

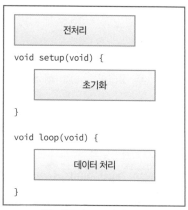

(a) C 스타일 코드   (b) 아두이노 스타일 코드

그림 62.7 C 스타일 코드와 아두이노 스타일 코드의 구조

코드의 구조 이외에도 C 스타일과 아두이노 스타일 코드는 작성하는 방법에서 차이가 있다. C 스타일 코드는 레지스터register를 기본으로 한다. 레지스터는 마이크로컨트롤러의 기능을 사용하는 데 필요한 메모리의 한 종류로, 모든 데이터 입출력은 레지스터를 통해 이루어진다. 하지만 레지스터는 간단한 약어로 표시되어 있어 직관적으로 이해하기 어렵고, 비트 단위의 연산이 필요한 경우가 많아 조작이 쉽지 않다. 따라서 아두이노 함수와 라이브러리에서는 레지스터 사용을 추상화하여 함수로 제공하고 있다. 아두이노 스타일 코드에서는 레지스터를 직접 사용하는 경우는 흔하지 않으며 간단한 동작은 아두이노 함수를, 복잡한 동작은 아두이노 라이브러리를 사용한다. 물론 마이크로컨트롤러의 모든 기능을 아두이노 함수나 라이브러리를 통해 사용할 수 있는 것은 아니지만, 아두이노가 비전공자를 대상으로 만들어진 만큼 비전공자나 메이커들이 필요로 하는 마이크로컨트롤러의 기능 대부분은 아두이노 함수나 라이브러리로 만들어져 있다.

스케치 62.1은 아두이노 우노의 13번 핀에 연결된 LED를 1초 간격으로 점멸하는 블링크 스케치를 C 스타일 코드로 작성한 예다.

```
#define F_CPU 16000000L
#include <avr/io.h>
#include <util/delay.h>

int main(void) {
    DDRB |= (0x01 << 5);                            // pinMode(13, OUTPUT);

    while(1) {
        PORTB &= ~(0x01 << 5);                      // digitalWrite(13, LOW);
        _delay_ms(1000);                            // delay(1000);
        PORTB |= (0x01 << 5);                       // digitalWrite(13, HIGH);
        _delay_ms(1000);
    }

    return 1;
}
```

스케치를 입력한 후 'Build → Build Solution' 메뉴 항목, [F7] 단축키 또는 툴바의 'Build Solution' 버튼(⬛)을 선택하여 스케치를 컴파일한다*. 스케치가 성공적으로 컴파일되면 실행 파일이 생성되며 솔루션 디렉터리 아래에서 찾을 수 있다. 그림 62.4에서 솔루션 디렉터리를 'D:\Microchip Studio'로 설정했으므로 그 아래에 솔루션 이름인 'HelloBlink' 디렉터리가 있고, 그 아래에 프로젝트 이름인 'HelloBlink'가 있다. 빌드 옵션이 'Debug'로 설정되어 있다면 프로젝트 디렉터리 아래의 'Debug' 디렉터리에서 확장자가 HEX인 실행 파일을 찾을 수 있다.

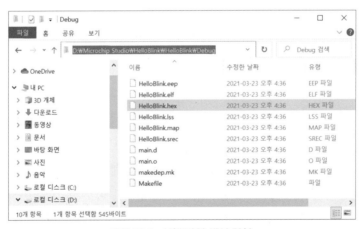

그림 62.8 실행 파일 생성 위치

---

* 스케치를 컴파일하는 방법은 두 가지가 있다. 하나는 솔루션을 컴파일하는 방법이고, 다른 하나는 프로젝트를 컴파일하는 방법이다. 솔루션은 관련된 여러 개의 프로젝트를 묶어놓은 것으로, 이 장의 예에서는 솔루션에 하나의 프로젝트만 포함되어 있으므로 솔루션과 프로젝트에 차이가 없다. 따라서 이 장에서는 단축키를 제공하는 솔루션 컴파일을 사용했다.

이제 생성된 실행 파일을 아두이노 우노에 업로드할 차례다. 아두이노 우노에 실행 파일을 업로드하기 전에 먼저 ISP 방식 프로그래머를 마이크로칩 스튜디오에 등록해야 한다. 'Tools → Add target...' 메뉴 항목을 선택하면 프로그래머를 등록할 수 있는 다이얼로그가 나타난다. 다이얼로그에서 'STK500'과 프로그래머가 연결된 포트 번호를 선택하고 'Apply' 버튼을 누르면 이 장에서 사용하는 ISP 방식 프로그래머의 등록이 완료된다.

그림 62.9 마이크로칩 스튜디오에 USBISP 등록

ISP 방식 프로그래머가 등록되었으면 'Tools → Device Programming' 메뉴 항목, `Ctrl` + `Shift` + `P` 단축키 또는 툴바의 'Device Programming' 버튼()을 선택하여 장치 프로그래밍 다이얼로그를 실행한다. 장치 프로그래밍 다이얼로그에서 'Tool'은 그림 62.9에서 선택한 'STK500 COM4'를, 'Device'는 'ATmega328P'를, 'Interface'는 'ISP'를 선택한 후 'Apply' 버튼을 누르면 아두이노 우노 보드에 연결된다.

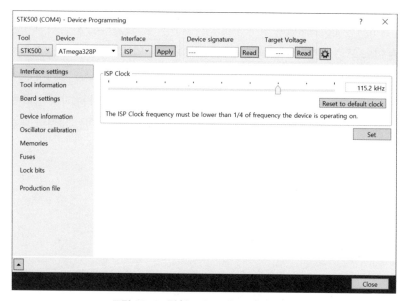

그림 62.10 장치 프로그래밍 다이얼로그

'Memories' 탭을 선택하고 'Flash' 부분에 스케치 62.1을 컴파일하여 생성된 HelloBlink.hex 파일을 지정한 후 'Program' 버튼을 누르면 실행 파일이 마이크로컨트롤러에 업로드된다. 스케치 업로드에 성공하면 아두이노 우노의 13번 핀에 연결된 LED가 1초 간격으로 깜빡이는 것을 확인할 수 있다.

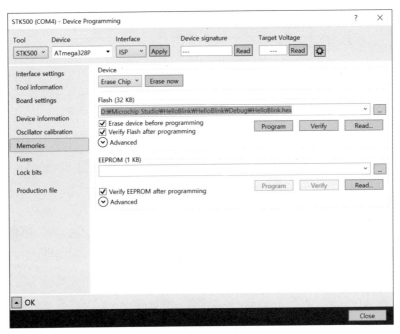

그림 62.11 실행 파일 업로드

마이크로칩 스튜디오에서 작성하고 아두이노 우노에 업로드하는 코드는 C 스타일의 코드가 일반적이고, 아두이노 프로그램에서 작성하고 아두이노 우노에 업로드하는 코드는 아두이노 스타일의 코드가 일반적이다. 코드 스타일의 차이를 제외하면 마이크로칩 스튜디오에서 스케치를 업로드하는 과정은 아두이노 프로그램에서 '프로그래머를 이용해 업로드'하는 과정과 비슷하다. 마이크로칩 스튜디오에서 스케치를 업로드하면 부트로더가 지워지므로 시리얼 방식의 업로드는 사용할 수 없다.

그림 62.12는 스케치 62.1의 C 스타일 블링크 코드와 아두이노 스타일의 블링크 스케치를 비교한 것이다.

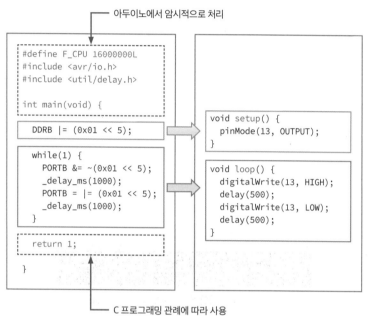

아두이노에서 암시적으로 처리

```
#define F_CPU 16000000L
#include <avr/io.h>
#include <util/delay.h>

int main(void) {
```

```
DDRB |= (0x01 << 5);
```

```
while(1) {
  PORTB &= ~(0x01 << 5);
  _delay_ms(1000);
  PORTB = |= (0x01 << 5);
  _delay_ms(1000);
}
```

```
return 1;

}
```

```
void setup() {
  pinMode(13, OUTPUT);
}
```

```
void loop() {
  digitalWrite(13, HIGH);
  delay(500);
  digitalWrite(13, LOW);
  delay(500);
}
```

C 프로그래밍 관례에 따라 사용

그림 62.12 C 스타일과 아두이노 스타일 비교

C 스타일의 코드가 레지스터와 main 함수를 기본으로 하고 있다면, 아두이노 스타일의 코드는 레지스터 조작을 추상화한 함수와 라이브러리로 대체하고, main 함수를 setup과 loop 함수로 대체하고 있다. 하지만 사용하는 하드웨어에는 차이가 없으므로 C 스타일의 코드를 아두이노 우노에서 사용할 수 있으며, 앞 절에서 C 스타일의 스케치 62.1을 아두이노 우노에 업로드했다. C 스타일의 코드를 아두이노 우노에 업로드하기 위해 앞 절에서는 마이크로칩 스튜디오를 사용했지만, 아두이노 프로그램에서도 C 스타일 코드를 컴파일하고 업로드하는 것이 가능하다. 아두이노 프로그램을 실행하고 스케치 62.1을 입력한 후 '스케치 → 프로그래머를 이용해 업로드' 메뉴 항목, 'Ctrl + Shift + U' 단축키 또는 'Shift + 툴바 업로드 버튼'을 선택하여 스케치를 업로드해 보자. 마이크로칩 스튜디오에서 스케치를 업로드한 후이므로 부트로더가 지워져 프로그래머를 이용한 업로드를 사용했지만, 부트로더를 다시 구우면 '스케치 → 업로드' 메뉴 항목, 'Ctrl + U' 단축

키 또는 툴바에서 '업로드' 버튼을 선택하여 시리얼 방식으로 스케치를 업로드할 수 있다. 즉, 코드 스타일과 업로드 방식은 별개다. C 스타일 코드는 ISP 방식으로 업로드하고 아두이노 스타일 코드는 시리얼 방식으로 업로드하는 경우가 많긴 하지만 반드시 그래야 할 이유는 없다.

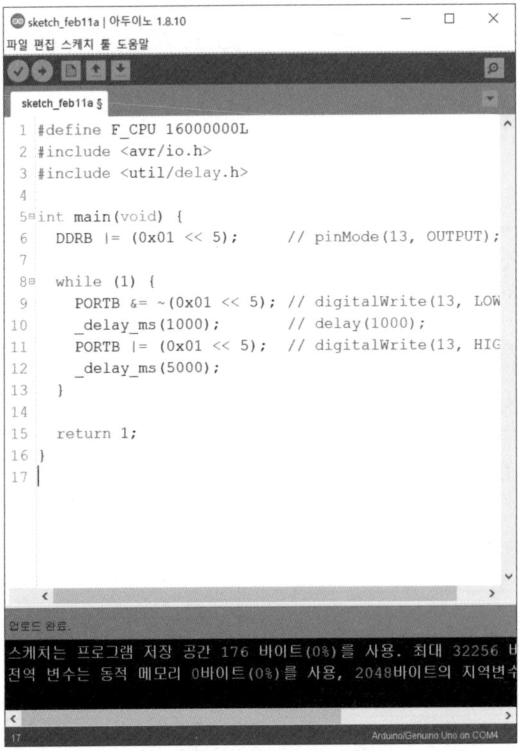

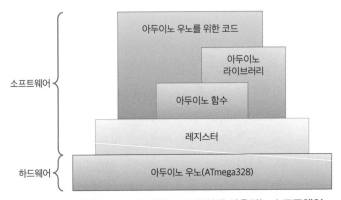

그림 62.13 **아두이노 프로그램에서 C 스타일 코드 사용**

그림 62.14는 레지스터, 아두이노 함수, 아두이노 라이브러리가 계층을 이루고 있는 것을 나타낸 것이다.

그림 62.14 **아두이노 우노를 위한 코드 작성에 사용되는 소프트웨어**

- ATmega328을 위한 C 스타일 코드는 레지스터 조작을 기본으로 한다. 레지스터를 조작하지 않고 마이크로컨트롤러를 위한 코드를 작성하는 방법은 없으며 누가 레지스터를 조작할 것인 가에 차이가 있을 뿐이다. **C 스타일의 코드에서는 사용자가 작성한 코드가 레지스터를 조작한다면, 아두이노 스타일의 코드에서는 아두이노 함수와 라이브러리가 레지스터 조작을 대신하고 있다.**

- 레지스터 조작의 복잡하고 번거로운 과정을 추상화하여 간단하고 직관적으로 마이크로컨트 롤러의 기능을 사용할 수 있도록 만들어놓은 것이 아두이노 함수다.

- 마이크로컨트롤러의 고급 기능이나 주변장치 제어와 같이 아두이노 함수로 간단하게 해결할 수 없는 작업을 객체 지향 기법을 사용하여 클래스로 구현해 놓은 것이 아두이노 라이브러리다. 아두이노 라이브러리에서는 아두이노 함수를 사용하거나 레지스터를 직접 조작할 수 있다.

- 아두이노 스타일의 코드는 저수준의 제어 기능을 추상화한 아두이노 함수와 라이브러리를 기 본으로 한다. 하지만 모든 마이크로컨트롤러의 기능이 아두이노 함수나 라이브러리로 제공되 지는 않으며, 함수나 라이브러리로 제공되지 않는 기능을 사용하기 위해서는 레지스터를 직접 조작해야 한다.

흔히 스케치라 불리는 아두이노 스타일의 코드는 아두이노 함수와 라이브러리를 기본으로 하지 만, C 스타일의 코드 역시 사용할 수 있다. **아두이노 스타일 코드에서 레지스터를 조작할 수 없는 것 이 아니라 대부분 아두이노 함수나 라이브러리로 제공되고 있어 사용하지 않을 뿐이다.**

반대로 C 스타일의 코드에서 아두이노 함수나 아두이노 라이브러리를 사용하는 것도 가능하다. 하지만 이 경우 몇 가지 주의할 점이 있다. 첫 번째는 아두이노 함수나 라이브러리를 사용하기 위해서는 아두이노 프로그램을 사용해야 한다는 점이다. 마이크로칩 스튜디오에서도 아두이노 스케치를 읽어와 컴파일할 수 있지만, 아두이노 프로그램을 사용하는 것이 간단하고 주로 사용된다.

두 번째는 아두이노에서의 기본 설정이 존재한다는 점이다. 아두이노 스타일의 코드에서 main 함수 는 숨겨져 있다. 이때 숨겨진 main 함수에서 호출하는 init 함수에서 아두이노의 함수와 라이브러 리가 동작할 수 있게 해주는 기본 설정이 이루어지며 타이머/카운터 설정, 인터럽트 설정, UART 시 리얼 통신 설정 등의 작업을 포함된다. 따라서 **프로그램이 시작되기 전에 init 함수를 호출하지 않으면 아두이노 함수와 라이브러리가 정상적으로 동작하지 않을 수 있다.** init 함수를 호출하면 모든 문제가 해결될 것으로 보이겠지만 init 함수에서 원하지 않은 설정이 이루어질 수 있다는 점도 주의해야 한 다. 즉, 아두이노 환경이 동작하게 하는 설정과 프로그래머가 필요로 하는 설정이 충돌할 수 있다.

스케치 62.2는 C 스타일 코드에서 아두이노의 Serial 클래스를 사용하여 컴퓨터로 1초에 1씩 증 가하는 카운터값을 시리얼 모니터로 전송하는 예다. init 함수 부분을 주석 처리하면 시리얼 모니터로 정상적으로 출력이 이루어지지 않는 것을 확인할 수 있다. 스케치 62.2에서는 아두이노의 클래스를 사용하므로 마이크로칩 스튜디오가 아닌 아두이노 프로그램에서 작성하고 업로드해야 한다는 점도 주의해야 한다.

</> 스케치 62.2 C 스타일 코드에서 Serial 클래스 사용

```
int main(void) {
    init();                                    // 아두이노 환경 초기화

    Serial.begin(9600);                        // 컴퓨터와의 시리얼 통신 초기화
    int count = 0;                             // 카운터값

    while(1) {
        count++;                               // 카운터값 증가
        Serial.print("* 현재 카운터값은 ");
        Serial.print(count);
        Serial.println("입니다.");

        delay(1000);                           // 1초 대기
    }

    return 1;
}
```

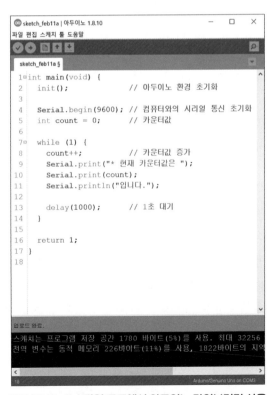

그림 62.15 C 스타일 코드에서 아두이노 라이브러리 사용

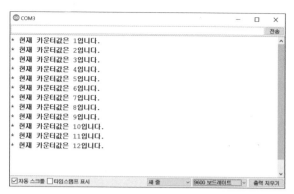

그림 62.16 스케치 62.2 실행 결과

아두이노 스타일의 코드를 사용하면 아두이노 함수와 라이브러리의 도움으로 쉽고 간단하게 코드를 작성할 수 있으며, 필요한 경우 레지스터를 직접 조작하는 것도 가능하다. 그렇다면 C 스타일의 코드를 사용할 이유는 없어 보일 수 있지만, 아두이노의 함수와 라이브러리가 마이크로컨트롤러의 모든 기능을 사용할 수 있게 해주지는 않는다는 점을 기억해야 한다. 또 다른 **C 스타일 코드의 장점은 생성되는 실행 파일의 크기가 작다는 점이다.** 아두이노의 함수와 라이브러리는 레지스터 조작을 추상화하여 제공하며, 이 과정에서 여러 가지 코드가 추가되므로 실행 파일이 커질 수밖에 없다. 그림 62.17은 C 스타일의 스케치 62.1과 아두이노의 블링크 스케치를 컴파일했을 때 만들어지는 실행 파일의 크기를 비교한 것으로, C 스타일의 코드에서 만들어지는 실행 파일의 크기가 아두이노 스타일의 코드에서 만들어지는 실행 파일 크기의 약 20%에 불과하다. 모든 코드에서 실행 파일의 크기가 20%로 줄어드는 것은 아니지만, 메모리가 부족한 경우라면 C 스타일의 코드 작성을 고려해볼 수 있다.

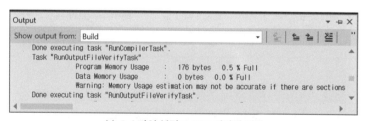

(a) C 스타일 블링크 코드 컴파일 결과

(b) 아두이노 스타일 블링크 코드 컴파일 결과

그림 62.17 코드 스타일에 따라 생성되는 실행 파일 크기 비교

아두이노 우노는 ATmega328 마이크로컨트롤러를 사용하여 만든 마이크로컨트롤러 보드로, 아두이노 스타일의 코드는 물론 C 스타일의 코드를 모두 사용할 수 있다. 아두이노 스타일의 코드가 C 스타일의 코드와 달라 보이고 다른 것이 사실이지만, 아두이노 스타일의 코드를 한 겹 들춰보면 C 스타일 코드와 같다는 사실 또한 쉽게 알 수 있다. 아두이노의 함수와 라이브러리는 C 스타일의 코드를 사용하기 쉽도록 추상화하여 만들어진 것이다. 즉, 아두이노의 함수와 라이브러리 역시 C 스타일의 코드에서 사용하는 레지스터 없이는 동작할 수 없다. 아두이노의 함수와 라이브러리는 아두이노가 지금과 같은 인기를 얻는 데 큰 역할을 한 것이 사실이다. 하지만 편리한 것만이 능사는 아니다. 아두이노의 함수와 라이브러리의 사용만으로는 마이크로컨트롤러를 깊이 이해하는 데 한계가 있음을 명심해야 한다. 표 62.1은 C 스타일과 아두이노 스타일 코드를 비교한 것이다.

표 62.1 C 스타일과 아두이노 스타일 코드 비교

	C 스타일	아두이노 스타일
기본 함수	main	setup, loop
코드 작성 방법	레지스터, (아두이노 함수, 아두이노 라이브러리)	(레지스터), 아두이노 함수, 아두이노 라이브러리
사용 프로그램	마이크로칩 스튜디오, 아두이노 프로그램	아두이노 프로그램
장점	실행 파일 크기가 작음	쉽고 직관적인 프로그래밍이 가능함
단점	레지스터 조작은 복잡하고 직관적이지 않음	실행 파일 크기가 큼
비고	• 아두이노 함수나 라이브러리 사용을 위해서는 초기화 함수 init을 호출해야 함	• 아두이노 라이브러리 사용을 위해서는 C++의 클래스를 이해하고 사용할 수 있어야 함 • 마이크로칩 스튜디오에서도 일부 아두이노 스타일 코드 작성이 가능함

아두이노 프로그램은 아두이노 함수와 라이브러리를 컴파일하고 실행 파일을 만드는 데 주로 사용되지만, 아두이노 함수와 라이브러리가 레지스터를 바탕으로 하는 만큼 C 스타일의 코드 역시 아두이노 프로그램에서 사용할 수 있으며 그 반대의 경우도 마찬가지다. C 스타일 코드와 아두이노 스타일의 코드는 동전의 양면과 같다. 한쪽 면만을 보고 아두이노를 섣불리 판단하는 일은 없어야 할 것이다. 아두이노 스타일 코드의 뒷면을 통해 아두이노를 이해하고 아두이노를 활용할 수 있는 새로운 길을 찾아낼 수 있기를 바란다.

1 스케치 62.1에서는 1개의 LED를 1초 간격으로 점멸하고 있다. 스케치 62.1에서 LED가 연결된 핀은 1바이트 크기의 포트 중 1비트값으로 제어된다. 스케치 62.3은 8번부터 13번까지의 핀에 6개의 LED를 연결하고 6개의 LED를 동시에 1초 간격으로 점멸하는 C 스타일 코드의 예다. 8번부터 13번까지의 핀은 포트 B의 0번에서 5번까지 비트로 제어할 수 있다. 스케치 62.3과 같은 동작을 하도록 아두이노 스타일 코드를 작성하고 컴파일했을 때 크기를 비교해 보자.

</> 스케치 62.3 6개 LED 블링크 – C 스타일

```
#define F_CPU 16000000L
#include <avr/io.h>
#include <util/delay.h>

int main(void) {
    DDRB |= 0x03F;                              // pinMode(6개 핀)

    while(1) {
        PORTB &= ~0x3F;                         // digitalWrite(6개 핀)
        _delay_ms(1000);                        // delay
        PORTB |= 0x3F;                          // digitalWrite(6개 핀)
        _delay_ms(1000);
    }

    return 1;
}
```

2 C 스타일 코드의 가장 큰 장점은 효율적인 코드 작성이 가능하다는 점이지만, 사용하기 어렵다는 단점이 있다. 반면, 아두이노 스타일 코드에서는 C 스타일 코드와 장단점이 바뀐다. 표 62.1의 내용 이외에 C 스타일과 아두이노 스타일의 특징과 장단점을 찾아 비교해 보자.

미니 프로젝트:
테트리스

이 장에서는 네오픽셀 매트릭스와 조이스틱을 이용하여 네오픽셀 매트릭스에서 실행되는 테트리스를 만들어본다. 테트리스는 1984년 처음 소개된 이후 거의 모든 플랫폼에서 실행될 만큼 잘 알려진 게임이다. 테트리스는 다양한 변형이 존재하지만, 기본적인 규칙은 간단하므로 어렵지 않게 구현할 수 있다. 이 장에서는 8×8 네오픽셀 매트릭스 2개를 사용하여 8×16 크기 화면에 테트리스를 구현해 본다. 기본적인 규칙만을 사용하여 게임을 구현할 것이지만, 이를 바탕으로 다양한 요소를 추가한다면 좀 더 흥미로운 나만의 테트리스 게임을 만들 수 있을 것이다.

이 장에서 사용할 부품

아두이노 우노	× 1 ➡ 테트리스 구현
네오픽셀 매트릭스	× 2 ➡ 8×8 크기
조이스틱	× 1 ➡ 게임 컨트롤

테트리스

테트리스는 1984년 소련의 프로그래머 알렉세이 파지트노프Alexey Pajitnov가 만든 퍼즐 게임이다. 게임의 규칙은 간단하다. 블록을 회전시켜 쌓아 한 줄을 채우면 그 줄은 사라지고, 남은 블록이 맨 위까지 쌓이면 게임이 끝난다. 이처럼 테트리스는 단순한 규칙을 바탕으로 하고 있어 다양한 변형이 존재하며, 65개 이상의 플랫폼으로 이식되어 기네스북에 가장 많이 이식된 게임으로 등재되었다. 테트리스는 20세기에 가장 인기를 끈 게임 중 하나이자 21세기에도 여전히 인기를 유지하고 있는 게임이다. '테트리스'라는 이름은 알렉세이 파지트노프가 참여하고 있는 TTCThe Tetris Company에서 라이선스를 관리하고 있으며, 테트리스라는 이름을 정식으로 사용하지 않는 유사한 게임은 훨씬 많은 것으로 알려져 있다.

테트리스에서 가장 기본적이면서 중요한 규칙 중 하나는 블록의 종류와 블록을 회전시키는 순서로, 게임마다 약간의 차이가 있을 수 있다. 그림 63.1은 이 장에서 사용하는 7개의 블록과 회전 방법을 나타낸 것으로, 흔히 사용되는 블록과 회전 방법에 해당한다.

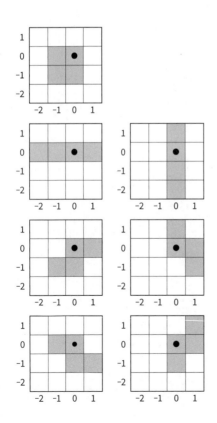

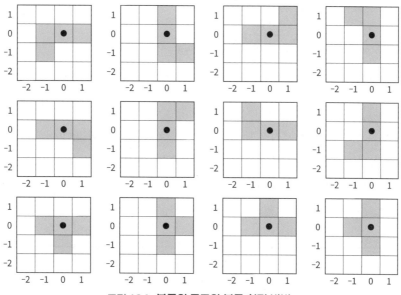

그림 63.1 블록의 종류와 블록 회전 방법

모든 블록은 4×4 크기의 공간 내에서 점으로 표시된 (0, 0) 지점을 중심으로 반시계 방향으로 회전한다. 그림 63.2는 이 장에서 구현한 테트리스를 플레이하는 화면을 나타낸다.

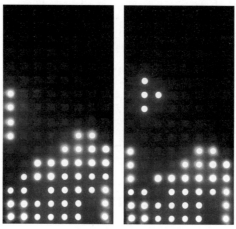

그림 63.2 테트리스 게임 구현

테트리스 구현을 위한 하드웨어

테트리스를 구현하기 위해서는 조이스틱과 네오픽셀 매트릭스를 사용한다. 조이스틱은 게임 컨트롤을 위한 입력 장치로, 8×8 크기의 네오픽셀 매트릭스 2개를 연결한 8×16 크기 매트릭스는 게임 진행을 나타내는 출력 장치로 사용한다. 조이스틱과 네오픽셀 매트릭스를 그림 63.3과 같이 연결하자. 조이스틱의 가변저항 2개는 A0(X축)와 A1(Y축) 핀에 연결했다. 네오픽셀 매트릭스의 제어선은 6번 핀에 연결한다. 조이스틱의 버튼은 사용하지 않으므로 연결하지 않는다.

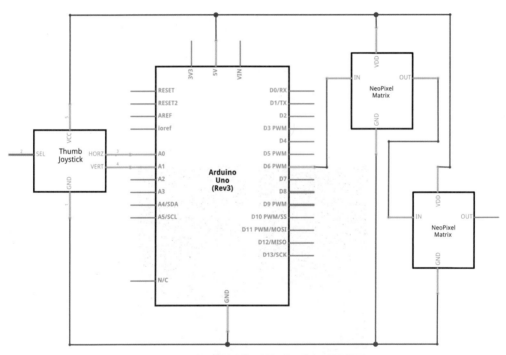

그림 63.3 조이스틱과 네오픽셀 매트릭스 연결 회로도

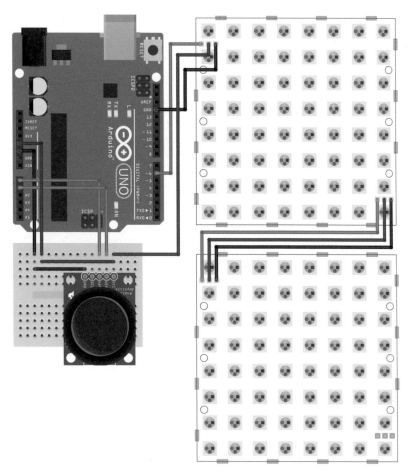

그림 63.4 **조이스틱과 네오픽셀 매트릭스 연결 회로**

게임 컨트롤을 위해 사용하는 조이스틱은 상하좌우의 4방향 움직임을 감지하고, 위쪽 움직임 이외의 3방향은 블록 이동을 위해, 위쪽 움직임은 블록 회전을 위해 사용한다. 조이스틱의 움직임은 각 방향을 나타내는 아날로그값의 범위를 통해 판단하며 [0, 100]은 왼쪽/위쪽을, [900, 1023]은 오른쪽/아래쪽을 나타낸다. 조이스틱의 움직임에 따른 방향 결정은 50장 '미니 프로젝트: 스네이크 게임'을 참고하면 된다. 네오픽셀 매트릭스는 WS2812B RGB LED를 매트릭스 형태로 배열하고 하나의 제어선으로 모든 LED를 제어할 수 있도록 만들어진 RGB LED 매트릭스의 한 종류다. 네오픽셀 매트릭스는 연결과 사용이 간단하면서도 16비트 RGB 색상을 사용할 수 있다는 장점이 있어 스네이크 게임 구현에서도 사용했다. 이 외에도 네오픽셀 매트릭스는 여러 개의 매트릭스를 연결하여 크기가 큰 LED 매트릭스를 만들 수 있고, 여러 개의 매트릭스를 연결했을 때도 필요한 제어선은 여전히 하나뿐이다. 테트리스 구현을 위해서는 2개의 8×8 크기 매트릭스를 위아래로 연결하여 8×16 크기의 매트릭스로 사용했다. 스케치 63.1은 블록의 움직임과 화면 제어 방법을 보여주는 예다. 스케치 63.1에서는 7개의 블록과 각 블록이 회전에 따라 가질 수 있는 다른 모양을 배열 형태로 정의하고, 7개 블록이 일정한 시간 간격으로 회전하면서 아래로 내려오면서 표시되게 했다.

스케치 63.1 블록 회전과 이동

```
#include <Adafruit_NeoMatrix.h>

#define DOT(block, subPattern, x, y) \
    patterns[patternStart[block] + subPattern][y * 4 + x]

#define POSITION_X  1                              // 블록의 x축 표시 시작 위치

#define FOREGROUND  1                              // 블록 패턴에서의 전경과 배경
#define BACKGROUND  0

const byte patterns[][16] = {
    {0, 0, 0, 0, 0, 1, 1, 0, 0, 1, 1, 0, 0, 0, 0, 0},   // P0: 0
    {0, 0, 0, 0, 1, 1, 1, 1, 0, 0, 0, 0, 0, 0, 0, 0},   // P1: 1
    {0, 0, 1, 0, 0, 0, 1, 0, 0, 0, 1, 0, 0, 0, 1, 0},
    {0, 0, 0, 0, 0, 0, 1, 1, 0, 1, 1, 0, 0, 0, 0, 0},   // P2: 3
    {0, 0, 1, 0, 0, 1, 1, 0, 0, 0, 1, 0, 0, 0, 0, 0},
    {0, 0, 0, 0, 0, 1, 1, 0, 0, 1, 1, 0, 0, 0, 0, 0},   // P3: 5
    {0, 0, 0, 1, 0, 0, 1, 1, 0, 0, 1, 0, 0, 0, 0, 0},
    {0, 0, 0, 0, 0, 1, 1, 1, 0, 1, 0, 0, 0, 0, 0, 0},   // P4: 7
    {0, 0, 1, 0, 0, 0, 1, 0, 0, 0, 1, 1, 0, 0, 0, 0},
    {0, 0, 0, 1, 0, 1, 1, 1, 0, 0, 0, 0, 0, 0, 0, 0},
    {0, 1, 1, 0, 0, 0, 1, 0, 0, 0, 1, 0, 0, 0, 0, 0},
    {0, 0, 0, 0, 0, 1, 1, 1, 0, 0, 0, 1, 0, 0, 0, 0},   // P5: 11
    {0, 0, 1, 1, 0, 0, 1, 0, 0, 0, 1, 0, 0, 0, 0, 0},
    {0, 1, 0, 0, 0, 1, 1, 1, 0, 0, 0, 0, 0, 0, 0, 0},
    {0, 0, 1, 0, 0, 0, 1, 0, 0, 1, 1, 0, 0, 0, 0, 0},
    {0, 0, 0, 0, 0, 1, 1, 1, 0, 0, 1, 0, 0, 0, 0, 0},   // P6: 15
    {0, 0, 1, 0, 0, 0, 1, 1, 0, 0, 1, 0, 0, 0, 0, 0},
    {0, 0, 1, 0, 0, 1, 1, 1, 0, 0, 0, 0, 0, 0, 0, 0},
    {0, 0, 1, 0, 0, 1, 1, 0, 0, 0, 1, 0, 0, 0, 0, 0} };

byte BLOCKS = 7;                                   // 블록의 종류
// 배열에서 블록 데이터가 시작하는 위치
byte patternStart[7] = {0, 1, 3, 5, 7, 11, 15};
// 각 블록이 회전에 따라 갖는 모양 개수
byte patternNo[7] = {1, 2, 2, 2, 4, 4, 4};

byte gameScreen[16][8] = {0, };                    // 게임 화면 저장 배열

int ROWS = 8, COLUMNS = 8;                         // 네오픽셀 매트릭스 크기
int NUM_X = 1, NUM_Y = 2;                          // x 및 y 방향으로 연결된 매트릭스 수
int PIN = 6;                                       // 네오픽셀 매트릭스 연결 핀
```

```
// 2개의 연결된 네오픽셀 매트릭스 제어 객체 생성
Adafruit_NeoMatrix matrix = Adafruit_NeoMatrix(COLUMNS, ROWS,
        NUM_X, NUM_Y, PIN,
        NEO_MATRIX_TOP + NEO_MATRIX_RIGHT
            + NEO_MATRIX_ROWS + NEO_MATRIX_ZIGZAG
            + NEO_TILE_TOP + NEO_TILE_LEFT + NEO_TILE_COLUMNS);

uint16_t colors[8] = {                                      // 각 블록의 색상
    matrix.Color(0xFF, 0xD7, 0x00), matrix.Color(0x00, 0xFF, 0xFF),
    matrix.Color(0X00, 0xFF, 0x00), matrix.Color(0xFF, 0x00, 0x00),
    matrix.Color(0xCD, 0x85, 0x3F), matrix.Color(0x00, 0x00, 0xFF),
    matrix.Color(0x8A, 0x2B, 0xE2) };

unsigned long timePrevious;
int INTERVAL = 500;                                         // 블록 움직임 간격

// 28줄(4줄 * 7개 블록) 중 화면에 표시할 16줄의 시작 위치
int lineStart = 0;
// 7개 블록이 현재 게임 화면에 표시되는 서브 패턴
int currentSubPattern[7] = { 0, 1, 0, 1, 0, 1, 0 };

void setup() {
    matrix.begin();                                         // 네오픽셀 매트릭스 초기화
    matrix.setBrightness(5);                                // 밝기 정도 [0, 255]

    timePrevious = millis();
}

void loop() {
    unsigned long timeCurrent = millis();

    if (timeCurrent - timePrevious >= INTERVAL) {
        timePrevious = timeCurrent;

        showBlocks();                                       // 현재 블록 표시
        updateSubPatterns();                                // 각 블록의 회전 상태 변경
    }
}

void showBlocks() {                                         // 블록 표시 화면
    // lineStart = (lineStart + 1) % 28;                    // 블록이 위로 움직이는 경우
    lineStart = (lineStart - 1 + 28) % 28;                  // 블록이 아래로 움직이는 경우
    int lineEnd = lineStart + 16;

    matrix.clear();
    for (int i = lineStart; i < lineEnd; i++) {
        int y = i % 28;
        int blockNo = y / 4;
        int blockY = y % 4;

        for (int j = POSITION_X; j < POSITION_X + 4; j++) {
            int x = j - POSITION_X;
```

```
            int subPattern = currentSubPattern[blockNo];
            int pixel = DOT(blockNo, subPattern, x, blockY);
            if (pixel == FOREGROUND) {
                matrix.drawPixel(j, i - lineStart, colors[blockNo]);
            }
        }
    }
    matrix.show();
}

void updateSubPatterns() {
    for (int i = 0; i < 7; i++) {
        currentSubPattern[i] = (currentSubPattern[i] + 1) % patternNo[i];
    }
}
```

테트리스에서 블록의 종류는 7개이고 각 블록은 회전에 따라 서로 다른 수의 모양을 가질 수 있으므로, 7개 블록의 모양은 모두 19가지다. 블록의 모양은 그림 63.1과 같이 4×4 크기로 정해진다. 블록 모양을 정의하기 위해서 1차원 배열을 사용했으며 전체 블록 데이터는 2차원 배열로 나타내었다. 블록 데이터에서 블록의 회전 상태에 따라 각 픽셀이 전경 또는 배경에 속하는 것을 알아내기 위해 매크로 함수 DOT를 사용했다. DOT 함수에서 픽셀은 그림 63.1의 2차원 형태에서 좌상단을 기준점인 (0, 0)으로 했다. 그림 63.1에서는 회전의 중심을 (0, 0)으로 표현한 것과는 다르다는 점에 주의해야 한다.

그림 63.5는 스케치 63.1에서 화면에 나타낼 16개 행을 정하는 방법을 나타낸다. 4×4 크기의 7개 블록을 배열하면 28행이 만들어지고, 그중 게임 화면의 크기에 맞는 16개 행을 이동 창으로 선택하여 표시했다. 한 가지 주의할 점은 28개 행 중에서 시작하는 행 번호가 증가하면 블록이 위로 움직이는 효과가 나타난다는 점이다. 블록이 아래로 내려오는 효과를 얻기 위해서는 시작하는 행 번호를 감소시켜야 한다. 네오픽셀 매트릭스에 대한 자세한 내용은 43장 '네오픽셀'을 참고하면 된다.

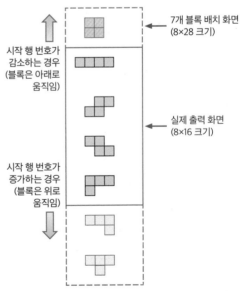

그림 63.5 화면에 표시할 블록을 선택하는 방법

스케치 63.1은 7개 블록을 순서대로 회전하면서 아래로 내려오게 하는 스케치로, 테트리스에서 기본적인 블록의 회전과 이동 방법을 보여준다. 이 외에 테트리스를 구현할 때 필요한 것 중 하나가 블록의 이동이나 회전 가능성을 판단하는 방법이다. 조이스틱의 4방향 움직임에 따라 네 가지 종류의 입력이 발생하며 현재 블록을 왼쪽, 오른쪽, 아래쪽으로 이동하는 것과 회전시키는 네 가지 동작을 그에 따라 실행해야 한다. 조이스틱으로 입력이 발생하면 먼저 입력에 따른 동작이 가능한지 판단하고, 가능한 경우에만 해당 동작을 수행한다. 왼쪽 이동과 오른쪽 이동은 다음 세 가지 조건을 만족하는 경우 가능한 것으로 판단했다.

1. 현재 블록이 완전히 보이는 상태에 있어야 한다. 블록이 처음 내려오기 시작할 때는 일부만 보이는 상태에 있으며 이때는 이동이나 회전을 할 수 없다.

2. 이동이나 회전한 후 블록은 완전히 보이는 상태에 있어야 한다. 1번의 경우와 마찬가지로 블록이 처음 내려오기 시작할 때는 이동이나 회전을 할 수 없다. 또한 왼쪽이나 오른쪽 끝에 있는 경우 이동이나 회전을 하지 못할 수 있다.

3. 이동이나 회전한 후 게임 화면에 있는 남은 블록들과 겹치지 않아야 한다.

아래쪽으로 이동하는 경우에는 위의 세 가지 경우와 다른 조건을 사용했다.

1. 현재 블록이 완전히 보이지 않는 상태에서도 아래쪽으로 이동할 수 있다.

2. 이동 후 블록이 완전히 보이지 않는 상태에서도 아래쪽으로 이동할 수 있다.

3. 이동 후 게임 화면 아래쪽으로 벗어나거나 게임 화면에 있는 남은 블록들과 겹치지 않아야 한다.

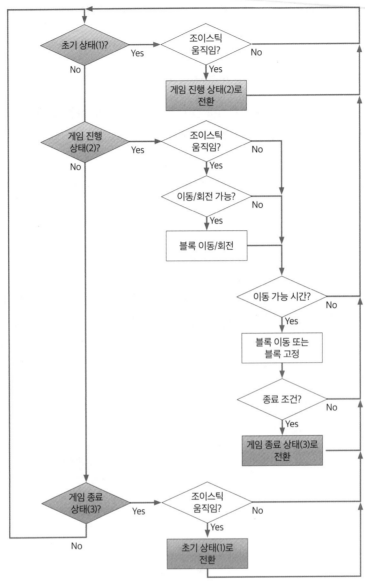

그림 63.6 loop 함수의 구조

스케치 63.2는 테트리스를 구현한 예다. 구현한 테트리스 스케치는 3개의 상태로 이루어져 있다. 첫 번째 상태인 초기 상태(STATE_INITIAL)는 조이스틱의 움직임을 대기하는 상태로, 조이스틱을 움직이면 두 번째 상태(STATE_GAME_PLAYING)로 바뀌면서 게임이 시작된다. 두 번째 상태는 게임이 진행되는 상태로, 제일 윗줄까지 블록이 쌓이면 세 번째 상태(STATE_GAME_END)인 게임 종료 상태가 된다. 세 번째 상태에서 조이스틱을 움직이면 초기 상태로 돌아간다. 스케치 63.2에서 전체적인 게임 진행은 loop 함수에서 이루어지며, 그림 63.6은 loop 함수의 구조를 요약하여 나타낸 것이다.

```
#include <Adafruit_NeoMatrix.h>

#define DOT(block, subPattern, x, y) \
    patterns[patternStart[block] + subPattern][y * 4 + x]

#define FOREGROUND  1                                    // 블록 패턴에서의 전경과 배경
#define BACKGROUND  0

#define UP          0                                    // 이동 방향 상수
#define DOWN        1
#define LEFT        2
#define RIGHT       3
#define NO_MOVE     4                                    // 조이스틱 움직임 없음

// 방향 결정을 위한 가변저항의 값 범위
#define VR_MIN      100                                  // [0, 100] 왼쪽/위쪽
#define VR_MID1     400                                  // [400, 600] 움직임 없음
#define VR_MID2     600
#define VR_MAX      900                                  // [900, 1023] 오른쪽/아래쪽

#define STATE_INITIAL       1                            // 초기 상태
#define STATE_GAME_PLAYING  2                            // 게임 진행 상태
#define STATE_GAME_END      3                            // 게임 종료 상태

const byte patterns[][16] = {                            // 블록 데이터
    {0, 0, 0, 0, 0, 1, 1, 0, 0, 1, 1, 0, 0, 0, 0, 0},    // P0: 0
    {0, 0, 0, 0, 1, 1, 1, 1, 0, 0, 0, 0, 0, 0, 0, 0},    // P1: 1
    {0, 0, 1, 0, 0, 0, 1, 0, 0, 0, 1, 0, 0, 0, 1, 0},
    {0, 0, 0, 0, 0, 1, 1, 0, 1, 1, 0, 0, 0, 0, 0, 0},    // P2: 3
    {0, 1, 0, 0, 0, 1, 1, 0, 0, 0, 1, 0, 0, 0, 0, 0},
    {0, 0, 0, 0, 1, 1, 0, 0, 0, 1, 1, 0, 0, 0, 0, 0},    // P3: 5
    {0, 0, 1, 0, 0, 1, 1, 0, 0, 1, 0, 0, 0, 0, 0, 0},
    {0, 0, 0, 0, 0, 1, 1, 1, 0, 1, 0, 0, 0, 0, 0, 0},    // P4: 7
    {0, 1, 0, 0, 0, 1, 0, 0, 0, 1, 1, 0, 0, 0, 0, 0},
    {0, 0, 1, 0, 1, 1, 1, 0, 0, 0, 0, 0, 0, 0, 0, 0},
    {0, 1, 1, 0, 0, 1, 0, 0, 0, 1, 0, 0, 0, 0, 0, 0},
    {0, 0, 0, 0, 0, 1, 1, 1, 0, 0, 1, 0, 0, 0, 0, 0},    // P5: 11
    {0, 0, 1, 1, 0, 1, 0, 0, 0, 1, 0, 0, 0, 0, 0, 0},
    {0, 1, 0, 0, 0, 1, 1, 1, 0, 0, 0, 0, 0, 0, 0, 0},
    {0, 0, 1, 0, 0, 0, 1, 0, 0, 1, 1, 0, 0, 0, 0, 0},
    {0, 0, 0, 0, 0, 1, 1, 1, 0, 0, 1, 0, 0, 0, 0, 0},    // P6: 15
    {0, 0, 1, 0, 0, 0, 1, 1, 0, 0, 1, 0, 0, 0, 0, 0},
    {0, 0, 1, 0, 0, 1, 1, 1, 0, 0, 0, 0, 0, 0, 0, 0},
    {0, 0, 1, 0, 0, 1, 1, 0, 0, 0, 1, 0, 0, 0, 0, 0} };

byte BLOCKS = 7;                                         // 블록의 종류
// 배열에서 블록 데이터가 시작하는 위치
byte patternStart[7] = {0, 1, 3, 5, 7, 11, 15};
// 각 블록이 회전에 따라 갖는 모양 개수
byte patternNo[7] = {1, 2, 2, 2, 4, 4, 4};
```

```
byte gameScreen[16][8] = {0, };                          // 게임 화면 저장 배열
byte currentBlock = 0;                                   // 현재 블록 인덱스
byte currentSubPattern = 0;                              // 현재 블록의 회전에 따른 하위 인덱스
int currentX, currentY;                                  // 블록의 현재 위치

int ROWS = 8, COLUMNS = 8;                               // 네오픽셀 매트릭스 크기
int NUM_X = 1, NUM_Y = 2;                                // x 및 y 방향으로 연결된 매트릭스 수
int PIN = 6;                                             // 네오픽셀 매트릭스 연결 핀

// 2개의 연결된 네오픽셀 매트릭스 제어 객체 생성
Adafruit_NeoMatrix matrix = Adafruit_NeoMatrix(COLUMNS, ROWS,
        NUM_X, NUM_Y, PIN,
        NEO_MATRIX_TOP + NEO_MATRIX_RIGHT
           + NEO_MATRIX_ROWS + NEO_MATRIX_ZIGZAG
           + NEO_TILE_TOP + NEO_TILE_LEFT + NEO_TILE_COLUMNS);

uint16_t colors[8] = {                                   // 각 블록의 색상
    matrix.Color(0xFF, 0xD7, 0x00), matrix.Color(0x00, 0xFF, 0xFF),
    matrix.Color(0X00, 0xFF, 0x00), matrix.Color(0xFF, 0x00, 0x00),
    matrix.Color(0xCD, 0x85, 0x3F), matrix.Color(0x00, 0x00, 0xFF),
    matrix.Color(0x8A, 0x2B, 0xE2) };

byte state = STATE_INITIAL;                              // 초기 화면에서 시작

int INTERVAL = 500;                                      // 블록 움직임 간격
unsigned long timePrevious;                              // 블록 움직임 간격
int JOYSTICK_DELAY = 150;                                // 조이스틱 연속 조작 간격

void setup() {
    matrix.begin();                                      // 네오픽셀 매트릭스 초기화
    matrix.setBrightness(5);                             // 밝기 정도 [0, 255]

    randomSeed(analogRead(A3));                          // 난수 발생기 초기화

    displayInitialScreen();                              // 초기 화면 표시
    timePrevious = millis();
}

void displayGameEndScreen() {                            // 게임 종료 화면 표시
    for (int y = 0; y < 16; y++) {
        for (int x = 0; x < 8; x++) {
            if (gameScreen[y][x] != 0)                   // 남은 블록을 흰색으로 모두 바꿈
                matrix.drawPixel(x, y, matrix.Color(0xAA, 0xAA, 0xAA));
        }
        matrix.show();
        delay(100);                                      // 줄 단위로 순차적으로 진행
    }

    for (int y = 5; y < 13; y++) {                       // 화면 가운데 화살표 표시
        int x1 = y - 5;
        int x2 = 12 - y;
        matrix.drawPixel(x1, y, matrix.Color(0xFF, 0x00, 0x00));
```

```
            matrix.drawPixel(x2, y, matrix.Color(0xFF, 0x00, 0x00));
        }
    matrix.show();
}

void displayInitialScreen() {                                    // 초기 화면에 7개 블록 모두 표시
    matrix.clear();
    for (int b = 0; b < 7; b++) {
        int x = (b % 2) * 3;
        int y = (b / 2) * 4 + (b % 2) * 2;
        drawPattern(x, y, b, 0);
    }
    matrix.show();
}

// 게임 화면의 (x, y) 위치부터 시작해서 block번 블록의 subPattern 출력
void drawPattern(byte x, byte y, byte block, byte subPattern) {
    for (byte yy = 0; yy < 4; yy++) {
        for (byte xx = 0; xx < 4; xx++) {
            byte b = DOT(block, subPattern, xx, yy);
            if (b == FOREGROUND) {
                matrix.drawPixel(x + xx, y + yy, colors[block]);
            }
        }
    }
}

int checkMovement() {                                            // 조이스틱 움직임 검사
    int a1 = analogRead(A0);                                     // X축
    int a2 = analogRead(A1);                                     // Y축

    if (a1 <= VR_MIN && a2 >= VR_MID1 && a2 <= VR_MID2) return LEFT;
    if (a1 >= VR_MAX && a2 >= VR_MID1 && a2 <= VR_MID2) return RIGHT;
    if (a2 <= VR_MIN && a1 >= VR_MID1 && a1 <= VR_MID2) return UP;
    if (a2 >= VR_MAX && a1 >= VR_MID1 && a1 <= VR_MID2) return DOWN;
    return NO_MOVE;
}

void initializeGameScreen() {                                    // 게임 화면의 모든 블록 지움
    for (byte y = 0; y < 16; y++)
        for (byte x = 0; x < 8; x++)
            gameScreen[y][x] = 0;
}

void selectCurrentBlock() {                                      // 난수 함수로 블록 선택
    currentBlock = random(BLOCKS);                               // 현재 블록 인덱스
    currentSubPattern = 0;                                       // 기본 회전 위치에서 시작
    currentX = 1;
    currentY = -2;                                               // 보이지 않는 위치부터 내려오기 시작
}

void displayGameScreen() {
```

```
        matrix.clear();

        for (byte y = 0; y < 16; y++) {                      // 게임 화면에 저장된 데이터 표시
            for (byte x = 0; x < 8; x++) {
                int colorIndex = gameScreen[y][x] - 1;
                if (colorIndex != -1) matrix.drawPixel(x, y, colors[colorIndex]);
            }
        }

        int tempX, tempY;
        for (byte y = 0; y < 4; y++) {                        // 현재 움직이는 블록 표시
            tempY = currentY + y;
            for (byte x = 0; x < 4; x++) {
                byte b = DOT(currentBlock, currentSubPattern, x, y);
                if (b == FOREGROUND) {
                    tempX = currentX + x;
                    matrix.drawPixel(tempX, tempY, colors[currentBlock]);
                }
            }
        }

        matrix.show();
}

boolean endOfGame() {                                         // 게임 종료 검사
    boolean eog = false;

    for (byte x = 0; x < 8; x++) {
        if (gameScreen[0][x] != 0) return true;
    }
    return false;
}

void updateGameScreen() {
    int tempX, tempY;

    for (byte y = 0; y < 4; y++) {                            // 현재 블록을 게임 화면에 추가
        tempY = currentY + y;
        if (tempY < 0) continue;
        for (byte x = 0; x < 4; x++) {
            byte b = DOT(currentBlock, currentSubPattern, x, y);
            if (b == FOREGROUND) {
                tempX = currentX + x;
                gameScreen[tempY][tempX] = currentBlock + 1;
            }
        }
    }

    boolean remove;
    for (int y = 15; y >= 0; y--) {                           // 줄 제거 여부 판단 및 제거
        remove = true;
        for (int x = 0; x < 8; x++) {
```

```
                    if (gameScreen[y][x] == 0) {
                        remove = false;
                        break;
                    }
                }
            }
            if (remove) {                              // 줄을 지워야 하는 경우
                for (int yy = y; yy > 0; yy--) {        // 줄을 지우고 한 줄씩 내림
                    for (int xx = 0; xx < 8; xx++) {
                        gameScreen[yy][xx] = gameScreen[yy - 1][xx];
                    }
                }
                for (int xx = 0; xx < 8; xx++)          // 첫 번째 줄은 빈칸으로 채움
                    gameScreen[0][xx] = 0;
                y++;                                    // 지우고 내려온 줄을 다시 검사
            }
        }
    }


    // 지정한 위치에 지정한 블록을 놓았을 때 완전히 보이는지 검사
    boolean fullyShownBlock(int startX, int startY, int subPattern) {
        int tempX, tempY;

        for (int yy = 0; yy < 4; yy++) {
            tempY = startY + yy;
            for (int xx = 0; xx < 4; xx++) {
                byte b = DOT(currentBlock, subPattern, xx, yy);
                if (b == FOREGROUND) {
                    tempX = startX + xx;
                    if (tempX < 0 || tempX >= 8 || tempY < 0 || tempY >= 16)
                        return false;
                }
            }
        }
        return true;
    }


    // 지정한 위치에 지정한 블록을 놓았을 때 다른 블록과 겹치지 않는지 검사
    boolean placeableOnGameScreen(int startX, int startY, int subPattern) {
        int tempX, tempY;

        for (int yy = 0; yy < 4; yy++) {
            tempY = startY + yy;
            for (int xx = 0; xx < 4; xx++) {
                byte b = DOT(currentBlock, subPattern, xx, yy);
                if (b == FOREGROUND) {
                    tempX = startX + xx;
                    if (gameScreen[tempY][tempX] != 0) return false;
                }
            }
        }
        return true;
    }
```

```
boolean possibleMoveLeft() {                                    // 왼쪽으로 이동 가능 검사
    int nextX = currentX - 1, nextY = currentY;

    if (fullyShownBlock(currentX, currentY, currentSubPattern)
            && fullyShownBlock(nextX, nextY, currentSubPattern)
            && placeableOnGameScreen(nextX, nextY, currentSubPattern))
    return true;
    else return false;
}

boolean possibleMoveRight() {                                   // 오른쪽으로 이동 가능 검사
    int nextX = currentX + 1, nextY = currentY;

    if (fullyShownBlock(currentX, currentY, currentSubPattern)
            && fullyShownBlock(nextX, nextY, currentSubPattern)
            && placeableOnGameScreen(nextX, nextY, currentSubPattern))
    return true;
    else return false;
}

boolean possibleRotate() {                                      // 회전 가능 검사
    int nextSubPattern = (currentSubPattern + 1) % patternNo[currentBlock];
    int tempX, tempY;

    if (fullyShownBlock(currentX, currentY, currentSubPattern)
            && fullyShownBlock(currentX, currentY, nextSubPattern)
            && placeableOnGameScreen(currentX, currentY, nextSubPattern))
    return true;
    else return false;
}

boolean possibleMoveDown() {                                    // 아래쪽으로 이동 가능 검사
    int nextX = currentX, nextY = currentY + 1;
    int tempX, tempY;

    for (byte y = 0; y < 4; y++) {
        tempY = nextY + y;
        if (tempY < 0) continue;                                // 일부만 보이는 경우
        for (byte x = 0; x < 4; x++) {
            byte b = DOT(currentBlock, currentSubPattern, x, y);
            if (b == FOREGROUND) {
                tempX = nextX + x;
                if (tempY >= 16 || gameScreen[tempY][tempX] != 0) return false;
            }
        }
    }
    return true;
}

void loop() {
    if (state == STATE_INITIAL) {                               // 초기 상태
        if (checkMovement() != NO_MOVE) {                       // 조이스틱 움직임
```

```
            state = STATE_GAME_PLAYING;                       // 게임 진행 상태로 전환
            initializeGameScreen();                           // 게임 화면 초기화
            selectCurrentBlock();                             // 난수 함수로 블록 선택
            matrix.clear();                                   // 네오픽셀 매트릭스 초기화
        }
    }
    else if (state == STATE_GAME_PLAYING) {                   // 게임 진행 상태
        byte joystickMove = checkMovement();
        if (joystickMove == LEFT) {                           // 조이스틱을 왼쪽으로 움직인 경우
            if (possibleMoveLeft()) {                         // 블록을 왼쪽으로 움직일 수 있는 경우
                currentX--;                                   // 블록 위치 조정
                displayGameScreen();                          // 게임 화면 표시
                delay(JOYSTICK_DELAY);                        // 조이스틱 움직임 사이 시간 지연
            }
        }
        else if (joystickMove == RIGHT) {                     // 조이스틱을 오른쪽으로 움직인 경우 ·
            if (possibleMoveRight()) {
                currentX++;
                displayGameScreen();
                delay(JOYSTICK_DELAY);
            }
        }
        else if (joystickMove == UP) {                        // 조이스틱을 위로 움직인 경우
            if (possibleRotate()) {
                currentSubPattern = (currentSubPattern + 1) % patternNo[currentBlock];
                displayGameScreen();
                delay(JOYSTICK_DELAY);
            }
        }
        else if (joystickMove == DOWN) {                      // 조이스틱을 아래로 움직인 경우
            if (possibleMoveDown()) {
                currentY++;
                displayGameScreen();
                delay(JOYSTICK_DELAY);
            }
        }

        unsigned long timeCurrent = millis();
        if (timeCurrent - timePrevious >= INTERVAL) {         // 블록을 움직일 시간
            timePrevious = timeCurrent;

            if (!possibleMoveDown()) {                        // 아래로 움직일 수 없으면
                updateGameScreen();                           // 현재 블록을 고정시켜 게임 화면 갱신

                if (endOfGame()) state = STATE_GAME_END;
                else selectCurrentBlock();
            }
            else {                                            // 블록을 아래로 움직일 수 있으면
                currentY++;                                   // 블록을 아래로 이동
            }

            if (state == STATE_GAME_END) displayGameEndScreen();
```

```
            else displayGameScreen();               // 게임 화면 표시
        }
    }
    else if (state == STATE_GAME_END) {             // 게임 종료 상태
        if (checkMovement() != NO_MOVE) {           // 조이스틱 움직임
            state = STATE_INITIAL;                  // 초기 상태로 전환
            displayInitialScreen();                 // 초기 화면 표시
            delay(1000);                            // 초기 화면 표시 후 바로 게임 시작 방지
        }
    }
}
```

그림 63.7은 구현한 테트리스의 초기 화면과 게임 종료 화면을 나타낸 것이다. 게임 진행 화면은
그림 63.2를 참고하면 된다.

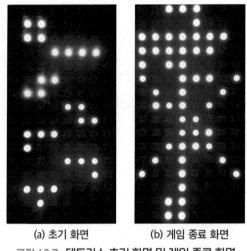

(a) 초기 화면   (b) 게임 종료 화면

그림 63.7 테트리스 초기 화면 및 게임 종료 화면

63.4

맺는말

이 장에서는 8×8 크기의 네오픽셀 매트릭스 2개와 조이스틱을 사용하여 테트리스를 구현해 봤
다. 조이스틱은 2개의 가변저항으로 x축 및 y축 움직임을 한 번에 입력할 수 있어 게임 컨트롤러
로 흔히 사용되며, 테트리스에서 블록의 움직임과 회전을 제어하기 위한 입력 장치로 사용했다.
네오픽셀 매트릭스는 많은 수의 RGB LED를 하나의 제어선으로 제어할 수 있고, 여러 개의 네오

픽셀 메트릭스를 연결하여 사용할 때도 매트릭스의 크기가 커진 것을 제외하면 하나의 네오픽셀 매트릭스를 제어하는 것과 같은 방법으로 제어할 수 있으므로 2개의 네오픽셀 매트릭스를 연결하여 테트리스의 출력 화면으로 사용했다.

아두이노 우노로 테트리스를 어렵지 않게 구현하여 즐길 수 있다. 스네이크 게임과 비교했을 때 스케치 길이가 30% 정도 늘어난 이유는 블록의 모양을 모두 배열로 저장하여 사용하고, 이동 및 회전의 가능성을 먼저 검사해야 하기 때문이다. 스케치 길이가 길지만 어렵지 않게 이해할 수 있으므로, 다양한 요소를 추가하여 나만의 테트리스를 만들어보기를 추천한다. 특히 구현한 스케치의 경우 조이스틱을 정확하게 전후좌우로 움직여야 블록을 움직이거나 회전시킬 수 있다. 조이스틱의 움직임을 판단하는 방법을 수정하여 대각선 방향 움직임 등이 가능하게 한다면 좀 더 자연스러운 조작이 가능할 것이다.